Inhalt

Vorwort

«Ich kann es aus meiner Sicht sagen, als jemand einer Minderheit, die sonst separiert würde, dass es für mich eine extreme Bereicherung ist, mit dem Rest der Gesellschaft durchmischt zu werden.» Moritz Wyder [1]

Die inklusive Schule – die Schule für alle – nicht nur zu fordern, sondern Realität werden zu lassen und im Alltag zu gestalten, ist eine zentrale aktuelle Herausforderung: Wie gelingt die Umsetzung im Schulalltag? Wie kann moderner Unterricht für alle praktisch umgesetzt werden, und welches sonderpädagogische Fachwissen wird in einer inklusiven Schule gebraucht? Was müssen Lehrpersonen an Regelklassen über Sonderpädagogik wissen? Welche sonderpädagogischen Aufgaben haben sie, und welche Art der Zusammenarbeit mit schulischen Heilpädagoginnen und Heilpädagogen und therapeutischen Fachpersonen müssen sie leisten?

Das Studienbuch *Inklusive Pädagogik und Didaktik* gibt Antworten auf diese Fragen und bietet aktuelles, übersichtlich aufbereitetes Handlungswissen. Es wird ergänzt durch das bereits bestehende Studienbuch mit dem Titel *Sonderpädagogische Förderung gemeinsam planen* (Luder, Gschwend, Kunz und Diezi-Duplain, 2011)[2].

Das vorliegende Buch besteht aus drei Teilen. Der erste Teil thematisiert das zu Grunde liegende Verständnis inklusiver Sonderpädagogik, verweist auf die diesbezüglich wichtigen Definitionen und führt die Begrifflichkeiten und das bio-psycho-soziale Verständnis von Funktionsfähigkeit und Behinderung auf der Basis der internationalen Klassifikation von Funktionsfähigkeit, Behinderung und Gesundheit (ICF) der WHO ein. Zudem widmet sich der Teil eins der interdisziplinären Zusammenarbeit von Regelschullehrpersonen und Fachpersonen aus dem Bereich der Sonderpädagogik. Im zweiten Teil wird eine inklusive Didaktik für die Praxis an der Regelschule beschrieben. Der dritte Teil enthält ausgewählte Handlungsansätze und Konzepte zur Prävention und Intervention, die sich für eine Umsetzung in der Regelklasse eignen.

---

1 Moritz Wyder ist Gastreferent im Grundmodul Sonderpädagogik an der PH Zürich und sehbehindert. Die zitierte Aussage stammt aus der DVD «Integrative und individualisierende Lernförderung». Sie wurde im Auftrag der Bildungsdirektion des Kantons Zürich im Jahr 2007 durch die FRAMIX GmbH realisiert.
2 Luder, R., Gschwend, R., Kunz, A. und Diezi-Duplain, P. (Hrsg.) (2011). *Sonderpädagogische Förderung gemeinsam planen. Grundlagen, Modelle und Instrumente für die Praxis.* Zürich: Verlag Pestalozzianum.

Das Buch enthält folgende Hinweise zur Leserführung:
— Ein *Glossar* nimmt einige wichtige Begriffe zur Thematik inklusive Schule auf. Verweise in schwarzer Schrift in der seitlichen Spalte zeigen dies an.
— *Hinweise* zu relevanten Begriffen im Text sowie Verweise auf die ICF erscheinen ebenfalls in der seitlichen Spalte, jedoch in oranger Schrift.
— *Verweise* auf andere Kapitel in diesem Buch sind mit einem Pfeil (➡) im Text ersichtlich und machen die Leserin und den Leser auf inhaltliche Verbindungen zwischen den Kapiteln aufmerksam.

Die Idee zum Buch entstand im Fachbereich Sonderpädagogik an der Pädagogischen Hochschule Zürich. Dieser zeigt sich inhaltlich verantwortlich für sonderpädagogische Themen in Ausbildung, Weiterbildung, Beratung und Forschung. Umgesetzt wurde die Idee von Autorinnen und Autoren aus verschiedenen Hochschulen in der Schweiz und Deutschland mit Expertise in den Themen der jeweiligen Kapitel.

Dieses Buch richtet sich vor allem an angehende und praktizierende Lehrpersonen, schulische Heilpädagoginnen und Heilpädagogen, therapeutische Fachpersonen sowie Schulleitungen.

Das dargestellte Handlungswissen ist weder vollständig noch abschliessend, sondern soll Grundlage für eine Auseinandersetzung mit dem Thema und für die Diskussion darüber sein.

Wir danken allen Kolleginnen und Kollegen, die sich als Autorinnen und Autoren der Aufgabe angenommen haben, einen Beitrag für dieses Studienbuch zu leisten. Sie haben die Texte verfasst und aufgrund von Rückmeldungen von Studierenden wie auch von Kolleginnen und Kollegen überarbeitet, was wir sehr schätzen. Bei einem Kapitel konnten wir mithilfe von Barbara Frye wichtige Fotos zur Illustration realisieren – vielen Dank!

Wir wünschen allen Leserinnen und Lesern inspirierende Ideen für den Alltag und die tägliche Herausforderung, eine inklusive Schule zu gestalten und damit zu erhalten.

Reto Luder, André Kunz und Cornelia Müller Bösch

Unterricht und Hetero-genität

Kai Felkendorff
Judith Hollenweger
André Kunz
Reto Luder
Cornelia Müller Bösch

Das Besondere der Pädagogik einer inklusiven Schule

Reto Luder, André Kunz und Cornelia Müller Bösch

Inklusion. Eine Schule für alle. Integration. Umgang mit Vielfalt. Diese Schlagworte prägen aktuell die Bildungslandschaft. Was ist eine inklusive Schule in der Praxis? Was bedeutet Inklusion konkret im Schulalltag für die Schülerinnen und Schüler, für den Unterricht und für die Lehrperson? Diesen Fragen will das vorliegende Buch nachgehen und Antworten dazu liefern; Antworten primär für Lehrerinnen und Lehrer und Studierende, die es werden wollen. Aber auch für pädagogisch-therapeutische Fachpersonen, Eltern und weitere Interessierte. Auf diesen Schwerpunkt richtet sich auch das vorliegende Studienbuch. Es geht der Frage nach, wie inklusive Förderung und Unterstützung oder, mit einem anderen Wort, Inklusion praktisch umgesetzt werden kann. Im ersten Kapitel geht es darum, was eigentlich eine inklusive Schule ausmacht und ob es in einer inklusiven Schule überhaupt noch so etwas wie Sonderpädagogik braucht – und falls ja, was deren Aufgabe ist und was das für die Praxis bedeutet. Auf dieser Grundlage folgt eine Übersicht über die Inhalte des Buches und die Struktur, nach der diese Inhalte aufgebaut sind.

Die Entwicklung der Schule in Richtung Inklusion ist in vollem Gang und mittlerweile im deutschsprachigen Raum an einem Punkt angekommen, an dem weniger die grundsätzlichen ethischen Debatten um den Sinn von Inklusion im Allgemeinen im Zentrum stehen, sondern das Interesse vermehrt auf Fragen der konkreten Umsetzung in der Praxis liegt.

Inklusion und inklusive Schule

In der Fachdiskussion der letzten Jahre wird der Begriff der Inklusion sehr oft und sehr unterschiedlich gebraucht (für eine Übersicht vgl. Leidner, 2012). In der Literatur sind die Begriffe Integration und Inklusion nicht einheitlich mit Inhalten gefüllt. Uneinigkeit besteht darüber, welche Praxis dem einen oder anderen Begriff zuzuordnen

Inklusion / Integration

ist. So ist der Sachverhalt, dass als «behindert» diagnostizierte Kinder zum Beispiel in einem Kindergarten geschult werden, in einigen Beschreibungen schon ein Merkmal für Inklusion, in anderen erst der Beginn der Integration. Im internationalen Kontext wird nur der Begriff *inclusion* bzw. *inclusive education* verwendet als ein zielgerichtetes, förderorientiertes Miteinander in Situationen im Unterricht ohne Ausschluss. Um eine gelungene Inklusion zu realisieren, genügt es nicht, einen Schüler oder eine Schülerin mit besonderen pädagogischen Bedürfnissen einfach in die Regelklasse zu schicken.

Gelungene Inklusion nach UNESCO Vier Bedingungen müssen zumindest erfüllt sein, damit von gelungener Inklusion gesprochen werden kann (UNESCO, 2005):

— PRESENCE: Alle Kinder sollen die Möglichkeit haben, den Unterricht gemeinsam mit ihren Mitschülerinnen und Mitschülern in einer Regelklasse zu besuchen.

— ACCEPTANCE: Alle Kinder sollen mit ihren unterschiedlichen, jeweils individuellen Eigenschaften in der Gemeinschaft in gleicher Weise akzeptiert und angenommen werden.

— PARTICIPATION: Alle Kinder sollen an gemeinsamen Aktivitäten und am gemeinsamen Unterricht mitmachen und teilhaben können.

— ACHIEVEMENT: Alle Kinder sollen im Rahmen ihrer individuellen Möglichkeiten anspruchsvolle Lernziele erreichen, Leistungen erbringen und Fortschritte machen können.

Mit dem Begriff Inklusion verbinden sich sehr verschiedene Anliegen an eine inklusive Schule. Die Ansprüche reichen von einem

Behindertenrechts-konvention Recht auf gemeinsame Schulung und Betreuung (z.B. Behindertenrechtskonvention, 2008) bis hin zu allgemeinen Forderungen nach umfassender Dekategorisierung (Behinderung gibt es nicht) und Abschaffung jeglicher Segregation in allen Bereichen der Gesellschaft (z.B. Hinz, 2009). Für die Schule als Praxis ist der Ansatz umfassender Dekategorisierung problematisch, weil er den spezifischen Blick auf das Individuum verhindert. Schule hat einen pädagogischen Auftrag, der sich nicht damit begnügen kann, alle einfach so zu akzeptieren wie sie im Moment sind und sich über

Heterogenität diese farbige Vielfalt zu freuen. Vielfalt (in der Literatur meist Heterogenität oder Diversity) muss «mehr sein als affirmative Bestätigung, dass ja ‹alles so schön bunt ist›» (Plössler, 2013, S. 61). Der pädagogische Auftrag in der Schule besteht gerade darin, gewisse Formen von Unterschiedlichkeit (genauer: Diversitätsdimensionen) nicht zu akzeptieren, sondern sie anzugleichen. Sie soll zum Beispiel nicht einfach akzeptieren, dass einige lesen können und andere nicht, sondern dafür sorgen, dass alle Schülerinnen und Schüler möglichst gut lesen lernen. Dafür braucht es zuerst einmal Diversitätsdimensionen und ihre möglichst genaue Bestimmung. Für die schulische Praxis muss geklärt werden, welche Diversitätsdimensionen in welchen Situationen relevant sind, welche Bedeutung ihnen zukommt (und zukommen soll, was nicht unbedingt dasselbe ist) und wie die Schule auf die Heterogenität ihrer Schülerinnen und Schüler in diesen einzelnen Dimensionen reagieren kann. Aus dieser Sicht ist es nicht falsch, beispielsweise ein Kind als hörbehindert zu kategorisieren. Im Gegenteil, es ist notwendig, diese Hörbehinderung und ihre Auswirkungen in der Schule möglichst genau zu bestimmen und geeignete Massnahmen zu treffen, damit dieses Kind im Unterricht lernen kann, und damit seine Teilhabe an der Gemeinschaft der Schule ermöglicht und unterstützt wird. Genauso wichtig, um ein zweites Beispiel zu nennen, ist etwa die Bestimmung einer Lese-Rechtschreib-Störung durch eine möglichst differenzierte Erfassung des Schriftspracherwerbs und die Planung und Durchführung geeigneter Fördermassnahmen. Diese Förderplanung verfolgt das Ziel, dass dieses Kind an gemeinsamen Lernprozessen der Klassengemeinschaft teilhaben und dadurch für das eigene Lernen profitieren kann. Die gleiche Kategorisierung *Lese-Rechtschreibstörung* wird jedoch vielleicht in einer Unterrichtssituation, in der an der mathematischen Problemstellung «Gesetzmässigkeiten an verschiedenen Zahlenmauern untersuchen» (vgl. Hengartner, Hirt und Wälti, 2006) gearbeitet wird, kein besonderer Förderbedarf sein: Die Schülerin oder der Schüler kann in dieser Situation gut ohne spezifische Massnahmen am Unterricht teilhaben und lernen. Unterschiedliche Situationen erfordern auch beim gleichen Individuum unterschiedliche Interventionen.

Eine inklusive Schule ist eine Schule, welche die unterschiedlichen individuellen Lern- und Verhaltensvoraussetzungen ihrer Schülerinnen und Schüler möglichst genau wahrnimmt und in den konkreten Unterrichtssituationen der Praxis mit geeigneten, spezifischen Massnahmen berücksichtigt. Gleichzeitig nimmt sie auch ihren Auftrag wahr, eine Gemeinschaft zu gestalten, in der allen Schülerinnen und Schülern, unabhängig von ihren individuellen Lern- und Verhaltensvoraussetzungen, die gleiche Akzeptanz und Wertschätzung entgegengebracht werden.

Inklusive Schule

Besondere Situationen – besondere Bedürfnisse

Special Educational
Needs (SEN) Sonderpädagogik beschäftigt sich mit besonderen pädagogischen Bedürfnissen (special educational needs oder SEN). Im Anschluss an den bio-psycho-sozialen Behinderungsbegriff der Weltgesundheitsorganisation WHO ist dies die Unterstützung und Förderung von Kindern und Jugendlichen, deren Aktivitäten und Möglichkeiten zur Partizipation im Kontext des schulischen Lernens und Lebens eingeschränkt oder von Einschränkungen bedroht sind. Eine solche Einschränkung ist niemals nur das Ergebnis einer Eigenschaft des betroffenen Kindes, sondern entsteht aus der Wechselwirkung von Eigenschaften des Kindes mit den Anforderungen und Rahmenbedingungen seiner Umwelt in und ausserhalb der Schule.

Damit wird postuliert, dass es übliche und eben *besondere* pädagogische Bedürfnisse (englisch: special needs) gibt. Was Bedürfnisse besonders macht und sie von den üblichen Bedürfnissen unterscheidet, ist eine normative Frage. Die Bedürfnisse, von denen hier die Rede ist, entstehen im Zusammenspiel von Eigenschaften des Individuums mit Anforderungen und Rahmenbedingungen seiner Umwelt und lassen sich deshalb nicht einseitig dem Individuum zuordnen. Ein Schüler oder eine Schülerin *hat* nicht besondere pädagogische Bedürfnisse, sondern diese besonderen pädagogischen Bedürfnisse entstehen erst in einer konkreten schulischen Situation, in der die individuellen Eigenschaften des Kindes im Kontext der Anforderungen und Rahmenbedingungen dieser Situation zu einem Problem führen. Dieses Problem betrifft in der Regel alle Beteiligten: das Kind und seine unmittelbare Umwelt (Lehrperson, Peers, Eltern, usw.).

Im Anschluss an das in der Einleitung dieses Abschnitts Gesagte bedeutet die Annahme besonderer pädagogischer Bedürfnisse die Konstruktion einer Diversitätsdimension mit einem dazugehörenden Schwellenwert. Unterhalb dieses Schwellenwertes wird ein Bedürfnis als üblich, oberhalb des Schwellenwertes als besonders eingeschätzt. Beispielsweise ist es in der Situation eines Lehrervortrags ein übliches Bedürfnis von Schülerinnen und Schülern, dass die Lehrperson angemessen laut und deutlich spricht, damit sie verstanden wird. Ein Kind mit einer Hörbehinderung hat in dieser Situation besondere Bedürfnisse und ist beispielsweise auf den Blickkontakt mit der Lehrperson oder auch auf die elektronische Verstärkung der Stimme der Lehrperson angewiesen. Ein Kind mit Lese-Rechtschreibstörung benötigt in Situationen, in denen Lesen oder Schreiben eine Rolle spielt, besondere, üblicherweise nicht notwendige Unterstützung und Förderung, um weiterzukommen.

Welche Diversitätsdimensionen in der Schule in welchen Situationen wichtig sind und wie bedeutsam sie sein sollen, ist nicht per se gegeben, sondern Gegenstand gesellschaftlicher und bildungspolitischer Wahrnehmungs- und Aushandlungsprozesse. ➥ Siehe auch Kapitel Felkendorff und Luder. Das Gleiche trifft für den jeweiligen Schwellenwert zu, oberhalb dessen bestimmte Bedürfnisse als *besonders* wahrgenommen werden. Dieser Schwellenwert ist nicht zuletzt auch im Zusammenhang mit den jeweils verfügbaren Ressourcen für Unterstützung und Förderung zu sehen.

Aus einer Betrachtungsweise, welche sich nur auf Defizite von Schülerinnen und Schülern bezieht, lassen sich keine Handlungsmöglichkeiten für den konkreten Unterricht oder Massnahmen für eine Förderung ableiten, denn diese Massnahmen sind stark situationsabhängig. Dazu braucht es die Analyse von konkreten Situationen, in denen Schülerinnen und Schüler aufgrund verschiedener Faktoren in ihren Aktivitäten und an ihrer Partizipation eingeschränkt sind. ➥ Siehe auch Kapitel Hollenweger. Durch eine inklusive Didaktik und durch den Einbezug spezifischer individueller Massnahmen kann die Partizipation in der Situation gestärkt werden. ➥ Siehe auch Kapitel Müller Bösch und Schaffner Menn. Die Lehrpersonen brauchen hierfür – neben differenziertem Wissen um mögliche Schwierigkeiten – Wissen um situationsbedingte Faktoren, welche die Partizipation stärken können. Spezifische pädagogische Interventionen richten sich auf Schülerinnen und Schüler in einer bestimmten Situation. In einer Unterrichtssituation zum Beispiel, in der die Lehrperson an der Wandtafel eine neue Arbeitsweise einführt, wird es andere Interventionen erfordern als in einer Situation, in der in einer Gruppe kooperatives Lernen gefordert ist. Die Situationen und dadurch auch die besonderen pädagogischen Bedürfnisse sind im Unterricht in einem stetigen Wandel. Die Lehrperson ist gefordert, diesem Wandel durch adaptive Unterrichtskompetenz zu entsprechen und ihre Unterstützung und Lernbegleitung den Situationen anzupassen.

Im Unterricht für alle gibt es unterschiedliche Situationen, welche differenzielle Massnahmen erfordern können. Ziel dieser Massnahmen ist die Partizipation und Teilhabe aller Lernenden an der aktiven Auseinandersetzung mit den Bildungsinhalten im sozialen Netz der Klasse. Alle Lernenden sollen dabei ihren Voraussetzungen entsprechend gefördert werden.

Dieses oben beschriebene Verständnis lässt sich wissenschaftlich als bio-psycho-soziales Modell bezeichnen. ➥ Siehe auch Kapitel Hollenweger. Gesundheit (oder auch Behinderung) ist in diesem Modell ein funktional definiertes Phänomen, das sich nur im Zusammenspiel biologischer, psychologischer und gesellschaftlicher Faktoren verstehen lässt:

Definition   Behinderung ist eine Schwierigkeit der Funktionsfähigkeit auf
Behinderung   biologischer, individueller oder sozialer Ebene, in einem oder mehreren Lebensbereichen, so wie sie von einem Individuum mit einem Gesundheitsproblem in Interaktion mit Kontextfaktoren erlebt wird. Übersetzung durch J. Hollenweger; im Original: Disability is a difficulty in functioning at the body, person, or societal levels, in one or more life domains, as experienced by an individual with a health condition in interaction with contextual factors (Leonardi, Bickenbach, Ustun, Kostanjsek und Chatterji, 2006).

Für die Analyse schulischer Situationen folgen aus diesem Verständnis drei wichtige Prämissen
1.   Funktionsfähigkeit und Behinderung sind konzeptuell zu trennen von Krankheiten und Störungen;
2.   Ein mehrdimensionales Verständnis von Funktionsfähigkeit und Behinderung ist einer eindimensionalen (= kategorialer) Umschreibung von Behinderungen vorzuziehen;
3.   Funktionsfähigkeit und Behinderung sind nur im Kontext spezifischer Lebensumstände definierbar.

Nach einem solchen Verständnis haben Lehrpersonen und die Schule als Institution einen zentralen Anteil an der Lernsituation aller Schülerinnen und Schüler und damit auch bei Kindern und Jugendlichen mit besonderen pädagogischen Bedürfnissen. Lehrpersonen agieren (a) als Partizipationspartner der Kinder und Jugendlichen, (b) als Umweltfaktor und Umweltgestalter der Lernprozesse im Unterricht und der Schule und natürlich auch (c) als Individuum mit eigener Funktionsfähigkeit und Behinderung. Bei der Planung von Förderung in der Schule sind diese Anteile am Lernprozess der Schülerinnen und Schüler wichtig.

Praktisches Handeln als gemeinsame Aktivität

Förderung von allen Kindern, eben auch von Kindern mit SEN, kann im Begriffsverständnis der Aktivitätstheorie (vgl. AT der dritten Generation: z.B. Engeström, 1987, 1999) als *Tätigkeit* aufgefasst werden. Das Motiv für die besondere Förderung eines Kindes ist ein pädagogisches, indem nämlich die Reduktion von Differenz in den an Schulen relevanten Diversitätsdimensionen angestrebt wird wie zum Beispiel die Möglichkeit, Texte zu lesen, zu verstehen und selber auch produzieren zu können. Die umfassende Tätigkeit Förderung unterteilt sich in einzelne *Handlungen* (zum Beispiel die Planung von unterschiedlichen Fördermassnahmen während eines Schuljahrs), welche durch gemeinsam verantwortete Ziele im Förderteam gesteuert werden. Diese Handlungen wiederum unterteilen sich in einzelne *Operationen* (zum Beispiel konkrete Leseförderungstrainings durchführen, Rechtschreibprogramme anleiten, die Arbeit der Kinder damit begleiten), die sich aus instrumentellen Bedingungen ergeben. Dabei stellt die Tätigkeit Förderung eine kollektive Tätigkeit dar (zum Beispiel durch mehrere Personen, die ihre je individuell ausgeführten Handlungen jeweils auf die Ziele ausrichten).

Eine inklusive Schule ist angewiesen auf spezifische, professionelle sonderpädagogische Förder- und Unterstützungsangebote. Die Abschaffung einer disziplinären Sonderpädagogik zugunsten einer *Pädagogik der Vielfalt* würde bedeuten, dass es den Lehrpersonen alleine obliegt, über diese Wissensbestände und dieses praktische Können zu verfügen und sie weiterzuentwickeln. Es dürfte sehr schwierig sein, angehende Lehrpersonen im Rahmen ihrer allgemeinen Ausbildung zusätzlich auch noch auf diese Aufgabe vorzubereiten, das heisst, neben ihrer anspruchsvollen Unterrichtspraxis von ihnen auch noch die spezifische sonderpädagogische Unterstützung von Schülerinnen und Schülern mit besonderen pädagogischen Bedürfnissen zu fordern. Wenn das aber nicht gelingt, ist das Ergebnis ein substanzieller Verlust von Wissen und Praxiskönnen und damit ein massiver Verlust an gezielter Förderung für die betroffenen Kinder. Inklusive Förderung und Unterstützung gelingt nur in Anbindung an eine entsprechende Praxis und dem damit verbundenen Austausch von Praxiswissen mit weiteren Personen. Dazu braucht es spezialisierte Netzwerke, Ausbildungsgänge und Weiterbildungsangebote von und für Spezialistinnen und Spezialisten. Notwendig ist deshalb eine Klärung der Aufgaben, Kompetenzen und gegenseitigen Pflichten zwischen spezifisch ausgebildeten Fachpersonen mit spezifischem Wissen und entsprechender Praxis einerseits und Klassenlehrpersonen andererseits.

— Pädagogisch-therapeutische Fachpersonen (PTF) im Bereich Sonderpädagogik, Therapie usw. verfügen über das fachliche Wissen und Können in Bezug auf die diagnostische Erfassung von Lern- und Verhaltensvoraussetzungen und die Entwicklung individuell angepasster, pädagogisch-therapeutischer Förderziele, Fördermassnahmen und Unterrichtsmaterialien. Sie

Pädagogisch-therapeutische Fachperson (PTF)

arbeiten aktiv mit den Regelschullehrpersonen im gemeinsamen Unterricht zusammen. Sie unterstützen und fördern Schülerinnen und Schüler mit besonderen pädagogischen Bedürfnissen in Bezug auf individuelle Lern- und Entwicklungsziele.

Lehrperson — Eine Lehrperson (Klassenlehrperson oder Fachlehrperson) gestaltet einen differenzierten, inklusiven Unterricht, plant lehrplanbezogen die Lernziele aller Schülerinnen und Schüler und überprüft, ob sie sie erreichen. Sie schafft ein positives und auf gegenseitiger Hilfe und Rücksichtnahme basierendes Klassenklima. Sie ist in der Lage, Lernschwierigkeiten und besondere Lern- und Verhaltensvoraussetzungen wahrzunehmen. Die Lehrperson arbeitet für eine solche Förderung mit der PTF zusammen. Sie gestaltet die Zusammenarbeit mit den Eltern und im Schulteam und übernimmt die Verantwortung für die schulische Gesamtsituation all ihrer Schülerinnen und Schüler.

Wie kommt in einer inklusiven Schule dieses spezifische Know-how für die Förderung in einem inklusiven Schulsystem den Kinder zugute, die es benötigen? Eine einzelne Lehrperson alleine kann diesem Anspruch nicht gerecht werden. Eine inklusive Schule erfordert die Zusammenarbeit eines multiprofessionellen Schulteams. Inter- und intradisziplinäre Zusammenarbeit von Lehrpersonen an der Regelschule und den pädagogisch-therapeutischen Fachpersonen erweist sich dabei als Arbeitsform, welche die Kompetenzen der Lehrpersonen verbessert (vgl. Baumert und Kunter, 2006) und zur Professionalisierung in den Bereichen inklusive Unterrichtsgestaltung und individuelle Förderplanung beiträgt (vgl. Luder, Gschwend, Kunz und Diezi, 2011). Dabei ist es wesentlich, die gemeinsame Praxis an gemeinsam formulierten Förderzielen auszurichten: «Die Freiheitsgrade der disziplinären Praxis sollen … nicht verringert werden, die interdisziplinäre Ausrichtung der pädagogisch-therapeutischen Handlungen hingegen soll verstärkt werden» (Kunz, Gschwend und Luder 2011, S.21).

Professionelle Zusammenarbeit   Professionelle Zusammenarbeit zeigt sich in verschiedenen Formen, wie Klassenlehrperson (KLP) und pädagogisch-therapeutische Fachpersonen (PTF) zusammenarbeiten können (vgl. Kunz, Luder, Gschwend und Diezi 2012). Wenn ein Tandem oder Team, bestehend aus mindestens einer KLP und einer PTF, sich optimal ergänzt und aufeinander abgestimmt ist, dann kann von getrennten jeweiligen Zuständigkeiten und einer Überlappung von gemeinsam verantworteten Aufgaben gesprochen werden. Die Personen bleiben einerseits in ihren Funktionen mit klaren Aufgabenbereichen unab-

hängig und bringen andererseits ihre unterschiedlichen Kompetenzen im Unterricht ein. Beide Personen teilen sich die Verantwortung
für das Gelingen schulischer Förderung.

Geht man von multiprofessionellen Lehrerteams aus, die in flexiblen Formen schulischer Arbeitsorganisation zusammenarbeiten,
dann gibt es auch eine Reihe möglicher Kombinationen, die nicht
als *getrennte Zuständigkeiten* aufgefasst werden müssen. So kann
das gesamte Team für eine bestimmte Fragestellungen zuständig
sein, die Aufgaben und Funktionen sind jeweils unterschiedlich und
untereinander koordiniert. Aber auch hier bedingt dies eine klare
Rollenaufteilung entlang der Kompetenzen einzelner Personen. Auf
der Basis des Modells *getrennte Zuständigkeiten mit einer Schnittmenge* lassen sich diesbezüglich solche Absprachen spezifischer
und gemeinsamer Aufgaben von Klassenlehrpersonen und pädagogisch-therapeutischen Fachpersonen bestimmen. In der Tabelle 1
werden exemplarisch für die Bereiche Unterricht, individuelle Förderung und Förderplanung, Evaluation und Beurteilung sowie Zusammenarbeit und Koordination solche Aufgaben beschrieben, die
auf Praxiserfahrungen und entsprechenden Empfehlungen beruhen
(vgl. u.a. Ramírez Moreno 2010, Bildungsdirektion des Kantons Zürich 2011). Sie werden nicht als abschliessende Zusammenstellung,
sondern als mögliche Beispiele und Diskussionsgrundlage verstanden.

TABELLE 1_Aufgabenklärung für die Zusammenarbeit von Lehrpersonen und pädagogisch-therapeutischen Fachpersonen
(Schulische Heilpädagoginnen und Heilpädagogen, Therapeutinnen und Therapeuten) (in Anlehnung an Kunz und Gschwend
2011)

Bereich	Zuständigkeit primär bei der Lehrperson	Schnittmenge: gemeinsame Zuständigkeit	Zuständigkeit primär bei der pädagogisch-therapeutischen Fachperson
Unterricht	Gestaltung eines integrationsfähigen Unterrichts (innere Differenzierung und Individualisierung)	Individuelle Unterstützung und Förderung im gemeinsamen Unterricht (z.B. Teamteaching) Gemeinsame Unterrichtsreflexion und Unterrichtsentwicklung	Entwicklung individuell angepasster Förder- und Unterrichtsmaterialien Gezielte Förderung und Unterstützung in Bezug auf individuelle Lern- und Entwicklungsziele
Individuelle Förderung und Förderplanung	Erkennen von Lernschwierigkeiten und Entwicklungsauffälligkeiten	Zielsetzung und Vereinbarung von Massnahmen	diagnostische Erfassung von Lern- und Entwicklungsvoraussetzungen Case Management / Verfassen individueller Förderpläne

Evaluation und Beurteilung	Beurteilung aller Schülerinnen und Schüler in Bezug auf die Lehrplanziele	Prognostische Beurteilung und Laufbahnberatung	Diagnostische Erfassung von Lern- und Verhaltensvoraussetzungen (im Sinne pädagogischer / Verlaufsdiagnostik)
			Führungsrolle beim Verfassen individueller Lernberichte
Zusammenarbeit und Koordination	Hauptansprechperson für die Eltern und Gesamtverantwortung für alle Schülerinnen und Schüler der Klasse	Zusammenarbeit mit Eltern und im Schulteam	Einbringen von fachlichem sonderpädagogischem Wissen, Beratungsangebote
			Koordination der Zusammenarbeit mit externen Stellen

Inklusive Sonderpädagogik – mit einem Widerspruch umgehen

Sonderpädagogik   Sonderpädagogik (englisch: «special needs education») geht von besonderen Lern- und Lehrsituationen aus. Dies heisst, dass es daneben auch übliche, nicht besondere Lern- und Lehrsituationen gibt. Dieses Verständnis wird von Vertreterinnen und Vertretern einer Inklusionspädagogik (z.B. Jantzen, Boban, Hinz) infrage gestellt. Von ihnen wird argumentiert, dass die Schaffung einer Kategorie «besonderer» pädagogischer Bedürfnisse eine künstliche Abgrenzung ist. Dieser Argumentation folgend ist jedes Kind besonders und hat auch besondere pädagogische Bedürfnisse im Vergleich zu anderen Kindern. Eine besondere Pädagogik für eine bestimmte Gruppe von Kindern ist demzufolge nicht nur unnötig, sondern vor allem mit negativen Konsequenzen wie Stigmatisierung, systematischer Unterforderung und Diskriminierung verbunden. Einfacher formuliert: Wenn die allgemeine Pädagogik gut genug für alle Schülerinnen und Schüler ist, braucht es keine Sonderpädagogik.

Von sonderpädagogischer Seite her kann dagegen argumentiert werden, dass es pädagogische Bedürfnisse einzelner Kinder gibt, die das in der Praxis bestehende Schulsystem überfordern. Eine adäquate Förderung dieser Kinder erfordert spezielles Know-how, besondere Rahmenbedingungen oder spezifische Ressourcen, die üblicherweise in der Schule nicht zur Verfügung stehen und die für den grössten Teil der Schülerinnen und Schüler auch nicht notwendig und nicht angemessen sind.

Mit der Gegenüberstellung dieser beiden Argumentationen ergeben sich zwei wesentliche Fragen für die Praxis:

1. Wie können «besondere» pädagogische Bedürfnisse definiert werden, und wie unterscheiden sich Schülerinnen und Schüler von solchen ohne besondere pädagogische Bedürfnisse?
   — Eine mögliche Antwort auf diese erste Frage ergibt sich über einen bio-psycho-sozial definierten Behinderungsbegriff, wie dies zum Beispiel eine Begriffsdefinition auf der Basis der ICF leistet. ➡ Siehe auch Kapitel Hollenweger.
2. Wie können Schülerinnen und Schüler mit besonderen pädagogischen Bedürfnissen gefördert werden, ohne sie Nachteilen wie Stigmatisierung, Unterforderung oder Diskriminierung auszusetzen? In welchen Situationen brauchen einzelne Lernende bzw. einzelne Gruppen von Lernenden spezifische Anpassungen des Unterrichts? Wie können solche Situationen aussehen? Welche Handlungsmöglichkeiten haben Lehrpersonen, um in solchen Situationen ohne die genannten Nachteile intervenieren zu können?
   — Eine mögliche Antwort auf die zweite Frage ist die inklusive Umsetzung sonderpädagogischer Förderung und das Lernen in Kooperation am Gemeinsamen Gegenstand im inklusiven Unterricht der Regelschule. ➡ Siehe auch Kapitel Müller Bösch und Schaffner Menn.

Aufbau des Studienbuchs

Es geht in diesem Buch um besondere Situationen in der Schule, im Unterricht. Das Studienbuch unterstützt einen Unterricht für alle, ohne Ausschluss von Lernenden, und hat damit vor allem Massnahmen in konkreten Unterrichtssituationen und damit auf der Mikroebene des Bildungssystems (vgl. Fend, 2006) im Fokus. Daneben werden Handlungsmöglichkeiten auf der Mesoebene (Schuleinheit und professionelle Zusammenarbeit im Team) sowie Aspekte auf der personalen Ebene (Einstellungen, Grundhaltungen) aller Beteiligten immer wieder aufgegriffen und ausgeführt.

Das Buch hat zum Ziel, sonderpädagogische Grundlagen in kompakter Form zu vermitteln und Handlungsmöglichkeiten im Unterricht aufzuzeigen. Es orientiert sich in allen Bereichen des Buches

ICF: Umweltfaktoren

nicht an den Defiziten des Kindes, sondern an Handlungsmöglichkeiten von Lehrpersonen in konkreten Unterrichtssituationen.

Fokussiert werden Handlungsmöglichkeiten in verschiedenen
Situationen im Unterricht, in denen unterschiedliche besondere Bedürfnisse bei einzelnen oder mehreren Lernenden auftreten: Den
besonderen Bedürfnissen von Kindern und Jugendlichen müssen
Lehrpersonen in der Praxis kompetent begegnen können. Lehrpersonen haben den Auftrag, im Unterricht der Vielfalt an Lernvoraussetzungen gerecht zu werden und alle Lernenden zielbezogen zu
fördern. Das Studienbuch orientiert sich hier an einer Vielfalt von
Situationen, welche kategorisiert werden, und an den Handlungsmöglichkeiten von Lehrpersonen im inklusiven Unterricht.

Nach dem einführenden ersten Teil, in dem grundlegende Modelle und Konzepte einer inklusiven Schule besprochen werden,
widmet sich der zweite Teil der Praxis inklusiven Unterrichts: Wie
kann Unterricht didaktisch so gestaltet werden, dass gemeinsamer
Unterricht aller Schülerinnen und Schüler möglich wird?

Als Struktur für den dritten, differenziellen Teil nutzt das Buch die
Internationale Klassifikation der Funktionsfähigkeit, Behinderung
ICF *und Gesundheit (ICF)* der WHO (z.B. in Deutsch erhältlich bei: Deutsches Institut für Medizinische Dokumentation und Information
«DIMDI» 2005). ➥ Siehe auch Kapitel Hollenweger. Entlang der Kapitel der Domain *Aktivität und Partizipation* werden Handlungsmöglichkeiten im Unterricht aufgezeigt:

— Handlungsmöglichkeiten im Bereich des Lernens und der
   Wissensanwendung
— Handlungsmöglichkeiten im Bereich Spracherwerb und
   Begriffsbildung
— Handlungsmöglichkeiten im Bereich der Kommunikation
— Handlungsmöglichkeiten im Bereich Mobilität
— Handlungsmöglichkeiten im Bereich Aufgaben und Anforde-
   rungen
— Handlungsmöglichkeiten im Bereich interpersonelle Inter-
   aktionen und Beziehungen
— Handlungsmöglichkeiten im Bereich Selbstversorgung
— Handlungsmöglichkeiten im Bereich Gemeinschaft, soziales
   und staatsbürgerliches Leben

Literatur

Baumert, J., Kunter, M. (2006). Professionelle Kompetenz von Lehrpersonen. *Zeitschrift für Erziehungswissenschaft, 9(4)*, 469–520.

Bildungsdirektion des Kantons Zürich (2011). *Förderplanung.* Kanton Zürich: Bildungsdirektion.

Diezi-Duplain, P. (2011). Modelle und Verfahren von Förderplanung . In: R. Luder, R. Gschwend, A. Kunz, A. und P. Diezi-Duplain (Hrsg.), *Sonderpädagogische Förderung gemeinsam planen. Grundlagen, Modelle und Instrumente für die Praxis* (S. 105–128). Zürich: Verlag Pestalozzianum.

Engestrom, Y. (1987*). Learning by expanding: An activity-theoretical approach to developmental research* (with the Introduction to the German Edition). Helsinki: Orientakonsultit. Zugriff am 26.2.2014 unter: http://lchc.ucsd.edu/MCA/Paper/Engestrom/expanding/toc.htm

Engestrom, Y. (1999). Activity theory and individual and social transformation. In: Engestrom, Y., Miettinen, R. und Punamäki, R.-L. (Hrsg.). *Perspectives on Activity Theory* (S.19–38). Cambridge University Press, Cambridge.

Hinz, A. (2009). Inklusive Pädagogik in der Schule – veränderter Orientierungsrahmen für die schulische Sonderpädagogik!? Oder doch deren Ende? *Zeitschrift für Heilpädagogik, 60 (5),* 171–179.

Hengartner, E., Hirt, U., Wälti, B. und Primarschulteam Lupsigen (2006). *Lernumgebungen für Rechenschwache bis Hochbegabte.* Zug: Klett.

Kunz, A., Luder, R., Gschwend, R. und Diezi-Duplain, P. (2012). Schulische Integration, Rollenverständnis, -konflikte. Rollenklärung für eine gemeinsame, interdisziplinäre Förderplanung. *Schweizerische Zeitschrift für Heilpädagogik, 18 (9),* 5–12.

Kunz, A., Gschwend, R. (2011). Kooperation im Rahmen der Förderplanung. In: R. Luder, R. Gschwend, A. Kunz, A. und P. Diezi-Duplain (Hrsg.). *Sonderpädagogische Förderung gemeinsam planen. Grundlagen, Modelle und Instrumente für die Praxis* (S. 105–128). Zürich: Verlag Pestalozzianum.

Kunz, A., Gschwend, R., Luder, R. (2011). Webbasierte interdisziplinäre Förderplanung bei auffälligem Verhalten. *Schweizerische Zeitschrift für Heilpädagogik, 8 / 2011,* 19–26.

Leidner, M. (2012). *Verschiedenheit, besondere Bedürfnisse und Inklusion. Grundlagen der Heilpädagogik.* Hohengehren: Schneider.

Luder, R., Gschwend, R., Kunz, A., Diezi-Duplain, P. (Hrsg.) (2011). *Sonderpädagogische Förderung gemeinsam planen. Grundlagen, Modelle und Instrumente für die Praxis.* Zürich: Verlag Pestalozzianum.

Plösser, M. (2013). Diversity. *Vierteljahresschrift für Heilpädagogik und ihre Nachbargebiete, 82 (1),* 60–63.

Ramírez Moreno, M. (2010). *Leporello Zusammenarbeit in der Sekundarstufe.* Zürich: Schulamt der Stadt Zürich.

Deutsches Institut für Medizinische Dokumentation und Information «DIMDI» . (2005). *Internationale Klassifikation der Funktionsfähigkeit, Behinderung und Gesundheit (ICF).* Zugriff am 26.2.2014 unter: www.dimdi.de/static/de/klassi/icf/index.htm

Deutsches Institut für Medizinische Dokumentation und Information «DIMDI». (2010). Internationale Klassifikation der Krankheiten (ICD-10). Zugriff am 26.2.2014 unter: www.dimdi.de/dynamic/de/klassi/downloadcenter/icd-10-who/version2011/systematik/

Leonardi, M., Bickenbach, J., Ustun, T. B., Kostanjsek, N. und Chatterji, S. (2006). The definition of disability: what is in a name? *The Lancet, 368,* 1219–1220.

UNESCO (2005). *Guidelines for Inclusion: Ensuring Access to Education for All.* Paris: UNESCO.

Links

ICF (WHO): http://www.who.int/classifications/icf/en/
ICF über DIMDI: http://www.dimdi.de/static/de/klassi/icf/

Schulsysteme und Behinderung

Kai Felkendorff und Reto Luder

Leserinnen und Leser mögen sich angesichts der Überschrift dieses Kapitels fragen: «Wieso Schulsysteme und *Behinderung?* Viele Schülerinnen und Schüler haben halt Lernschwierigkeiten oder Verhaltensprobleme, sind lernzielbefreit in bestimmten Fächern – ist es da angebracht, gleich von Behinderung zu reden?» Auch viele Schülerinnen und Schüler, denen *besondere pädagogische* oder gar *sonderpädagogische* Bedürfnisse oder Förderbedarfe attestiert wurden, denen ein Schulausschluss wegen *Schulunfähigkeit* droht, die schulinterne Logopädie oder Nachteilsausgleiche für eine Dyslexie bei der Aufnahmeprüfung ins Gymnasium in Anspruch nehmen, würden von sich sagen: «Ich bin doch nicht behindert!»

Behinderung   Doch ist es der Begriff der Behinderung (englisch: «disability»), der sich im Bildungswesen international etabliert hat als Oberbegriff für die hier zur Diskussion stehenden Phänomene. Er fungiert als *ein* Kernbegriff für die Analyse von Ungleichheiten im Hinblick auf Bildungs- und Lebenschancen, für die Analyse von Ex- und Inklusionsprozessen und -regeln und für die Entwicklung der Programmatik einer menschenrechtlich begründeten «Bildung für alle» (Allemann-Ghionda, 2013, insbes. S. 126 ff.). «Disability», seltener «dis/ability»
Ability und Disability   oder, noch seltener und scheinbar neutral formuliert: «ability»[1], bezeichnen in den gängigen Auflistungen eine der Dimensionen, auf denen Diskriminierung in und Ausschluss aus Bildungsorganisationen oder Bildungssystemen lokalisiert werden.

Auch in neueren deutschsprachigen Einführungs- und Übersichtswerken zum Themengebiet *Schule und Heterogenität,* welche die traditionelle Grenzziehung zwischen Sonderpädagogik und Nicht-Sonder-Pädagogiken überwinden wollen, zeigen sich Bedeutung, Erfolg und Funktion der Behinderungsterminologie. So stellt

---

1   Die UNESCO listet eine ausdrücklich unabgeschlossene Reihe von Differenzdimensionen auf und charakterisiert diese Dimensionen als «gesellschaftlich zugeschriebene oder wahrgenommene»: «The UNESCO Convention against Discrimination in Education (1960) and other international human rights treaties prohibit any exclusion from or limitation to educational opportunities on the bases of socially ascribed or perceived differences, such as sex, ethnic origin, language, religion, nationality, social origin, economic condition, ability, usw.» (UNESCO, 2014).

Sturm (2013, S. 64) «behinderungsbedingte Heterogenität» – nicht jedoch bedarfs- oder bedürfnisbedingte Heterogenität, und auch nicht fähigkeitsbedingte Heterogenität – als eine von vier ausgewählten Differenzdimensionen vor, die «im Kontext von Schule und Unterricht im Zusammenhang mit der eingeschränkten Verwirklichung von Chancengerechtigkeit bestehen».

Dabei ist dieser so erfolgreiche Begriff überaus umstritten: Die Frage, was Behinderung sei, ist ebenso strittig wie die nach der Reichweite des Begriffs: Was zählt dazu, was nicht? Was gerade noch (nicht)? Gleiches gilt für die Legitimität der Verwendung dieses Begriffs: Kann es überhaupt gerechtfertigt sein, jemanden als «Mensch mit Behinderung» zu bezeichnen? Weshalb all dies zur Debatte steht, verdeutlicht Waldschmidt (2010), wenn sie die Position der Disability Studies zusammenfasst: Die «internationalen Disability Studies betonen, dass es sich bei Behinderung nicht um eine eindeutige Kategorie handelt, sondern um einen höchst komplexen, eher unscharfen Oberbegriff, der sich auf eine bunte Mischung von unterschiedlichen körperlichen, psychischen und kognitiven Merkmalen bezieht, die nichts anderes gemeinsam haben, als dass sie mit negativen Zuschreibungen wie Einschränkung, Schwäche oder Unfähigkeit verknüpft werden» (Waldschmidt, 2010, S. 14).

Darf man überhaupt von Behinderung sprechen?

Wie konnte sich ein offenbar so belasteter, unscharfer, abwertender Begriff in Politik und Wissenschaft durchsetzen? Eine mögliche Erklärung liefert seine Mehrdeutigkeit. Diese Mehrdeutigkeit lässt Raum für programmatische, den eigenen Standpunkt reflektierende Aus- und Umdeutungen. Akteure in Politik und Wissenschaft können festhalten: «Behinderung ist für uns nicht A, sondern B» – zum Beispiel kein individuelles Defizit, kein Oberbegriff für irgendwelche negativ konnotierten Merkmale von Personen, sondern einer für Strukturen, Situationen oder Akte der Unterdrückung und des Ausschlusses, für Barrieren aller Art, für reduzierte Teilhabe. Ihren bekanntesten Ausdruck fanden Deutungen, die auf ein neues, anderes Verständnis von Behinderung abstellen, in öffentlichen Äusserungen wie «Ich lasse mich nicht behindern.»

Behinderung ist ein mehrdeutiger Begriff

Im Zuge solcher Rekonzeptualisierungen blieb Behinderung als analytische Kategorie nicht nur weiterhin verwendbar, sondern gewann an Legitimität hinzu. Wer Behinderung zum Beispiel mit *Diskriminierung von Menschen mit Beeinträchtigungen* oder mit *reduzierten Teilhabechancen* in eins setzt, der hält Behinderung für eine geeignete und gerechtfertigte Kategorie für die Beschreibung sozialer Wirklichkeit – und für etwas Unerwünschtes: Er oder sie kann dazu aufrufen, es möge mehr gegen Behinderungen unternommen werden, wie etwa gegen Armut oder Rassismus.

Wissenschaftlerinnen und Wissenschaftler sowie Interessen-
gruppen müssen und dürfen zuspitzen, Dissens herstellen und pflegen, gerade dann, wenn ein so strittiger, deutungsbedürftiger Begriff zur Diskussion steht. Wo hingegen auf der Ebene internationaler
Politik in letzter Zeit Behinderungsbegriffe mit einem Staaten und
Systeme übergreifenden Anspruch zu entwickeln waren, da musste
Konsens hergestellt werden. Die beiden wichtigsten als aktuelle internationale Referenz dienenden Konzeptualisierungen von Behinderung finden sich in der «International Classification of Function-
ICF ing, Disability and Health» (ICF) der Weltgesundheitsorganisation
von 2001 (DIMDI, 2005), ➡ Siehe auch Kapitel Hollenweger, und in
der «International Convention on the Rights of Persons with Disabi-
ICF und BRK lities» der Vereinten Nationen von 2006 (dt. «UN-Behindertenrechtskonvention», kurz: BRK), der ersten Menschenrechtskonvention des
21. Jahrhunderts (UN, 2014).[2]

Beide Dokumente wurden unter breiter Beteiligung von Menschen mit Behinderungen entwickelt. Im Zentrum der Aushandlungsprozesse stand die Entwicklung eines geteilten Verständnisses von
Behinderung, mithin eine *inhaltliche* Klärung. Während die ICF ein
Klassifikationssystem, eine gemeinsame Sprache zur Verfügung
stellt, ist die BRK ein verbindlicher Völkerrechtspakt: Vertragsstaaten
gehen mit der Ratifizierung konkrete Verpflichtungen ein (ausführlich: Bielefeldt, 2011, Degener, 2009, Kälin et al., 2008).[3]

Zu diesen Verpflichtungen gehören die in Pädagogik und Bildungspolitik intensiv diskutierten Verpflichtungen in Artikel 24, ein
«inclusive education system at all levels» sicherzustellen und auch
sicherzustellen, dass Menschen mit Behinderung Zugang haben zu
«inclusive, quality and free primary education and secondary education on an equal basis with others in the communities in which they
live» – in der eigenen Wohngemeinde, gleichberechtigt mit anderen.

Die BRK wird daher nach Blanck, Edelstein und Powell (2013,
S. 268) in manchen Schulsystemen als «exogener Schock» wahrgenommen. Sonderschulen, konstatiert die Juristin Degener, «werden
durch die BRK zwar nicht kategorisch verboten, die systematische
Aussonderung behinderter Personen aus dem allgemeinen Bildungssystem stellt allerdings eine Vertragsverletzung dar» (Degener, 2009, S. 216 f.).

In Artikel 1 Abs. 2 der BRK wird angegeben, wer zu den «persons
with disabilities» zählt: «Persons with disabilities include those who

---

2   Der Volltext der Konvention sowie zahlreiche ergänzende Materialien sind
     verfügbar unter http://www.un.org/disabilities/convention/conventionfull.shtml
     [Abruf am 30.1.2014].
3   Deutschland, Österreich und die Schweiz haben die BRK ratifiziert.

have long-term physical, mental, intellectual or sensory impairments which in interaction with various barriers may hinder their
full and effective participation in society on an equal basis with
others.»

Zugrunde liegt dieser Definition etwas, das man als Rest oder
Vermächtnis eines medizinisch-personzentrierten Modells charakterisieren könnte: «impairment», auf Deutsch «Beeinträchtigung». Es
gibt, so der Wortlaut, Personen, die Beeinträchtigungen *haben*. Dass
Personen eine Beeinträchtigung haben, wird in dieser Behinderungsdefinition vorausgesetzt. Der Begriff der Beeinträchtigung wird
durch die Adjektive «physical», «mental», «intellectual», «sensory»
und «long-term» qualifiziert. Es wird keine «Mindestgrenze hinsichtlich des Schweregrades einer Beeinträchtigung» gesetzt (Kälin et al.,
2008, S. 14). In Schulsystemen häufig diagnostizierte, dauerhafte
Schwierigkeiten im Lesen, Sprechen, Schreiben, Rechnen oder Verhalten sind zweifellos Beeinträchtigungen im Sinne der BRK.

BRK: Beeinträch-
tigung als Vorausset-
zung für Behinde-
rung

Entscheidend ist jedoch, dass «disability» weder als Oberbegriff
zu noch als Folge *von* Beeinträchtigungen konzipiert wird, sondern
als mögliches Ergebnis einer Interaktion von Beeinträchtigungen
mit Barrieren («impairments which in interaction with various barriers …»). Die Bezugsnorm wird, anders als beim Konzept des «impairment», recht genau beschrieben. Es ist eine soziale Bezugsnorm
für individuelle Teilhabe, an der Behinderung zu bemessen ist: «full
and effective participation in society on an equal basis with others.»
Diese Bezugsnorm ist hoch angesetzt und damit leicht zu unter-
schreiten: Ist die Teilhabe («participation») einer Person an der Gesellschaft nicht vollständig («full») oder nicht wirksam («effective»),
dann liegt eine Behinderung vor, sofern dies auf eine Interaktion
von (persönlichen) Beeinträchtigungen mit (externen) Barrieren zurückzuführen ist.

Interaktion von
Beeinträchtigung
und Barrieren

Es wird deutlich: Behinderung im Sinne der BRK ist nicht nur
variabel, da von je vorhandenen Barrieren bestimmt, sondern auch
etwas Problematisches, Unerwünschtes, zu Minimierendes. Behinderung so zu konzipieren bildet nach Ansicht des Menschenrechts-
experten und UN-Sonderberichterstatters Bielefeldt «die Voraussetzung dafür, dass man sie als *strukturelles Unrecht* adressieren
kann» (Bielefeldt, 2011, S. 161; Hervorhebung durch die Autoren).

Behinderung als
strukturelles Unrecht

Das zweite Beispiel für eine auf der Ebene internationaler Politik
ausgehandelten und legitimierten Konzeptualisierung von «Behinderung» bietet die «Internationale Klassifikation der Funktionsfähigkeit, Behinderung und Gesundheit» (ICF) der Weltgesundheitsorganisation (DIMDI, 2005). Folgt man der Behinderungsdefinition der
ICF, dann ist Behinderung «ein Oberbegriff für Schädigungen (Funk-

tionsstörungen, Strukturschäden), Beeinträchtigungen der Aktivität und Beeinträchtigungen der Partizipation [Teilhabe]. Er bezeichnet die negativen Aspekte der Interaktion zwischen einer Person (mit einem Gesundheitsproblem) und ihren Kontextfaktoren (Umwelt- und personenbezogenen Faktoren)» (DIMDI, 2005, S. 271).

Im folgenden Kapitel stellt Judith Hollenweger die ICF ausführlich vor und arbeitet auf der Grundlage der ICF heraus, wie wichtig es für Lehrpersonen ist, «Behinderung» und «Funktionsfähigkeit» in Situationen zu denken, und zwar als ein Kontinuum. Ähnlich argumentiert Weisser (2010, S. 6), wenn er festhält, es handle sich im Falle von Situationen der Behinderung «um *Fähigkeitskonflikte* als Konflikte zwischen dem, was (für jemanden) gerade möglich und

Behinderung als dem, was gerade gefordert wird.» Mit anderen Worten: Fähigkeits-
Fähigkeitskonflikt konflikte sind nicht durch Behinderungen (mit-)determiniert, sondern sie *sind* Behinderung.

Die Frage, wo denn nun genau eine Situation der Behinderung beginne oder aufhöre, lässt sich demnach nicht losgelöst von je gegebenen Umwelten beantworten. «Deren implizite und explizite Anforderungsstrukturen», so der Soziologe Kastl (2010, S. 126), «müssen und können […] auf ihre soziale Bedeutung und Änderbarkeit hin befragt werden», sind jedoch «so real wie Kaffeemaschinen» (ebd.). Wer sich vergewissern möchte, wie real allein die *expliziten* Anforderungsstrukturen des Bildungswesens sind, wird in der baulichen Struktur und der Infrastruktur von Schulgebäuden ebenso fündig wie in Lehrplänen, Lehrmitteln, Testverfahren, in Beschreibungen von Performanz- oder Kompetenz-Standards für fachliche und überfachliche Fähigkeiten, in Beobachtungsinstrumenten zuhanden von Lehrpersonen oder in Schul- und Klassenregeln.

Auch und gerade für Schulsysteme gilt ferner, was Barnartt
Fluidität von (2010) mit ihrem Hinweis auf die «Fluidität von Behinderung» auf
Behinderung den Punkt bringt. Selbst wenn man annimmt, Behinderung sei ein zwar relationaler, aber letztlich *an Personen gebundener* Status – die Rede von *Menschen mit Behinderung* legt dies ebenso nahe wie sämtliche schulisch-administrativen Behinderungskategorien –, so wäre es dennoch irreführend, einen solchen Status als grundsätzlich *permanent* zu verstehen, erst recht innerhalb der Umwelt, die Schulsysteme darstellen. Es gehört schliesslich zum Kernprogramm der Schule, menschliche Fähigkeiten («abilities») als fluide und veränderbar zu betrachten und so weit und so umfassend wie möglich zu fördern, wenn nötig durch kompensatorische Massnahmen, Hilfsmittel oder die Variation von Anforderungen. Dies ist Teil des pädagogischen Auftrags der Schule ➡ Siehe auch Kapitel Luder und Kunz.

Verbessert sich die *Performanz* (im Sinne der ICF) von Schülerinnen und Schülern, weil barrieren- oder individuell-funktionsbe-
zogene Interventionen genau das bewirken, was sie ihrem Anspruch
gemäss oft bewirken sollen, dann kann auch die Grundlage für die
Zuschreibung schulischer Behinderungsstatus entfallen. Wo keine
Fähigkeitskonflikte mehr wahrgenommen werden, weil es einer
Schülerin beispielsweise so zu schreiben, zu lesen, zu rechnen oder
sich zu verhalten möglich geworden ist, wie es den Anforderungen
eines allgemeinen Curriculums oder der anwesenden Personen,
welche Fähigkeitskonflikte zu diagnostizieren hätten, entspricht, da
sollte auch kein Grund mehr bestehen, diese Schülerin als «dyslek-
tisch» oder dergleichen zu klassifizieren.

Ebenfalls auf die überragende Bedeutung wahrgenommener
Fähigkeiten zurückzuführen ist eine Tatsache, die schwerer wiegt als
die der Fluidität von Fähigkeitskonflikten und Behinderungsstatus:
Nicht nur die Anforderungsstrukturen, Ziele und die Förderstrate-
gien von Pflichtschulsystemen sind im Kern fähigkeitsbasiert, sondern auch die formalen Inklusionsregeln ihrer Organisationen. Der
Differenzdimension «ability» kommt in entwickelten, demokra-
tischen Staaten wie der Schweiz, Deutschland, Liechtenstein und
Österreich eine einzigartige Stellung zu: Sie ist die letzte Differenzdimension, entlang derer schulpflichtigen Kindern und Jugendlichen der Zugang zwar nicht zum Schulsystem selbst, wohl aber
der Zugang zu öffentlichen Regelschulen und Regelklassen am eigenen Wohnort zwangsweise verwehrt werden kann. Das sogar dann,
wenn damit eine möglicherweise ungünstigere Entwicklung der
Fähigkeiten und Lebenschancen von Schülerinnen und Schülern in
Kauf genommen wird. Selbst aus Primarschulklassen und aus
Sekundarschulen mit curricularen Grundanforderungen können
Schülerinnen und Schüler dann – und nur dann – ausgeschlossen
werden, wenn ihnen *ganz bestimmte Fähigkeitsdefizite* attestiert
worden sind. Entlang anderer Differenzdimensionen wie etwa Geschlecht oder soziale Herkunft ist ein solcher Ausschluss auf legalem
Wege nicht mehr möglich.[4]

Fähigkeitsdefizite als Grund für Ausschluss

---

4   Pfahl (2010, S. 1 f.) konstatiert: «Das ehemals ständisch legitimierte und organi-
    sierte Bildungswesen nimmt heute den Umweg über (erziehungs-)wissenschaft-
    liche Kategorien des ‹Lernvermögens› bzw. der ‹Kompetenzen› von SchülerInnen,
    aber auch ihrer ‹Defizite›. ‹Individuelle kognitive Defizite›, die eine Segregation von
    Kindern und Jugendlichen legitimieren, wurden dabei im Verlauf des 20. Jahr-
    hunderts zunehmend auch psychologisch (ab 1960er Jahre) und medizinisch (ab
    1990er Jahre) begründet. Die ‹Besonderung› der SchülerInnen in einen ‹Schon-
    raum›, der einer ‹individuellen Förderung› dient, erschwert die Kritik durch
    Wissenschaftler und Betroffene an einer Segregation von Kindern und Jugend-
    lichen, die nach wie vor Merkmalen sozialer Herkunft folgt.»

Berücksichtigt man ferner, dass Schulsysteme *spezifische* Anforderungsstrukturen und Person-Umwelt-Verhältnisse aufweisen, dann wird nachvollziehbar, weshalb Schulsysteme auch spezifische Behinderungsstatus hervorgebracht haben. Sonderpädagogischer Förderbedarf oder individuelle Lernziele zum Beispiel können Menschen nur in ihrer Rolle als Schülerinnen und Schüler attestiert werden – nicht aber Verkehrsteilnehmenden, Frührentnerinnen und Frührentnern oder Personen, die ein barrierefreies Hotelzimmer buchen möchten. Umgekehrt können junge Menschen als Menschen mit Behinderung im Sinne des Sozial- oder Antidiskriminierungsrechts gelten, ohne jemals in Schulsystemen als sonderpädagogisch förderbedürftig klassifiziert zu werden.

Behinderungen, die es nur im Kontext Schule gibt

Die verbreitete Annahme, es existiere eine Gruppe von Menschen mit Behinderung, diese bewegten sich in verschiedenen gesellschaftlichen Teilsystemen, und in Schulsystemen würden diese Menschen eben sonderpädagogisch gefördert, ist unzutreffend. Um die Besonderheiten des Verhältnisses von Schulsystemen und Behinderung verstehen zu können, ist es vielmehr notwendig, mit Powell (2013) von einer eigenständigen – was nicht bedeutet: von anderen Systemen völlig losgelösten – Institution schulischer Behinderung auszugehen. Die Institution der schulischen Behinderung ist gekennzeichnet und getragen durch spezifische politische Diskurse und Rechtssetzungen, durch spezifische Professionen und deren Interessen, spezifische Begrifflichkeiten, Überzeugungen, Organisationsformen, Massnahmentypen, implizite und explizite Normalitätsvorstellungen, Klassifizierungssysteme und Kategorisierungsprozesse (ebd.).

Sonderpädagogik als Institution schulischer Behinderung

Akteure, die die Entwicklung dieser Institution mitbestimmen, verfügen über unterschiedliche Grade an Durchsetzungsfähigkeit, und ihre Interessen und Ideologien stehen oft im Widerspruch zueinander. Während sich beispielsweise ein (fiktiver) Elternverband für ein garantiertes Zugangsrecht aller Schülerinnen und Schüler aus einem Wohngebiet in die jeweilige örtliche Primarschule einsetzen und verbindliche Normen sowie Ressourcen zur Umsetzung dieses Anliegens fordern mag, mag ein anderer Elternverband sich dem entgegenstellen und sich auf Stellungnahmen einer professionspolitischen Interessengruppe berufen, welche verlauten liess, eine bestimmte Gruppe von Schülerinnen und Schülern könne in Regelschulen wegen ihrer Behinderung nicht angemessen gefördert werden. Ins Spiel kommen womöglich auch politische Parteien, weitere Verbände, Wissenschaftlerinnen und Wissenschaftler– und hoffentlich auch Verbände von Menschen, welche selbst von schulischer Behinderung betroffen sind oder waren.

Literatur

Allemann-Ghionda, C. (2013). *Bildung für alle, Diversität und Inklusion:* Internationale Perspektiven. Paderborn: Schöningh.

Barnartt, S. (2010). Disability as a fluid state: Introduction. In Barnartt, S. (Hrsg.): *Disability as a fluid state.* Research in Social Science and Disability, Volume 5. Bingley: Emerald, S. 1–22.

Bielefeldt, H. (2011). Inklusion als Menschenrechtsprinzip: Perspektiven der UN-Behindertenrechtskonvention. In Moser, V. und Horster, D. (Hrsg.). *Ethik der Behindertenpädagogik. Menschenrechte, Menschenwürde, Behinderung – eine Grundlegung.* Stuttgart: Kohlhammer, S. 149–166.

Blanck, J. M., Edelstein, B. und Powell, J.J.W. (2013): Persistente schulische Segregation oder Wandel zur inklusiven Bildung? Die Bedeutung der UN-Behindertenrechtskonvention für Reformprozesse in den deutschen Bundesländern. *Schweizerische Zeitschrift für Soziologie,* (2), 267–292.

Degener, T. (2009). Die UN-Behindertenrechtskonvention als Inklusionsmotor. *Recht der Jugend und des Bildungswesens,* (2), 200–219.

DIMDI Deutsches Institut für Medizinische Information und Dokumentation (2005). *Internationale Klassifikation der Funktionsfähigkeit, Behinderung und Gesundheit (ICF).* Köln: DIMDI.

Kälin, W., Künzli, J., Wyttenbach, J., Schneider, A. und Akagündüz, S. (2008). *Mögliche Konsequenzen einer Ratifizierung der UN-Konvention über die Rechte von Menschen mit Behinderungen durch die Schweiz.* Gutachten zuhanden des Generalsekretariats GS-EDI / Eidgenössisches Büro für die Gleichstellung von Menschen mit Behinderungen EBGB. Bern: Institut für öffentliches Recht der Universität Bern.

Kastl, J.M. (2010). *Einführung in die Soziologie der Behinderung.* Wiesbaden: VS Verlag für Sozialwissenschaften.

Pfahl, L. (2010). Sonderschulen, Arbeitsmärkte, behindernde Subjektivierung. In Soeffner, H.-G. (Hrsg.). *Unsichere Zeiten. Verhandlungen des 43. Kongresses der DGS.* Bd. 2 (CD-ROM). Frankfurt a.M.: Campus.

Powell, J.J.W. (2013). Kulturen der sonderpädagogischen Förderung und «schulische Behinderung»: Ein deutsch-amerikanischer Vergleich. In Hummrich, M. und Rademacher, S. (Hrsg.). *Kulturvergleich in der qualitativen Forschung. Erziehungswissenschaftliche Perspektiven und Analysen,* (S. 139–154). Halle-Wittenberg: Springer.

Sturm, T. (2013). *Lehrbuch Heterogenität in der Schule.* München, Basel: UTB Reinhardt.

UN (2014). *Convention on the Rights of Persons with Disabilities.* Abgerufen von http://www.un.org/disabilities/convention/conventionfull.shtml

UNESCO (2014). *Inclusive Education: Addressing exclusion.* Abgerufen von http://www.unesco.org/new/en/education/themes/strengthening-education-systems/inclusive-education/

Waldschmidt, A. (2010). Warum und wozu brauchen die Disability Studies die Disability History? In Bösl, E., Klein, A. und Waldschmidt, A. (Hrsg.). *Disability History: Konstruktionen von Behinderung in der Geschichte. Eine Einführung.* Bielefeld: Transcript, S. 13–27.

Weisser, J. (2010). Sozialraumorientierung und Situationen der Behinderung. Über die sozialräumliche Strukturierung von Abhängigkeitsbeziehungen. *Vierteljahresschrift für Heilpädagogik und Ihre Nachbargebiete,* (1), 4–10. doi:10.2378/vhn2010.art01d

ICF als gemeinsame konzeptuelle Grundlage

Judith Hollenweger

Von einer Behinderung betroffene Kinder und Jugendliche erfahren in der Schule oft eine fehlende Passung zwischen Anforderungen und ihren eigenen Handlungsmöglichkeiten. *Behinderung* bedeutet immer sowohl *behindert sein* als auch *behindert werden*. Traditionelle Behinderungskategorien suggerieren hingegen unveränderliche Eigenschaften und entziehen sich somit einer situativen Analyse. Die «Internationale Klassifikation der Funktionsfähigkeit, Behinderung und Gesundheit» (ICF) bietet die Grundlage für ein neues, adäquateres Verständnis. Die ICF und die Version für Kinder und Jugendliche (ICF-CY) basieren auf einem bio-psycho-sozialen Verständnis: sie analysieren Behinderungen also nicht nur als Probleme des Körpers, sondern auch als Probleme der Aktivitäten einer Person und des Einbezogenseins in Lebenssituationen. Die ICF sieht diese drei Aspekte der Funktionsfähigkeit in Abhängigkeit von Umweltfaktoren und von personbezogenen Faktoren. Das Modell und die Klassifikation der ICF sollen im Folgenden vorgestellt und anhand von Beispielen ausgeführt werden. Besondere Aufmerksamkeit wird dabei einem besseren Verständnis des Zusammenwirkens dieser Komponenten in spezifischen Situationen gegeben. Auf dieser Grundlage gelingt es besser, die Lebenssituation der betroffenen Kinder oder Jugendlichen zu verstehen und die schulischen Anforderungssituationen anzupassen. Dies ist Voraussetzung dafür, dass Kinder mit Behinderungen am Lernen und Zusammenleben in der Schule partizipieren können.

«Behinderung» neu denken

Unterricht ist dann gut, wenn alle daran beteiligten Kinder optimal profitieren können für ihre Entwicklung und Bildung. Eine Schule für Alle, ist eine Schule, in der alle Schülerinnen und Schüler gemeinsam leben und lernen. Dabei sind der Lehrplan, die Lehrmittel, Aufgaben und Unterrichtsmaterialen wichtige Orientierungspunkte. Bei

Kindern und Jugendlichen mit Behinderungen können hier allerdings Schwierigkeiten auftreten, weil sie erwartete Voraussetzungen
nicht mitbringen oder unerwartete Bedürfnisse beim Lernen und
Interagieren haben. Wie können Lehrerinnen und Lehrer Unterrichtssituationen planen und gestalten, Hilfen bereitstellen und
Ziele festlegen und überprüfen, sodass alle Schülerinnen und Schüler angesprochen und herausgefordert sind und von den geschaf-
fenen Lerngelegenheiten profitieren können? Dies erfordert hohe
Professionalität, deren Grundlagen im Studium erworben werden
und die sich im Verlaufe der beruflichen Tätigkeit weiterentwickelt.
Erforderlich ist auch ein tragendes Netzwerk verschiedener Fachleute, auf das sich Regellehrpersonen abstützen kann.

Was können Schülerinnen und Schüler am Ende ihrer Schulzeit?
Was nehmen sie mit an Wissen, Kenntnissen und Erfahrungen, wie
viel Selbstvertrauen und Freude am Lernen oder Interesse an Neuem? Damit Lehrpersonen allen Schülerinnen und Schülern ein adä-
quates Lernangebot machen können, schätzen sie laufend die
Voraussetzungen, die gegenwärtige Situation sowie das Potenzial
der einzelnen Kinder und Jugendlichen ein. Doch was ist, wenn ein
Kind eine Behinderung hat? Behinderungen schaffen Unsicherheit
für alle direkt oder indirekt Betroffenen, weil damit andere Lernvoraussetzungen, besondere Anforderungen an Lernsettings, ungewohnte Interaktionsformen sowie Ungewissheit des Bildungserfolgs verbunden sind. Diese Unsicherheit kann nur reduziert werden,
wenn Lehrpersonen ein besseres Verständnis der Situation des Kindes gewinnen als Grundlage für ihr eigenes Handeln. Traditionelle
Behinderungsbegriffe wie geistige Behinderung, Lernbehinderung,
Körperbehinderung oder ähnliche Konzepte sind wenig hilfreich,
denn sie fokussieren nur auf das, was eine Lehrperson meist nicht
ändern kann. Doch auch im schulischen Kontext verwenden immer
noch viele Fachpersonen ausschliesslich Begriffe wie Down-Syndrom, geistige Behinderung, Aufmerksamkeitsdefizit-Hyperaktivi-
tätsstörung (ADHS), Verhaltensstörung, Lernbehinderung oder
Autismus, wenn es darum geht, Schwierigkeiten zu erklären. Mit
der Bestimmung einer Störung glaubt man zu wissen, was das Kind
hat, was dem Kind fehlt und wie man ihm helfen kann. Oft bewirken
solche Feststellungen genau das Gegenteil: Lehrpersonen fühlen
sich hilflos, weil sie aus solchen Diagnosen keine Informationen ziehen können, die ihnen neue Handlungsmöglichkeiten aufzeigen.
Komplexe Schwierigkeiten werden auf eine oft nicht einmal klar de-
finierbare Eigenschaft des Kindes reduziert; problematische Situationen und Probleme zwischen Menschen werden zu einem Problem des Kindes gemacht.

Traditionelle Behinderungs-begriffe sind wenig hilfreich

Alle wirklich wichtigen Informationen betreffend Planung, Durchführung und Auswertung von Unterricht sind in diesen Begriffen nicht mehr sichtbar: Welche Aufgaben kann das Kind bewältigen respektive wie muss diese anpasst werden, damit es sie bewältigen kann? Mittels welcher Lehr-Lern-Settings kann es sich am besten am Unterricht beteiligen? Wie lassen sich Ziele setzen und deren Erreichung beurteilen respektive wie können Rückmeldungen zu Lernen, Leistungen und Entwicklung gegeben werden? Was kann beispielsweise Sarah besonders gut? Wie kann Tobias motiviert werden? Wo brauchen die von einer Behinderung betroffenen Kinder Unterstützung und wo müssen sie herausgefordert werden? Wann lernen sie besser alleine als mit der Hilfe von Klassenkameraden? Wie lässt sich der Klasse erklären, weshalb Ivana beim Schreiben einer Prüfung mehr Zeit erhält? Hinter Diagnosen verschwindet fast alles, was Lehrpersonen über Kinder mit Behinderungen wissen müssen.

Damit Lehrpersonen sich gegenüber Kindern mit Behinderungen als wirksam erleben, müssen sie einen neuen Zugang zum Verstehen der Situation betroffener Kinder entwickeln. Krankheiten und Störungen (Diabetes, Autismus, Down Syndrom) zu heilen oder zu behandeln, gehört nicht zum Berufsauftrag von Lehrpersonen. In manchen Fällen ist es zwar wichtig zu wissen, dass eine Krankheit vorliegt, weil bestimmte Verhaltensweisen oder Bedürfnisse mit dieser zusammenhängen können. Wichtig ist insbesondere ein gutes Verständnis dazu, wie sich eine Schädigung oder Krankheit auf die Beteiligung am Unterricht und am Schulleben auswirkt. Für die Handlungsfähigkeit von Lehrpersonen ist es indessen vor allem wichtig zu verstehen, was an Behinderungen tatsächlich nicht beeinflusst und was durch Lehr-Lern-Prozesse verändert werden kann.

Wie können Lehrpersonen Behinderungen so verstehen, dass sich Handlungsmöglichkeiten eröffnen statt verschliessen? Wie Behinderung in diesem Sinne neu gedacht werden kann und was das für Lehrpersonen und ihre Arbeit bedeutet, ist Gegenstand dieses Beitrags. Behinderungen sind Einschränkungen oder Besonderheiten, die beim Ausführen von Handlungen, beim Bewältigen von Situationen oder beim Problemlösen und Lernen wirksam werden. Behinderungen sind keine fixen Eigenschaften von Personen, sondern das Ergebnis eines komplexen Zusammenspiels zwischen Charakteristiken einer Person und ihrer Umwelt. Behinderungen sind situativ zu verstehen; denn sie werden immer in ganz bestimmten Situationen sichtbar, wenn etwa bestimmte Anforderungen an das betroffene Kind gestellt werden. Das Planen und Gestalten von Situationen sind Kernaufgaben von Lehrpersonen, und sehr oft sind sie auch direkt an Lernsituationen mitbeteiligt. Genau

hier müssen die Informationen zu allfälligen Behinderungen einfliessen können.

Die Weltgesundheitsorganisation (WHO) hat 2001 zur besseren
Erfassung von Behinderungen eine neue Klassifikation verabschiedet und allen ihren Mitgliedsländern zur Anwendung empfohlen.
Die «Internationale Klassifikation der Funktionsfähigkeit, Behinderung und Gesundheit» (International Classification of Functioning,
Disability and Health, ICF) und deren Version für Kinder und Jugendliche (Children and Youth Version, ICF-CY, WHO, 2011) bauen auf
einem neuen Verständnis von Behinderung auf. Die ICF bringt Ordnung in die bisherigen Behinderungsbegriffe und ermöglicht es, für
alle Fachpersonen und Betroffenen eine gemeinsame Sprache zu
entwickeln. Sie trennt Krankheiten und andere Gesundheitsprobleme von den Komponenten der Funktionsfähigkeit. Gesundheitsprobleme werden mit der «Internationalen Klassifikation der
Krankheiten» (International Classification of Diseases, ICD) separat
erfasst, wobei die ICD vor allem in medizinischen Arbeitskontexten
verwendet wird. Mit der ICF können Probleme auf der Ebene des
Körpers, der Handlungsfähigkeit der Person und der Beteiligung an
Situationen unterschieden werden. Immer mitgedacht werden die
Kontextfaktoren, sowohl seitens der Umwelt (Umweltfaktoren) als
auch seitens der beteiligten Personen (personbezogene Faktoren).
Damit liegen die Grundlagen vor für ein besseres Verständnis der
Situation eines Kindes mit Behinderungen. Im Folgenden sollen die
wichtigsten Eigenschaften der ICF, ihre Bedeutung für ein neues Ver-
ständnis von Behinderungen in der Schule und für die Handlungsmöglichkeiten von Lehrpersonen dargestellt werden.

ICF – International
Classification
of Functioning,
Disability and Health

Behinderung

Philosophie und Modell der ICF

Die ICF und ICF-CY basiert auf einem bio-psycho-sozialen Verständnis von Behinderung. Damit wird deutlich gemacht, dass Behinderungen nicht einfach auf eine Störung oder ein körperliches Problem
reduziert werden können. Behinderungen müssen unter der Perspektive des Körpers (z.B. Funktionen des Hörens), der Aktivitäten
des Individuums (z.B. Fähigkeit, gesprochene Sprache zu verstehen)
und der Beteiligung an sozialen Situationen (z.B. im Klassenzimmer
dem Unterrichtsgeschehen folgen) betrachtet werden. «Behinderung» wird also nicht mit einer vorliegenden Schädigung der Körperfunktionen (Sehfunktionen) oder der Körperstrukturen (Retina)
gleichgesetzt, auch die Fähigkeiten der Person (Zuschauen, Lesen)

ICF baut auf einem
bio-psycho-sozialen
Verständnis von
Behinderung auf

und ihre Beteiligung an verschiedenen Lebenssituationen (Schulweg bewältigen, sich am Unterricht beteiligen) werden berücksichtigt. Das ist besonders wichtig, wenn es darum geht, Schwierigkeiten bei der Beteiligung in der Schule zu verstehen; denn nicht alle
Schwierigkeiten ergeben sich zwingend aus einer bestimmten Schädigung.

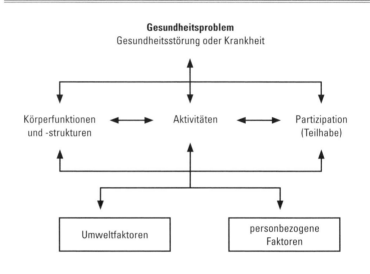

ABBILDUNG 1_Modell der ICF und der ICF-CY

Das Modell der ICF (Abbildung 1) berücksichtigt dieses bio-psycho-
soziale Verständnis, indem es Körperfunktionen und -strukturen,
Aktivitäten und Partizipation als drei getrennte, aber zu einander in
Beziehung stehende Konstrukte definiert. ➥ Siehe Kapitel Felkendorff und Luder. Sie alle können von dem vorliegenden Gesundheitsproblem, aber auch von den Kontextfaktoren (Umweltfaktoren,
personbezogene Faktoren) beeinflusst werden und umgekehrt. Mit
Gesundheitsproblem sind Krankheiten oder Störungen gemeint,
wie sie in der internationalen Klassifikation der Krankheiten erfasst
werden. Down-Syndrom, Autismus oder Zerebralparese werden als
solche Gesundheitsprobleme verstanden. Umweltfaktoren sind
äussere Einflüsse, während personbezogene Faktoren als der betroffenen Person immanent oder zugehörig verstanden werden, wie
etwa das Alter oder das Geschlecht (vgl. Kapitel 3 und 6.). Der Begriff Behinderung selber taucht im Modell nicht auf, weil Behinde-

rung als das Ergebnis dieser komplexen Interaktion verstanden wird.

In der ICF wird Funktionsfähigkeit und Behinderung als Kontinuum verstanden, auf dem alle Menschen sich zu einem bestimmten Zeitpunkt in ihrem Leben befinden. Alle Menschen erleben Gesundheitsprobleme, und wer genug lange lebt, wird früher oder später mit Einschränkungen der Funktionsfähigkeit konfrontiert. Deshalb ist die Sprache der ICF universell, sie beschreibt Dimensionen der Funktionsfähigkeit, die für alle Menschen relevant sind. Wenn sich alle auf einem Kontinuum zwischen Funktionsfähigkeit und Behinderung verorten können, gibt es auch keine eindeutige Trennung zwischen behindert und nicht behindert. Ist ein Kind extrem introvertiert oder ist es autistisch? Ist es expansiv und dominant oder ist es aggressiv und verhaltensgestört? Ist es verträumt und mehr an Fussball statt Mathematik interessiert oder ist es lernbehindert? Ist es einfach schlecht in der Rechtschreibung oder hat es eine Lese-Rechtschreibstörung? Entscheidungen in die eine oder andere Richtung werden nach bestimmten Kriterien und mit bestimmten Absichten getroffen, diese können auch von Fachperson zu Fachperson unterschiedlich sein.

Kontinuum zwischen Funktionsfähigkeit und Behinderung

Die universelle Sprache der ICF erleichtert die interdisziplinäre Zusammenarbeit, weil sie nicht ausschliesslich auf medizinische, psychologische oder soziale Probleme fokussiert, sondern diese in einer gemeinsamen Systematik erfasst. Augenärztin, Regellehrperson und Schulische Heilpädagogin haben je eine spezifische Sicht auf die Situation des Kindes und konzentrieren sich auf diejenigen Aspekte der Behinderung, die primär mit ihrem Wissen und ihren Aufgaben in Zusammenhang stehen. Wenn sie sich auf die ICF und die ICF-CY als gemeinsame Sprache verständigen, können sie ihre Beobachtungen und Überlegungen gemeinsam verorten und integrieren. Nicht nur für eine umfassendere und differenziertere Beschreibung von Behinderungen ist das bio-psycho-soziale Modell der ICF hilfreich, sondern auch für das Planen von Massnahmen. Die Handlungsmöglichkeiten der verschiedenen Fachpersonen sowie der Eltern und des Kindes selber können so bei der Umsetzung von gemeinsam vereinbarten Zielen koordiniert werden.

ICF als universelle Sprache zur Unterstützung der interdisziplinären Zusammenarbeit bei der Förderplanung

Für das Handeln von Lehrpersonen besonders wichtig ist, dass die ICF nicht die Eigenschaften von Personen ins Zentrum stellt, sondern die Lebenssituationen, in denen Menschen sich befinden. Dadurch wird eine Perspektive gewählt, die Lehrpersonen Handlungsmöglichkeiten eröffnet. Niemand kann die Eigenschaften einer anderen Person ändern, aber auf Situationen haben alle Beteiligten einen Einfluss. Durch die Veränderung unseres Handelns können

Partizipation wir Situationen verändern und die Umwelt so gestalten, dass Lernen unterstützt und gefördert wird. Das Konstrukt der Partizipation ist deshalb für Lehrpersonen besonders zentral. Je besser Lehrpersonen verstehen, welche Faktoren die Partizipation in der jeweiligen Situation wie beeinflussen, desto eher werden sie den Unterricht optimal gestalten können. Statt sich auf nicht veränderbare Schädigungen, bestimmte Eigenschaften oder Dispositionen zu konzentrieren, wird so der Blick auf das gelenkt, was verändert werden kann. Im Folgenden sollen die Grundlagen dargelegt werden, die Lehrpersonen helfen, ihre Handlungsmöglichkeiten in konkreten Situationen auf dem Hintergrund von vorhandenen Behinderungen auszuloten und optimal zu nutzen.

ICF: Umweltfaktoren
beeinflussen
die Partizipation und
Aktivitätsmöglich-
keiten von Menschen

Funktionsfähigkeit und Behinderung

Wie bereits erwähnt, erleben alle Menschen während ihres Lebens vorübergehende oder anhaltende Beeinträchtigungen ihrer Fähigkeit, an einem guten Leben teilzuhaben. Manchmal stehen Beziehungsprobleme im Vordergrund, manchmal fehlen die notwendigen Ressourcen, manchmal ist man krank, und manchmal ist man einfach müde und niedergeschlagen. Probleme gehören zum Leben, und wir alle müssen mit ihnen leben; Schülerinnen und Schülern geht es nicht anders. Oft stehen schwierige Lebenssituationen nicht im Zusammenhang mit Gesundheitsproblemen, sondern mit Krisen in der Familie, mit kritischen Lebensereignissen oder Problemen im schulischen Alltag. Verfügt ein Kind nicht über die erwarteten Kompetenzen, sollte zuerst gefragt werden, ob es genügend Gelegenheiten gehabt hatte, diese zu erwerben. Erst wenn mangelnde Gelegenheiten und andere Ursachen ausgeschlossen werden können, kann eine Behinderung in Betracht gezogen werden. Einige Kinder und Jugendliche sind aufgrund ihrer Lebenssituation oder kritischer Lebensereignisse, aufgrund ihrer Prädisposition oder eines Gesundheitsproblems besonders vulnerabel. Lange andauernde Einschränkungen der Funktionsfähigkeit können zu Behinderungen führen, dabei wirken alle Faktoren, die im ICF-Modell dargestellt sind, zusammen (Abbildung 1). Um diese Dynamik zu verstehen, ist es wichtig, die verschiedenen Dimensionen von Funktionsfähigkeit und Behinderung zu kennen. Auf sie soll in diesem Abschnitt näher eingegangen werden.

Die Komponenten der Funktionsfähigkeit und Behinderung (Körperfunktionen und -strukturen, Aktivitäten und Partizipation) stehen in einem komplexen Wechselspiel untereinander. Der Selbstorganisation und -regulation des Individuums kommt dabei eine hohe Bedeutung zu; die Beziehungen zwischen den Komponenten sind vielfältig. Mit der ICF werden komplexe Verursachungskonstellationen nicht einseitig auf Krankheiten reduziert, sondern in ihrer bio-psycho-sozialen Mehrdimensionalität erkundet. Die Komponente des Körpers besteht aus zwei Klassifikationen: eine erfasst die Funktionen der Körpersysteme und eine deren Strukturen: «Körperfunktionen sind die physiologischen Funktionen von Körpersystemen (einschliesslich psychologische Funktionen)»; «Körperstrukturen sind anatomische Teile des Körpers, wie Organe, Gliedmassen und ihre Bestandteile» (WHO 2011, 34). Mit dem Begriff Schädigung wird eine Beeinträchtigung einer Körperfunktion oder -struktur bezeichnet. Die Komponente der Aktivitäten und Partizipation umfasst alle Lebensbereiche, welche die verschiedenen Aspekte der Funktionsfähigkeit aus individueller respektive gesellschaftlicher Perspektive beschreiben: «Eine Aktivität ist die Durchführung einer Aufgabe oder einer Handlung (Aktion) durch einen Menschen». «Partizipation [Teilhabe] ist das Einbezogensein in eine Lebenssituation». «Beeinträchtigungen der Aktivität sind Schwierigkeiten, die ein Mensch haben kann, die Aktivität durchzuführen». «Eine Beeinträchtigung der Partizipation [Teilhabe] ist ein Problem, das ein Mensch im Hinblick auf sein Einbezogensein in Lebenssituationen erleben kann» (ebd.).

Komponenten von Funktionsfähigkeit und Behinderung

1. Mentale Funktionen
2. Sinnesfunktionen und Schmerz
3. Stimm- und Sprechfunktionen
4. Funktionen des kardiovaskulären, hämatologischen Immun- und Atmungssystems
5. Funktionen des Verdauungs-, des Stoffwechsel- und des endokrinen Systems
6. Funktionen des Urogenital- und der reproduktiven Systems
7. Neuromuskuloskeletale und bewegungsbezogene Funktionen
8. Funktionen der Haut und der Hautanhangsgebilde

ABBILDUNG 2_Kapitelüberschriften zur Klassifikation der Körperfunktionen

Die ICF unterteilt innere Bedingungen und Einflussfaktoren entlang von Körperfunktionen und -strukturen, Aktivitäten und personbezo-

gene Faktoren und äussere Bedingungen dagegen entlang von Umweltfaktoren. Dabei nicht erfasst werden die subjektiven Empfindungen, Wünsche und Interpretationen der betroffenen Person,
welche das Erleben dieses Einbezogenseins beeinflussen. Partizipation ist abhängig von inneren und äusseren Bedingungen und ihrem Wechselspiel; auf diese Zusammenhänge wird unten näher eingegangen. Die Körperfunktionen werden wie folgt unterteilt (vgl.

ICF: Körper-
funktionen

Abbildung 2); (1) Mentale Funktionen, (2) Sinnesfunktionen und
Schmerz, (3) Stimm- und Sprechfunktionen, (4) Funktionen des kar-
diovaskulären, hämatologischen Immun- und Atmungssystems, (5)
Funktionen des Verdauungs-, des Stoffwechsel- und des endokrinen
Systems, (6) Funktionen des Urogenital- und reproduktiven Sys-
tems, (7) Neuromuskuloskeletale und bewegungsbezogene Funk-

ICF: Körper-
strukturen

tionen sowie (8) Funktionen der Haut und der Hautanhangsgebilde.
Die Körperstrukturen orientieren sich an den gleichen Körpersystemen. Die ICF unterscheidet zwischen Aktivitäten und Partizipation,
um den Unterschied zwischen den individuellen Leistungsfähigkeiten oder Kompetenzen und der in der aktuellen Umwelt gezeigten
Leistung oder der Performanz zu unterscheiden. Sie werden jedoch

ICF: Aktivitäten
und Partizipation

entlang der gleichen neun Lebensbereiche erfasst: (1) Lernen und
Wissensanwendung, (2) Allgemeine Aufgaben und Anforderungen,
(3) Kommunikation, (4) Mobilität, (5) Selbstversorgung, (6) Häusliches Leben, (7) Interpersonelle Interaktionen und Beziehungen, (8)
Bedeutende Lebensbereiche, sowie (9) Gemeinschafts-, soziales
und staatsbürgerliches Leben (Abbildung 3). «Erziehung/Bildung»
ist einer der drei «bedeutenden Lebensbereiche» (neben «Arbeit
und Beschäftigung» sowie «Wirtschaftliches Leben»), die im achten
Kapitel zusammengefasst dargestellt werden.

1. Lernen und Wissensanwendung
2. Allgemeine Aufgaben und Anforderungen
3. Kommunikation
4. Mobilität
5. Selbstversorgung
6. Häusliches Leben
7. Interpersonelle Interaktionen und Beziehungen
8. Bedeutende Lebensbereiche
9. Gemeinschaft, soziales und staatsbürgerliches Leben

ABBILDUNG 3_Kapitelüberschriften zur Klassifikation der Aktivitäten und Partizipation

Partizipationsbeeinträchtigungen sind im schulischen Kontext zentral, denn dort setzt der Auftrag der Schule an. Die Schule stellt nicht eingeschränkte Funktionsfähigkeiten wieder her, sondern sie erweitert die Partizipationsmöglichkeiten der Schülerinnen und Schüler und entwickelt sie weiter. Lehrerinnen und Lehrer sind Fachpersonen für Lernen und Lehren, also für die Veränderung von Verhaltensweisen und die Erweiterung der Fähigkeiten zur kompetenten Bewältigung unterschiedlichster Situationen. Gesundheitsprobleme können die Partizipationsmöglichkeiten beeinträchtigen. Deshalb ist es wichtig, dass Lehrpersonen auch die mit Krankheiten verbundenen Einschränkungen der Körperfunktionen kennen. Hier braucht es jedoch weniger ein systematisches Wissen zu allen möglichen Problemen, als spezifische Kenntnisse bezüglich konkret betroffener Schülerinnen und Schüler. Wichtig ist es für Lehrpersonen, den Einfluss von Problemen auf der Ebene der Körperfunktionen in den verschiedenen Situationen, an denen das betroffene Kind sich beteiligt, nicht zu über- oder unterschätzen. Denn auch Kinder mit einer Sinnes- oder körperlichen Beeinträchtigung können hochbegabt sein, und wer schlecht und langsam spricht, muss deswegen nicht in seiner kognitiven Funktionsfähigkeit eingeschränkt sein. Andererseits können bereits leichte Hörschädigungen im Klassenverband dazu führen, dass betroffene Kinder ohne entsprechende Massnahmen dem Unterricht nicht folgen können.

Wie das Wechselspiel zwischen Körperfunktionen und -strukturen, Aktivitäten und Partizipation im Einzelfall genau zu verstehen ist, kann oft nicht eindeutig festgestellt werden. Auffälliges Verhalten kann durch biologische Faktoren ausgelöst werden, es kann aber auch das Ergebnis einer über längere Zeit erfahrenen Einschränkung der Partizipation sein. Verschiedene Fachleute, die Eltern und das Kind selber können das auch unterschiedlich einschätzen. Gerade deshalb ist es wichtig, dass alle Beteiligten sich hierzu austauschen und verschiedene Hypothesen in Betracht ziehen; dabei kann das ICF-Modell als gemeinsame Grundlage dienen. Es muss allerdings sichergestellt werden, dass das für die Interpretation und das Verstehen notwendige Wissen tatsächlich verfügbar ist. Was etwa eine Gehörlosigkeit für die Funktionsfähigkeit – und insbesondere für die Beteiligung am Unterricht bedeutet – kann eine Regellehrperson in den meisten Fällen nicht abschliessend einschätzen.

Kontext mitdenken: Umweltfaktoren und personbezogene Faktoren

Neben den Komponenten der Funktionsfähigkeit und Behinderung umfasst die ICF auch zwei Komponenten zur Beschreibung des Kontextes, in welchem Funktionsfähigkeit und Behinderung erfasst werden: die Komponente «Umweltfaktoren» und die Komponente «personbezogene Faktoren», anders gesagt die äusseren und inneren Einflüsse auf die Funktionsfähigkeit und Behinderung. Beide Komponenten interagieren mit Körperfunktionen und -strukturen, Aktivitäten und Partizipation. Wenn es um Behinderung geht, denken viele Menschen an Eigenschaften von Personen und weniger an die Umstände, in denen eine Behinderung wirksam wird. Es sind aber genau diese Umstände, welche durch die Lehrperson verändert werden können. Ein gutes Verständnis dieser Dynamik ist deshalb von sehr grosser Bedeutung. Im Folgenden soll näher auf die Kontextfaktoren eingegangen werden. Insbesondere soll aufgezeigt werden, wie sie in konkreten Situationen zusammenspielen, und es soll deutlich gemacht werden, wie diese Situationen besser verstanden werden können. Denn im Verstehen von Situationen liegt der Schlüssel für ihre Veränderung und für die optimierte Gestaltung zukünftiger Situationen.

Alles, was eine Person umgibt, sie beeinflusst und von ihr beeinflusst wird, ist Teil ihrer Umwelt. In der ICF werden Umweltfaktoren wie folgt definiert: «Umweltfaktoren bilden die materielle, soziale und einstellungsbezogene Umwelt, in der Menschen leben und ihr Leben gestalten» (WHO 2011, 44). Darunter werden alle Faktoren erfasst, die «ausserhalb» des Individuums liegen, und für Funktionsfähigkeit und Behinderung als wichtig erachtet werden. Dies ist einerseits die unmittelbare, persönliche Umwelt, andererseits sind es aber auch die sozialen Strukturen, Dienste und Gesetze, die einen Einfluss auf Individuen haben. Diese Faktoren können alle Komponenten der Funktionsfähigkeit und Behinderung positiv oder negativ beeinflussen. Die Umweltfaktoren sind in fünf Kapitel gegliedert (Abbildung 4): 1. Produkte und Technologien, 2. Natürliche und vom Menschen veränderte Umwelt, 3. Unterstützung und Beziehungen, 4. Einstellungen, sowie 5. Dienste, Systeme und Handlungsgrundsätze (WHO 2011, 228 ff.). Die Umweltfaktoren können als Förderfaktoren oder als Barrieren wirken. Meistens kann ihre positive oder negative Wirkung nicht absolut, sondern nur situativ bestimmt werden. So kann eine überbehütende Mutter in den Lebensbereichen «Selbstversorgung» und «Häusliches Leben» ein Förderfaktor sein, weil sie das Kind sehr gut betreut, ihm beim Ankleiden und Essen

ICF: Personbezogene Faktoren

ICF: Umweltfaktoren

hilft usw. Auf der anderen Seite kann die intensive Unterstützung durch die Mutter zur Barriere werden, wenn es darum geht, dass das Kind lernt, mit «Allgemeinen Aufgaben und Anforderungen» selbstständig umzugehen.

1. Produkte und Technologien
2. Natürliche und vom Menschen veränderte Umwelt
3. Unterstützung und Beziehungen
4. Einstellungen
5. Dienste, Systeme und Handlungsgrundsätze

ABBILDUNG 4_Kapitelüberschriften zur Klassifikation der Umweltfaktoren

Adäquate Lehrmittel und Kommunikationstechnologien, aber auch Rollstühle oder Medikamente sind Teil des ersten Kapitels der Umweltfaktoren in der ICF; Klima, Licht, Laute und Geräusche, Luftqualität sowie Flora und Fauna gehören zum zweiten Kapitel. Sowohl beim dritten wie beim vierten Kapitel geht es um andere Menschen. Das dritte Kapitel konzentriert sich darauf, wie Menschen andere unterstützen und in welchem Bezug sie dabei zueinander stehen. Hier steht das soziale Netz im Zentrum; fokussiert wird auf die Qualität und die Quantität der Beziehungen. Im vierten Kapitel geht es hingegen um Einstellungen und Haltungen von einzelnen Bezugspersonen (z. B. Regellehrperson), von Gruppen (z. B. Klassenkameraden) oder der Gesellschaft. Einstellungen können auch ihre Wirkung entfalten, ohne dass eine direkte Beziehung vorhanden ist. Sie zeigen sich auch indirekt in fehlendem Verständnis für die Situation anderer Menschen. Kinder mit Behinderungen nicht unterrichten wollen, hat also gemäss ICF zwei unterscheidbare Komponenten: erstens die fehlende Unterstützung oder die Ablehnung einer Beziehung und zweitens die Einstellungen, Werte oder Weltanschauungen. Das fünfte Kapitel nimmt die verschiedenen Systeme mit ihren Dienstleistungen und Handlungsgrundsätzen in den Fokus, etwa das Bildungs- oder Gesundheitssystem sowie das Transportwesen oder die Rechtspflege.

Umweltfaktoren müssen in Bezug auf bestimmte Situationen erfasst und verstanden werden, denn es wäre unmöglich, immer alle irgendwie vorhandenen Umweltfaktoren zu berücksichtigen. Wichtig sind diejenigen, welche in einer bestimmten Situation für die betreffende Person von Bedeutung für ihre Funktionsfähigkeit

Beispiele zu den Umweltfaktoren in der ICF

sind. Der Pollengehalt in der Luft ist nur für Kinder mit einer Allergie ein relevanter Umweltfaktor; die Treppen im Schulhaus sind nur für Kinder mit körperlichen Einschränkungen problematisch, und fehlende Therapieangebote sind nur ein Barriere, wenn sie benötigt werden. Andere Barrieren sind jedoch weniger leicht zu benennen, weil sie nicht direkt beobachtet werden können, sondern sich aus Einstellungen und Handlungen anderer Personen ergeben. Das Schweizerische Behindertengleichstellungsgesetz schreibt vor, dass Menschen mit einer Behinderung nicht benachteiligt werden dürfen (Artikel 1) und dass Kinder mit Behinderungen eine Grundschulung erhalten sollen, die ihren besonderen Bedürfnissen angepasst ist (Artikel 20). Doch wie genau sollen Lehrpersonen ihren Unterricht gestalten, damit dies sichergestellt wird? Hier gibt es keine einfachen Anpassungen oder standardisierte Lösungen; im Zentrum steht die Frage, wie weit die Lehrperson ihre Handlungsmöglichkeiten wahrnimmt und diese auf die Situation der Schülerinnen und Schüler abstimmen kann.

Lehrpersonen selbst sind Umweltfaktor

Es ist eine ungewohnte Perspektive; aber auch die Lehrperson selbst ist ein Umweltfaktor, der als Förderfaktor oder als Barriere wirken kann. Geht eine Lehrerin davon aus, dass ein Kind mit Down-Syndrom nie lesen und schreiben lernen wird, wird dies sich in der Unterrichtsorganisation und in der geleisteten Unterstützung zeigen. Weil Kinder sich entwickeln und in der Schule neue Kompetenzen aufgebaut werden, hat die Lehrperson nicht nur einen Einfluss auf die gegenwärtige, sondern auch auf die zukünftige Funktionsfähigkeit. Und hier genau setzt die Professionalität der Lehrperson an. Ihre Aufgabe ist es, gegenwärtige (Unterrichts-)Situationen so zu gestalten, dass dadurch Partizipation ermöglicht wird. Was wir von anderen Menschen halten und was wir ihnen zugestehen, ist einerseits Privatsache, auch für Lehrerinnen und Lehrer. Andererseits sind für die Berufsausübung relevante unreflektierte Vorurteile nicht mit professionellem Handeln vereinbar. Entsprechend müssen Lehrpersonen die berufsrelevanten Kompetenzen entwickeln, damit sie ihre Handlungsmöglichkeiten wahrnehmen können. ➡ Siehe auch Kapitel Luder, Kunz und Müller Bösch. Auf Fragen wie «Wo überfordere ich ein Kind, wo unterschätze ich es?», «Wo schliesse ich Lern- und Entwicklungsmöglichkeiten aus, obwohl die Zukunft immer ungewiss ist?», müssen mit der Unterstützung von weiteren Fachpersonen Antworten gefunden werden. ➡ Siehe auch Kapitel Luder und Kunz.

Personbezogene Faktoren

«Personbezogene Faktoren sind der spezielle Hintergrund des Lebens und der Lebensführung eines Menschen und umfassen Gegebenheiten des Menschen, die nicht Teil ihres Gesundheitsproblems oder -zustands sind» (WHO, 2011, 45). Gemeint sind hier Faktoren wie Geschlecht, Alter, Lebensstil oder sozialer Hintergrund sowie «allgemeine Verhaltensmuster und Charakter» (ebd.). Die personbezogenen Faktoren sind zwar Teil des ICF-Modells, sind aber nicht in der ICF klassifiziert. Dies hat damit zu tun, dass je nach Gesundheitsproblem die Abgrenzung zwischen Behinderungen und personbezogenen Faktoren unterschiedlich eingeschätzt wird. Zum Beispiel werden Probleme mit sozialen Interaktionen als Teil der eingeschränkten Aktivitäten bei einem Asperger-Syndrom verstanden. Die damit verbundene soziale Zurückgezogenheit wird somit als Teil der Funktionseinschränkung verstanden. Wird als primäres Gesundheitsproblem jedoch die durch Retinitis Pigmentosa verursachte Schädigung der Sehfunktionen betrachtet, dann wird dazu tendiert, die soziale Zurückgezogenheit als eine Charaktereigenschaft (Introversion) zu beurteilen. Was als Lebenshintergrund und was als Teil der Funktionsfähigkeit und Behinderung erachtet wird, ist deshalb nicht unabhängig von der Situation des betroffenen Menschen zu unterscheiden.

Ein weiterer Grund, weshalb die WHO bisher keine Klassifikation zu den personbezogenen Faktoren entwickelt hat, liegt in der unterschiedlichen Einschätzung dieser Faktoren in verschiedenen Kulturkreisen. Aufmüpfiges Verhalten von Mädchen wird in egalitären Kulturen toleriert, in patriarchalischen Kulturen jedoch pathologisiert und unterdrückt. Was in stark individualisierten Gesellschaften als Selbstbehauptung und Durchsetzungsfähigkeit gefördert wird, gilt in kollektiven Gesellschaften als egoistisch und antisozial. Was als personbezogene Faktoren identifiziert wird und wie diese eingeschätzt werden, hängt also stark von der sozialen Umwelt, den vorherrschenden Einstellungen und Erwartungen ab. Auch im Alltag lassen sich bei anderen Menschen festgestellte und als besonders wichtig identifizierte Eigenschaften letztlich nicht von der beurteilenden Person trennen. Ob eine Lehrperson sich durch das Clownverhalten eines Kindes gestört fühlt, oder ob sie dieses lustig und kreativ findet, hat vor allem mit der Lehrperson zu tun. Auch Erwartungen der Lehrpersonen werden von personbezogenen Faktoren der Schülerinnen und Schüler beeinflusst. Vor allem die Bedeutung des Geschlechts und der sozialen Herkunft wird in diesem Zusammenhang immer wieder erwähnt. Weil es immer andere Menschen braucht, um personbezogene Faktoren festzustellen, lassen sich letztlich Umweltfaktoren und personbezogene Faktoren nicht wirklich voneinander trennen.

Diesen Einfluss und Zusammenhänge zu kennen und zu verstehen ist wichtig; aber noch wichtiger ist es, die richtigen Schlüsse daraus zu ziehen und entsprechend zu handeln. Behinderungen existieren nicht unabhängig von Situationen, in denen sie sich zeigen. In Situationen kommen bestimmte Bedingungen und bestimmte Anforderungen zusammen und diese können verändert werden. Und genau hier setzen die Handlungsmöglichkeiten von Lehrpersonen an: Es geht für sie primär darum, Situationen so zu verändern, dass die gestellten Anforderungen besser bewältigt werden können. Zum Beispiel erhält ein blindes Kind einen Text digital und kann ihn so mit seiner Software für Sprachausgabe hören statt lesen. Die Anforderung, den Inhalt eines bestimmten Textes zu verstehen, wurde nicht verändert, nur die Situation, in welcher diese Anforderung gestellt wird. Als zweite Möglichkeit können auch die Anforderungen verändert werden, etwa durch Unterstützung beim Bewältigen einer Aufgabe oder mittels einfacherer Aufgaben. Zu beurteilen ob die Situation, die Anforderungen oder beides zu ändern sei, ist alles andere als einfach. Hier setzt die Beratung durch entsprechende Fachleute an. Notwendige Anpassungen möglichst entwicklungs- und lernfördernd einzusetzen, ist die Aufgabe der Lehrperson sowie weiterer zentraler Bezugspersonen. Wie die ICF helfen kann, Situationen besser zu verstehen als Grundlage für professionelles Handeln, soll im nächsten Kapitel dargelegt werden.

Lehrpersonen können Situationen verändern

Situationen verstehen

Meist unterschätzen wir den Einfluss von Situationen auf das Verhalten des Gegenübers (Argyle et al., 1981); dieses wird viel eher als Ausdruck der Persönlichkeit oder ihrer Eigenschaften und weniger als situativ bedingt verstanden. Es fehlt uns die kontinuierliche Selbsterfahrung des anderen in den unterschiedlichsten Situationen und deshalb das Erleben der situativen Abhängigkeit von Verhalten oder Fähigkeiten. Das zeigt sich auch in unserer Sprache: Sarah ist schwerhörig, Tobias hat ein ADHS und Ivana kann kein Deutsch. Weil uns die direkte Erfahrung des Gegenübers quer durch ganz verschiedene Lebenssituationen fehlt, müssen sich Lehrpersonen bewusst und aktiv um das entsprechende Wissen bemühen. Dafür müssen die jeweils relevanten Elemente aus einzelnen Situationen extrahiert und miteinander verglichen werden. So können die spezifischen Bedingungen, unter welchen Sarah genug hört, Tobias seine Impulsivität kontrollieren und Ivana eine Geschichte verstehen kann, besser erfasst und wo immer möglich für die Planung und Durchführung des Unterrichts genutzt werden.

Situationen lassen sich verändern, nicht jedoch das Verhalten des Anderen; ein gutes Verständnis situativer Eigenschaften und ihrer Bedeutung für das Verhalten des Gegenübers ist deshalb sehr wichtig für Lehrpersonen. Damit Lehrpersonen im schulischen Alltag ihre Aufgaben und ihre Verantwortung übernehmen können, muss es ihnen gelingen, Situationen zu schaffen, in denen Schülerinnen und Schüler sich beteiligen können und dabei etwas Relevantes lernen (Partizipation an Bildung). Zwar haben Lehrerinnen und Lehrer nur beschränkten Einfluss auf Situationen, denn das Gegenüber gestaltet diese mit. Dennoch ist die Planung und Gestaltung von (Unterrichts-)Situationen Kernaufgabe von Lehrpersonen. Es ist deshalb von grosser Bedeutung, die Wirkung von solchen Arrangements auf Schülerinnen und Schüler zu verstehen. Wie bereits oben erwähnt, bietet die ICF die konzeptuellen Grundlagen, um die Funktionsfähigkeit von Menschen in Situationen zu analysieren. Wie die ICF dafür genau verwendet werden kann, soll nun an einem Beispiel (Geschichte erzählen) genauer ausgeführt werden.

Partizipation

Beispiel: eine Geschichte erzählen

Zentrale Aktivitäten aus verschiedenen Lebensbereichen in Situation «Geschichte erzählen»

Lernen und Wissensanwendung
- Kinder: Zuhören, Informationen erwerben, Sprache erwerben, Zusätzliche Sprache erwerben, Aufmerksamkeit fokussieren, Denken
- Lehrperson: Aufmerksamkeit lenken, Lesen

Allgemeine Aufgaben und Anforderungen
- Kinder und Lehrperson: Sein Verhalten steuern

Kommunikation
- Kinder: Kommunizieren als Empfänger gesprochener Mitteilungen
- Lehrperson: Sprechen

Interpersonelle Interaktionen und Beziehungen
- Kinder: Formelle Beziehungen / Mit Autoritätspersonen umgehen
- Lehrperson: Formelle Beziehungen / Mit Untergebenen umgehen

---

ABBILDUNG 5_Analyse der Aktivitäten zu «Der Klasse eine spannende Geschichte erzählen»

Wenn die Lehrperson eine Geschichte erzählt oder vorliest, entsteht eine Situation, in der ihre Stimme, die vorgetragene Geschichte einerseits und die Aufmerksamkeit, das Zuhören und Mitdenken der

Kinder andererseits zusammenwirken. In der Abbildung 5 sind die zentralen Aktivitäten der Beteiligten aufgelistet, welche den Lebensbereichen «Lernen und Wissensanwendung», «Allgemeine Aufgaben und Anforderungen», «Kommunikation» und «Interpersonelle Interaktionen und Beziehungen» zugeordnet werden können. Die gestaltete Situation kann natürlich von unterschiedlicher Qualität oder Intensität sein. Je nach Inhalt der Geschichte und wie begabt und motiviert die Lehrperson beim Erzählen von Geschichten ist, werden die Kinder mehr oder weniger aufmerksam und interessiert zuhören. Umweltfaktoren können dabei einen hemmenden Einfluss haben; etwa wenn es draussen stürmt, der Strom ausfällt, das Lesebuch nicht auffindbar ist, usw. (äussere Faktoren). Es gibt auch situative Faktoren, welche die Partizipationsmöglichkeiten der direkt Beteiligten einschränken, etwa wenn die Lehrperson heiser ist, die Schülerinnen und Schüler aufgeregt sind oder wenn Lehrperson oder Schüler unmotiviert, müde oder in Gedanken ganz woanders sind. Diese inneren Faktoren werden jetzt noch ausgeblendet und erst im nächsten Kapitel näher betrachtet.

In einer Situation wirken immer ganz bestimmte Faktoren zusammen, weil diese eine Bedeutung für die Durchführung einer Handlung oder die Ausübung einer Aktivität haben. Von den unzähligen Umweltfaktoren, die zu jedem Zeitpunkt irgendwie präsent sind, sind immer nur diejenigen bedeutsam, die in einer Situation eine Wirkung entfalten. Und damit externe Faktoren eine Wirkung auf Menschen entfalten können, müssen sie wahrgenommen und verarbeitet werden können. Man kann Situationen deshalb auch als das Zusammenspiel ausgewählter und organisierter Umweltfaktoren verstehen, die jeweils einen Einfluss auf eine Handlung oder Aktivität haben (Abbildung 5). Bei Sarah, Tobias und Ivana wirken sehr unterschiedliche Aspekte der Situation «Einer Geschichte zuhören» hemmend. Für Sarah ist die Aktivität «Zuhören» schwierig, weil ihre «Funktionen des Hörens» (Körperfunktionen) eingeschränkt sind; deshalb kann sie in der Klassensituation mit vielen Nebengeräuschen, der schlechten Akustik des Schulzimmers und der niedrigen Lautstärke der Stimme der Lehrperson (Umweltfaktoren) nicht partizipieren. Für Tobias bereitet die Aktivität «Zuhören» keine grundsätzlichen Probleme, dennoch hat er Schwierigkeiten bei der Partizipation beim «Zuhören», weil er seine Aufmerksamkeit nur über kurze Zeit fokussieren kann (Aktivität) und sein Arbeitsgedächtnis (Körperfunktion) noch wenig trainiert ist. Ivana hingegen hat weder Schwierigkeiten mit der Lautstärke der Lehrerstimme noch mit der Länge der Geschichte, sie hat einfach die Schulsprache noch nicht erworben («Zusätzliche Sprache erwerben») und ver-

Definition einer Situation

steht deshalb die Geschichte nicht («Kommunizieren als Empfänger gesprochener Mitteilungen»). Sie ist also in ihrer Partizipation eben-falls eingeschränkt, aber nicht wegen einer Funktionseinschrän-kung, sondern weil sie eine andere Erstsprache hat.

Wenn die Lehrperson die Funktionseinschränkungen oder Parti-zipationsprobleme einzelner Schülerinnen und Schüler kennt, kann sie antizipierend die Situation für diese Kinder verändern, sodass diese die zur Partizipation notwendigen Handlungen oder Akti-vitäten ausüben können: Für Sarah, die nicht gut hört, kann eine FM-Anlage verwendet werden, welche die Stimme der Lehrperson direkt auf das Hörgerät der Schülerin überträgt. Die Situation wird dabei für die Lehrperson nur unwesentlich geändert; sie trägt ein-fach ein Mikrofon; für Sarah bedeutet diese Veränderung jedoch den Unterschied zwischen beteiligt sein oder nicht beteiligt sein. Tobias, der im Unterricht oft unaufmerksam ist, ist noch sehr jung und des-halb impulsiver als die älteren Mitschüler und Mitschülerinnen. Bil-der können ihm helfen, die lange Aufmerksamkeitsspanne, die es braucht, um die ganze Geschichte nur über das Gehör zu erfassen, in kürzere Sequenzen zu unterteilen und so die Aufmerksamkeit im-mer wieder auf die Geschichte zu lenken. Ivana, die die Schulsprache noch nicht genügend versteht, um die vorzulesende Geschichte zu verstehen, kann von den gleichen Bildern profitieren, weil diese Hinweise zu den Inhalten geben. Die Lehrperson könnte Ivana auch vorgängig die wichtigsten Begriffe aus der Geschichte zur Verfü-gung stellen, sodass sie diese zusammen mit ihrer Lernpartnerin vorbesprechen oder alleine nachschlagen kann. Verschiedene Um-weltfaktoren (FM-Anlage, Bildmaterial, Wörterbuch, Unterstützung durch Mitschülerin) können also verwendet werden, um die Partizi-pation von Sarah, Tobias und Ivana zu verbessern (Abbildung 6).

Wechselspiel zwischen Umwelt-faktoren und der Funktionsfähigkeit

Bis vor wenigen Jahren war es nach vorherrschender Meinung am besten, Kinder in Sonderschulen oder Sonderklassen zu schu-len, wenn sie andere Lernbedingungen benötigen. Heute weiss man, dass sie dort nicht bessere Lernfortschritte machen, unter dem sozialen Ausschluss leiden und später schlechtere Berufschancen haben (Bless, 2007, Eckhart et al., 2011). Denn alle Kinder partizipie-ren grundsätzlich an den gleichen Lebensbereichen (Abbildung 3) und benötigen die gleichen Gelegenheiten, um Aufgaben bewälti-gen oder Aktivitäten ausüben zu lernen: Wer nie an Situationen be-teiligt ist, in denen es um die Aktivität «Lesen lernen» geht, der wird auch nie lesen lernen. Kinder lernen nicht besser, wenn man das Bildungsangebot und ihre Erfahrungsmöglichkeiten einschränkt, im Gegenteil. Wenn Lehrpersonen ein gutes Verständnis von vorhan-denen Funktionseinschränkungen haben, können sie abschätzen, in

Für jeweilige Aspekte der Funktionsfähigkeit relevante Umweltfaktoren:

Für die Partizipation/Beteiligung von Sarah
- «Produkte und Technologien zur Kommunikation» (FM-Anlage) verbessert «Funktionen des Hörens» und ermöglicht somit «Zuhören»

Für die Partizipation/Beteiligung von Tobias
- «Produkte und Technologien für Bildung/Ausbildung» (Geschichte in Bildern) verbessert «Aufmerksamkeit fokussieren», «Sein Verhalten steuern» und «Informationen erwerben»

Für die Partizipation/Beteiligung von Ivana
- «Produkte und Technologien für Bildung/Ausbildung» (Geschichte in Bildern) verbessert «Informationen erwerben» und «Kommunizieren als Empfänger gesprochener Mitteilungen»
- «Produkte und Technologien für Bildung/Ausbildung» (Wörterbuch) verbessert «Informationen erwerben» und «Sprache erwerben»
- Unterstützung durch «Peers» verbessert «Informationen erwerben»

ABBILDUNG 6_ Unterschiedliches Zusammenspiel von Umweltfaktoren und Funktionsfähigkeit

welchen Situationen Kinder mit hoher Wahrscheinlichkeit Partizipationseinschränkungen erfahren. Diese können permanent durch eine stabile Schädigung verursacht sein (z.B. Schwerhörigkeit bei Sarah), als vorübergehende Phänomene in der Entwicklung der Fähigkeiten auftreten (Impulsivität bei Tobias) oder primär mit ihrer besonderen Lebenssituation zusammenhängen (Migrationshintergrund bei Ivana). Lehrpersonen müssen also fähig sein, (1) die Anforderungen zu antizipieren, welche bestimmte Situationen an die Funktionsfähigkeit der Schülerinnen und Schüler stellen. Sie müssen zudem (2) die Fähigkeiten des Kindes in Bezug auf die gestellte Aufgabe oder Herausforderung einschätzen können. Vor diesem Hintergrund können sie sich (3) überlegen, wie sie eine Situation verändern können, damit sie vom Kind bewältigt werden kann (Abbildung 7). Welche Strategien dabei erfolgreich sind, kann nicht in jedem Fall vorhergesagt werden; hier kann es notwendig sein, die Beratung durch eine Fachperson in Anspruch zu nehmen. Es ist wichtig, verschiedene Strategien und Anpassungen auszuprobieren; denn direkt bei der Behebung des Defizites anzusetzen (Abbildung 7, Punkt 3.f.), ist meist nicht die beste Methode. Die Orientierung an der ICF kann helfen, verschiedene Zugänge zu identifizieren und entsprechende Handlungsmöglichkeiten zu prüfen.

Schritte zur Anpassung von Situationen

Schritte zur Anpassung von Anforderungssituationen:

1. *Anforderungen von Situationen antizipieren und analysieren können*
   a. Zentrale Aktivitäten im geplanten Kontext
   b. Weitere Aktivitäten, welche die zentralen Aktivitäten unterstützen
   c. Umweltfaktoren, welche zur Ausführung der Aktivitäten gebraucht werden

2. *Funktionsfähigkeit des Kindes in Bezug auf die geplante Situation einschätzen können*
   a. Möglicher Einfluss vorhandener Einschränkungen der Körperfunktionen?
   b. Möglicher Einfluss vorhandener Einschränkungen der Aktivitäten?

3. *Überlegungen machen und Strategien entwickeln zur Anpassung der Situationen*
   a. Barrierefaktoren in der Umwelt reduzieren oder eliminieren
   b. Erleichternde Umweltfaktoren gezielt einsetzen und optimieren
   c. Aktivitäten anpassen, welche die zentrale Aktivität negativ beeinflussen
   d. Zentrale Aktivität anpassen
   e. Alternative Aktivität planen und so eine andere Situation schaffen
   f. Behandlung der Funktionseinschränkung und so die Voraussetzungen
      für Ausführung von Aktivitäten schaffen

ABBILDUNG 7_ Schritte zur Anpassung von Anforderungssituationen

Diese Möglichkeiten sind in der Abbildung 7 (unter 3.) zusammengestellt. Am einfachsten ist es, bei den Umweltfaktoren anzusetzen, die bei der Ausübung von Aktivitäten erschwerend wirken (Barrierefaktoren, 3.a. in Abbildung 7) oder diese erleichtern oder sogar erst ermöglichen (erleichternde Faktoren, 3.b. in Abbildung 7). Ein solch erleichternder Umweltfaktor ist die FM-Anlage oder das Hörgerät für Sarah. So wird das zuvor erheblich ausgeprägte Problem beim Zuhören (zentrale Aktivität) weitgehend vermieden. Weil Hören (Körperfunktion) kein Problem mehr darstellt, kann Sarah der Geschichte zuhören und sich an der von der Lehrperson gestalteten Unterrichtssituation beteiligen. Zweitens kann bei den Aktivitäten angesetzt werden, welche die Qualität der Beteiligung an einer Situation verbessern, ohne dass direkt die fehlende oder beeinträchtigte Funktionsfähigkeit angegangen wird. Hier kann das Beispiel von Tobias angeführt werden; seine Impulsivität wird nicht direkt behandelt (etwa mit Ritalin), sondern es wird eine Situation geschaffen, die das Ausüben verschiedener Aktivitäten unterstützt, indem

eine Sequenzierungshilfe (Geschichte in Bildern) für die lange Zu-
hörphase gegeben wird und so unterstützende Aktivitäten (Abbildung 6) ausgeführt werden können (3.c. in Abbildung 7). Drittens
kann bei der zentralen Aktivität angesetzt werden, also bei den
Aktivitäten, die für die Beteiligung am Unterricht unbedingt bewältigt werden müssen oder Aktivitäten, die direkt in einer Unterrichtssituation geübt oder erlernt werden sollen (3.d. in Abbildung 7). Dieser Zugang wird bei Ivana gewählt, denn sie muss die Sprache verstehen lernen, damit sie sich am Unterricht beteiligen kann. Durch
eine entsprechende Vorbereitung und mittels der Bilder als Gedächt-
nishilfe wird für sie eine Situation geschaffen, welche ihre Betei-
ligungsmöglichkeiten erweitert und damit auch ihre Motivation
stärkt, weiterhin Deutsch zu lernen.

Es gibt aber auch Situationen, an denen ein Kind mit einer bestimmten Funktionseinschränkung sich wirklich nicht beteiligen
kann. Ein gehörloses Kind kann mit einer vorgelesenen Geschichte
nichts anfangen, wenn es keinen Gebärdendolmetscher zur Seite
hat. Wenn keine Gebärdendolmetscher zur Verfügung stehen, muss
die Lehrperson alternative Unterrichtssituationen entwickeln, welche Aktivitäten fordern und fördern, die das Kind tatsächlich auch
erlernen kann (3.e. in Abbildung 7). Nur in ganz wenigen Situationen wird das Kind sich an der zentralen Unterrichtsaktivität auch
mit bestmöglichen Unterstützungen und Modifikationen nicht beteiligen können. Dies ist etwa der Fall bei einem Kind mit schwerwiegenden Einschränkungen der Mobilität (z.B. Tetraplegie) mit Blick
auf die Bildungsziele in Bewegung und Sport. Dann kann der Le-
bensbereich «Mobilität» der ICF hilfreiche Hinweise für alternative
Bildungsziele geben, die in diesem Bereich auch ohne die Aktivität
«Gehen» erreicht werden können. Auf dieser Grundlage kann geplant werden, wie im Kontext des Sportunterrichts, aber auch in anderen Lernsituationen, diese Ziele verfolgt werden können. 3.f. in
der Abbildung 7 kann in allen oben geschilderten Situationen in Betracht gezogen werden. Doch die direkte Behandlung von Funktionseinschränkungen gehört meist in den Aufgabenbereich von
spezifisch dafür ausgebildeten Fachpersonen. Wichtig ist auch bei
therapeutischen Massnahmen, dass diese sich direkt auf die in der
Schule erforderlichen Aktivitäten ausrichten und somit als Teil der zu
planenden Anpassungen und Veränderungen verstanden werden
und nicht als Ersatz für die Partizipation an den Aufgaben und Anforderungen der Schule. Es ist höchst anspruchsvoll, eine solche Situa-
tions-Funktions-Analyse vorzunehmen; hier können ebenfalls Fachpersonen die Regellehrperson unterstützen. Nicht immer ist klar,
wieweit sich Funktionseinschränkungen durch situative Adapta-

tionen verändern lassen. Um das besser einschätzen zu können, kann es hilfreich sein, das Kind nicht in der aktuellen sozialen Situation, sondern im Kontext seiner persönlichen Lebenssituation zu verstehen zu versuchen. Mit einigen Hinweisen dazu soll der vorliegende Beitrag abgeschlossen werden.

Das Kind in seiner Lebenssituation verstehen

In Situationen kommen die inneren und äusseren Lebensumstände von verschiedenen Menschen zusammen. Jede Person bringt ihre eigene Lebensgeschichte (biographischer Kontext) mit in Lebenssituationen, an denen sie beteiligt ist. Jede Lebenssituation ist in einen grösseren sozialen Kontext eingebunden. Um das Verhalten von Menschen in bestimmten Situationen zu verstehen, muss das Wechselspiel zwischen biographischem und sozialem Kontext in den Blick genommen werden. Das Verhalten resultiert immer aus dem Zusammenspiel zwischen äusserer (Umgebung) und einer inneren Situation (Person) (vgl. die Feldtheorie von Lewin; Lewin, 2012). In der ICF wird ein so verstandenes Verhalten mit dem Konzept der «Partizipation» erfasst. Mit Partizipation (Beteiligung) bezeichnet die ICF das Einbezogensein in eine Situation (s. oben), das im Kontext der spezifischen personalen und sozialen Situiertheit realisiert werden kann. Im letzten Kapitel stand die Situierung der Funktionsfähigkeit in einer bestimmten Unterrichts- oder Anforderungssituation im Zentrum, nun sollen einige Überlegungen zur Situierung von Funktionsfähigkeit im aktuellen Lebenszusammenhang des Kindes angefügt werden. Im letzten Kapitel stand das Wechselspiel zwischen Umweltfaktoren und Funktionsfähigkeit im Zentrum, in diesem Kapitel hingegen geht es um das Wechselspiel zwischen den personbezogenen Faktoren und der Funktionsfähigkeit.

Wechselspiel zwischen den personenbezogenen Faktoren und der Funktionsfähigkeit

Selbstverständlich werden in der Schule immer wieder auch Beteiligungseinschränkungen bei Schülerinnen und Schülern sichtbar und wirksam, die primär mit der ausserschulischen Lebenssituation zu tun haben. Dazu gehören vorübergehende Situationen, wie etwa Müdigkeit einer Schülerin oder eines Schülers, Trauer wegen des Verlusts eines Familienmitglieds oder Irritationen und Ablenkbarkeit wegen Streitigkeiten unter den Lernenden. Es gibt aber auch im familiären Umfeld Situationen, die durch das Zusammenwirken verschiedener Umweltfaktoren über lange Zeit wirken und so die Funktionsfähigkeit und die Behinderung des Kindes nachhaltig beeinflussen können. Um die Lebenssituation des Kindes zu verstehen, muss also die Funktionsfähigkeit des Individuums auch im Kontext seiner bisherigen Erfahrungen verstanden werden, es muss eine biographische Kontextualisierung vorgenommen werden. Dafür müssen die offensichtlichen personbezogenen Faktoren wie Alter und Geschlecht berücksichtigt werden, aber auch jene, die permanente Spuren in der Persönlichkeit und Identität des Kindes hinterlassen, wie etwa Temperament, Dispositionen, Selbstwirksamkeitsüberzeugungen, Resilienz oder Habitus vor dem Hintergrund der ethnischen und sozialen Herkunft.

Bei der Einschätzung der Funktionsfähigkeit und Behinderung ist es wichtig, sich auch zu deren personalen Situierung Überlegungen zu machen. Der personbezogene Faktor «Alter» ist für die Einschätzung von Funktionsfähigkeit von grosser Bedeutung. Wie erwähnt, ist Impulsivität respektive fehlende Impulskontrolle normal für junge Kinder und kann bei vielen Kindern bis ins Kindergarten- und frühe Primarschulalter beobachtet werden, ohne dass dies als abweichendes Verhalten zu beurteilen ist. Gute Kenntnisse zur Entwicklung der verschiedenen Körperfunktionen und Aktivitäten sind deshalb von grosser Bedeutung. Auch das Geschlecht kann die Funktionsfähigkeit beeinflussen, einerseits durch direkte biologische Mechanismen, andererseits vermittelt über soziale Erwartungen und Normen. Die soziale Herkunft ist deshalb von Bedeutung, weil bestimmte Verhaltensdispositionen in den familiären Interaktionsmustern stabilisiert werden. Wächst das Kind zum Beispiel in einer wenig verlässlichen Umwelt auf, in der was heute gesagt wird, morgen möglicherweise keine Geltung mehr hat, hat das Kind wenig Anlass, seine Impulse und Bedürfnisse aufzuschieben, da sich morgen vielleicht schon keine Gelegenheit zu deren Befriedigung mehr bietet. Auch kann es sein, dass Kinder wegen einer Behinderung viele wichtige Lebenserfahrungen nicht machen konnten, etwa weil ihre Eltern sie vor allen schwierigen Situationen schützen wollten. Dies kann sich in mangelnder Konfliktfähigkeit oder sozialer Ängstlichkeit zeigen.

Im Kindesalter sind die personbezogene Faktoren als verschiedene Aspekte des Lebenshintergrundes zu verstehen und nicht als fixe Eigenschaften des Kindes. Veränderte Lebenssituationen haben einen Einfluss auf die dort erfassten Faktoren, sie können durch neue Erfahrungen verändert werden. Die soziale Herkunft ist für Kinder gleichzeitig auch ihre Umwelt. Das Kind bringt seine Lebenssituation mit in die Schule, so wie der Lebenshintergrund der Lehrpersonen ihre Arbeit beeinflusst. Liegen die verschiedenen Lebenslagen sehr weit auseinander, kann es schwierig sein, überhaupt

Die soziale Herkunft ist für Kinder gleichzeitig auch ihre Umwelt

gemeinsam an Situationen zu partizipieren. Durch intensive Eltern-
arbeit ist es möglich, sich über die Lebenssituation des Kindes auszutauschen und gemeinsame Ziele und Massnahmen zu vereinbaren, die gemäss den Möglichkeiten der verschiedenen Lebensräume
(Schule, Elternhaus, Freizeit) umgesetzt werden können. Hier kann
ein gutes situatives Verständnis der Lehrperson nicht nur bei der
Gestaltung von Unterrichtssituationen helfen, sondern auch im Gespräch mit den Eltern. Die weiter oben geschilderten verschiedenen
Analyse- und Handlungsmöglichkeiten (vgl. Abbildung 7) können
auch hier eingebracht werden.

Die ICF bietet keine detaillierten Analysedimensionen für das
Verstehen individueller Lebenslagen. Soweit diese aber bekannt
sind oder erkannt wurden, kann die ICF hilfreich sein beim Verstehen des Zusammenspiels zwischen diesen und der Funktionsfähigkeit des Kindes. Dadurch kann ein besseres Verständnis gewonnen
werden, wie sich die Funktionsfähigkeit und Behinderung bisher
entwickelt hat, welche Aspekte einer Behinderung vermutlich wenig
verändert werden können und mit welchen Anpassungen der Umwelt oder Anforderungssituationen das Kind am besten unterstützt
werden kann. Gerade beim Einschätzen von längerfristigen Entwicklungen oder bei der Formulierung von alternativen Bildungszielen
ist diese biografische Kontextualisierung sehr wichtig. So können
Ziele formuliert werden, die auch erreicht werden können, und alle
Beteiligten können sich auf das konzentrieren, was verändert werden kann, ohne die Aspekte auszublenden, die sich kaum beeinflussen lassen oder deren Beeinflussung nicht zum Auftrag der Schule
gehört. So gelingt es Lehrpersonen besser, mit einer gewissen Ge-
lassenheit die Dinge hinzunehmen, die sie nicht ändern können.
Gleichzeitig aber können sie den Mut finden, das zu ändern, was sie
ändern können. Und hoffentlich entwickeln sie so mit der Zeit auch
eine grössere Sicherheit, das eine vom anderen unterscheiden zu
können.

Literatur

Argyle, M., Furnham, A., Graham, J.A. (1981). *Social Situations.* Cambridge: Cambridge University Press.

Bless, G. (2007). *Zur Wirksamkeit der Integration. Forschungsüberblick, praktische Umsetzung einer integrativen Schulform, Untersuchungen zum Lernfortschritt.* Bern: Haupt.

Eckhart, M., Haeberlin, U., Sahli Lozano, C., Blanc, P. (2011). *Langzeitwirkungen der schulischen Integration. Eine empirische Studie zur Bedeutung von Integrationserfahrungen in der Schulzeit für die soziale und berufliche Situation im jungen Erwachsenenalter.* Bern: Haupt.

Lewin, K. (2012). *Feldtheorie in den Sozialwissenschaften. Ausgewählte theoretische Schriften.* Bern: Hans Huber.

WHO (2011). *Internationale Klassifikation der Funktionsfähigkeit, Behinderung und Gesundheit von Kindern und Jugendlichen (ICF-CY).* Bern: Hans Huber.

Gemeinsame Förderplanung

Reto Luder und André Kunz[1]

Schülerinnen und Schüler mit besonderen pädagogischen Bedürfnissen, die durch das normale schulische Angebot in der Regelklasse nicht ausreichend gefördert werden können, brauchen zusätzliche Hilfe und Unterstützung. In einer inklusiven Schule bedingt dies in der Praxis eine Reihe von notwendigen Anpassungen und Änderungen: Grundsätzliche Konzepte müssen überprüft und gegebenenfalls neu ausgehandelt werden. Beispielsweise muss neu geklärt werden, in welchen Situationen sonderpädagogische Förderung nötig ist, wie diese Unterstützung und Förderung am besten aussehen soll. Eine Einzelperson alleine kann das nicht leisten, verschiedene Fachpersonen müssen dabei effektiv zusammenarbeiten können.

Planung von Förderung für Schülerinnen und Schüler mit besonderen Bedürfnissen, also individuelle Förderplanung oder IEP (individual educational planning) ist eine komplexe Aufgabe, die einerseits als belastend wahrgenommen wird, jedoch andererseits auch zur Professionalisierung beiträgt (vgl. Maag Merki, Kunz, Werner und Luder, 2010). Kummer Wyss (2010, S. 151) weist mit Blick auf eine inklusive Schulpraxis darauf hin, dass ein erfolgreicher Umgang mit Heterogenität intensive Kooperation auf Schul- und Unterrichtsebene verlangt. Auch Meijer (2005) zeigt auf, dass gelingendes kooperatives Fördern einen wichtigen Faktor darstellt, damit der Vielfalt der Lernenden Rechnung getragen werden kann.

Förderplanung (IEP)

Inklusive Schulpraxis verlang Kooperation auf Schul- und Unterrichtsebene

Eine professionelle interdisziplinäre Förderplanung folgt einem klaren Vorgehen und nutzt geeignete Instrumente und Verfahren um die Grundlage für gelingende schulische Inklusion zu schaffen. Förderplanung wird dabei als kontinuierlicher Prozess verstanden, der die Förderung vorbereitet und begleitet. Förderplanung ist vernetzt mit der Unterrichtsplanung und der Planung zusätzlicher Ressour-

---

1 Dieses Kapitel stellt eine Fokussierung des Kapitels «Förderplanung als interdisziplinäre und kooperative Aufgabe» (Luder, 2011) und des Artikels «Schulische Integration, Rollenverständnis, -konflikte. Rollenklärung für eine gemeinsame, interdisziplinäre Förderplanung» (Kunz, Luder, Gschwend und Diezi-Duplain, 2012) dar und wurde teilweise übernommen und bezüglich der professionellen Zusammenarbeit ergänzt und weitergeführt.

cen, die für die Förderung eingesetzt werden sollen. Und schliesslich ist Förderplanung eine Aufgabe, die von allen Beteiligten gemeinsam gelöst werden muss.

Dieses Kapitel bietet einen zusammenfassenden Überblick über die wesentlichsten Aspekte interdisziplinärer Förderplanung. Weiterführende, vertiefte Informationen sind im Studienbuch mit dem Titel «Sonderpädagogische Förderung gemeinsam planen. Grundlagen, Modelle und Instrumente für eine interdisziplinäre Praxis» (Luder, Gschwend, Kunz und Diezi-Duplain, 2011) erschienen.

Förderplanung als zielbezogener Prozess

Zu einer gelungenen Inklusion tragen eine sorgfältige Planung, eine kontrollierte Umsetzung sowie eine anschliessende Evaluation, also Beurteilung, der Förderung massgeblich bei. Dazu müssen die notwendigen pädagogisch-therapeutischen, sozialpädagogischen und evtl. medizinischen Massnahmen sowie der Unterricht zeitlich, organisatorisch und inhaltlich koordiniert werden (Richiger-Näf, 2008). Dabei handelt es sich nicht um einen einmaligen Vorgang, sondern um einen kontinuierlichen Prozess. Die vier beschriebenen Schritte können als Kreislauf verstanden werden (Abbildung 1).

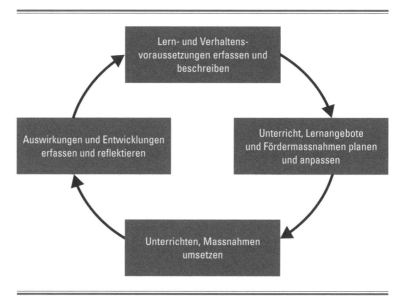

ABBILDUNG 1_ Kreislauf der Förderplanung (vgl. Luder 2011)

Förderplanung umfasst in vier Schritten,

— … wichtige Informationen über das Kind und seine Situation in der Schule und zu Hause zu sammeln (Beobachtungen, Gesprächsnotizen, Lernstandserfassungen usw.) und zu dokumentieren.

— … diese Daten zu analysieren und zu verstehen, um auf der Grundlage dieser Informationen Ziele zu vereinbaren und Massnahmen zur Förderung und Unterstützung für die Erreichung dieser Ziele zu planen.

— … das Handeln und die Realisation des Geplanten zu dokumentieren: wie werden diese Massnahmen umgesetzt?

— … zu prüfen und zu evaluieren, was die Massnahmen bringen, und darüber zu reflektieren, ob die Ziele erreicht wurden.

Dieses Verständnis von Förderplanung als zirkulärer, kontinuierlicher Prozess bildet die Grundlage für dieses Studienbuch. ➡ Siehe Beispiel im Kapitel Brunner. Teilweise wird auch der Begriff Förderdiagnostik gebraucht, und in der internationalen Terminologie ist oft der Begriff Individual Educational Planning (IEP) üblich.

Der zweite Schritt «Unterricht, Lernangebote und Fördermassnahmen planen und anpassen» muss in zwei Teilschritte unterteilt werden. (Abbildung 2).

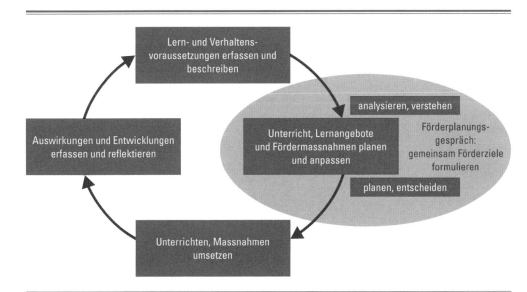

ABBILDUNG 2_ Kreislauf der Förderplanung – ein zielbezogener Prozess (nach Luder, 2011)

In Förderplanungsgesprächen, an welchen alle an der Förderung eines Kindes oder Jugendlichen beteiligten Personen Entscheide bezüglich den Zielen der Förderung sowie den dafür einzusetzenden Massnahmen treffen müssen, lassen sich verschiedene Schritte finden. Im Verfahren «Schulische Standortgespräche» (Hollenweger und Lienhard, 2007) wird als zentrales Element genannt, dass ein gemeinsames Verständnis der Situation erarbeitet wird. Diesem Prozess geht eine Analyse der vorliegenden Informationen voraus.

Situationen zu verstehen ist ein zentrales Element im Förderplanungsprozess

Beide Elemente bilden quasi den ersten Teilschritt *Analysieren und Verstehen.* Beim *Verstehen* geht es vor allem auch darum, die für eine schwierige Lehr-Lern-Situation mitverantwortlichen Umweltfaktoren mit zu berücksichtigen, Barrieren abzubauen und unterstützende Faktoren für die Förderung zu nutzen. ➡ Siehe auch Kapitel Hollenweger. In einem zweiten Teilschritt *Planen und Entscheiden* stehen dann aus diesem gemeinsamen – manchmal in anspruchsvollen Diskussionen errungenen – Verständnis der Situation hergeleitete Förderziele und die wiederum daraus abgeleiteten Massnahmen zur Umsetzung im Zentrum. Die einzelnen Elemente des Förderplanungsprozesses müssen nämlich miteinander verbunden und koordiniert werden. Als wichtigen Kern eines vollständigen Förderplanungsprozesses ist genau für diesen Zweck eine klare Zielorientierung (vgl. Abbildung 2: *gemeinsam Förderziele formulieren)* zu nennen. Dies meint, dass eine individuelle Förderplanung «auf die Zielsetzung der Verminderung oder Überwindung der Lernprobleme des Kindes auszurichten» sind (Luder, Felkendorff, Diezi-Duplain und Kunz 2010). Gute Förderziele im Rahmen einer individuellen Förderplanung ...

— sind aufgrund der Situation indiziert
— erlauben eine Beschreibung des erwünschten Resultats
— stehen untereinander im Zusammenhang
— werden in einer sinnvollen Abfolge angestrebt
— sind in Teilschritte / Feinziele operationalisierbar
— sind auf die aktuelle Lebenswelt und die Zukunft des Kindes ausgerichtet
— und sind beschränkt auf wenige Förderziele.

(Luder et al., 2011, S. 22)

Formulierung guter Förderziele

Zur Formulierung von Förderzielen gibt es bereits gute Hinweise, die sich unterteilen lassen in Hinweise für die Formulierung von Grobzielen (auch Kompassziele genannt), wie dies in interdisziplinären Standortgesprächen (z.B. Schulisches Standortgespräch (SSG) im Kanton Zürich, Hollenweger und Lienhard, 2007) zusammen mit allen Beteiligten üblich ist, und den daraus abgeleiteten

Feinzielen, die von den Fachpersonen anschliessend für die Aufglie-
derung der Grobziele fachspezifisch oder überfachlich formuliert
werden:

— Für die *Formulierung von Grobzielen oder Kompasszielen* ist es
  wichtig, dass mehrere Personen, die an der Förderung beteiligt
  sind, dieses Ziel in ihrem je eigenen Zuständigkeitsbereich verfolgen können. Dies erhöht die Wahrscheinlichkeit, dass auf dieses Ziel auch wirklich hingearbeitet wird. Es lässt sich in mehrere operationalisierte Feinziele und in Teilschritte unterteilen.

— Für die *Formulierung von Feinzielen* kann die SMART-Formel   SMARTE Feinziele
  verwendet werden:

  — SPECIFIC: Sind die Ziele auf einen klar definierten Inhalt,
    eine konkrete Handlung bezogen?
  — MEASURABLE: Sind die Ziele messbar, gut einschätzbar?
  — AMBITIOUS: Sind die Ziele anspruchsvoll, herausfordernd,
    und unter welchen Bedingungen gelten die Ziele?
  — REALISTIC: Sind die Ziele realistisch, erreichbar?
  — TIMED: Sind die Ziele auf einen Zeitraum bezogen?

Wichtig für die Umsetzung ist es, die für die Zielerreichung unterstützenden Bedingungen, bzw. Umweltfaktoren in der Terminologie
der ICF, zu analysieren und zu benennen. Ein Beispiel dazu ist Ivan,   ICF: Umweltfaktoren
ein Junge mit Schwierigkeiten, seine Aufmerksamkeit zu fokussie-
ren und sein Handeln zu planen und komplexe Handlungsabläufe
durchzuführen. Er wird darin unterstützt, sich einen Handlungsplan
zurechtzulegen und die dafür notwendigen Zeiten einzuhalten. Die
entsprechenden Grobziele, Feinziele und unterstützenden Bedingungen sind in Tabelle 1 aufgelistet.

    Die Umsetzung dieser gemeinsam vereinbarten Grob- oder
Kompassziele in den dafür festgelegten Gefässen (Massnahmen
wie z. B. IF oder Unterstützung bei Hausaufgaben durch den Besuch
des Hausaufgabentreffs oder eine spezifische Therapie oder …) wird
dokumentiert. Dies geschieht im Idealfall zielbezogen und wird mithilfe der ICF verortet, um auf diese Weise eine gute Basis für die
Bewertung der Auswirkung dieser Fördermassnahmen zu legen.
Dies kann bedeuten, dass periodisch Beobachtungen situativ und
phänomenologisch beschrieben (Situationen quasi wie ein Film-
script, ohne Interpretationen, beschreiben) und abgelegt werden.
➡ Siehe auch Kapitel Hollenweger. Systeme dazu reichen von Paper-
Pencil (Lienhard-Tuggener, Joller-Graf und Mettauer Szaday, 2011)
bis zu webbasierten Tools (vgl. Kunz, Gschwend und Luder, 2011)
wie die ISD – Interdisziplinäre Schülerdokumentation (www.puls-
messer.ch).

TABELLE 1_ Beispiele von gut formulierten Förderzielen (vgl. Luder, 2011)

Interdisziplinäre vereinbarte «übergeordnete» Ziele (z.B. im SSG): Grob- oder Kompassziele	«Konkret operationalisierte» Ziele aus Förderplänen: Feinziele	Die Zielerreichung unterstützenden Bedingungen (unterstützende Umweltfaktoren)
Ivan nimmt in Rücksprache mit den Eltern selbstständig an sportlichen Aktivitäten teil. (ICF: Allgemeine Aufgaben und Anforderungen)	Ivan besucht während den nächsten vier Wochen das Fussballtraining zweimal in der Woche (erinnert durch die eingeschaltete Handy-Erinnerungsfunktion)	Das Handy wird mit einer Erinnerungsfunktion für die Taschenpacktermine und alle Trainingstermine eingestellt. Die Eltern oder die LP helfen bei Bedarf.
	Ivan schreibt in der Schule einen Plan auf für das Packen einer Sporttasche.	Ein Wochenheft ist normal für alle Kinder der Klasse.
	Ivan stellt seine Sporttasche jeweils bereits beim Mittagessen zusammen.	In der Klasse werden komplexe Handlungsabläufe und Arbeitsaufträge auch schriftlich festgehalten und/oder mit Bildern visualisiert.
	Ivan notiert sich im Wochenheft der Schule zwei Gedanken zu jedem einzelnen Fussballtraining.	
	Ivan reflektiert zweimal innerhalb von vier Wochen seine Erfahrungen mit dem Fussballtraining mündlich mit dem SSA (schulischen Sozialarbeiter).	Die Eltern halten die Trainingsabende frei für Ivan. Der SSA hat Beratungszeiten, die für Ivan erreichbar sind während der Schulwoche.

Wichtig für die Entscheidung darüber, ob eine Massnahme weitergeführt oder sistiert wird, ist eine datengestützte Bewertung des Erreichten pro Ziel. Solche Evaluationsgespräche werden teilweise bereits beim Standortgespräch, wo die Ziele festgelegt werden, terminlich fixiert. Dieses Vorgehen erhöht die Verbindlichkeit und schafft Transparenz.

Professionelle Zusammenarbeit für eine interdisziplinäre Förderplanung

Professionelle Zusammenarbeit

Ein Förderplanungsprozess in der hier beschriebenen Art wird in inter- und intradisziplinärer Kooperation geleistet. Normalerweise sind

neben der Lehrperson auch die Eltern und eine schulische Heilpäda-
gogin oder ein schulischer Heilpädagoge beteiligt sowie, je nach
Situation, weitere Personen wie Therapeutinnen bzw. Therapeuten.
In vielen Fällen ist es sinnvoll, das betroffene Kind oder die betroffenen Jugendlichen selber in die Förderplanung mit einzubeziehen.
Inklusive Förderplanung ist anspruchsvoll. In der Praxis werden die
Lern-Situationen von unterschiedlichen Beteiligten auch sehr unterschiedlich wahrgenommen und interpretiert. Besonders bei den
Vorschlägen, was denn nun gemacht werden sollte, ist man sich oft
nicht einig. Schaut man sich bestehende Förderpläne an, merkt
man, dass es bei den vorgeschlagenen Massnahmen oft weniger
auf inhaltliche Tatsachen wie die Probleme des Kindes und die ange-
strebten Ziele ankommt, sondern mehr auf persönliche Vorlieben
der beteiligten Personen oder darauf, welche Massnahmen gerade
verfügbar sind (Rea-Dickins, 2001; Shriner und Destefano, 2003;
McCormack, Pearson und Paratore, 2007).

Verschiedene Arbeiten liefern Hinweise, wie gute Förderplanung gemacht werden könnte (z.B. Thomas, 1998; Sopko, 2003). Ein
wichtiger Punkt dabei ist, die einzelnen Schritte im Prozess der Förderplanung stimmig und sinnvoll miteinander zu verbinden (Suhrweier und Hetzner, 1993; Buholzer, 2006). Es lassen sich allein aus
der diagnostischen Erfassung von Lernvoraussetzungen nicht einfach Förderziele oder Massnahmen direkt ableiten. «Förderziele
sind kein Ergebnis von Diagnostik, sondern Resultat einer Abma-
chung, in die unter anderem auch Kontextfaktoren, normative Beurteilungen und persönliche Ansichten der beteiligten Personen einfliessen» (Kunz, Luder, Gschwend und Diezi-Duplain, 2012). ➡ Siehe
auch Kapitel von Hollenweger.

Folglich ist es wichtig zu wissen, wo im Prozess der Förderplanung objektive Fakten und verlässliche Informationen gefragt sind
und wo eher subjektive Einschätzungen und gemeinsame Abmachungen. Beides ist nötig, und erst in der sinnvollen Kombination
von beidem entsteht eine Förderplanung, die der Situation gerecht
werden kann. Dies ist eine höchst interdisziplinäre Aufgabe und bezieht auch die Eltern mit ein.

Förderplanung, Unterrichtsplanung und Ressourcenplanung

Förderplanung kann nicht isoliert betrachtet werden. Inklusion von
Kindern mit besonderen pädagogischen Bedürfnissen erfordert,
dass Förderplanung mit der Gestaltung des Klassenunterrichts gemeinsam gedacht wird. Inklusion beginnt nicht beim Schüler oder
bei der Schülerin, sondern bei der Schule. Das heisst insbesondere
in der Zusammenarbeit von Lehrpersonen, Eltern, Heilpädagogin-

nen und Heilpädagogen, Therapeutinnen und Therapeuten und weiteren Beteiligten. Förderplanung fokussiert sich auf der einen Seite stärker auf die Entwicklung des Kindes und seiner Fähigkeiten und strebt die ZNE (Zone der nächsten Entwicklung, vgl. Wygotski, 1987) für eine individuelle Förderung an. Man könnte von einer Entwicklungslogik sprechen als Vorgehensvorschlag für Förderplanung bei einem einzelnen Kind. Unterrichtsplanung orientiert sich auf der anderen Seite dafür klar an den Bildungszielen und den durch Lehrpläne legitimierten Curricula in den einzelnen Fächern und bedient sich dabei einer curricular orientierten Logik bei der Planung von Unterricht für eine ganze Klasse (vgl. Abbildung 3).

Entwicklungslogik und curriculare Logik bei der Planung von Unterricht und Förderung

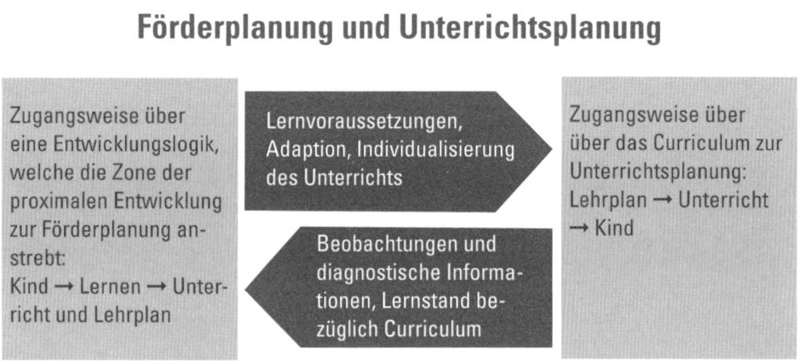

Förderplanung und Unterrichtsplanung

Zugangsweise über eine Entwicklungslogik, welche die Zone der proximalen Entwicklung zur Förderplanung anstrebt:
Kind → Lernen → Unterricht und Lehrplan

Lernvoraussetzungen, Adaption, Individualisierung des Unterrichts

Beobachtungen und diagnostische Informationen, Lernstand bezüglich Curriculum

Zugangsweise über über das Curriculum zur Unterrichtsplanung:
Lehrplan → Unterricht → Kind

ABBILDUNG 3_ Verhältnis einer Entwicklungslogik zu einer curricularen Logik

Davon leiten Lehrpersonen ihre Unterrichtsplanung ab, legen Jahresziele für die ganze Klasse fest und organisieren den Unterricht. Natürlich ist es notwendig, um der Heterogenität in der Klasse gerecht zu werden, dass diese Ziele auf unterschiedlichem Niveau formuliert und leitend werden. Dabei ist jedoch immer das Curriculum im Zentrum. Sollen beide Perspektiven miteinander verbunden werden, so bereichern sich die Sichtweise der Entwicklungslogik und die Sichtweise der curricularen Logik, indem z.B. eine Lehrperson ihren Unterricht plant, diese Planung mit einer SHP bespricht und von dieser ein Feedback erhält, wie einzelne Anpassungen des Unterrichts und oder des verwendeten Materials einem Kind mit besonderen pädagogischen Bedürfnissen helfen könnten, ebendiesem Unterricht zu folgen und davon zu profitieren (vgl. Kornmann, 2010). Dabei gehen die beiden Fachpersonen, die KLP und die SHP

oderTherapeutin, mit je unterschiedlichen Sichtweisen auf ein und
dasselbe Ziel zu: die adäquate kognitive Aktivierung der Lernprozesse beim Kind durch einen adaptiv gestalteten Unterricht.

Förderplanung beinhaltet darüber hinaus aber auch die Zuweisung von Massnahmen, Hilfen und Ressourcen, wie etwa Förder-
lektionen, zusätzliche Therapien oder Beratung (vgl. Abbildung 4).   Ressourcenplanung
Diese Angebote und Massnahmen müssen bezahlt werden. In der   gehört dazu
Praxis kann das zu schwierigen Situationen und Entscheidungen
führen, weil unter Umständen nicht alles angeboten oder finanziert
werden kann, was eigentlich sinnvoll und nötig wäre. Deshalb ist es
wichtig, bei der Förderplanung auch mit zu bedenken, welche Möglichkeiten und Ressourcen überhaupt zur Verfügung stehen.

Förderplanung steht damit im engen Zusammenhang und in gegenseitiger Abhängigkeit mit Unterrichtsplanung und Bedarfsklä-
rung / Ressourcenplanung. Die drei Aspekte und ihre gegenseitigen
Wechselwirkungen müssen bei der Förderplanung berücksichtigt
werden, wenn sie zu einer praxistauglichen und tragfähigen Lösung
führen soll.

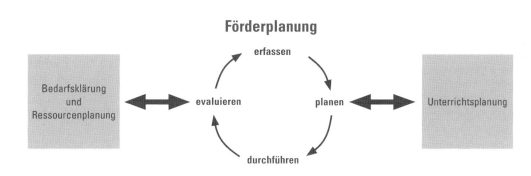

Förderplanung

ABBILDUNG 4_ Zusammenspiel von Förderplanung, Unterrichtsplanung und Bedarfsplanung (vgl. Luder, 2011)

Rollen beteiligter Personen

Die Umsetzung einer individuellen Förderplanung und die Reflexion
der Wirkung, die Evaluation der geplanten Massnahmen müssen
von allen Beteiligten geleistet werden. Eine solche Zusammenar-
beitsform kann als Professionelle Lerngemeinschaft, PLG, bezeich-   Professionelle
net werden (vgl. z. B. Graham, 2007). In dieser Kooperationsform   Lerngemeinschaft
begleiten Lehrpersonen zusammen mit Schulischen Heilpädagogin-

nen und Therapeutinnen das Lernverhalten und die Lernfortschritte, setzen die Massnahmen um und leisten dadurch auch Beiträge zu einer Unterrichtsentwicklung, die wiederum einer ganzen Klasse oder gar der Schule zugutekommen kann. Wenn wir nun eine solch kooperativ umgesetzte interdisziplinäre Förderplanung anstreben, so wird diese unterstützt durch empirische Befunde zur Wirksamkeit von PLG (vgl. Hord, 2004; Hord, 1997, 29f):

— Durch ein Verständnis der Bedeutsamkeit der eigenen Rolle bei der Unterstützung und Förderung der Schülerinnen und Schüler,

— Durch eine signifikant höhere Kapazität, sich auf die besonderen Bedürfnisse der Schülerinnen einzustellen und den eigenen Unterricht entsprechend zu adaptieren,

— Durch eine höhere Motivation, um an nachhaltigen und systematischen Veränderungen mitzuwirken und diese als Lehrkraft mitzutragen.

Für eine Klärung der Aufgaben, Kompetenzen und gegenseitigen Pflichten kann einerseits die Ausbildung dieser beiden Berufsgruppen betrachtet werden. ➡ Siehe auch Kapitel Luder, Kunz und Müller Bösch.

Lehrperson — Die *Lehrperson* ist kompetent und verantwortlich für die Gestaltung eines differenzierten inklusiven Unterrichts, die curricular orientierte Planung der Lernziele und eines positiven und auf gegenseitige Hilfe und Rücksichtnahme basierendes Klassenklimas, für das Erkennen der Lernvoraussetzungen der Schülerinnen und Schüler ihrer Klasse sowie für die aktive Zusammenarbeit mit Eltern, den SHP und weiteren Fachpersonen im Bereich der Individualisierung von Unterrichtsangeboten für Kinder mit besonderen Lernvoraussetzungen.

Pädagogisch-therapeutische Fachperson — Die *pädagogisch-therapeutische Fachperson* (Schulische Heilpädagogik, Therapie, …) verfügt andererseits über das fachliche sonderpädagogische Wissen in Bezug auf die diagnostische Erfassung von Lern- und Verhaltensvoraussetzungen und die Entwicklung individuell angepasster, pädagogisch-therapeutischer Förderziele und -massnahmen und Unterrichtsmaterialien. Sie arbeiten aktiv mit den Regelschullehrpersonen zusammen (Kunz et al., 2012).

Konstellationen der Zusammenarbeit — Zweitens lassen sich Konstellationen der Zusammenarbeit zwischen Klassenlehrpersonen (KLP) und pädagogisch-therapeutischen Fachpersonen (PTF) beschreiben, die unterschiedliche Aufgabenverteilungen implizieren. Dazu gehören (vgl. ebd.):

— EINZELKÄMPFER: Die KLP und die PTF gestalten ihren Unterricht jeweils unabhängig voneinander. Die einzelnen Personen tragen die entsprechende Verantwortung selber. Dieses Modell findet sich in separativen und teilseparativen Systemen, wo Kinder das Klassenzimmer für eine spezifische Förderung verlassen, um anschliessend in den Klassenverband zurückzukehren.

— UNTERRICHTSASSISTENZ: Die KLP versteht die PTF nur als Klassenhilfe und nimmt dadurch eine starke Stellung ein und kann hauptsächlich über die Funktion der die pädagogisch-therapeutische Fachperson verfügen. Die ganze Verantwortung für den Unterricht liegt in diesem Fall bei der KLP.

— EXPERTE: Wenn die SHP/THP von der KLP als Expertin oder Experte angesehen wird, dann wird ihre oder seine Stellung aufgewertet. Dies kann so weit gehen, dass sich die KLP so in den Hintergrund stellt, dass die PTF die Führung komplett übernimmt. Die KLP entzieht sich in diesem Modell ihrer Verantwortung. Insbesondere Berufseinsteigerinnen und -einsteiger müssen sich dieser Konstellation bewusst sein.

— VERSCHMELZUNG: Das Modell der Verschmelzung symbolisiert eine absolute Symbiose von KLP und PTF (meist die SHP). Beide Personen arbeiten zu gleichen Teilen in einer Klasse und stimmen ihren Unterricht vollständig aufeinander ab. Vor den Kindern sind sie gleichberechtigt und tragen die Verantwortung gemeinsam. Die Gefahr bei diesem Modell besteht, dass eine der beiden Personen ihr Wissen nicht vollständig einbringen kann und in ihrer Funktion beschränkt wird.

— GETRENNTE ZUSTÄNDIGKEITEN MIT SCHNITTMENGE: Wenn ein Team, bestehend aus einer KLP und einer PTF, sich optimal ergänzt und aufeinander abgestimmt ist, dann kann von einer «Überlappung», mit gemeinsamer Schnittmenge gesprochen werden. Die Personen bleiben in ihren Funktionen unabhängig und bringen ihre unterschiedlichen Kompetenzen im Unterricht ein. Beide Personen sind für das Gelingen des Unterrichts verantwortlich.

In einer Studie (vgl. Henrich, Baumann und Studer, 2012) mit 90 heilpädagogischen und 80 Regellehrpersonen konnten drei Typen von Lehrpersonen (KLP oder PTF) gefunden werden, wenn diese gleichzeitig an einer Klasse arbeiten, wie dies z.B. im Team-Teaching der Fall ist:

— Typ 1 – der kokonstruktive Typ (51.2 %) schätzt sich überdurchschnittlich kooperierend ein in Bezug auf Dimensionen wie

«Voneinander Lernen durch Beobachtung, Reflexion und Feedback» sowie «Didaktisch-methodische Positionierung», was so viel bedeutet wie das Entwickeln von gemeinsamen Lösungen für Aufgaben oder Probleme bei der Anpassung der eigenen Unterrichtsvorbereitungen für heterogene Lerngruppen.

— Typ 2 – der wenig kooperierende Typ (15.9 %) spricht schon deutlich weniger über die bevorstehende Zusammenarbeit im Vorfeld einer Kooperation als die anderen Typen und zeigt unterdurchschnittliche Werte in den Dimensionen «Gegenseitige Anerkennung und Vertrauen» sowie «Flexibilität in der Rollenausführung».

— Typ 3 – der Mischtyp (32.9 %) zeigt zwar Stärken im Bereich Vertrauen und Anerkennung sowie flexibler Gestaltung der Rollen. Voneinander zu lernen sowie die didaktisch-methodische Arbeit liegen in unterdurchschnittlicher Ausprägung vor.

Damit stellt sich die Frage nach den Aktivitäten, die relevant sind für die Arbeit in inklusiv ausgerichteten Schulen. Kreis, Kosorok Labhart und Wick (2014) haben als Ergebnis der Studie «KosH – Kooperation im Kontext schulischer Heterogenität» einen Inventar diesbezüglich spezifischer Arbeitsfelder und Aktivitäten beschrieben.

Kooperationsplaner – ein Instrument zur Zusammenarbeit zwischen LP und PTF Dieser Inventar wurde als Werkzeug «Kooperationsplaner» weiterentwickelt. Darin unterscheiden sich drei grundlegende Arbeitsfelder:

a. Diagnostik und Abklärung: ob und wie liegt spezieller Förderbedarf vor? Wie wird eine passende Förderplanung erstellt, umgesetzt und deren Wirksamkeit überprüft? Wie werden entsprechende Veränderungen überprüft?

b. Gestaltung von Lerngelegenheiten: Festlegung und Umsetzung von Unterrichtsinhalten, -settings und -methoden? Beschaffung entsprechender Fördermaterialien?

c. Kooperation und Beratung (verstanden als Querschnittsfunktion): Kooperationsprozesse mit schulinternen und -externen Akteuren sowie Eltern «hinsichtlich Diagnostik und der daraus gezogenen Konsequenzen für die Gestaltung von Lernumgebungen» (ebd.)?

«Eine Voraussetzung für zielorientiertes und funktionales Handeln ist dabei koordiniertes Handeln. Der Kooperationsplaner unterstützt Teams beim Aushandeln der Zuständigkeiten hinsichtlich verschiedener Felder» (ebd.)

Verteilt man die Aktivitäten und Aufgaben nun mit dem spezifischen Blick bei der Förderplanung auf die daran beteiligten Berufsgruppen, so ergibt sich entlang des Prozessablaufs einer individuellen Förderplanung eines Kindes (vgl. Abbildung 1) folgende Aufstellung und Zuordnung (vgl. Tabelle 2), die in verschiedenen kantonalen und kommunalen Empfehlungen, Pflichtenheften und Weisungen zur Zusammenarbeit ihren Niederschlag findet (z.B. Bildungsdirektion des Kantons Zürich, 2011, Ramírez Moreno 2010).

Aufgabenklärung für interdisziplinäre Förderplanung

TABELLE 2_Aufgabenklärung bei Förderplanung für die Zusammenarbeit von Klassenlehrpersonen (KLP) und pädagogisch-therapeutischen Fachpersonen (Schulische Heilpädagoginnen und Heilpädagogen: SHP, Therapeutinnen und Therapeuten: THP) (nach Kunz und Gschwend, 2011, Kunz et al., 2012)

Relevante Phasen im Prozesskreislauf	SHP/THP	KLP und SHP/THP	KLP
	Aktive Zusammenarbeit mit der KLP und im Gesamt-Schulteam		Kooperation mit der SHP/THP und im Gesamt-Schulteam
	Einbringen von fachlich sonderpädagogischem Wissen, Beratungsangebote (zu diesem Wissen) für Schulleitung, Lehrpersonen und Eltern	Gemeinsame Unterrichtsreflexion (z.B. Intervision) und Unterrichtsentwicklung (z.B. Beurteilungsformen bei Lernprozessen, inklusive Didaktik)	Didaktisch-methodische Berücksichtigung von besonderen pädagogischen Bedürfnissen bei der Unterrichtsgestaltung (Lehr- und Lernformen, Medien und Materialien)
	Kontakt zu Stellen und Diensten und den Eltern «Case-Management» für Schülerinnen und Schüler mit besonderen pädagogischen Bedürfnissen (nur SHP)	Interdisziplinäre Standortgespräche (z.B. SSG – Schulische Standortgespräche)	Koordination der Zusammenarbeit mit Eltern, Behörden und weiteren am Erziehungsprozess Beteiligten
	Diagnostische Erfassung von Lern- und Entwicklungsvoraussetzungen	Dokumentation und Austausch der Informationen, Bestimmung der ZNE	Erkennen von Lernschwierigkeiten und Entwicklungsauffälligkeiten
	Unterstützung und Förderung insbesondere von Schülerinnen und Schülern mit besonderen pädagogischen Bedürfnissen		Unterstützung und Förderung aller Schülerinnen und Schüler an der Klasse

	Feinzielformulierungen, Entwicklung zielbezogener, angepasster Fördermassnahmen und Unterrichtsmaterialien	Grobzielformulierung für Förderplanung Planung und Umsetzung adaptiver Unterrichtsangebote	Feinzielformulierungen, zielorientierte Gestaltung eines inklusiven Unterrichts
	Führungsrolle bei der individuellen Förderplanung für Schülerinnen und Schüler mit besonderen pädagogischen Bedürfnissen und bei der Umsetzung individueller Förderung	Arbeit an individuellen Lern- und Förderzielen	Zusammenarbeit mit sonderpädagogischen Fachpersonen im Bereich der Förderplanung und bei der Umsetzung von unterrichtsbezogenen Massnahmen und Interventionen
	Individuelle Lernstandsüberprüfung in Bezug auf die Ziele in der Förderplanung, Führungsrolle beim Verfassen von Lernberichten	Prognostische Beurteilung und Laufbahnberatung (für Schüler mit angepassten Lernzielen)	Beurteilung aller Schülerinnen und Schüler

Implikationen für die Aus- und Weiterbildung

Professionelle Lerngemeinschaft

Aus den bisherigen Ausführungen ergeben sich folgende spezifischen Ziele für die Aus- und Weiterbildung von Regelklassenlehrpersonen (vgl. Kunz et al., 2012):

— Regelklassenlehrpersonen sind in der Lage, sich rollenspezifisch an der Förderplanung zu beteiligen. Dies setzt Kenntnis über Förderplanungsprozesse auf der Basis des bio-psychosozialen Modells, zur Durchführung von schulischen Standortgesprächen, Kenntnis des jeweils vorhandenen sonderpädagogischen Angebots sowie Klarheit über die Rollen und Kompetenzen von sonderpädagogisch-therapeutischen Fachpersonen im Schulfeld voraus (Schulische Heilpädagogik, Therapie, …).

— Regelklassenlehrpersonen können binnendifferenzierten und individualisierenden Unterricht gestalten, der den kooperativen Einbezug von sonderpädagogisch-therapeutischen Fachpersonen und die Umsetzung von pädagogisch-therapeutischen Massnahmen ermöglicht und unterstützt.

Das Projekt Teacher Education for Inclusion (Laufzeit 2009–2012) der European Agency for Development in Special Needs Education (www.european-agency.org) hatte folgenden Fokus: Welche Lehrpersonen in einer Schule des 21. Jahrhunderts benötigen wir für eine inklusive Gesellschaft? Welches sind die relevanten Kompetenzen, über welche eine Lehrperson in einer inklusiven Schule verfügen muss? Daraus ist ein Profil mit vier Schwerpunkten entstanden:

— Anerkennen der Verschiedenheit von Lernenden (Valuing Learner Diversity)
— Unterstützung und Förderung für alle Lernenden (Supporting all Learners)
— Breite Zusammenarbeit (Working with others)
— Kontinuierliche professionelle Weiterentwicklung (Personal Professional Development)

Für die Aus- und Weiterbildung von Heilpädagoginnen und Heilpädagogen sind gemäss Steppacher (2011, S.144 ff.) neben dem grundlegenden Handlungs-, Methoden- und Instrumentenwissen noch erweiterte förderplanerische Kompetenzen notwendig, zu welchen die Umsetzung von Förderplanung als vollständiger Prozessablauf (s. o.), die Unterstützung unterschiedlicher Aktivitäten des Kindes wie z. B. des mathematischen Lernens, Sprache und Kommunikation … (vgl. Niedermann, Schweizer und Steppacher, 2007), die Kompetenzen zur Umsetzung und Evaluation der konkreten Massnahmen gehören.

Professionelle Zusammenarbeit bedingt ein professionelles Selbstverständnis aller, das jeder Person erlaubt, mit allen an der Förderplanung Beteiligten angemessen kommunizieren und kooperieren zu können. Und dies ermöglicht »ein rollen- und verantwortungsbewusstes sowie lösungs- und ressourcenorientiertes Handeln im Förderplanungsprozess« (Kunz et al., 2012).

Literatur

Bildungsdirektion des Kantons Zürich (2011). *Förderplanung*. Kanton Zürich: Bildungsdirektion.

Buholzer, A. (2006). *Förderdiagnostisches Sehen, Denken und Handeln* (2., überarbeitete Auflage). Luzern: Comenius Verlag.

Graham, P. (2007). Improving teacher effectiveness through structured collaboration: A case study of a professional learning community. Research in Middle Level Education. RMLE *Online, 31 (1)*, 1–17.

Henrich, C., Baumann, B. und Studer M. (2012). Ausgestaltung der unterrichtsbezogenen Kooperation. *Schweizerische Zeitschrift für Heilpädagogik, 9*, 35–40.

Hollenweger, J. und Lienhard, P. (2007). *Schulische Standortgespräche*. Zürich: Lehrmittelverlag des Kantons Zürich.

Hord, S. M. (1997). *Professional learning communities. Communities of continuous inquiry and improvement*. Austin: Southwest Educational Development Department.

Hord, S.M. (2004). *Learning together, leading together. Changing schools through professional learning communities*. New York.

Kornmann, R. (2010). Inklusiv orientierte Unterrichtsgestaltung und Aufgaben der Pädagogischen Diagnostik. *Sonderpädagogische Förderung heute, 55 (3)*, 252–270.

Kummer Wyss, A. (2010). Kooperativ unterrichten. In: Buholzer, A. und Kummer Wyss, A. (Hrsg.). *Alle gleich – alle unterschiedlich! Zum Umgang mit Heterogenität in Schule und Unterricht* (S. 151–161). Zug: Klett und Balmer.

Kunz, A., Luder, R., Gschwend, R. und Diezi-Duplain, P. (2012). Schulische Integration, Rollenverständnis, -konflikte. Rollenklärung für eine gemeinsame, interdisziplinäre Förderplanung. *Schweizerische Zeitschrift für Heilpädagogik 18 (9)*, 5–12.

Kunz, A., Gschwend, R. (2011). Kooperation im Rahmen der Förderplanung. In: Luder, R., Gschwend, R., Kunz, A. und Diezi-Duplain, P. (Hrsg.). *Sonderpädagogische Förderung gemeinsam planen. Grundlagen, Modelle und Instrumente für die Praxis* (S. 105–128) Zürich: Verlag Pestalozzianum..

Kunz, A., Gschwend, R., Luder, R. (2011). Webbasierte interdisziplinäre Förderplanung bei auffälligem Verhalten. In: *Schweizerische Zeitschrift für Heilpädagogik 8 / 2011*, 19–26.

Kreis, A., Kosorok Labhart, C. und Wick, J. (2014). Der Kooperationsplaner – ein Instrument zur Klärung von Arbeitsfeldern und Verantwortlichkeiten an integrativen Schulen. In A. Bartz, M. Dammann, S.G. Huber, T. Klieme, C. Kloft und M. Schreiner (Hrsg.), *PraxisWissen Schulleitung*. Köln: Wolters Kluver.

Lienhard-Tuggener, P.; Joller-Graf, K. und Mettauer Szaday, B. (2011). *Rezeptbuch schulische Integration. Auf dem Weg zu einer inklusiven Schule*. Bern, Stuttgart, Wien: Haupt Verlag.

Luder, R. (2011). Förderung als interdisziplinäre und kooperative Aufgabe. In: Luder, R., Gschwend, R., Kunz, A. und Diezi-Duplain, P. (Hrsg.). *Sonderpädagogische Förderung gemeinsam planen. Grundlagen, Modelle und Instrumente für die Praxis* (S. 11–28). Zürich: Verlag Pestalozzianum.

Luder, R., Gschwend, R., Kunz, A. und Diezi-Duplain, P. (Hrsg.) (2011). *Sonderpädagogische Förderung gemeinsam planen. Grundlagen, Modelle und Instrumente für die Praxis*. Zürich: Verlag Pestalozzianum.

Luder, R., Felkendorff, K., Diezi-Duplain, P. und Kunz, A. (2010). ICF-basierte Förderplanung als Beitrag zur Professionalisierung kooperativer und multidisziplinärer Förderplanung in inklusiven Schulen. In: Ellger-Rüttgardt, S. L. und Wachtel, G. (Hrsg.). *Pädagogische Professionalität und Behinderung. Herausforderungen aus historischer, nationaler und internationaler Perspektive* (S. 203–213). Stuttgart: Kohlhammer.

Maag Merki, K., Kunz, A., Werner, S. und Luder, R. (2010). *Professionelle Zusammenarbeit in Schulen. Schlussbericht*. Zürich: Universität Zürich: Institut für Erziehungswissenschaften und Pädagogische Hochschule Zürich.

McCormack, R. L, Pearson, P. D. und Paratore, J. R. (2007). Developing an individualized education plan: What counts as evidence? In: Paratore, J. R. (Hrsg.). *Classroom literacy assessment: Making sense of what students know and do* (S. 294–305). New York: Guilford Press.

Meijer, C. J. W. (2005). *Integrative und inklusive Unerrichtspraxis im Sekundarschulbereich.* Middelfart: European Agency for Development in Special Needs Education.

Niedermann, A., Schweizer, R. und Steppacher J. (2007). *Förderdiagnostik im Unterricht. Grundlagen und kommentierte Darstellung von Hilfsmitteln für die Lernstandserfassung in Mathematik und Sprache.* Luzern: edition SZH.

Ramírez Moreno, M. (2010). *Leporello Zusammenarbeit in der Sekundarstufe.* Zürich: Schulamt der Stadt Zürich.

Rea-Dickins, P. (2001). Mirror, mirror on the wall: identifying processes of classroom assessment. *Language Testing, 18 (4),* 429–462.

Richiger-Näf, B. (2008). Der Zyklus sonderpädagogischer Förderprozesse. In: Richiger-Näf, B. (Hrsg.). *Das Mögliche ermöglichen* (S. 11–30). Bern: Haupt.

Shriner, J. G. und Destefano, L. (2003). Participation and Accommodation in State Assessment: The Role of Individualized Education Programs (S. 147–161). *Exceptional Children 69.*

Sopko, K. M. (2003). *The IEP: A Synthesis of Current Literature Since 1997.* Alexandria (VA): NASDSE.

Steppacher, J. (2011). Implikationen für die Aus- und Weiterbildung. In: Luder, R., Gschwend, R., Kunz, A. und Diezi-Duplain, P. (Hrsg.). *Sonderpädagogische Förderung gemeinsam planen. Grundlagen, Modelle und Instrumente für die Praxis.* Zürich: Verlag Pestalozzianum. S. 143–151.

Suhrweier, H. und Hetzner, R. (1993). *Förderdiagnostik für Kinder mit Behinderungen.* Neuwied: Luchterhand.

Thomas, J. (1998). *Individual educational planning. A handbook for developing and implementing IEPs.* Winnipeg: Manitoba Education and Training.

Wygotski, L.S. (1987). *Ausgewählte Schriften. Arbeiten zur psychischen Entwicklung der Persönlichkeit. Band 2.* Köln: Pahl-Rugenstein.

Links

Interdisziplinäre Schülerdokumentation ISD: www.pulsmesser.ch/isd [3.3.2014]
Beobachtungsinventar zum Schulischen Standortgespräch (BISS): www.lerntipps.ch/instrumente [3.3.2014]
Profile of inclusive Teachers: http://www.european-agency.org/ [3.3.2014]

Didaktische Möglichkeiten im Unterricht für alle

Cornelia Müller Bösch
Anita Schaffner Menn

Individuelles Lernen in Kooperation am Gemeinsamen Gegenstand im inklusiven Unterricht

Cornelia Müller Bösch und Anita Schaffner Menn

Jedes Kind, jeder Jugendliche und jede Jugendliche kann lernen und partizipieren. Jeder und jede bringt eine eigene Geschichte in den Unterricht. Sie entwickelte und bildete sich in der Auseinandersetzung mit den Dingen und in der Interaktion mit den Personen der persönlichen Umgebung, den kulturellen Gewohnheiten, den Werten und Normen, die er oder sie kennengelernt hat. Ebenso ist jede Person beeinflusst von den verschiedenen Bildungsinstitutionen, die sie bereits durchlaufen hat. Die Gruppenzusammensetzung im Unterricht ist also heterogen, alles andere als homogen. Durch die Inklusion von Kindern und Jugendlichen mit besonderen Bedürfnissen wird die Heterogenität in den Schulen und Gruppen noch grösser. Nachfolgend wird aufgezeigt, warum dies die Lehrpersonen nicht verunsichern oder erschrecken muss und ein Gewinn für die Kinder und Jugendlichen ist. Theoretisch und praktisch wird dargestellt, wie Lehrpersonen Situationen im Unterricht organisieren und gestalten können, damit alle Lernenden unabhängig ihres motorischen, wahrnehmungsbezogenen, kognitiven oder sozialen Entwicklungsstandes partizipieren und sich entwickeln und lernen können. Partizipieren meint das individuelle und kooperative Teilhaben im Unterricht am Gemeinsamen Gegenstand.

Lernen in Kooperation am *Gemeinsamen Gegenstand* hat zum Ziel, alle in der Situation beteiligten Personen in einen Dialog einzubinden, indem Welt konstruktiv erschlossen wird. Dabei müssen die individuellen Voraussetzungen und das Vorwissen des einzelnen Lernenden in jeder Situation des Unterrichtsalltages berücksichtigt werden, und es stellt sich die Frage, was der einzelne Mensch an dem ausgewählten bildungsrelevanten Inhalt und in der von der Lehrperson arrangierten Situation lernen kann. Weil jede Person etwas Einzigartiges ist und die Entwicklung in ihrer eigenen Entwicklungslogik erfolgt, sind die Erkenntnisse individuell. Der Austausch über die individuellen Erkenntnisse führt über die Kooperation wieder in die Gemeinschaft. Damit ist die Lehrperson herausgefordert,

Gemeinsamer Gegenstand

ständig die Balance zu halten zwischen individuellem und gemein-
schaftlichem Blickwinkel.

Inklusiver Unterricht erfordert eine Zusammenführung von sonderpädagogischen und pädagogischen Überlegungen und verlangt

Inklusion /
Integration

die Kooperation aller beteiligten Personen (zum Beispiel Lehrpersonen, pädagogisch-therapeutischen Fachpersonen und Eltern). Die
Intention, alle Lernenden im gemeinsamen Unterricht zu fördern,
erfordert neben der ständigen Kooperation der beteiligten Personen
auch eine gemeinsame Grundlage in Bezug auf didaktisch-pädago-
gische Konzepte, weshalb die diesbezüglichen Aussagen am Anfang
des Kapitels stehen. Wenn im Folgenden von Lehrpersonen gesprochen wird, sind alle pädagogisch und heilpädagogisch aktiven Lehrpersonen, welche inklusiven Unterricht gestalten, gemeint. Je nach
Vorgaben der Schule, je nach unterschiedlicher Situation im Unterricht, je nach Förderbedürfnissen der Lernenden und je nach Fachwissen der beteiligten Lehrpersonen arbeiten mehr oder weniger
spezifisch ausgebildete Fachpersonen als multiprofessionelles Team
im Unterricht zusammen. Inklusive Didaktik bildet eine Grundlage,
die anschlussfähig ist für spezifische Massnahmen, wie sie im vorliegenden Buch im dritten Teil beschrieben werden. Kooperation
wird aber auch aufseiten der Kinder und Jugendlichen gewünscht,
und es sind somit Situationen im Unterricht zu schaffen, in denen
sie aktiv mit den Lehrpersonen sowie miteinander am Gemeinsamen Gegenstand Erkenntnisse und Kompetenzen erlangen können.

Folgende Aussagen stehen im Zentrum des Kapitels und werden

Kernaussagen
aus sonderpäda-
gogischer und
lerntheoretischer
Sicht

aus (sonder-)pädagogischer und lerntheoretischer Sicht erläutert:
— Inklusive Didaktik ist (allgemeine) Pädagogik und entspricht
   allgemeingültigen didaktischen Grundsätzen.
— Die Kooperation am Gemeinsamen Gegenstand ist im inklusi-
   ven Unterricht unverzichtbar.
— Innere Differenzierung ohne Ausgrenzung orientiert sich an der
   Entwicklungslogik eines jeden Kindes oder Jugendlichen.
— Professionelle Lehrpersonen schenken dem Fokus Differenzie-
   rung ohne Ausgrenzung in der Planung, im Lerncoaching und
   in der Reflexion von Unterricht besondere Beachtung.

Ziel des Kapitels ist die Darstellung der wesentlichen didaktischen
Aspekte für den inklusiven Unterricht und deren Bedeutsamkeit für
das Lernen aller Kinder und Jugendlichen. Damit dies gelingt, werden praktische Gelingensbedingungen und Handlungsmöglichkeiten von Lehrpersonen im Unterricht anhand von Beispielen aufgezeigt.

Die Kernthese lautet daher: Lehrpersonen können dem Lernen aller Schüler und Schülerinnen gerecht werden, wenn sie ihren Unterricht nach allgemeingültigen didaktischen Grundsätzen ausrichten und in der Planung durch eine innere Differenzierung ohne Ausgrenzung die individuellen Voraussetzungen aller Lernenden berücksichtigen. Im Zentrum des gelingenden inklusiven Unterrichts steht die Auseinandersetzung der Lernenden in Kooperation am Gemeinsamen Gegenstand. Dies beinhaltet auch, dass die Lehrpersonen und die pädagogisch-therapeutischen Fachpersonen – je nach Situation – die Lernenden individuell und bezogen auf ihre besonderen Bedürfnisse unterstützen.

Gemeinsamer Gegenstand: Füsse hat jeder Mensch und haben auch fast alle Tiere. Füsse tragen uns und lassen sich bewegen. Sie können etwas berühren, oder mit den Zehen lässt sich etwas fassen. Füsse bestehen aus verschiedenen Teilen, Elementen, welche in einer bestimmten Ordnung miteinander verbunden sind.
Individuelles Lernen in Kooperation am Gemeinsamen Gegenstand: Die Lerngruppe, bestehend aus Lehrpersonen und Schülerinnen und Schülern, schaut die verschiedenen Füsse an, vergleicht sie und testet, was die Füsse alles können. Die Füsse werden massiert, bemalt und Abdrücke werden gemacht. Es wird ihnen nachgefahren. Mit Material werden sie gelegt und geknetet. Die Lernenden entwickeln Fragen in Bezug auf *Füsse* und bearbeiten diese in gemeinschaftlichen oder individuellen Projekten. Zum Beispiel werden die verschiedenen Teile bezeichnet. Einige Kinder schreiben, andere legen die entsprechenden Karten dazu. Ein Fuss wird nachgebaut. Die Anordnung der einzelnen Elemente lässt sich am eigenen Fuss studieren, beschreiben, zeichnen, legen, modellieren und an fremden Füssen markieren. Die Regel dieser anatomischen Anordnung kann in einem Buch oder Lexikon nachgeschlagen und am eigenen Fuss erkannt werden. Füsse sind auch unterschiedlich gross. Somit lassen sie sich messen, in der Grösse, Breite und Form vergleichen. Die physikalische Belastbarkeit kann getestet und berechnet werden. Das Erkunden und Erforschen des Fusses führt vom Konkreten zum Abstrakten, hin und zurück, je nach Erkenntnisinteresse, Ziel und individuellen Möglichkeiten. Je nach motorischen Möglichkeiten werden mit den Füssen diverse Dinge ausprobiert: etwas fassen, etwas bewegen, etwas heben usw. Die Erfahrungen werden im Reisetagebuch oder im Forscherheft benannt und verschriftlicht. Fotos begleiten den Prozess. Jedes Kind macht seine individuellen Erfahrungen und teilt sie mit. Eventuell wird eine bestimmte Kompetenz geübt, z.B. auf einem Bein stehen. Jedes Kind entscheidet sich für ein Tier und geht auf die Suche nach Antworten zu diesem Tier und seinen Füssen. Was finden wir heraus? Was hat ein Fuss für Funktionen? Was erkennen wir an einem Fuss?

Wenn wir über Füsse sprechen, unsere Erfahrungen und Empfindungen versprachlichen, bauen wir die Sprachkompetenz auf. Was kann man mit den Füssen tun? Wie fühlen sich Füsse an? Messen und vergleichen wir sie, sind wir in der Mathematik. Die Anatomiestudien rechnen wir Mensch und Umwelt zu. Brauchen wir die Füsse auch, wenn wir Engel sind, fragt sich ein Kind und wir sind in Religion und Kultur. Fächerverbindender Unterricht lässt sich beim Lernen am Gemeinsamen Gegenstand besonders gut verwirklichen.

BEISPIEL 1_ Gemeinsamer Gegenstand als das zu Erkennende

Pädagogisch-didaktische Überlegungen im inklusiven Unterricht

Inklusive Didaktik   Inklusive Didaktik ist allgemeine Didaktik unter spezifischer Berücksichtigung von Heterogenität und Behinderung. Es braucht für den inklusiven Unterricht keine neue Didaktik – es braucht eine gute, wirksame Didaktik, welche den Blick auf das individuelle Lernen in Kooperation am Gemeinsamen Gegenstand, das differenzierte Lerncoaching am Gemeinsamen Gegenstand und die adaptive Planung und Reflexion von differenziertem Unterricht ohne Ausgrenzung richtet. Didaktische Überlegungen sind anwendungsorientierte Überlegungen.

In den folgenden Abschnitten werden die wichtigsten Begriffe der inklusiven Didaktik erklärt. Dazu wird zuerst das didaktische Dreieck als Grundform von Unterricht erläutert. Da die allgemeinen didaktischen Grundlagen nicht auskommen ohne die Lehr- und Lerntheorien (Reusser, 2003), werden auch die grundlegenden Begriffe von Entwicklung, Lernen und Lehren skizziert.

Gegenstandsbereich der Didaktik

Im Zentrum von didaktischen Auseinandersetzungen steht das Lernen der Schülerinnen und Schüler. Unterricht ist wirksam, wenn die Lernenden im Bereich ihrer Möglichkeiten Fortschritte erzielen und Kompetenzen erlangen, die jedoch individuell zu definieren sind.

Die Kompetenz der Schülerinnen und Schüler sowie das wirkungsvolle Handeln der Lehrpersonen können Dank der kognitiv-konstruktivistischen Lehr-Lern- und empirischen Unterrichtsforschung (Reusser, 2009, 2010, 2011) beleuchtet werden. Sie haben in den letzten Jahrzehnten differenzierte Bilder zu Unterricht, zu Aufgaben und den Zielen sowie dem Handeln von Lehrpersonen und Lernenden entwickelt und leisten damit für die Pädagogik und die allgemeine Didaktik einen zentralen Beitrag.

Handlungsfeld von   Das Handlungsfeld von Unterricht kann anhand des didaktischen
Unterricht   Dreiecks (vgl. Abbildung 1) aufgezeigt werden: Die Eckpunkte sind die Lernenden, die Lehrpersonen und der Gegenstand. Um die Situation (damit sind alle Momente eines Schulalltages gemeint, also Unterrichtssituationen und Situationen auf dem Pausenplatz) im inklusiven Unterricht etwas genauer modellhaft abzubilden, sind die drei Eckpunkte in der Mehrzahl gedacht. Die Pfeile symbolisieren die dialogischen Verbindungen und die Wechselwirkungen, die an allen Ecken unter den Beteiligten geschehen. Im Folgenden wird kurz auf die einzelnen Eckpunkte der Abbildung 1 eingegangen.

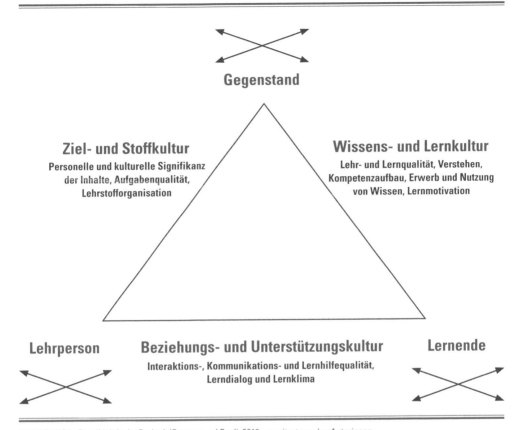

Gegenstand

Ziel- und Stoffkultur
Personelle und kulturelle Signifikanz
der Inhalte, Aufgabenqualität,
Lehrstofforganisation

Wissens- und Lernkultur
Lehr- und Lernqualität, Verstehen,
Kompetenzaufbau, Erwerb und Nutzung
von Wissen, Lernmotivation

Lehrperson   **Beziehungs- und Unterstützungskultur**   **Lernende**
Interaktions-, Kommunikations- und Lernhilfequalität,
Lerndialog und Lernklima

ABBILDUNG 1_ Das didaktische Dreieck (Reusser und Pauli, 2010, erweitert von den Autorinnen
durch je zwei Pfeile bei der Lehrperson und dem Gegenstand)

Jede und jeder *Lernende* bringt in die unterrichtlichen Situationen
ihre bzw. seine Biografie, also die kognitiven, motorischen, motivationalen, emotionalen sowie sozialen und volitionalen Kompetenzen und Erwartungen ein. Diese sind gebildet aus dem kulturellen sowie sozialen Umfeld der Lernenden (siehe dazu den Abschnitt
Entwicklung). Situationen im inklusiven Unterricht sind somit geprägt von Lernenden, die mit ihren unterschiedlichen Dispositionen,
Lernvoraussetzungen und ihrem Vorwissen miteinander in eine
Handlung mit einem oder in einen Dialog über einen Gemeinsamen
Gegenstand treten. In der Auseinandersetzung lernen sie alternative Denkmuster, Ideen oder Strategien kennen und/oder erzeugen
eine intersubjektive Bedeutung vom Gemeinsamen Gegenstand.
Die Lernenden können gleiche Erkenntnisse und Kompetenzen entwickeln, diese werden unterschiedlich verinnerlicht. Ebenso kann

der Austausch zur Umgestaltung von Konzepten führen.[1] Der und
die Lernende lernen in der sozialen Interaktion, in der Kooperation
mit anderen Personen und Peers. Der Konstruktionsprozess eines
Einzelnen ist immer auch ein Ko-Konstruktionsprozess mit anderen
zusammen.

Jede *Lehrperson* bringt in den Unterricht ihre eigene Biografie,
ihre Werte und Normen mit. Dazu gehören auch subjektive Theorien
(Dann, 1994) über Lehren, Lernen und Unterricht. Diese leiten die
Lehrpersonen in ihren Handlungen bei der Auswahl der Bildungsinhalte der individuellen Lernunterstützung, den Erwartungen an die
Schülerinnen und Schüler sowie auch in Bezug auf das Lernarrangements und die Unterrichtsorganisation. Entstanden sind sie – wie
bei den Kindern und Jugendlichen – im Laufe der Sozialisation in
den verschiedenen Bildungsinstitutionen, die jede Lehrperson
durchlaufen hat sowie im praktischen Tun als Lehrperson, was als
Erfahrungswissen bezeichnet wird. Sie enthalten Erklärungen und
Theorien, um Situationen einzuschätzen und zu begründen. Sie sind
teilweise bewusst, können aber auch unbewusst sein. Sie sind relativ stabil und schwer veränderbar. Nach Dann (1994) sind sie vergleichbar mit wissenschaftlichen Theorien, weil sie Alltagswissen
und Theoriewissen verbinden. Da Lehrpersonen im Unterricht relativ schnell reagieren müssen, sind sie hilfreich. Dennoch sollen
Lehrpersonen ihr Handeln immer wieder überprüfen und reflektieren (Schön, 1983), um sie dem Bewusstsein zugänglich zu machen.
Der reflektierte Praktiker («reflective practitioner») (ebd.) bildet sich
weiter, indem er einerseits die Handlungen in der Situation reflektiert («reflection-in-action»), aber auch über sein Handeln in einer
bestimmten Situation nach Abschluss der Handlung nachdenkt («re-
flection-on-action») (ebd.) und dieses evaluiert. Dadurch soll eine
Professionalisierung des Handelns erfolgen, damit die Lehrperson
in (neuen, unbekannten) Situationen nicht nur reaktiv, sondern auch
aktiv agieren kann.

Im inklusiven Unterricht sind oft mehrere Lehrpersonen und
pädagogisch-therapeutische Fachpersonen aktiv und unterstützen
und fördern die Schülerinnen und Schüler durch ihre Anregungen
im individuellen und kooperativen Lernen am Gemeinsamen Ge-

Marginalie: ICF: Umweltfaktoren / Einstellungen

---

1   Die Theorien zu Konzepten und Konzeptveränderungen – oder auch *Conceptual
Change* genannt – sind vielfältig und unterscheiden sich in der Akzentuierung.
Vereinfacht gesagt sind Konzepte gedankliche Vorstellungen oder Entwürfe von
Theorien oder Begriffen. Wird von *Präkonzepten* gesprochen, meint man die vor
einem Unterricht vorhandenen Vorstellungen, nach dem Lernprozess spricht man
von *Postkonzepten* (Möller, 2010).

genstand. Als multiprofessionelles Team müssen sie Kompetenzen im konstruktiven Umgang miteinander aufbauen und ein gemeinsames didaktisch-pädagogisches Konzept vertreten.

Das als *Gegenstand* im didaktischen Dreieck Definierte kann nach Reusser (2003)
— ein Realgegenstand sein, der einer Wissensdynamik unterworfen ist. Im Laufe der Auseinandersetzung mit dem Gegenstand erfolgt permanent eine Veränderung des Wissens, sei dies, dass neue Erfahrungen damit erfolgen, neue, weitere Aspekte wahrgenommen werden oder sich neue Fragen auftun.
— als Schulwissen wahrgenommen werden, das in einem Schulbuch oder Lehrmittel dargeboten wird, aber von der Lehrperson immer hinterfragt werden muss, da es keine einfach gegebene und damit hinzunehmende Grösse ist.
— irgendein Wissen sein. Es muss durch die den Vermittlungsprozess steuernde Lehrperson immer reflektiert und hinterfragt werden, weil die gesellschaftliche Konstruktion von Wissen und deren Verbreitung eine hohe Verantwortung verlangt.

Auch der Gegenstand wird in der Mehrzahl verstanden, da er mit vielen anderen Gegenständen in Beziehung gebracht werden kann.

Didaktische Grundgedanken im Kontext von Inklusion

Inklusion steht im Gegensatz zur Selektion. Nach Feuser (2005) müssen die Lehrpersonen bei der Umsetzung der Inklusion im Unterricht der Selektion entgegenwirken. Die selektive Funktion der Schule ist im Moment nicht wegzudenken und zeigt sich zum Beispiel in folgenden Handlungen: Die Lehrperson setzt besonderen Förderbedarf fest, macht individuelle Förderpläne, spricht Diagnosen aus, setzt Sonderschulung um, macht Leistungsgruppen (z.B. in der Oberstufe) und setzt Noten fest. Die selektive Funktion in diesen Prozessen der Unterscheidung muss kritisiert und zugleich in gewissen Situationen akzeptiert werden. Die Lehrperson kann und soll darin ihren Handlungsspielraum realisieren. Feuser (2005) hat die Inklusion im Schulversuch in Bremen (Feuser und Meyer, 1987) umgesetzt, evaluiert und dabei die wesentlichen Merkmale herausgearbeitet, welche Inklusion ermöglichen. Die Tabelle 1 (in Anlehnung an Feuser, 2005, S.173) zeigt auf, an welchen Punkten sich eine inklusive Pädagogik und Didaktik orientieren soll.

TABELLE 1_Zum Verhältnis einer inklusiven Pädagogik und Didaktik zu einer Pädagogik und Didaktik ohne inklusive Ausrichtung

Pädagogik und Didaktik ohne inklusiven Fokus	Inklusive Pädagogik und Didaktik
Sozialform: grösstmögliche *Homogenität*	Sozialform: grösstmögliche *Heterogenität*
Eindimensionales Modell von Behinderung: Behinderung als Abweichung, defektbezogene Kategorie, welche an der als behindert bezeichneten Person angemacht wird	Mehrdimensionales, kontextabhängiges Modell von Behinderung: Körperfunktion, Aktivität und Partizipation sind abhängig von Umweltfaktoren und personbezogenen Faktoren (ICF, WHO 2011)
Grundlage für die Planung von pädagogischen Interventionen: personbezogene Faktoren, welche behandelt werden	Grundlage für die Planung von pädagogischen Interventionen: Partizipation in verschiedenen Situationen wird gestärkt
Selektion von einzelnen Personen, Personengruppen und Delegation von einzelnen Problemen an einzelne Fachpersonen	Kooperation aller Lernenden und den beteiligten pädagogisch-therapeutischen Fachpersonen miteinander
Schulbildung einer homogenen Gruppe an reduzierten, ausgewählten Bildungsinhalten	Schulbildung aller Lernenden in heterogenen Lerngruppen an demselben Problem, derselben Fragestellung, dem gemeinsam übergeordneten Ziel, einer gemeinsam entwickelten (Projekt-)Idee oder dem gleichen Kerngedanken im individuellen Lernen in Kooperation am Gemeinsamen Gegenstand.
Bildungsinhalte werden in einzelne Einheiten segmentiert und den Lernenden in Häppchen angeboten	Bildungsinhalte werden verstanden als Kerngedanken eines kulturell gewachsenen zukunftsrelevanten Inhalts, Phänomens oder Gegenstands, an und mit welchem alle in ihrer Zone der proximalen Entwicklung lernen können
Realisierung von Unterricht für einzelne Lerngruppen durch eine äussere Differenzierung	Realisierung von Unterricht für alle durch innere Differenzierung ohne Ausgrenzung

Nachfolgendes Beispiel von Anuk, einem Mädchen mit Trisonomie 21, soll zeigen, wie die Merkmale einer inklusiven Pädagogik und Didaktik (siehe Tabelle 1) im Unterricht ihre Anwendung finden.

Anuk, ein Mädchen mit Trisonomie 21, kommt in die 4. Klasse. Die heilpädagogische Fachperson und die Lehrperson fragen sich, wie die Situation in der Klasse ist und wie das Kind am Curriculum der Regelschule partizipieren kann. Anhand dessen formulieren sie den individuellen Förderplan.

Die Aktivität und Partizipation von Anuk in verschiedenen Situationen wird ins Zentrum der pädagogisch-didaktischen Überlegungen gesetzt. Es wird beobachtet, dass Anuk sehr motiviert ist, im Klassenunterricht dabei zu sein und zu partizipieren. Anuks Arbeitstempo verlangsamt sich jedoch im Klassenunterricht oft durch ihre sehr hohen Ansprüche an ihre Produkte. Gemeinsam entscheiden sich die beiden Lehrpersonen, in der Klasse zu thematisieren, was von jedem und jeder Schülerin verlangt wird, und formulieren folgendes Ziel: Jeder Schüler und jede Schülerin beginnt mit dem Lernen da, wo er und sie jetzt steht. Das ist sehr unterschiedlich. Darauf baut jedes neue Wissen und Können auf. Mit der Klasse wird über den eigenen Umgang mit Fehlern gesprochen. Der Heterogenität von Produkten bringen die Lehrpersonen immer wieder Wertschätzung entgegen. Im Mathematik- und Deutschunterricht setzen die Lehrpersonen eine Mischung zwischen ‹Arbeit am mathematischen und sprachlichem Basisstoff› und ‹Arbeit an den regulären Themen auf ihrem jeweiligen Entwicklungsniveau› um. So nimmt Anuk in der Mathematik im Lernen am Gemeinsamen Gegenstand teil. Wenn die Klasse beim selbstständigen Lernen individuell an gewissen Kompetenzen in Bezug auf den Gemeinsamen Gegenstand arbeitet, lernt Anuk im regulären Thema am mathematischen Basisstoff (z.B. Rechnen auf ihrem Entwicklungsniveau bei den Grössen oder Rechnungen wie $10\,000 + 20\,000 =$ beim Erweitern des Zahlenraums usw.). Im Deutschunterricht stellen die Lehrpersonen die Aufgaben so, dass alle in Kooperation in heterogenen Lerngruppen arbeiten können. Es wird zum Beispiel ein Kunstbild als Schreibanlass genutzt (vgl. Unterrichtsumsetzung beschrieben in Christensen und Dehn, 2012): Die Lernenden schreiben ihre Wahrnehmung und ihre Gedanken auf. Sie formulieren Wörter und Sätze, komplexe und einfache mit ihrem jeweiligen Wortschatz in grosser oder kleiner Schrift nach ihren jeweiligen motorischen Fähigkeiten. In einer Austauschrunde stellen alle Kinder ihre Gedanken vor. Die Verschiedenheit wird wahrgenommen und die individuelle Leistung wertgeschätzt. Das Gemeinsame wird zum Gegenstand gemacht: *Sprache ist ein Medium für individuelle Gedanken und Wahrnehmung. Wenn wir die Gedanken festgehalten haben, können sie uns als Gedächtnisstütze und als Kommunikationsmittel nützen.* Die geschriebenen Formulierungen bearbeiten die Schülerinnen und Schüler in der eigenständigen Arbeit individuell weiter: Die Kinder suchen die besten Formulierungen aus und machen sich Gedanken über Qualitätskriterien oder aber verarbeiten diese zu einem längeren Text. Anuk kann am individuellen Ziel arbeiten «aus Wörtern Sätze bauen» oder «Geschichten erfinden, darstellen und vortragen». Bei der Umsetzung des zweiten Ziels zeichnet sie zum Beispiel eine Bildergeschichte, schreibt einzelne Wörter dazu auf und präsentiert sie anschliessend im Plenum. Nach der Präsentation der unterschiedlich geschriebenen und gezeichneten Geschichten wird darüber gesprochen, wie die Geschichten aufgebaut sind (Dramaturgie). Dadurch wird das Gemeinsame im individuellen Dialog mit der Sache zum Gegenstand gemacht.

BEISPIEL 2_ Umsetzung einer inklusiven Pädagogik

«*Entwicklungslogische Didaktik* eröffnet Lern-Handlungs-Felder im Sinne inklusiver sozialer Räume, in denen sich Menschen unterschiedlicher Biografie, Lernausgangslagen und Entwicklungsniveaus in Kooperation miteinander arbeitsteilig und zieldifferent mit *verschiedenen erlebens- und erkenntnisrelevanten Dimensionen einer zu bearbeitenden Wirklichkeit* befassen. Letzteres kennzeichnet im Kontext des didaktischen Fundamentums einer *Allgemeinen Pädagogik,* was mit dem Begriff *Gemeinsamer Gegenstand* gefasst ist, und darüber hinaus, was im Sinne inklusiven Lernens als Unterricht bezeichnet werden kann, der im Sinne Wygotskijs (1987) nicht an ein bestimmtes Alter oder an eine bestimmte Institution gebunden ist, sondern daran, dass sich Entwicklung realisiert» (Feuser, 2013, S. 282).

Definition Gemeinsamer Gegenstand   Der Begriff des *Gemeinsamen Gegenstandes* meint eine Erkenntnis oder einen fachlichen Kerngedanken, der zur Entwicklung jedes einzelnen Kindes oder Jugendlichen unabhängig seines Leistungsvermögens oder seiner Behinderung beitragen kann (Feuser, 2005). Beim individuellen Lernen in Kooperation am Gemeinsamen Gegenstand in heterogenen Klassen, also Klassen mit Schülern und Schülerinnen verschiedener Leistungsfähigkeit und Leistungsmöglichkeiten, befassen sich alle gleichzeitig mit demselben Problem, derselben Fragestellung, dem gleichen Kerngedanken an einem übergeordneten bildungsrelevanten Inhalt. Zentral sind der individuelle Aneignungsprozess des einzelnen Kindes oder Jugendlichen und die persönliche Entwicklung.

In der gemeinsamen Tätigkeit der Lernenden und der Lehrpersonen konstituiert sich der Gemeinsame Gegenstand als Teil der Wirklichkeit in seiner Bedeutsamkeit für die beteiligten Personen. Das Gemeinsame wird hier gross geschrieben, weil es untrennbar zur Ko-konstruktion in der Lerngruppe gehört: Der Gemeinsame Gegenstand ist das, was im Lernen in heterogenen Gruppen durch die Gruppenmitglieder gebildet und gemeinsam erkannt wird.

Situationsorientierung   Jedes Kind und alle Jugendlichen sind einzigartig und ihre Möglichkeiten und Grenzen sind dies ebenso. Ausgangspunkt ist ein mehrdimensionales Modell von Behinderung ➥ siehe auch Kapitel Hollenweger, und so rücken die Aktivität und die Partizipation der Lernenden in Situationen – hier in der schulischen Situation Unterricht – ins Zentrum. Situationen sind deshalb zu berücksichtigen, weil sie massgeblich dazu beitragen, ob und wie ein besonderer Förderbedarf zutage treten kann. Je nach Situation wird das spezifische Fachwissen einer pädagogisch-therapeutischen Fachperson gefragt sein und werden spezifische Massnahmen, wie sie im dritten Teil dieses Buches beschrieben sind, Relevanz haben.

Nachfolgende zwei Situationen und Beispiele sollen die Wichtigkeit der Berücksichtigung der Situation verdeutlichen.

1. Eine Lernende, welche als lernbehindert diagnostiziert wird, kann unter Umständen sehr wohl in Gruppenarbeiten bei mündlichen Arbeiten ohne besondere Unterstützung partizipieren und lernen, da sie sich im Bereich ihrer Möglichkeiten mündlich und schriftlich einbringen und so zum Gruppenprodukt (z.B. eine Präsentation) beitragen kann. Natürlich braucht es hierfür aufseiten des Unterrichts u.a. gute Strukturen, eine gute Lernathmosphäre und auf der Seite der Lernenden gute soziale Kompetenzen. Ist jedoch selbstständiges Lernen an einem Matheplan an gesagt, braucht sie bei den schriftlichen Anweisungen eventuell Unterstützung im Sinne von Hilfsmitteln und Lerncoaching. Ein anderer Lernender, der sehr viel Anstrengung und Selbststeuerung aufwenden muss, um zu kommunizieren, wird dagegen Mühe haben, in Gruppenarbeiten zu partizipieren. Er wird in diesen Situationen sehr viel mehr Unterstützung brauchen als in stark strukturierten, individuellen Arbeitsphasen.

2. Ein Kind oder eine Jugendliche, das oder die nur mit körperlicher Hilfe einer Assistentin oder einer Fachperson im Unterricht gezielte Bewegungen und Tätigkeiten ausführen kann, wird in Situationen, welche diese Unterstützung integrieren, partizipieren und an individuellen Lernzielen lernen können. Würde der Unterricht in solchen Situationen ohne jegliche spezifische Unterstützung stattfinden, würde man zu Recht sagen, dass ein inklusiver Unterricht nicht realisiert werden kann.

BEISPIEL 3_ Unterschiedliche Situationen erfordern unterschiedliche Massnahmen

Eine grosse Heterogenität der Lerngruppe im Unterricht erfordert von den Lehrpersonen eine Balance herzustellen zwischen dem Fokus auf das Gemeinsame und dem Fokus auf das Individuelle. Dies beinhaltet das Ausbalancieren zwischen dem Fokus auf das Öffnen von Aufgaben für die Mitbestimmung der Lernenden und dem Fokus auf das Strukturieren und Didaktisieren der Lernsequenzen, zwischen dem Fokus auf die Gestaltung von Freiraum für individuelle Wege im Denken und Handeln und dem Fokus auf das Festlegen von verbindlichen Denkwegen und Fertigkeiten, zwischen dem Fokus auf die Individualisierung von Unterricht und dem Fokus auf die Gemeinschaftsbildung in Lernsequenzen, zwischen der Realisierung von individueller Förderplanung und dem regulären Curriculum und zwischen dem Fokus auf die Entwicklungslogik und dem Fokus auf die Curriculumslogik.

Inklusiver Unterricht als Balanceakt

Dieser Balanceakt lässt sich auch im didaktischen Dreieck zeigen (siehe Abb.1).

Ziel- und Stoffkultur

Die *Verbindung Lehrperson–Gegenstand* beinhaltet einerseits die Beziehung der Lehrperson zum Gegenstand und andererseits auch ihre Auswahl. Die Lehrperson ist dadurch verpflichtet, am gewählten (Unterrichts-)Gegenstand (Reusser, 2003) die didaktische Analyse im Sinne von Klafki vorzunehmen. Es geschieht eine «Auswahl, Explikation und Anordnung, bzw. *originale* Begegnung mit *bildenden* Stoffen und Problemen» (Reusser, 2003, Folie 22).

Auch dem Gemeinsamen Gegenstand (Feuser, 2005, 2013) liegt die Bildungstheorie, wie sie Klafki (2007) vorgelegt hat, zugrunde. Eine Bildungstheorie muss als offene und entwicklungsfähige Bildungstheorie verstanden werden und die Allgemeinbildung aller Menschen im Fokus haben. Alle haben Anspruch auf Bildung, und alle Menschen haben prinzipiell die Möglichkeit, Selbstbestimmungsfähigkeit zu erlangen und sich in das soziale Netz der Gruppe mit ihren Interessen und Fähigkeiten einzubringen. Bildung muss sich an Problemen, Fragen und Aufgaben orientieren, welche uns alle angehen und welche in Kooperation gelöst werden können. Klafki (2007) nennt dies Bildung im Medium des Allgemeinen.

Es geht darum, Probleme wahrzunehmen, kritische Fragen zu stellen, ohne den Anspruch zu haben, sie alle mit einer Aussage zu beantworten. So können zum Beispiel im Lernen in Kooperation am Gemeinsamen Gegenstand folgende Fragen bearbeitet werden:
— Wie können wir mit unserer Natur nachhaltig umgehen?
— Wie können wir unser Zusammenleben organisieren, damit alle sich einbringen können und niemand benachteiligt wird?
— Wozu brauchen wir mathematische Kompetenzen?
— Gebrauch und Missbrauch zum Beispiel in Bezug auf neue Medien: Welche Regeln gelten in Bezug auf unser Verhalten im Umgang mit Medien?
— Dialogische Elemente: Worum geht es bei einer bestimmten Sache und welche Bedeutung hat sie für die Beteiligten?
— usw.

Wissens- und Lernkultur

Die *Verbindung Gegenstand–Lernende* im didaktischen Dreieck zeigt den Aneignungsprozess der Lernenden. Feuser (2005, 2009) nennt seine Didaktik eine entwicklungslogische Didaktik. Diese Kante entspricht dem Gedanken, dass jedes Individuum auf der Grundlage seines Entwicklungsstandes und seiner Erfahrungen sich mit dem Gegenstand auseinandersetzt und daran lernt. Was das einzelne Kind oder der einzelne Jugendliche lernt, ist die zentrale Frage. Für das fach- und sachbezogene Lernen in der Schule bedeutet dies, dass nicht die Sache an und für sich, sondern die jeweilige Beziehung des Lernenden zur Sache im Zentrum steht. So kritisiert Feuser: «Wir tun so, als läge das Wesen des Unterrichtens und Lernens auf der sachstrukturellen Seite und beurteilen die Lernleistungen weiterhin nach der Vollständigkeit der Rezeption der Unterrichtsgegenstände» (Feuser, 2005, S. 176). Es muss im Gegensatz dazu um den Erkenntnisprozess (Feuser, 2005, S. 176) gehen: Wie hat der Lernende oder die Lernende die erfahrbaren Kerngedanken des Gegenstandes in Beziehung zu ihrem und seinem eigenen Wissenssystem integriert und zu einem inneren Abbild (Handlung, Bild, Symbol, Begriff) verdichtet? Die Lehrperson ist für diesen Lehr-Lernprozess (Reusser, 2009, 2010, 2011) mitverantwortlich, da sie einerseits qualitativ gute Aufgaben bereitstellt und andererseits die Lernenden unterstützen muss, was auch im Abschnitt zur Rolle der Lehrperson deutlich zu sehen sein wird.

Zur Unterrichtsdurchführung mit dem Ziel, alle Schüler und Schülerinnen im Lernen am Gemeinsamen Gegenstand teilhaben zu lassen und Erkenntnisse sowie Ziele zu erreichen, gehören eine gute Lehrstofforganisation und ein nachvollziehbares Classroom Management. Klare Strukturen und eventuell ritualisierte Abläufe helfen den Schülern und Schülerinnen, sich zu orientieren und auf das gemeinsame und individuelle Lernen einzulassen. Hilfreich dabei sind beispielsweise visualisierte Tagesabläufe, die die Lernenden darüber informieren, welches Ziel verfolgt und in welchen Sozialformen oder mit welchen Methoden gearbeitet wird.

Die Verbindung *Lehrperson–Lernende* im didaktischen Dreieck bezieht alle Aspekte einer wertschätzenden und unterstützenden Kommunikation sowie eine positiv formulierte Erwartungshaltung ein. Die positive Erwartungshaltung kann sowohl im einzelnen Lerncoaching sowie im Klassenunterricht gelebt werden und wird als sehr lernfördernd (Hattie, 2013) beurteilt. Wichtig sind Lehrpersonen, «die davon ausgehen, dass bei *allen* Lernenden Fortschritte möglich sind, dass die Leistun*gen aller* verändert werden können (und nicht festgelegt sind), und dass ein solcher Fortschritt für *alle* verstanden und artikuliert wird» (Hattie, 2013, S. 43). Hier kommt die Balance, die für einen inklusiven Unterricht gilt, nochmals deutlich zum Tragen: Die Lehrperson muss jede einzelne Schülerin und jeden einzelnen Schüler wahrnehmen, ihr und ihm eine förderliche Beziehung anbieten und gleichzeitig für das stimmige Klassenklima Sorge tragen, in dem Fehler erlaubt sind. Das im Klassenraum geschaffene Klima und die für die Schülerinnen und Schüler herausfordernden Aufgaben und Ziele sollen die Partizipation aller Lernenden unabhängig ihres Entwicklungsstandes ermöglichen.

Im schulischen Kontext nimmt der Unterricht als Situation einen zentralen Stellenwert ein. Die Aufgabe der Lehrperson besteht da-

Beziehungs- und Unterstützungskultur

rin, diese Situationen genau zu analysieren, um mögliche spezifische Unterstützungs- und Differenzierungsmassnahmen abzuleiten. Die Handlungsmöglichkeiten der Lehrpersonen können durch die im didaktischen Dreieck dargestellten Dimensionen systematisiert werden.

— Ziel- und Stoffstruktur: Die Lehrperson macht das Gemeinsame im Lernen am Gegenstand immer wieder zum Gemeinsamen Gegenstand.

— Beziehungs- und Unterstützungskultur: Die Lehrperson passt die Beziehungs- und Unterstützungskultur den jeweiligen Situationen und dem individuellen Entwicklungsstand der einzelnen Lernenden im Unterricht an.

— Wissens- und Lernkultur: Die Lehrperson gestaltet die Lehr-Lernformen so, dass alle Schülerinnen und Schüler partizipieren und lernen können.

Lernen in Kooperation am Gemeinsamen Gegenstand als Notwendigkeit im Unterricht

Je nach Entwicklungsstand kann ein Kind, eine Jugendliche oder ein Jugendlicher etwas, es fällt ihm schwer oder ihr schwer oder gelingt gar nicht. Wird der Entwicklungsgedanke in den Kontext Schule gestellt, kommt die Frage nach dem Lernen ins Spiel. Entwicklung und Lernen sind eng verknüpft. Oft lassen sich diese beiden Dinge nicht trennen. Im heutigen Verständnis (in Anlehnung an Reusser, 2011, S. 18) von Lernen wird einerseits vom konstruktivistischen Lernverständnis in der Tradition von Piaget und andererseits vom sozialkonstruktivistischen Entwicklungs- und Lernverständnis von Wygotskij ausgegangen. Der Mensch wird als soziales Wesen gesehen, das sich durch die Interaktion mit anderen Menschen und der Umwelt entwickelt und lernt. Lernen kann somit Entwicklungsprozesse auslösen und unterstützen, Entwicklungsprozesse können aber auch die Grundlage von Lernmöglichkeiten sein.

Allgemeine Entwicklung
«Entwicklung bezieht sich auf relativ überdauernde intraindividuelle Veränderungen des Erlebens und Verhaltens über die Zeit hinweg» (Trautner, 1992, in Lohaus und Vierhaus, 2013, S. 2). Nach Trautner ist diese Definition das kleinste gemeinsame Verständnis von Entwicklung innerhalb verschiedener Entwicklungsdefinitionen. Die Veränderungen – das können intellektuelle, motorische, emotionale, soziale oder weitere Veränderungen sein – geschehen gemäss Definition innerhalb eines Individuums in einer bestimmten Zeit.

Keine Entwicklungsveränderungen sind jedoch abrupte Veränderungen, die durch äussere Ereignisse, wie beispielsweise einen Unfall, zustande kamen (Lohaus und Vierhaus, 2013). Erst wenn sich im Anschluss – auf der Grundlage der Veränderung – Weiterentwicklungen zeigen, wird von Entwicklung gesprochen. Es bedarf eines Zusammenhanges mit dem vorausgehenden Entwicklungszustand. Entwicklungen eines Menschen sind somit Veränderungen, die von aussen sichtbar sind, wenn es sich um Verhalten handelt. Nicht sichtbar sind diejenigen Entwicklungen, bei denen es sich um das Erleben von Situationen oder Wahrnehmung (und der Einschätzung von Situationen) handelt. Die Entwicklung eines Individuums wird zusätzlich im Vergleich mit anderen Individuen betrachtet (Trautner, 1992, in Lohaus und Vierhaus, 2013). In diesem Vergleich fallen dann die Schüler und Schülerinnen mit besonderen Bedürfnissen auf. **Besondere pädagogische Bedürfnisse**

Entwicklungen sind im Kontext der Umgebung zu verstehen. Mit dem Individuum zusammen entwickelt sich auch jeweils die soziale und materielle Umgebung (Lohaus und Vierhaus, 2013). Das heisst, dass sich beispielsweise das Kind, die Jugendliche oder der Jugendliche durch die Interaktion mit den Eltern und die Eltern durch die Interaktion mit dem Kind, der Jugendlichen oder dem Jugendlichen weiterentwickeln.

Zentral für die Entwicklung und das Lernen eines Menschen sind soziale Prozesse, wie oben angedeutet. In der Interaktion mit anderen Menschen lernt das Kind von seinem ersten Tag an kulturelle und gesellschaftliche Werte, Normen, Gedanken und Handlungsweisen kennen und verinnerlicht diese auf seine ihm eigene Weise. Für die inklusive Didaktik sind folgende zwei Aussagen (Wygotskij, 2002) zu beachten: **Sozial-konstruktivistisches Lernverständnis**

1. Der Mensch ist in das soziale Netz der Gesellschaft eingebunden. Dabei erschliesst er sich die Wirklichkeit durch die eigene Tätigkeit mit den Mitteln der in der Gesellschaft vorhandenen Denk-, Wert- und Handlungssysteme. Der Mensch erschliesst sich die Welt durch den Menschen (vgl. Wygotskij, 2002, S. 387 ff.).
2. Das kindliche Denken entwickelt sich vom Sozialen (Interpersonalen) zum Individuellen (Intrapersonalen) bzw. in dessen Verbindung: Das Denken ist am Anfang sozial, und das ist der entscheidende Antrieb für die Entwicklung (vgl. Wygotskij, 2002, S. 57 ff.).

Ein Unterricht, der sich an einem sozial-konstruktivistischen Entwicklungs- und Lernverständnis orientiert, berücksichtigt die Zone

Zone der proximalen der *proximalen* Entwicklung (Wygotskij, 2002) eines jeden Kindes
Entwicklung und der Gruppe. Sie liegt im Bereich zwischen dem, was ein Lernender oder eine Lernende alleine erfolgreich tun und verstehen,
und dem, was er oder sie mit Hilfe und Anleitung und Begleitung
leisten kann. «Dieser Unterschied im geistigen Alter oder aktuellen
Entwicklungsniveau, das durch selbstständig gelöste Aufgaben bestimmt wird, und dem Niveau, das das Kind beim Lösen von Aufgaben zwar nicht selbstständig, aber in Zusammenarbeit erreicht, bestimmt die Zone der nächsten Entwicklung» (Wygotskij, 2002,
S. 327). Der Unterricht bezieht daher Phasen der individuellen Bearbeitung eines Sachverhaltes (Ich), kooperative Elemente (Ich und
Du) und Phasen des Austausches (Wir) mit ein. An dieser Stelle soll
das Spiel als Beispiel dienen. Es ermöglicht vielfältige Erfahrungen
und implizites sowie explizites Lernen im alleinigen Hantieren mit
allen möglichen Alltags- sowie spezifischen Spielmaterialien in verschiedenen Spielsituationen (Ich). Im gemeinsamen Spiel werden
die individuellen Erfahrungen und das Wissen ausgebaut und vertieft. Die Kommunikation mit dem Gegenüber wird wichtig und unterstützt die Spielvarianten (Ich und Du). Im Austausch über das
Spiel können Strategien, Vorgehensweisen, Probleme diskutiert und
Argumentationen und Begründungen für Ideen dargelegt werden
(Wir).

Entwicklung ist selten linear vorwärts. Entwicklung heisst vorwärts und rückwärts gehen – je nach Bedürfnis – je nach Möglichkeiten der Lernenden, ihre Kompetenzen in der aktuellen Situation
im Unterricht einzubringen und sich selbstbestimmt im sozialen
Entwicklungslogik Netz der Gruppe aktiv zu beteiligen. Feuser (2005, S. 121) definiert
den Begriff *Entwicklungslogik* als die prozessuale Veränderungsdy-
namik des Menschen, welche «einer dem System immanenten, von
sich selbst organisierten Logik folgt. (...) Jede Verhaltensänderung
komplexer Systeme ist entwicklungslogisch – ob uns das resultie-
rende Ergebnis nun genehm ist oder nicht.» (Feuser, 2005, S. 121).

Lernen hat mit Entwicklung zu tun und geschieht im sozialen
Kontext, ist aber auch immer individuell. Lernen wird als Prozess
verstanden und definiert sich über folgende Merkmale: Es ist ein
aktiver, situativer, konstruktiver, kumulativer, sozialer und metako-
gnitiver Prozess. Was heisst dies konkret? Lernende interpretieren
Situationen aktiv in Abhängigkeit von ihrem Vorwissen (ihren Überzeugungen und mentalen Strukturen) und von wahrnehmungsbe-
dingten Erfahrungen (welche durch Emotionen geprägt sind). Werden die neuen Informationen mit dem Vorwissen verknüpft, oder
passt sich das Individuum einer neuen Situation an – damit sind
auch ganz konkrete Handlungen gemeint –, können elaborative

Wissensstrukturen konstruiert und aufgebaut werden, Assimilation und Akkommodation erfolgen (Ginsburg und Opper, 1998). Kann das neue Wissen von den Lernenden angewendet und auch noch überdacht werden (metakognitiv), ist ein Lernprozess vollständig.[2]

In diesem Verständnis von Lernen spielt das Soziale eine we- Kooperatives Lernen sentliche Rolle: «Wer andere lehrt, bildet sich selbst» (Comenius, 1992, S. 117). Diese alte Erkenntnis ist jedoch nicht trivial. Sie erhält ihr eigentliches Gewicht erst vor dem Hintergrund von Wygotskijs Arbeiten. Er beschreibt den Entwicklungsprozess des kindlichen Denkens als den Prozess vom sozialen zum individuellen Denken. Diese Aussage beurteilt er als das Hauptergebnis «[…] sowohl der theoretischen als auch der experimentellen Untersuchung des uns interessierenden Problems» (Wygotskij, 2002, S. 97). Die Ko-Konstruktion von Wissen und der damit verbundenen Bedeutung kann in kooperativen Prozessen von Lehrenden und Lernenden sowie von Lernenden untereinander geschehen. Im inklusiven Unterricht sollen die Schülerinnen und Schüler vielfältige Möglichkeiten zum ICF: Umweltfak- Lernen in Kooperation erhalten. Da die Schule in einem gesellschaft- toren/Unterstützung lichen und kulturellen Umfeld eingebettet ist, ist die Auseinander- und Beziehungen setzung mit den die Schülerinnen und Schüler umgebenden Dingen, Gegenständen, Fragen und Problemen immer auch eine kulturelle. Somit können wir Schulen als «Kulturwerkstätten» und Schüler oder Schülerinnen als «Kulturlehrlinge» verstehen (Reusser, 2011, S. 18). Kulturbezogene Kompetenzen lassen sich weder

---

2   Als vollständiger Lernprozess gilt auch folgender Ablauf, der als PADUA (Aebli, 2003) bezeichnet wird (dabei stehen die Anfangsbuchstaben für die einzelnen Phasen des Lernprozesses): Eine *Problemstellung* (das kann eine Frage sein) wird aufgeworfen. Dabei wird das Problem oder der Gegenstand hinterfragt, ein Zugang wird geschaffen, eventuell aufseiten der Lernenden die Motivation, sich mit dem Gegenstand zu befassen, aufgebaut. Danach erfolgt ein *Aufbau,* der eine Begriffsbildung oder einen Strukturaufbau des Gegenstandes beinhaltet. Eine Einsicht und ein Verstehen sind das Ziel. Nachdem die Struktur des Gegenstandes erkannt wurde, wird diese durchgearbeitet. Mit dem *Durcharbeiten* wird eine Beweglichkeit, eine Flexibilität in der Sache, dem Gegenstand verfolgt. Eine vertiefte Einsicht wird angestrebt, die auch die Umkehrung der Sache oder des Gedankens (Reversibilität) ermöglicht. Anschliessend folgt die *Übung,* bei der die neue Einsicht an vielfältigen Beispielen wiederholt, geübt und gefestigt wird. Dabei geht es darum, von einfachen bis zu immer schwierigeren Aufgaben zu kommen. Schlussendlich erfolgt die *Anwendung.* Das Erkannte kann transferiert, an einem ähnlichen Gegenstand angewendet werden.

Systematisiert in fünf Phasen (PADUA) sieht dies folgendermassen aus: (1) Problemstellung, (2) Aufbau, (3) Durcharbeiten, (4) Üben, (5) Anwenden. Während der ersten zwei Phasen (1 und 2) sind Konstruktionsprozesse zu tätigen. Beim Durcharbeiten und Üben (3 und 4) geht es um Konsolidierung und Training, bis eine Kompetenz erreicht wird. Beim Anwenden (5) kann die Kompetenz gezeigt werden. Ziel eines jeden Lernprozesses ist das Verstehen und das Anwenden des Verstandenen. Nach dem Durchlaufen eines vollständigen Lernprozesses hat ein Kompetenzaufbau stattgefunden.

durch direkte Instruktion noch durch die Inszenierung von entdeckendem Solo-Lernen alleine vermitteln. Schulisches Lernen braucht Mitbestimmung der Lernenden, Partizipation, Kooperation und angeleitete Ko-Konstruktion.

Durch kooperative Lernarrangements soll eine positive Wirkung im Bereich der Motivation, des sozialen Verhaltens, der Kognition und des affektiven Wahrnehmens erreichet werden (Pauli und Reusser, 2000). Dialoge oder der Austausch mit verschiedenen bis gegensätzlichen Meinungen – und das kennen sicher alle Leserinnen und Leser – können zu einer Änderung der eigenen Ansichten oder Lösungen beitragen. Der sogenannte «kognitive Konflikt» (Piaget, 1947; Perret-Clermont, 1980 in Pauli und Reusser, 2000) unterstützt dies und er kann zu einer Reorganisation der kognitiven Strukturen führen. Das kooperative Lernen als Unterrichtsmethode greift diesen Aspekt auf und nutzt die Unterschiede im Wissen und Erleben der einzelnen Schülerinnen und Schüler für das gemeinsame Lernen. Unter kooperativem Lernen werden (in Anlehnung an Pauli und Reusser, 2000) Lernarrangements wie Partner- und Gruppenarbeiten verstanden, die eine ko-konstruktive Aktivität der Teilnehmenden verlangen, um eine gemeinsame Lösung eines Problems oder ein gemeinsam geteiltes Verständnis einer Situation zu entwickeln. Unabhängig von ihrem Leistungsvermögen sollen alle Lernenden partizipieren, da sowohl schwache wie auch starke Lernende von der gemeinsamen Auseinandersetzung profitieren.

Was sind nun die Merkmale eines wirkungsvollen und somit lernfördernden Dialoges? Die Ko-Konstruktion im Lerndialog zeichnet sich durch nachfolgende Merkmale aus, wie sie von Pauli und Reusser (2000) zusammenfassend dargestellt sind und in der Literatur u.a. auch als «transaktiver Dialog» (Berkovitz und Gibbs, 1983, in Pauli und Reusser, 2000) bezeichnet werden:

— Das Gespräch bezieht sich auf den Lerngegenstand.
— Ein gemeinsam geteiltes Verständnis in Bezug auf den Gegenstand wird angestrebt.
— Alle Beteiligten sind aktiv an der Lösung der Aufgabe beteiligt.
— Im Dialog wird gegenseitig aufeinander Bezug genommen.
— Die Sachverhalte werden gemeinsam geklärt.
— Meinungsverschiedenheiten werden sachbezogen bearbeitet.

Beim produktiven kooperativen Lernen ist jeder Lernende oder jede Lernende in der Gruppe verantwortlich für das eigene Lernen, und er und sie tragen auch zum Gruppenprodukt bei. Die Lernenden realisieren, dass die gemeinsame Erarbeitung einer Aufgabe mehr bringt, als wenn jede Person sie alleine gelöst hätte. Durch differen-

Wirkungsvoller, lernfördernder Dialog

zierte Ziele und positive Leistungserwartungen können Schüler und Schülerinnen dahingehend angeleitet werden. Dies erfordert von der Lehrperson die Stärken zu berücksichtigen und Kompetenzen auf der Grundlage des Entwicklungsstandes eines jeden Lernenden.

Damit kooperative Lernformen effizient und gewinnbringend für die ganze Klasse sowie die einzelnen Kinder und Jugendlichen eingesetzt werden können, helfen wiederkehrende Ablaufmuster, Visualisierungen (Bilder, Piktogramme, Rollenkarten) und klar kommunizierte Ziele. Im Bereich der Sonderpädagogik und in Büchern zum kooperativen Lernen oder zum Classroom Management finden sich diverse Materialien für den Unterrichtsalltag. Sie organisieren die Partizipation, und viele beachten besonders den Aspekt der Strukturierungshilfen, der auch aus Sicht der Forschung für den Kooperationsprozess lernunterstützend ist.[3] Die Lehrpersonen einer Klasse besprechen und vereinbaren, welche Strukturierungshilfen und Abläufe für die ganze Klasse und für die Lernenden mit besonderen Bedürfnissen für welche Ziele eingesetzt werden können.

Strukturierungshilfen

Eine grundlegende Vorgehensweise im kooperativen Lernen ist der Dreischritt «Think-Pair-Share» (Green und Green, 2005). Dabei startet jede Aufgabe oder jeder Auftrag mit einer individuellen Auseinandersetzung, was als *Think* bezeichnet wird. Die Lehrperson achtet darauf, den Auftrag so zu stellen, dass sich alle Lernenden beteiligen können. Die individuelle Auseinandersetzung aktiviert das Vorwissen und ermöglicht jedem Lernenden, einen Beitrag zu leisten. In der nachfolgenden kooperativen Auseinandersetzung mit den Vorstellungen und oder den Lösungen der Kooperationspartner und -partnerinnen – als zweiter Schritt *Pair* – wird die Erkenntnis am Gemeinsamen Gegenstand in Partnerarbeit oder in der Gruppe weiterentwickelt oder vertieft. Allenfalls geschieht eine Korrektur der eigenen Vorstellungen. Der Rahmen der Partner- oder Kleingruppe ermöglicht eine hohe Aktivität aller Beteiligten und bietet Sicherheit. Erst nach einer intensiven Auseinandersetzung erfolgt im dritten Schritt *Share* die Darstellung in der grossen Lerngruppe oder der Vergleich mit einer anderen Gruppe. Die Lehrperson achtet dabei auf genügend Austauschzeit.

Methodische Beispiele des kooperativen Lernens

Ein weiteres zentrales Basiselement für kooperative Lernprozesse ist die positive wechselseitige Abhängigkeit.[4] Dabei werden den einzelnen Schülerinnen und Schülern Rollen und Ressourcen

---

3   Siehe dazu die Untersuchungen von Palinscar und Brown zum *Reziproken Lesen,* 1984 oder von Johnson und Johnson, 1992, die *Konstruktive Kontroverse* oder *die Script Cooperation* von O'Donnell und Dansereau, 1992, in Pauli und Reusser, 2000, S. 10.

4   Vgl. Konrad und Traub, 2001; Huber, 2006; Borsch, 2010.

zugewiesen. Die Lernenden erarbeiten dabei Teile einer umfassenden Aufgabe immer wieder selbstständig oder in kleineren Gruppen. Am Ende einer Lernsequenz werden die neu erworbenen Kenntnisse und Fertigkeiten in der Gruppe wechselseitig ausgetauscht. Als Methode kann das Gruppenpuzzle stellvertretend genannt werden.

In der Kindergartenklasse wird am Projekt *Baustelle* gespielt und gelernt. Der Gemeinsame Gegenstand sind die Erkenntnisse, die die Kinder durch ihre Tätigkeiten beim Bauen mit Karton, Papier und Röhren gewinnen und gemeinsam austauschen. Die Lehrperson stellt an einem Morgen grosse Kisten mit vielen WC-Rollen und anderen Kartonröhren in den Kreis. Simon, ein sehbehinderter Knabe, sitzt neben der Lehrperson. Sie zeigt eine Karte, auf der eine grosse Gruppe dargestellt ist. Sie gibt Simon die Karte in die Hand, auf der ebenfalls viele gut fühlbare Punkte sind. Die Lehrerin beschreibt die bereitliegenden Dinge und fordert die Kinder auf, mit den Materialien zu bauen und zu spielen. Sie führt Simon zu einer Kiste mit diversem Material und gibt ihm die verschiedenen Rollen und Röhren zur Anschauung in die Hand. Nachher lässt sie ihn mit den anderen Kindern individuell spielen und bauen. Die Kinder erproben auf vielfältige Arten die Rollen und Röhren, legen sie nebeneinander, bauen Türme, die wieder zusammenfallen, stellen sie im Kreis und als Linie auf. Die Lehrperson baut je nach Situation aktiv mit, unterstützt und nimmt gleichzeitig wahr, was in der Gruppe geschieht. Nach einer halben Stunde wird gemeinsam das Entstandene begutachtet, und die Kinder zeigen und erzählen, was sie herausgefunden haben. Auch Simon zeigt, wie er die Rollen angeordnet hat. Am nächsten Morgen legt die Lehrperson zusätzlich zu den Rollen und Röhren verschiedene Klebebänder, Drähte und Klammern in den Kreis. Sie bittet die Kinder, auszuprobieren, wie zwei oder mehr WC-Rollen so miteinander verbunden werden können, dass sie zusammenhalten. Jedes Kind soll es zuerst alleine versuchen. Die Lehrperson zeigt eine Karte, mit einem Kind, das mit einem Gegenstand spielt und gleichzeitig studiert. Die Denkblase ist aus dickem Papier aufgeklebt, so dass sie ertastet werden kann. Anschliessend sollen die Kinder zu zweit (Gotti-, Göttisystem) die Lösungen vergleichen und einander zeigen und erzählen, was sie gemacht haben. Die Lehrperson zeigt eine weitere Karte, auf der zwei Kinder miteinander sprechen. Die Sprechblasen sind wiederum zum Ertasten. Nach dem Austausch sollen die Paare im Kreis zeigen, was sie herausgefunden haben. Die Lehrperson zeigt eine Karte, auf der der Stuhlkreis zu sehen und zu ertasten ist. Die Lehrperson gibt Simon jeweils die Karten in die Hand. Die Karten haben auf der Rückseite eine Zahl (1, 2 oder 3) und immer auch gut fühlbare Punkte: einen, zwei oder drei, die die jeweiligen Schritte anzeigen. Nachdem Simon sie ertastet hat, darf er sie an die Stellwand neben dem Kreis hängen, sodass alle Kinder sich daran orientieren können.

BEISPIEL 4_ Projekt Baustelle mit den möglichen Strukturierungshilfen und Symbolkarten

Strukturierungshilfen, wie im obigen Beispiel, müssen immer wieder eingesetzt werden, damit die Lernenden ihre Bedeutung verstehen und als Hilfe für den Ablauf einer Unterrichtssituation nutzen können. Sie müssen jedoch auch immer wieder kritisch hinterfragt und auf ihre Wirkung überprüft werden. Weiter ist es wichtig, dass die Lehrpersonen bei kooperativen Lernsituationen nicht davon ausgehen, dass die Kinder und Jugendlichen einerseits den Mut haben, ihr Vorwissen einzubringen und andererseits die Kriterien einer qualitativ guten Zusammenarbeit kennen und sie auch gestalten können. Das heisst, dass einzelne Methoden immer wieder geübt und auf ihre Qualität hin reflektiert werden müssen. Dies geschieht, indem die Lehrperson mit den Schülerinnen und Schülern auf der Metaebene darüber kommuniziert: Was ist euch gelungen? Was war schwierig? Wie habt ihr eure Ideen mitgeteilt? Konntet ihr nachvollziehen, was die einen oder andern gesagt haben? Diese Gespräche müssen an die Gruppe angepasst sein. Das heisst, dass die schon gelungenen und/oder gewünschten Verhaltensweisen vorgezeigt werden. Im Unterricht kann auch das gewinnbringende Kommunizieren über das Gruppenarrangement der Gemeinsame Gegenstand einer Unterrichtssequenz oder eines grösseren Projektes sein.

Innere Differenzierung ohne Ausgrenzung

Eine Differenzierung ist ein Prozess der Unterscheidung. Dieser beinhaltet, dass jemand diese Unterscheidung festmacht, steuert und überprüft. Mit einer Differenzierung ist noch nicht festgemacht, ob und wie die Beteiligten partizipieren können. An welchen Grundsätzen muss sich die innere Differenzierung im inklusiven Unterricht orientieren, damit alle Schüler und Schülerinnen partizipieren können? In der Tabelle 2 werden vier Differenzierungsaspekte einer inneren Differenzierung ohne Ausgrenzung[5] herausgearbeitet und der äusseren Differenzierung gegenübergestellt. Ziel der Differenzierung ohne Ausgrenzung ist die Passung der fachlichen-sachbezogenen Seite (die Logik des Faches, des zu lernenden Sachverhaltes) und der subjektiven Seite (die Logik des Subjekts, die Entwicklungslogik) des Lernprozesses.

Innere Differenzierung

---

5 In Anlehnung an Müller Bösch, 2011

TABELLE 2_ Das Verhältnis der inneren Differenzierung ohne Ausgrenzung zur äusseren Differenzierung

Äussere Differenzierung	Innere Differenzierung ohne Ausgrenzung
Differenzierungsformen, in denen Schülerpopulationen nach bestimmten Gliederungs- und Auswahlkriterien zu Lerngruppen zusammengenommen werden. Dies können zum Beispiel das unterschiedliche Leistungsniveau, die unterschiedlichen Interessen, die unterschiedlichen (sinnlichen) Wahrnehmungskonzepte, die unterschiedlichen kognitiven Voraussetzungen, die unterschiedliche Kultur oder die unterschiedlichen Verhaltensweisen sein.	Innere Differenzierung ohne Ausgrenzung meint alle Differenzierungsformen, die innerhalb einer gemeinsam unterrichteten Gruppe vorgenommen werden. Dabei werden die unterschiedlichen Voraussetzungen der Lernenden berücksichtigt.
Angebot: Differenzierte, ausgewählte Bildungsinhalte (reduzierter Stoffumfang, reduzierte Inhalte)	Angebot: Komplexe, übergeordnete Bildungsinhalte für alle (der Gemeinsame Gegenstand ist so komplex, dass er ein breites Spektrum an Differenzierung erlaubt)
Sozialformen: Variation von Sozialformen nach organisatorischen Kriterien.	Sozialformen: Flexibilität von Sozialformen mit dem Ziel, Freiraum für die Mitbestimmung der Lernenden, für kooperatives Lernen und verschiedene Zugänge zu schaffen.
Vier Differenzierungsaspekte:	Vier Differenzierungsaspekte:
Zeit-, Raumgestaltung: Orientierung an den Kriterien der Gruppenzuteilung	Zeit-, Raumgestaltung: Orientierung an der Entwicklungslogik der Lernenden
Ziele: Orientierung an den gleichen Lernzielen für alle Gruppenmitglieder	Ziele: Orientierung an den entwicklungslogischen, situativen Lernzielen für die einzelnen Gruppenmitglieder in Bezug auf fachliche und überfachliche Lernziele
Komplexität und Hilfen: Orientierung an der Fachlogik. Für alle die gleichen Hilfen.	Komplexität und Hilfen: Orientierung an entwicklungslogischen Faktoren und der Fachlogik der jeweiligen Inhalte. Sehr unterschiedliche Hilfen angepasst an die unterschiedlichen Lernbedürfnisse.
Lerncoaching: Orientierung an den möglichst genau auf die jeweilige Gruppe zugeschnittenen Programmen und der möglichst guten Instruktion.	Lerncoaching: Orientierung an der Zone der proximalen Entwicklung der Lernenden und der möglichst guten Passung (vgl. didaktisches Dreieck: Gegenstand, Lernende, Lehrperson).

Differenzierungsmassnahmen können auch innerhalb einer Klasse die Grundsätze der äusseren Differenzierung (siehe Tabelle 2) beinhalten. In solchen Ansätzen und Unterrichtsmaterialien werden die Methoden- und Inszenierungsformen (z.B. Werkstattunterricht) von Unterricht fokussiert (vgl. Bönsch, 2009; Paradies und Linser, 2001). Mit diesen Differenzierungsmassnahmen ist die Annahme verbunden, dass die Lehrperson durch eine möglichst breite methodische Variabilität von Unterricht, durch möglichst gute Programme (z.B. Wochenpläne, Wahlfachunterricht) und möglichst grosse Flexibilisierung von Zeitstrukturen den subjektiven Lernmöglichkeiten gerecht wird. Diese Auffassung von Differenzierung birgt die Gefahr, dass sie die *Passung* von Lernangebot und individuellen Lernbedürfnissen der Schülerinnen und Schüler verfehlt. So sind zum Beispiel Trainingseinheiten nur sinnvoll, wenn der Gegenstand und damit verbunden der Sachverhalt verstanden ist. Eine methodisch gut durchdachte Übungseinheit kann den gewünschten Lerneffekt beim einzelnen Lernenden oder bei der einzelnen Lernenden verfehlen, wenn sie nicht den subjektiven Lernzyklus (Aebli, 2003) berücksichtigt: Versteht der oder die Lernende die Problemstellung und kann er oder sie die dazugehörigen Grundvorstellungen aktivieren? Hat der oder die Lernende die Inhalte bereits verstanden und durchgearbeitet? Erst wenn die zwei Fragen mit Ja beantwortet werden, macht ein Training in der Regel Sinn. Durch das Training können dann verstandene Sachverhalte automatisiert werden, damit die Schülerin oder der Schüler wieder Kapazität hat, um neue Sachverhalte und Phänomene zu entdecken. Das ist sicherndes und intelligentes Üben. Es erfordert eine optimale Passung von der Übungseinheit und dem Lernstand der Lernenden.

Die vier Differenzierungsaspekte für den inklusiven Unterricht (siehe Tabelle 2 und Abb. 2), müssen in der Planung berücksichtigt werden und erfordern in den Unterrichtssituationen eine adaptive Anpassung: die Differenzierung der Ziele, der Zeit- und Raumgestaltung, des Komplexitätsgrades und damit verbunden der Hilfen sowie der Lernbegleitung, dem Lerncoaching.

Entwicklungslogische Ziele: Die Differenzierung der Ziele orientiert sich an der individuellen Entwicklungslogik der Schüler und Schülerinnen. Im zielgerichteten inklusiven Unterricht lernt jede Schülerin und jeder Schüler im Bereich der Zone der proximalen Entwicklung. Inklusiver Unterricht ist also zieldifferenter Unterricht. In der gleichen Situation lernen die Schüler und Schülerinnen an unterschiedlichen Zielen.

Zeit- und Raumgestaltung: Die Zeit- und Raumstrukturen werden den individuellen Lernzielen und der individuellen Lernzeit an-

Passung von Lernangebot und individuellen Lernbedürfnissen der Schülerinnen und Schüler

gepasst. Der Lernraum im inklusiven Unterricht ermöglicht zum Beispiel stilles Arbeiten und kooperatives Arbeiten im Gespräch. Auch
die Zeitorganisation ist so gestaltet, dass sich die Lernenden – unabhängig von ihrem Arbeitstempo – vertieft mit einem Thema, einem
Unterrichtsinhalt beschäftigen können.

Komplexitätsgrad und Hilfen: Der Komplexitätsgrad einer Lernsituation soll – wann immer möglich – durch Hilfen differenziert werden. Es gibt Lernsituationen, in denen eine Gruppe von Lernenden
Hilfen zum Beispiel in Form von Arbeitsmitteln braucht. Dies kann
ein Wörterbuch, ein 20er-Feld oder ein Taschenrechner sein.

Lernbegleitung, Lerncoaching: Die Lernbegleitung ist die Diffe-
renzierungsmassnahme, welche in der Unterrichtssituation umgesetzt wird und welche sich im stetigen Fluss der Zeit immer wieder
verändert. Dies wird in der Abbildung 2 mit dem Pfeil *Unterrichtssituationen* dargestellt. Diese Dimension ist sehr wichtig, da sie im
Moment adaptiert und angepasst werden kann. Im folgenden Abschnitt wird daher näher auf diese Dimension eingegangen.

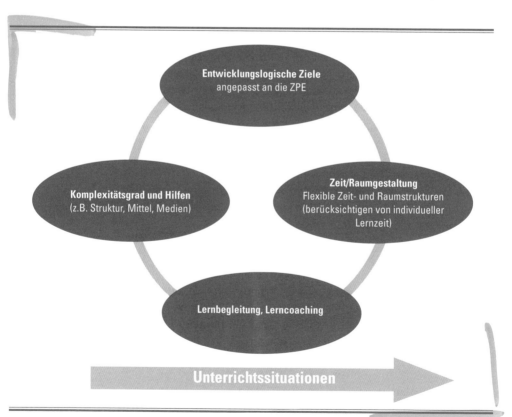

ABBILDUNG 2_ Aspekte der inneren Differenzierung ohne Ausgrenzung

Differenziertes Lerncoaching am Gemeinsamen Gegenstand

Lehrpersonen, die über ein gutes Lerncoaching verfügen, ermöglichen ihren Schülerinnen und Schülern das Erleben von Kompetenz
und Kompetenzzuwachs. In diesem Satz stecken zwei Forderungen
an die Lehrperson: Lehrpersonen müssen einerseits erkennen, wo
ihre Schülerinnen und Schüler im Lernprozess stehen, und andererseits sollen die Schülerinnen und Schüler mit der von der Lehrperson angebotenen Hilfestellung einen Schritt im Lernprozess weiter
kommen und Kompetenzzuwachs erleben. Die Lernenden sollen
vom aktuellen Entwicklungsstand einen Schritt in einen zukünftigen
und gewünschten Entwicklungsstand tun. Wie kann dieser anspruchsvolle Schritt getan werden? Ein zentrales Element ist das
Dialogische aufseiten der Lehrperson und der Schülerin, dem Schüler. Dazu gehören ein offener Geist, eine gute Fachkompetenz und
das adaptive Eingehen der Lehrperson auf die Lernenden (Beck et
al., 2008) sowie die Motivation der Schülerinnen und Schüler an der
Sache. Die Motivation der Lernenden hängt zentral vom Erleben
von Autonomie, von Kompetenz und von der sozialen Eingebundenheit (Deci und Ryan, 1993) ab.

Die Lehrperson ist herausgefordert, den aktuellen Entwicklungsstand eines Kindes in einer Situation zu erkennen und mittels Unterstützung die Entwicklungsprozesse anzuregen, damit das Kind in
der Zone der nächsten Entwicklung gefordert und gefördert wird.
Folgende Fragen sind zu klären: Wo steht das Kind in seiner Entwicklung, und was kann es am Gemeinsamen Gegenstand lernen, um in
seiner Entwicklung weiter zu kommen? Was kann das Kind lernen,
wenn wir die Füsse von verschiedenen Tieren und des Menschen
anschauen, besprechen, malen und kneten? Was kann das Kind lernen, wenn wir unsere Gedanken zu einem Bild formulieren und diese austauschen? Was kann das Kind lernen beim Bauen von Zahlenmauern?

Obige Fragen verdeutlichen, dass nicht alle am Lernen Beteiligten die gleichen Entwicklungs- und Lernziele haben können. Es
geht um Ziele, die in der Situation spezifisch für den Schüler oder
die Schülerin in der Auseinandersetzung mit dem Gemeinsamen
Gegenstand möglich sind, also individualisierte Lernziele. Der Gemeinsame Gegenstand ist für alle der Gleiche, die daran zu errei-
chenden Ziele sind jedoch unterschiedlich.

In kooperativen Lernsituationen im inklusiven Unterricht partizipieren immer Schülerinnen und Schüler mit unterschiedlichem
Kompetenzniveau am Gemeinsamen Gegenstand. Lernen in Kooperation heisst, dass sich alle Schülerinnen und Schüler aktiv am
Lernprozess beteiligen und sich um ein geteiltes Verständnis bemü-

hen. Alle Schülerinnen und Schüler sind angehalten, ihre Denkstrategien und ihre metakognitiven Überlegungen zu verbalisieren. Somit haben beide Parteien einen Gewinn des Interaktionsprozesses. Bedeutsam ist, dass die Qualität des Diskurses stimmen muss. Diese Qualität kommt nicht einfach so (Reusser und Pauli, 2000). Die Schülerinnen und Schüler bewegen sich oft auf der Oberfläche eines Problems, ohne detailliert in die Tiefe zu gehen, oder sie stellen spontan wenig Fragen, welche auf den Verstehensprozess bezogen sind (Reusser und Pauli, 2000). Die Lehrperson ist deshalb aufgefordert, in Partner- und Gruppenarbeiten die Qualität der Aufgabenbearbeitung und des Lerndialoges zu unterstützen und mitzugestalten. Reusser und Pauli (2000) sprechen von diversen Rollen, die die Lehrperson einnehmen muss: als *Choreografin* gestaltet sie Lernarrangements, in denen Kooperation (Zusammenarbeit) möglich ist, als Vorbild resp. *Verhaltensmodell* zeigt sie vor, wie man sachbezogen argumentiert und Probleme löst, als *Coach oder Beraterin* unterstützt sie die Schülerinnen und Schüler im Lernen oder bei sonstigen Problemen in der Zusammenarbeit, als *Expertin* für den Lerngegenstand (hier dem Gemeinsamen Gegenstand) ist sie für die sachliche Korrektheit verantwortlich, als *Moderatorin* schliesst sie den Lernprozess ab und organisiert den Rückfluss des Bearbeiteten in die Klasse und sichert die Ergebnisse.[6]

Gelingt es der Lehrperson, die Lernenden in ihrem aktuellen Entwicklungsstand in Bezug auf den Gemeinsamen Gegenstand zu erfassen, kann sie sie in der Zone der proximalen Entwicklung fördern, respektive sie durch die Zone der proximalen Entwicklung begleiten (Wygotskij, 2002). Die direkte Unterstützung kann ebenfalls durch Mitschülerinnen und Mitschüler erfolgen, was auch als Peer-Tutoring bezeichnet wird (vgl. Büttner, Warwas und Adl-Amini, 2012). Forschungen zeigten, dass im inklusiven Unterricht schwächere Kinder Fortschritte erzielen konnten, wenn starke Kinder für eine bestimmte Zeit die Rolle des Tutors übernahmen (Pauli und Reusser, 2000).

Im Laufe eines Lernprozesses nimmt die Lernunterstützung stetig ab, bis keine Hilfe mehr nötig ist und die Eigenständigkeit oder -tätigkeit der Schülerinnen und Schüler erreicht ist. Dieser Prozess kann fünf Schritte durchlaufen (Collins, Brown und Newman,1989): Modeling, Coaching, Scaffolding, Fading und Reflection. Da das Lernen nicht immer stetig vorwärts geht, müssen die Lehrperson oder

Marginalien:
Rolle der Lehrperson beim Lernen am Gemeinsamen Gegenstand

Cognitive Apprenticeship

---

6   Hinweis: die einzelnen Rollen sind in Reusser und Pauli (2000) differenziert dargestellt

die unterstützenden Mitschülerinnen und Mitschüler immer auch bereit sein, einen Schritt vorwärts oder rückwärts in der Unterstützung zu tun, damit diese dem oder der Lernenden angepasst bleibt.

Modeling   Coaching   Scaffolding   Fading   Reflection

ABBILDUNG 3_Unterstützung der Lehrperson nach dem Modell des Cognitive Apprenticeships (Lehrlingsprinzip)

Modeling: Die Lehrperson oder eine andere kompetente Person – dies können auch Kinder und Jugendliche der Lerngruppe übernehmen – ist ein Modell, ein Vorbild, wie an eine Aufgabe herangegangen werden könnte. Sie denkt laut oder zeigt Handlungen oder Abläufe vor. Sie erklärt allenfalls einen Sachverhalt. Dass der Mensch vom anderen Menschen lernt, ist allgemein bekannt und kann als kollektives Wissen der Gesellschaft bezeichnet werden (Bandura, 1971).

Coaching und Scaffolding: Individuelles Unterstützen bei Fragen und Vorgehensweisen. Die Lehrperson lässt sich auf den Denkweg des und der Lernenden ein und erforscht mit gezielten Fragen und Feedbacks, wo er oder sie steht. Kleine Hinweise helfen den Lernenden im Problemlöseprozess oder der Aufgabe weiter. Die Lehrperson kann auch über Lernstrategien und mögliche Wege während eines Problems diskutieren (siehe differenzierte Übersicht von Fraefel, 2011).

Fading: Die Unterstützung der Lehrperson lässt im Verlauf der Aufgabenstellung immer mehr nach. Die Lehrperson fädelt sich somit aus. Die oder der Lernende ist nun fähig, die Aufgabe selbstständig zu lösen.

Reflection: Gemeinsam wird über die Aufgabe nachgedacht. Lernprozesse sowie angewendete Strategien werden rückblickend besprochen. Dadurch kann eine Nachhaltigkeit im Lernen gewonnen werden.

Differenzierungs-
aspekte

Das Lerncoaching nach dem Lehrlingsprinzip eignet sich für einen inklusiven Unterricht hervorragend. Da die Kinder und Jugendlichen im Lernprozess auf einem je unterschiedlichen Entwicklungsstand stehen, können die Lehrpersonen sie dort unterstützen, wo es für die Lernenden sinnvoll ist. Deshalb sollen die Differenzierungs-aspekte im Unterricht je nach Situation und Kind angepasst werden. So kann es sein, dass eine Lehrperson einen differenzierten Unter-richt gestaltet, in der Umsetzung jedoch bemerkt, dass sie den As-pekt *Fokussieren der Aufmerksamkeit* zu wenig berücksichtigt hat. Dies ist dann der Fall, wenn es in der Unterrichtssituation Lernende hat, welche ganz schnell und ohne Hilfe auf einen Gegenstand fo-kussieren können und andere hierfür viel Unterstützung und mehr Zeit benötigen. Die Lehrperson muss je nach Situation auch die un-terschiedlichen Ziele im motorischen Bereich speziell berücksichti-gen. Immer wird die Lehrperson sich an einer Vielfalt von Vorausset-zungen orientieren und ihren Unterricht differenzieren müssen. Sie wird dabei je nach Aspekt das ganze Spektrum der möglichen Lern-voraussetzungen der jeweiligen Schülerschaft in den Blick nehmen müssen.

Adaptive Planung und Reflexion

Jede Schülerin und jeder Schüler lernt anders: In einem anderen Tempo, in einer anderen Logik, in einer anderen Reihenfolge mit einer anderen biografischen Geschichte. Lehrpersonen planen und gestalten den Unterricht, einzelne Situationen und die einzelnen Aufgaben deshalb am Entwicklungsstand, dem Interesse, an den Möglichkeiten und der Erlebniswelt der Schüler und Schülerinnen und sind offen für individuelle Entwicklungsprozesse (siehe Abb. 4). Sie berücksichtigen damit die grundlegenden Bedürfnisse der Ler-nenden nach Autonomie, Kompetenz und sozialer Eingebundenheit

Adaptiver Unterricht

(Deci und Ryan, 1993, 2002) sowie die intrinsische Motivation (ebd.). Die Planung und Reflexion der Lehrperson berücksichtigt ebenfalls die kollektive Dimension von Lernen, indem sie die Beziehung der fachlichen Kerngedanken, der Inhalte und Gegenstände zum subjek-tiven Erkenntnisvermögen zum Thema macht und über kollektive Tätigkeiten die Bedeutung der Kulturgegenstände erarbeitet: Was ist die Grundvorstellung eines fachlichen Inhalts (z.B. der Multiplika-tion) und was bedeutet dies für dich, für uns? Wie gebrauchen wir Fertigkeiten (wie Rechnen oder Schreiben) in unserer Kultur? Was macht Spielen so spannend?

Bei der Planung und Reflexion hilft das zu Beginn des Kapitels vorgestellte didaktische Dreieck. Alle Eckpunkte sowie die einzelnen Verbindungskanten sind zu beachten. Nachfolgende Darstellung in

Abbildung 4 zeigt die Erfassung, Planung, Umsetzung und Reflexion von individuellem Lernen in Kooperation am Gemeinsamen Gegenstand anhand eines Zyklus, in Anlehnung an den Förderplanungsprozesses, auf. ➡ Siehe auch Kapitel Luder und Kunz.

Auswirkungen erfassen und reflektieren:

— Reflektieren der Differenzierungs- und Fördermassnahmen
— Gemeinsamer Gegenstand: Was ist das Gemeinsame im individuellen Lernprozess?

Lern- und Verhaltensvoraussetzungen erfassen, beschreiben:

— Bildungsgehalt, Gemeinsamer Gegenstand als Idee, Kerngedanken, übergeordnetes Ziel
— individuelle Voraussetzungen der Lernenden

Unterrichten, Massnahmen umsetzen:

— Lerncoaching als adaptive Differenzierung in der Situation
— Dialog, Kooperation über das Gemeinsame im individuellen Lernprozess (ICH-DU-WIR)

Lernangebote und Fördermassnahmen planen, anpassen:

— berücksichtigen der Aspekte der Differenzierung und der Öffnung am Gemeinsamen Gegenstand
— Auswahl der (Lehr-)Mittel und Methoden, Formulierung der Aufgaben

ABBILDUNG 4_ Zyklus der Erfassung, Planung, Umsetzung und Reflexion von individuellem Lernen in Kooperation am Gemeinsamen Gegenstand (in Anlehnung an Luder, 2011)

Bei der Erfassung, Planung, Umsetzung und Reflexion des Unterrichts bewegt sich die Lehrperson sowohl auf der Oberflächen- wie auch auf der Tiefenstruktur von Unterricht (Reusser, 2009). Die Oberflächenstruktur von Unterricht meint beobachtbare Handlungsstrukturen, zum Beispiel Methoden, Inszenierungsformen des Unterrichts sowie die Kommunikation. Dies reicht von direkter Instruktion (die

Oberflächen- und Tiefenstruktur von Unterricht

Lehrperson steuert) bis zum eigenständigen Lernen (Atelier, Werkstatt, Projektunterricht, Spiel usw.). Erst die konkreten Handlungen der Lehrpersonen und der Lernenden zeigen die Qualität und allenfalls ein Unterrichtshandeln auf der Tiefenstruktur auf. Als Tiefenstruktur von Unterricht bezeichnet Reusser (2009) die erkenntnispsychologische Seite des Unterrichtsgeschehens. Teilweise wird sie in der Literatur auch als Mikroebene des Unterrichts bezeichnet (z.B. Lipowsky, 2002). Die Organisation des Unterrichts sagt noch nichts über seine Qualität aus. In der Tabelle 3 sind die Oberflächenstruktur und die Tiefenstruktur des Unterrichts beispielhaft dargestellt.

TABELLE 3_ Oberflächen- und Tiefenstrukturen von Unterricht

Oberflächenstruktur von Unterricht:	Tiefenstrukturen von Unterricht (Mikroebene des Unterrichts):
Organisationsformen von Lernprozessen	Verstehensaufbau und Verstehensprozess der Lernenden, individuelles Lernen am Gemeinsamen Gegenstand
Beispiele	
Gruppenarbeit, kooperativ organisierte Lernformen	Das zur Verfügung gestellte Material ermöglicht allen Lernenden, einen Beitrag am Gemeinsamen zu leisten. Die Lernenden beteiligen sich aktiv am inhaltlichen Dialog oder den Handlungen. Der Dialog und die Handlungen ermöglichen individuelle Erkenntnisse.
Offene Lernformen: Werkstatt, Atelier, Projektunterricht	Die Lernenden werden durch die Lehrperson oder Mitschülerinnen und Mitschüler individuell aktiviert und unterstützt. An den Inhalten können Erkenntnisse gemacht werden. Qualitativ gute Aufgaben werden gestellt, an denen die Kinder und Jugendlichen partizipieren und Erkenntnisse generieren können. Individuelles Lerncoaching und Feedback, das adaptiv auf den Schüler oder die Schülerin ausgerichtet ist.
Aufgaben	Gehaltvoll, gute Qualität, angemessene Herausforderungen für die Lernenden, individuelle Bearbeitungswege möglich, adaptiv an das Vorwissen der Lernenden angepasst (Beck et al., 2008; Reusser, 2013)

Lerncoaching	Die Lehrperson geht auf die Denkwege der Kinder ein. Sie gibt informatives Feedback (kein pauschales *richtig*, *gut* oder *falsch*). Lernstrategien werden besprochen und reflektiert. Adaptiver Einsatz von Hilfsmitteln. Die Lehrperson erwartet von allen Schülerinnen und Schülern positive Leistungen.
Freispiel	Die Rollen beim Spiel sind ausdifferenziert. Das Spiel wird über eine längere Zeit aufrechterhalten. Das Spielmaterial wird vielseitig genutzt.

Die Arbeit auf der Tiefenstruktur wird erleichtert, wenn die Lehrperson die Kinder gut wahrnehmen kann. Daher bilden im inklusiven Unterricht die Beobachtungen und die Dokumentationen sowie die Gespräche der Lehrpersonen mit den Lernenden in den verschiedenen Lernsettings, Unterrichtssituationen und über die Prozesse oder entstandenen Produkte die Grundlage für die Erfassung des Entwicklungsstandes der einzelnen Lernenden. Dieser wird bei der Planung des Unterrichts berücksichtigt. Die Lehrperson beobachtet diejenigen Lernenden mit definierten individuellen Lernzielen gezielt auf der Grundlage des ICF. ➡ Siehe auch Kapitel Hollenweger. Die Einschätzungen aller Schülerinnen und Schüler werden regelmässig im Team oder dann im schulischen Standortgespräch besprochen. Bei einzelnen Lernenden wird eine individuelle Förderplanung erstellt. Zentral – und in der Planung ebenfalls zu beachten – ist der Aufbau einer positiven Beziehung der Lehrpersonen mit allen Schülerinnen und Schülern und einer hohen Erwartung, dass alle Lernenden positive Entwicklungen machen können (Hattie, 2013).

Differenzierung kann kein enges Korsett und vorgefertigtes Schema beinhalten. Neben den Differenzierungsaspekten sollen daher immer auch Aspekte zur Öffnung berücksichtigt werden.

Qualitative Aspekte der Öffnung am Gemeinsamen Gegenstand: Aspekte der Öffnung

1. *Von der äusseren zur inneren Handlung:* Öffnen für verschiedene Handlungsmöglichkeiten in Bezug auf Medien (Bruner, 1971): enaktiv, ikonisch, symbolisch. Ziel ist es, verschiedene Handlungsebenen im Unterricht zu ermöglichen und die Variation zwischen den verschiedenen Medien des Denkens und des zielgerichteten Handelns, der Tätigkeit zu fördern.

2. *Motivation:* Öffnen für motivierenden Unterricht (Deci und Ryan, 1993, 2002): Autonomie, Kompetenz und soziale Eingebundenheit. Der inklusive Unterricht ermöglicht den Lernenden verschiedene Zugänge zu einem Gemeinsamen Gegenstand und Partizipation an demselben im Bereich ihrer Möglichkeiten. Jeder Schüler und jede Schülerin kann sich im individuellen Lernen am Gemeinsamen Gegenstand im Bereich seiner oder ihrer Möglichkeiten selbstbestimmt und kompetent einbringen.

3. *Individuelle Ziele am Gemeinsamen Gegenstand:* Öffnen für individuelle Wege im Annäherungsprozess an den Gemeinsamen Gegenstand als das zu Erkennende (Feuser, 2005). Jede Lernende und jeder Lernende ist durch seine biografischen Erfahrungen geprägt, der Aneignungsprozess ist daher individuell. Im Unterricht soll Raum sein für die Entwicklungslogik der Schülerinnen und Schüler.

4. *Kooperation durch den Gemeinsamen Gegenstand:* Öffnen für individuelle und kooperative Lernprozesse (Wir – Ich (Du) – Wir) am Gemeinsamen Gegenstand. Das *Wir* und somit die Kooperation und Ko-Konstruktion ist wichtig für den individuellen Lernprozess und die Entwicklung (vgl. Wygotskij, 2002) sowie die Motivation (vgl. *soziale Eingebundenheit,* Deci und Ryan, 1993, 2002). Die Schüler und Schülerinnen lernen individuell an einem gemeinsamen fachlichen Kerngedanken, einer gleichen Problemstellung, einer gemeinsam entwickelten (Projekt-)Idee oder einer gemeinsamen bildungsrelevanten Fragestellung und stehen im inklusiven Unterricht in unterschiedlichen Zeitpunkten in ihrem Lernprozess im Dialog mit anderen Lernenden ihrer Gruppe.

Diese Öffnung von Unterricht für die Partizipation der Schüler und Schülerinnen muss die Differenzierungsmassnahmen der Lehrpersonen ergänzen. Auf der Grundlage der Entwicklungslogik der Lernenden sollen Aspekte der Differenzierung gewählt werden. Der Entwicklungslogik muss im Unterricht in der unterrichtsbegleitenden Analyse immer wieder neu durch eine adaptive Differenzierung und Öffnung entsprochen werden. Diese Entsprechung kann nie vollkommen sein, da Entwicklung im stetigen Wandel im Unterricht sich immer wieder verändert. Das ist die Logik der Situation, und sie stellt zugleich einen hohen Anspruch an die adaptive Unterrichtskompetenz der Lehrperson, welcher im stetigen Dialog mit den Lernenden entsprochen werden kann.

Die Lehrperson muss sich bewusst sein, dass auch sie eine Lernende ist. Da sich die Rolle der Lehrperson ebenso wie das Wissen über Lernen in den letzten Jahrzehnten unter dem Einfluss des (sozial-)konstruktivistischen Lernverständnisses verändert hat, reflektiert sie ihre jeweilige Rolle in den verschiedenen Situationen und in der Interaktion mit den Lernenden und im Team. Von den Schülerinnen und Schülern fordert sie ein Feedback ein und reflektiert mit ihnen die erreichten Ziele sowie das Lerncoaching. Beachtung schenkt sie auch der Frage, ob die Oberflächenstrukturen hilfreich für das Arbeiten in den Tiefenstrukturen des Unterrichts waren. Mögliche Fragen für die Unterrichtsreflexion:

Reflexion des Unterrichts

— Werden komplexe Bildungsinhalte ins Zentrum des Unterrichts gestellt, welche eine breite Differenzierung ermöglichen?
— Kann der Unterricht alle Kinder und Jugendlichen kognitiv aktivieren und können alle partizipieren? Können die situativen Bedingungen allenfalls besser angepasst werden?
— Wird das individuelle Denken, Erkennen und das mögliche Gemeinsame im individuellen Erkennen immer wieder zum Gegenstand gemacht?
— Sind die Ziele differenziert, sodass alle Lernenden in ihrer Zone der proximalen Entwicklung lernen konnten?
— Werden bei der Differenzierung alle Lernenden berücksichtigt (kognitiv schwache und starke Lernende, motorisch starke und schwache Lernende, Schüler oder Schülerinnen, die sich im Unterricht schnell in eine Arbeit vertiefen und solche, welche viel Anleitung und Unterstützung gebrauchen usw.)?
— Ist die Zeit- und Raumgestaltung so differenziert, dass alle Lernenden sich in Arbeits-, Lern und/oder Spielprozesse vertiefen können? Sind die Hilfen (Struktur, Mittel usw.) passend differenziert?
— Ist das Lerncoaching passend differenziert, sodass die Lernenden in ihrem Lernprozess immer mehr Verantwortung übernehmen können (siehe *Fading,* Abbildung 3)? Passend bezieht sich hier auf die individuelle Entwicklungslogik der Lernenden.
— Kann ich als Lehrperson zuhören, bringe ich den Kindern Empathie entgegen, versuche ich, ihre Denkwege zu verstehen? Ist mein Feedback auf die Sache bezogen? Kann das Kind dadurch einen Schritt im Bearbeiten oder Verstehen der Sache tun?

Auf der Grundlage der Reflexion wählt die Lehrperson Aspekte der Differenzierung für den Unterricht. Da sich Entwicklung im stetigen Wandel im Unterricht jedoch immer wieder verändert, wird der Entwicklungslogik eines jeden Kindes oder Jugendlichen in der unterrichtsbegleitenden Analyse immer wieder neu durch eine adaptive Differenzierung und Öffnung entsprochen. Dies stellt einen hohen Anspruch an die adaptive Unterrichtskompetenz der Lehrperson dar, da die Passung nie vollkommen sein kann. Innere Differenzierung ohne Ausgrenzung muss zudem den Fokus immer wieder auf das Gemeinsame richten: den Gemeinsamen Gegenstand als Kerngedanken eines kulturell gewachsenen zukunftsrelevanten Inhalts, Phänomens oder Gegenstand an und mit welchem alle auf ihrem jeweiligen Entwicklungsniveau lernen können.

Eine kritische Einschätzung der Umsetzung des individuellen Lernens in Kooperation am Gemeinsamen Gegenstand

Inklusiver Unterricht ist eine Herausforderung. Nachfolgend fünf kritische Einschätzungen, die anschliessend auf der Grundlage des vorliegenden Kapitels beantwortet werden.

Dialogische, adaptive Unterrichtsgestaltung versus individuelle, festgelegte Niveaus

«Ich mach das ja schon immer! – Individuelles Lernen in Kooperation am Gemeinsamen Gegenstand setze ich bereits um. Ich arbeite mit allen Lernenden am Lehrmittel und definiere unterschiedliche, individuelle Niveaus.»

Inklusive Didaktik geht von einem Unterricht aus, der allen Lernenden ermöglicht zu partizipieren. Für die Umsetzung ist eine möglichst grosse Heterogenität der Lerngruppe anzustreben. Erst vor dem Hintergrund der Heterogenität einer Lerngruppe macht inklusive Didaktik Sinn. Die Mitglieder einer solchen Lerngruppe zeichnen sich aus durch die Vielfalt in Bezug auf das Alter, das Geschlecht, die Herkunft und die Möglichkeiten, in unterschiedlichen Situationen zu partizipieren. Die Lernenden haben unterschiedliche Kompetenzen in der Sprache, in der Mathematik, im Bereich Verhalten, der Wahrnehmung, der Motorik, in den Möglichkeiten, sich gestalterisch und musikalisch auszudrücken. In einer solchen Lerngruppe lernen und partizipieren auch Lernende mit einer diagnostizierten Behinderung. Bei der Planung von Unterricht für eine heterogene Lerngruppe ist die Frage nach dem Bildungsgehalt zentral. Was ist der Kerngedanke des Bildungsinhaltes? Was macht den Bildungsinhalt zu dem, was er für unsere Kultur ist? Wie können die Lernenden in handelnder Auseinandersetzung sich diesem Bil-

dungsinhalt annähern und daran lernen? Diese Auseinandersetzung führt die Lehrperson bei der Planung zu einer ersten Idee in
Bezug auf den Gemeinsamen Gegenstand. Mit dieser Idee geht sie
auf den Weg und entwickelt mit den Lernenden Problemstellungen
oder sucht Probleme, Aufgabenstellungen (z.B. aus den Lehrmitteln) und wählt Methoden aus, welche helfen sollen, das Lernen in
der Gruppe zu organisieren. Ziel einer solchen Vorbereitung ist das
Anbieten eines differenzierten Angebots, welches allen die Partizipation ermöglicht (Beck et al., 2008; Reusser, 2013). Das heisst nicht,
dass die Lehrperson Niveaus definiert und die Lernenden diesen
zuteilt, sondern dass sie im Wissen um die individuellen Voraussetzungen der Lernenden ein breites Angebot macht oder mit den Lernenden entwickelt und Raum für den Dialog schafft. Im Dialog mit
den Lernenden entwickelt sich der Gemeinsame Gegenstand wei-   *Im Dialog mit den
ter. Über die Tätigkeit in der Lerngruppe gewinnt der Gemeinsame   Lernenden ent-
Gegenstand an Bedeutung. In diesem Dialog kann der Bildungsge-   wickelt sich der
halt eines Inhalts nachkonstruiert werden. Es ist wichtig, dass die Gemeinsame Ge-
Lernenden ihre Aktivität als Kompetenz wahrnehmen. So können   genstand weiter*
sie Mitverantwortung und Selbstbestimmung realisieren. Die Zuteilung zu einem Niveau würde die Möglichkeit zu Mitverantwortung
und Selbstbestimmung mindern.

 Der Gemeinsame Gegenstand ist nicht zu verwechseln mit dem   *Der Gemeinsame
Lernen am gleichen Lerngegenstand! Der Gemeinsame Gegen-   Gegenstand ist nicht
stand ist das, was hinter den Dingen steht, die Erkenntnis fokussie- gleichzusetzen mit
rend. Der Gemeinsame Gegenstand wird im Kerngedanken eines   dem gleichen Lern-
kulturell gewachsenen Inhalts, Phänomens und Gegenstands sicht-   gegenstand*
bar und ermöglicht Lernen an unterschiedlichen Zielen (angepasst
an die individuellen ZPE).

 Der Gemeinsame Gegenstand ist das Motivierende, weil es das
Gemeinsame und das Individuelle zum Gegenstand macht. Es fokussiert die soziale Eingebundenheit eines jeden Schülers und einer
jeden Schülerin, die Wertschätzung der Kompetenz des Subjektes in
seiner individuellen Entwicklungslogik und lässt den Lernenden
Freiraum für Autonomie und Selbstbestimmung (vgl. intrinsische
Motivation nach Deci und Ryan, 1993).

Arbeit an den Basiskompetenzen und am Gemeinsamen Gegenstand – ein Widerspruch?

«Muss ich im Unterricht nicht an elementaren (Basis-)Kompetenzen
arbeiten? – Kann ich denn das, wenn alle am Gemeinsamen Gegenstand lernen?»

 Eine Heilpädagogin stellte per Mail folgende Frage: «Wie kann
ich einer Fünftklässlerin die Dezimalbrüche verständlich machen,

wenn sie sich im Zahlenraum 10 nur zählend bewegt, den 100er-Raum nicht überschaut oder sich eine Menge zwischen 1 und 100 nicht vorstellen kann? Was soll sie sich unter 0.45 vorstellen?»

Geht eine Lehrperson davon aus, dass für gewisse Situationen im Unterricht differenzielle Massnahmen erforderlich sind und sie die Partizipation der Lernenden im Fokus halten muss, lautet die Frage nun nicht mehr: «Was soll sie sich unter 0.45 vorstellen?» – Vielmehr muss unter Berücksichtigung des jeweiligen Entwicklungsstands der Lernenden danach gefragt werden, was die Schülerin an den Dezimalbrüchen lernen kann und wie sie am Unterricht partizipieren kann. Was kann sie an den Dezimalbrüchen lernen? Was ist der Bildungsgehalt der Brüche? Wie kann die Lernende in *Am Bildungsinhalt* handelnder Auseinandersetzung an diesem Bildungsinhalt lernen *Bruch* an den indi- und die Bedeutung für sich und unsere Kultur selbstbestimmt ent- *viduellen Basiskom-* decken? Brüche brauchen wir in verschiedenen Bezügen in unserem *petenzen arbeiten* Alltag. Diese können wir mit den Lernenden zusammen entdecken. In einem nächsten Schritt geht es tiefer ins Phänomen Brüche hinein. Was ist ein Bruch und was ist das Gemeinsame in den verschiedenen Anwendungen, wie wir sie im Alltag antreffen? Ein Bruch ist ein Teil von einer bestimmbaren Einheit/einem Ganzen. Eine Einheit kann ich in verschiedene Bruchstücke zerteilen und wieder zu einem Ganzen zusammensetzen bzw. in einer Einheit bündeln. Das Phänomen *Bruch* kann die Fünftklässlerin im Bereich ihrer Zone der proximalen Entwicklung untersuchen und daraus Erkenntnisse gewinnen.

Vielleicht ist das *die Hälfte von …* oder *Teilen* und *Aufteilen* von einem Ganzen / einer Menge – vielleicht stellt die Lehrperson mit Wendeplättchen das Stellenwertfeld 0.5 dar und rechnet 0.5 + 0.5. Dabei wird das Rechnen im 10er sowie das Bündeln geübt. Lernt sie so handelnd die Rechnung 0.5 + 0.5 = 1 und kann dies auf die Grösse *Franken* übertragen, hat sie mit grosser Wahrscheinlichkeit mehr gelernt als das Bündeln.

Das ist der Unterschied zwischen den gleichen Lernzielen für alle (alle lernen, was 0.45 bedeutet) und dem Gemeinsamen Gegenstand (Brüche als Bildungsinhalt verstehen) für alle und individuellen Lernzielen. Elementare Basiskompetenzen sollen immer wieder gefestigt werden. Dies kann nicht im Widerspruch zum Lernen in Kooperation am Gemeinsamen Gegenstand stehen. Die Entwicklungslogik des Subjekts in der Inklusion in der Gruppe muss im Zentrum des Unterrichts stehen. Daran orientiert sich Unterricht.

Individuelles Lernen in Kooperation am Gemeinsamen Gegenstand ist nicht lehrmittelkompatibel

In der Schule geht es darum, an Bildungsinhalten Lernen zu ermöglichen und hierbei die Entwicklung einer Vielfalt von Lernenden zu unterstützen. Die Schüler und Schülerinnen werden durch die Schule in ihrer Selbstbestimmungsfähigkeit gestärkt. Ziel von Schule ist die vielfältige Entwicklung von unterschiedlichen Kompetenzen, welche die Schüler und Schülerinnen auch später in die Gesellschaft einbringen können. Die Frage stellt sich nun, was darin die Rolle und Funktion von Lehrmitteln ist. Die Lehrmittel sind aus Fachlogik konzipiert und beinhalten eine Abfolge von Inhalten. Diese Abfolge von Inhalten und deren fachlogische Aufbereitung kann den Lernenden in gewissen Momenten in ihrer Entwicklung Anregung und Hilfe bieten, um eine bestimmte Kompetenz zu erarbeiten oder zu üben. Wann dieser Moment ist, ist jedoch abhängig von der individuellen Entwicklungslogik der Lernenden. Lehrmittel können so als Mittel im Unterricht eingesetzt werden, nicht jedoch als einzige Planungsgrundlage dienen. Bevor der Einsatz von Lehrmitteln bedacht wird, muss der Bildungsgehalt des Inhalts analysiert werden. Aus dieser Analyse entwickelt die Lehrperson – unter Berücksichtigung der individuellen Voraussetzungen der Lernenden – eine Idee des Gemeinsamen Gegenstandes. Sie kann nun (Lehr-) Mittel wählen, welche helfen können, den Bildungsinhalt zu erkunden, zu entdecken und dialogisch zu erschliessen. Der Gemeinsame Gegenstand ist im inklusiven Unterricht praktisch notwendig. Die Zielorientierung aller Lernenden ist wichtig. Hierfür braucht es eine gemeinsame Grundlage. Wenn wir ohne Reduktionismus (das Anbieten von gewissen Inhalten an gewisse Gruppen) inklusiven Unterricht gestalten wollen, dann ist es notwendig, dass wir uns an einem Gemeinsamen Gegenstand orientieren.

> Lehrmittel können den Lernenden in gewissen Momenten in ihrer Entwicklung Anregung und Hilfe bieten

Lehrmittel denken oft in der Logik der Erwachsenen: der Sachlogik aus Sichtweise einer Expertise. Sie müssen im Sinne einer Differenzierung ohne Ausgrenzung und dem Lernen in Kooperation am Gemeinsamen Gegenstand von der Lehrperson für die jeweilige Unterrichtssituation adaptiert werden.

Im inklusiven Unterricht und somit auch im individuellen Lernen am Gemeinsamen Gegenstand geht «die Schere» so weit auseinander, dass wir überhaupt nicht mehr am Gemeinsamen arbeiten können

Ein didaktisches Schlüsselproblem der Schule und somit der Lehrpersonen ist die Heterogenität der Schülerinnen und Schüler. Ohne eine Öffnung, die Differenzierung von Unterricht und die Förderung von Selbstständigkeit ist ein erfolgreicher Umgang mit Heterogenität nicht denkbar. Offener Unterricht legitimiert sich jedoch erst aus einer konsequenten Schülerselbst- und Mitbestimmung gegenüber anderen Konzepten von Unterricht (Bohl und Kucharz, 2010, S. 9). Eine subjektorientierte Öffnung von Unterricht berücksichtigt die drei Grundbedürfnisse (nach Deci und Ryan, 1993), indem das Lernen so organisiert und begleitet wird, dass alle Lernenden kompetent handeln (Grundsatz: Alle sollen Erfolg haben können), Autonomie (z.B. mittels Partizipation) und Selbstbestimmung (z.B. über Wahlmöglichkeiten) erleben und soziale Eingebundenheit (z.B. durch Lernen in kooperativen Gruppen) erfahren können. Die Forschung stützt die These, dass auf Selbstbestimmung und Autonomie basierende Formen der Motivation mit grösserer Anstrengung, besserer Konzentration, positiveren Emotionen, günstigeren Bewältigungsstrategien beim Umgang mit Misserfolgen, optimistischeren Perspektiven in Bezug auf die eigene Schullaufbahn und besserer Leistung einhergehen (Buff, Reusser und Pauli, 2010, S. 258).

Im inklusiven Unterricht ist es ein wichtiges Ziel, der Heterogenität der Schülerinnen und Schüler zu entsprechen. Das Gemeinsame soll hierbei jedoch nicht verloren gehen, sondern vielmehr soll durch die Heterogenität das Gemeinsame erst hervortreten. Die Lehrperson geht mit ihrer Idee, dem übergeordneten Ziel, der (Projekt-)Idee oder dem fachlichen Kerngedanken in den dialogischen Prozess im Unterricht und entwickelt diesen mit den Lernenden zusammen weiter. Im Laufe des Unterrichts über Stunden, Tage oder Wochen arbeiten und lernen die Schüler und Schülerinnen an unterschiedlichen Zielen und erarbeiten zum Teil unterschiedliches Wissen und unterschiedliche Kompetenzen. Dieses wird im Anschluss zusammengetragen und das Gemeinsame wieder herausgearbeitet. Was ist das Gemeinsame im unterschiedlichen Lernen im, am und durch den Gemeinsamen Gegenstand? Die Lehrperson kann diese Frage nur im Dialog in der heterogenen Gruppe herausarbeiten. Durch eine Offenheit von Unterricht gibt die Lehrperson dem individuellen Denken, Lernen und der individuellen Logik Raum. Dies kann auch dazu führen, dass es eine Herausforderung ist, das Gemeinsame im Unterricht noch zu sehen. Die Herausforderung gilt es als produktiven Moment im Unterricht aufzunehmen und das Gemeinsame im Dialog herauszuarbeiten und zum Gegenstand zu machen.

Das Gemeinsame im Lernen zum Gegenstand machen

Praktizieren wir im aktuellen Bildungssystem nicht trotz inklusiver Didaktik Selektion?

Die Gesellschaft ist auf Leistung orientiert und unsere Schule praktiziert Selektion. Trotzdem wird hier die Intention verfolgt, mittels inklusiver Didaktik im Unterricht Räume zu schaffen, in denen Kooperation und nicht Selektion dominiert. Es sind Möglichkeitsräume, in welchen die Menschen wertgeschätzt werden, egal welche Kompetenzen sie mitbringen. Es sind Möglichkeitsräume, in denen auch Menschen mit sogenannter Behinderung partizipieren können, welche bis anhin in Sonderschulen geschult werden. Die Gesellschaft wird einen langen Weg bis zur Inklusion gehen. Ob und wie sie dies tun will, wird die Politik entscheiden. In der Schule haben wir durch verschiedene Gesetzgebungen (in der Schweiz siehe Behindertengleichstellungsgesetz) den Auftrag, diesen Weg zu gehen. Der inklusive Unterricht erfordert ein Umdenken von allen beteiligten Personen. Bei der Differenzierung ohne Ausgrenzung bezieht die Lehrperson in der Planung alle Lernenden mit ein. Das Umdenken kann mit Mehraufwand verbunden sein. Klassenteams, welche sich auf den Weg machen Richtung inklusiven Unterricht, nehmen die Umstellung oft als Mehraufwand wahr, in den meisten Fällen aber erleben die Teams (Lehrpersonen und Schulische Heilpädagoginnen und Heilpädagogen) im Laufe eines Jahres diesen Mehraufwand als «lohnend» und «bereichernd». Die Weiterentwicklung des Unterrichts in Richtung Inklusion ist in Anbetracht der aktuellen Gesetzgebungen eine notwendige Aufgabe der Schule. Im Klassenzimmer können die Lehrpersonen mit den Lernenden auf den Weg gehen, um inklusive Möglichkeitsräume zu schaffen. Dabei wird niemand benachteiligt. Von einer Differenzierung ohne Ausgrenzung und dem Lernen in Kooperation am Gemeinsamen Gegenstand können alle profitieren, weil alle in ihrem individuellen Lernprozess gefördert werden.

Inklusive Möglichkeitsräume gestalten

Literaturverzeichnis

Aebli, H. (2003). *Zwölf Grundformen des Lehrens.* 12. Auflage. Stuttgart: Klett.

Bandura, A. (1971). *Psychological Modeling.* Chicago: Aldine und Atherton, Inc. S. 46.

Beck, E., Baer, M., Baer, Guldimann, T., Bischoff, S., Brühwiler, Ch., Müller, P., Niedermann, R., Rogalla, M. und Vogt, F. (2008). *Adaptive Lehrkompetenz. Analyse und Struktur, Veränderung und Wirkung handlungssteuernden Lehrerwissens.* Münster: Waxmann.

Bohl, T. & Kucharz, D. (2010). *Offener Unterricht heute. Konzeptionelle und didaktische Weiterentwicklung.* Weinheim und Basel: Beltz.

Bönsch, M. (2009). *Erfolgreiches Lernen durch Differenzierung im Unterricht.* Braunschweig: Westermann.

Borsch, F. (2010). *Kooperatives Lehren und Lernen im schulischen Unterricht.* Stuttgart: Kohlhammer.

Bruner, J.S. (1971). Notwendig: eine Theorie des Unterrichts. In H. Röhrs (Hrsg.), *Didaktik.* Frankfurt/M.: Akademische Verlagsgesellschaft. S. 54–65.

Buff, A.; Reusser, K. & Pauli, Ch. (2010). Die Qualität der Lernmotivation in Mathematik auf der Basis freier Äusserungen: Welches Bild präsentiert sich bei Deutschschweizer Schülerinnen und Schülern im 8. und 9. Schuljahr? In K.Reusser,; Ch. Pauli, & M. Waldis, (Hrsg.), *Unterrichtsgestaltung und Unterrichtsqualität.* Münster: Waxmann. S. 253– 278.

Büttner, G., Warwas, J. und Adl-Amini, K. (2012). *Kooperatives Lernen und Peer Tutoring im inklusiven Unterricht.* Zugriff am 12.1.2014 unter: www.inklusion-online.net/index.php./inklusion-online/article/view/61/61

Christensen, v.T. und Dehn, M. (2012). Formulieren kann jeder. In *Deutsch Differenziert.* 1-2012, Westermann.

Collins, A., Brown, J.S., und Newman, S.E. (1989). Cognitive apprenticeship: Teaching the crafts of reading, writing, and mathematics. In L. B. Resnick (Hrsg.), *Knowing, learning, and instruction: Essays in honor of Robert Glaser.* Hillsdale, NJ: Lawrence Erlbaum Associates. S. 453–494.

Comenius, J.A. (1992). *Grosse Didaktik. Die vollständige Kunst, alle Menschen alles zu lehren.* 7. Auflage. Suttgart: Klett-Cotta.

Dann, H.D. (1994). Pädagogisches Verstehen. Subjektive Theorien und erfolgreiches Handeln von Lehrkräften. In K. Reusser und M. Weyeneth (Hrsg.), *Verstehen. Psychologischer Prozess und didaktische Aufgabe.* Bern: Huber. S. 163–182.

Deci, E.L. und Ryan, R.M. (1993), Die Selbstbestimmungstheorie der Motivation und ihre Bedeutung für die Pädagogik. In G. L. Huber (Hrsg.), *Neue Perspektiven der Kooperation – ausgewählte Beiträge der Internationalen Konferenz 1992 über Kooperatives Lernen.* Hohengehren: Schneider. S. 223–238.

Deci, E.L. und Ryan, R.M. (2002). *Handbook of self-determination research.* Rochester. NY: The University of Rochester Press.

Feuser, G. und Meyer, H. (1987). *Integrativer Unterricht in der Grundschule. Ein Zwischenbericht.* Solms-Oberbiel: Jarick Oberbiel.

Feuser, G. (2005). *Behinderte Kinder und Jugendliche zwischen Integration und Aussonderung.* 2. Auflage. Darmstadt: Wissenschaftliche Buchgesellschaft.

Feuser, G. (2009). Momente entwicklungslogischer Didaktik einer Allgemeinen (integrativen) Pädagogik. In H. Eberwein und S. Knauer (Hrsg.), *Integrationspädagogik: Kinder mit und ohne Behinderung lernen gemeinsam. Ein Handbuch.* Weinheim und Basel: Beltz. S. 280– 294.

Feuser, G. (2013). Die «Kooperation am Gemeinsamen Gegenstand» ein Entwicklung induziertes Lernen. In G. Feuser und J. Kutscher (Hrsg.), *Entwicklung und Lernen.* Stuttgart: Kohlhammer. S. 282–293.

Fraefel, U. (2011). Was ist unter Lernprozessbegleitung zu verstehen? In H. Berner, U. Fraefel, B. Zumsteg (Hrsg.), *Didaktisch handeln und denken 1. Fokus angeleitetes Lernen.* Zürich: Verlag Pestalozzianum an der Pädagogischen Hochschule Zürich. S. 180– 201.

Green, N. und Green, K. (2005). *Kooperatives Lernen im Klassenraum und im Kollegium: Das Trainingsbuch.* Hannover: Kallmeyer.

Ginsburg, H. P. und Opper, S. (1998). *Piagets Theorie der geistigen Entwicklung.* Stuttgart: Klett-Cotta.

Hattie, J. (2013). *Lernen sichtbar machen.* Überarbeitete deutschsprachige Ausgabe von «Visible Learning» besorgt von Wolfgang Beywl und Klaus Zierer. Baltmannsweiler: Schneider Verlag Hohengehren.

Huber, G.L. (2006). Lernen in Gruppen/ Kooperatives Lernen. In H. Mandl und H.F. Friedrich (Hrsg.), *Handbuch Lernstrategien.* Göttingen: Hogrefe. S. 261 –272.

Johnson, D.W. und Johnson, R.T. (1992). Encouraging thinking through constructive controversy. In N. Davidson und T. Worsham (Hrsg.), *Enhancing thinking through cooperative learning.* New York: Teachers College Press. S.120–137.

Klafki, W. (2007). *Neue Studien zur Bildungstheorie und Didaktik. Zeitgemässe Allgemeinbildung und kritisch-konstruktive Didaktik.* 6. Auflage, Weinheim und Basel: Beltz.

Konrad, K. und Traub, S. (2001). *Kooperatives Lernen: Theorie und Praxis in Schule, Hochschule und Erwachsenenbildung.* Hohengehren: Schneider.

Lipowsky, F. (2002). Zur Qualität offener Lernsituationen im Spiegel empirischer Forschung – Auf die Mikroebenen kommt es an. In U. Drews und W. Wallrabenstein (Hrsg.), *Freiarbeit in der Grundschule. Arbeitskreis Grundschule.* Frankfurt a. M.: Arbeitskreis Grundschule. S. 126–159.

Lohaus, A. und Vierhaus, M. (2013). *Entwicklungspsychologie des Kindes- und Jugendalters für Bachelor. Lesen, hören, Lernen im Web.* 2., überarbeitete Auflage. Berlin, Heidelberg: Springer.

Luder, R. (2011). Förderplanung als interdisziplinäre und kooperative Aufgabe. In R. Luder; R. Gschwend; A. Kunz und P. Diezi-Duplain (Hrsg.), *Sonderpädagogische Förderung gemeinsam planen. Grundlagen, Modelle und Instrumente für eine interdisziplinäre Praxis.* Zürich: Pestalozzianum, S. 11–18.

Möller, K. (2010). Lernen von Naturwissenschaften heisst: Konzepte verändern. In P. Labudde (Hrsg.), *Fachdidaktik Naturwissenschaft,* 1.–9. Schuljahr. Bern: Haupt. S. 57–71.

Müller Bösch, C. (2011). *Unterricht für alle als didaktische Herausforderung.* Unveröffentlichte Lizenziatsarbeit an der Philosophischen Fakultät der Universität Zürich. Eingereicht bei Prof. Dr. Georg Feuser.

O'Donnell, A.M. und Dansereau, D.F. (1992). Scripted cooperation in student dyads: a method for analyzing and enhancing academic learning and performance. In R. Hertz-Lazarowitz und N. Miller (Hrsg.), *Interaction in cooperative groups. The theoretical anatomy of group learning.* Cambridge: Cambridge University Press. S. 120–141.

Palinscar, A. und Brown, A.L. (1984). Reciprocal teaching and comprehension-fostering and comprehension-monitoring activities. *Cognition and Instruction, 1*(2). S. 117–175.

Paradies, L. und Linser, H.J. (2001). *Differenzieren im Unterricht.* Berlin: Cornelsen.

Pauli, C. und Reusser, K. (2000). *Zur Rolle der Lehrperson beim kooperativen Lernen. Schweizerische Zeitschrift für Bildungswissenschaften,* 22 (3), S. 421–442.

Reusser, K. (2003). *Was ist das «Allgemeine» an der allgemeinen Didaktik? Anmerkungen zu Ansprüchen und Problemen der Allgemeinen Didaktik aus kognitionspädagogischer Sicht.* Internationale Tagung «Allgemeine Didaktik revisited» vom 10. September 2003 an der Pädagogischen Hochschule Zürich. Zürich: Unveröffentlichte Unterlagen.

Reusser, K. (2009). Unterricht. In S. Andresen, R. Casale, T. Gabriel, R. Horlacher, S. Larcher Klee und J. Oelkers (Hrsg.), *Handwörterbuch Erziehungswissenschaft.* Weinheim: Beltz Verlag. S. 881– 896.

Reusser, K. (2010). *Einführungssitzung. Unterricht und Lernen I.* Seminar HS 2010, Pädagogisches Institut, Universität Zürich, Lehrstuhl Pädagogische Psychologie und Didaktik (PPD). Unveröffentlichte Unterlagen.

Reusser, K. (2011). Von der Unterrichtsforschung zur Unterrichtsentwicklung – Probleme, Strategien, Werkzeuge. In W. Einsiedler, (Hrsg.), *Unterrichtsentwicklung und Didaktische Entwicklungsforschung.* Bad Heilbrunn: Klinkhardt.

Reusser, K. und Pauli, Ch. (2010). Unterrichtsgestaltung und Unterrichtsqualität – Ergebnisse einer internationalen und schweizerischen Videostudie zum Mathematikunterricht: Einleitung und Überblick. In K. Reusser, Ch. Pauli und M. Waldis (Hrsg.), *Unterrichtsgestaltung und Unterrichtsqualität*. Münster: Waxmann. S. 9–32.

Reusser, K. (2013). Aufgaben – das Substrat der Lerngelegenheiten im Unterricht. *Profi-L 3/13*. Bern: Schulverlag plus AG. S. 4–6.

Schön, D. A. (1983). *The Reflective Practitioner. How Professionals Think in Action*. New York: Basic Books.

Trautner, H.M. (1992). *Lehrbuch der Entwicklungspsychologie. Band 1: Grundlagen und Methoden*. Göttingen: Hogfrefe.

WHO (2011). Internationale Klassifikation der Funktionsfähigkeit, Behinderung und Gesundheit. Version für Kinder und Jugendliche (ICF-CY). Bern: Verlag Hans Huber.

Wygotskij, L.S. (2002). *Denken und Sprechen*. Weinheim und Basel: Beltz.

Situationen im Unterricht und Handlungsmöglichkeiten für die Praxis

Esther Brunner
Ariane Bühler
Peter Diezi-Duplain
Erich Hartmann
Ursula Hoyningen-Süess
Roman Manser
Christoph Michael Müller
Angela Nacke
Anita Ottiger-Bachmann

Dieter Rüttimann
Inge Rychener
Christoph Schmid
Annette Schröder
Mirjam Stritt
Gabriel Sturny-Bossart
Uri Ziegele
Helen Zimmermann
Carmen Zurbriggen

Handlungsmöglichkeiten im Bereich Lernen und Wissensanwendung

Unterricht mit Kindern mit unterschiedlicher intellektueller Leistungsfähigkeit: Hochbegabung

Ursula Hoyningen-Süess

Die Erziehung und Bildung hochbegabter Kinder und Jugendlicher kann besondere Massnahmen erforderlich machen. Diese Einsicht hat sich – trotz anfänglicher Skepsis – in den letzten Jahren zunehmend durchgesetzt. Für den Schulalltag folgt daraus die Notwendigkeit, besondere schulische Angebote zu realisieren, um die – vorliegende hohe – Begabung zu fördern und die emotionale und soziale Entwicklung dieser Kinder zu unterstützen. Einige dieser Angebote dienen dazu, leistungsstarken Kindern ein angemessenes Lerntempo zu ermöglichen. Andere Angebote dienen eher der Auslastung des kindlichen Lerneifers, und eine dritte Gruppe von Angeboten dient hauptsächlich der Unterstützung und Begleitung ihrer aus verschiedenen Gründen möglicherweise beeinträchtigten oder bedrohten Entwicklung. Diese Angebote greifen aber nur solange, dass die Schule am bis heute üblichen Leistungsauftrag festhält. Eine konsequent inklusive Ausrichtung hat aber zur Folge, als die Schule sich notwendigerweise an den Fähigkeiten und Bedürfnissen aller Kinder und Jugendlichen ausrichten muss und die curriculare Dominanz durch gemeinschaftlich orientierte, aber individualisierte und binnendifferenzierte Lernkonzepte ersetzen muss. Denn gerade der pädagogische Umgang mit hochbegabten Kindern und Jugendlichen zeigt, dass nur unter diesen Bedingungen Inklusion überhaupt gelingen kann.

Die Ansicht, dass der Unterricht hochbegabter Kinder und Jugendlicher besondere Massnahmen erforderlich machen kann, hat sich – trotz anfänglicher Skepsis – in den letzten Jahren zunehmend durchgesetzt. Heute ist ein vielfältiges schulisches Angebot von besonderen Massnahmen in vielen Schulen üblich. So gibt es zur Zeit neben etlichen öffentlich geführten Schulen für musisch oder künstlerisch talentierte oder sportlich hochqualifizierte Kinder und Jugendliche in vielen Schulgemeinden auch zusätzliche Angebote für kognitiv hochbegabte Kinder. Daneben wurden in der Volksschule gestraffte, ergänzende und vertiefende Lernangebote für kognitiv hochbegabte Kinder geschaffen, und mehrere Kantone beteiligen sich seit einigen Jahren bei nachgewiesenem Bedarf an den Kosten für die separate Beschulung kognitiv hochbegabter Kinder während der Primarschulzeit.[1] Des weiteren wurden – und werden auch heute noch – in vereinzelten Schulgemeinden besondere pädagogische Massnahmen speziell unter dem Fokus angeboten, mögliche Beeinträchtigungen der kindlichen Entwicklung aufgrund einer hohen Begabung auszugleichen oder soziale Gefährdungen zu verhindern.

ICF: Aktivitäten und Partizipation / Lernen und Wissensanwendung

Alle diese Bemühungen zeigen, dass offensichtlich auch bei hoher Begabung besondere schulische Massnahmen nötig werden können. Allerdings unterscheiden sich die Zielsetzungen der verschiedenen Schulen teilweise erheblich. Einige spezielle Schulen passen ihren Stundenplan den zumeist intensiv betriebenen musischen oder sportlichen Tätigkeiten der Kinder an und andere ermöglichen kognitiv leistungsstarken Kindern ein ihren Fähigkeiten entsprechendes Lernumfeld.[2] Andere – zumeist – zusätzlich zum Regelunterricht angebotene Massnahmen dienen der Auslastung des kindlichen Lerneifers bzw. kommen dem ausserordentlichen Lerneifer und dem beobachteten Wissensdurst der Kinder entgegen. Und schliesslich gibt es auch Angebote, die die ganzheitliche Entwicklung des Kindes ins Zentrum stellen und das schulische Angebot entlang des individuellen Begabungsprofils zusammenstellen.

Grob unterteilt, lassen sich bei besonderer Begabung bzw. Hochbegabung zwei Formen des Zugangs unterscheiden: die Leistungsförderung und die Begabungsförderung. Der Begrifflichkeit entsprechend wird im schulischen Unterricht entweder an der – ausserordentlichen – Begabung des Kindes angeknüpft oder an seiner – nachgewiesenermassen – hohen Leistungsfähigkeit. Im Fokus des heutigen schulischen Unterrichts liegt die Leistungsförderung. Aus

Leistungsförderung und Begabungsförderung

---

1 In Zürich wurde beispielsweise 1991 auf privater Grundlage eine Schule für Kinder mit einem hohen kognitiven Begabungsprofil und vorliegenden oder drohenden massiven Schulschwierigkeiten gegründet. Diese Schule orientiert sich am geltenden Curriculum für die Regelklassen. Darüber hinaus wird der Unterricht durch zusätzliche Themen und Gebiete angereichert und ein besonderes Gewicht auf die emotionale und soziale Entwicklung gelegt (vgl. TALENTA, www.talenta.ch [Stand: 25.02.2014]). Ich möchte an dieser Stelle den Lehrpersonen der Talenta für ihre engagierten Diskussionen und Hinweise danken.

2 Im Folgenden konzentriere ich mich dem Thema des ganzen Bandes entsprechend auf die hohen kognitiven Fähigkeiten und den schulischen Umgang damit. In der Fachliteratur wird explizit zwischen *schoolhouse giftedness* und *creative-productive giftedness* unterschieden (vgl. Renzulli, 1998; Lampert, 2009, S. 80). An dieser Unterscheidung ist unschwer ablesbar, dass der schulische Unterricht eng an zukünftig zu erwartende gesellschaftliche Erfordernisse geknüpft wird, der pädagogische Auftrag darauf reduziert wird und andere (kreative) Begabungen in die Freizeit oder die Privatsphäre der Familie zurückgebunden werden.

dieser Sicht wird die Begabung primär als Leistungsressource betrachtet und der schulische Unterricht – respektive die Schule – als Instrument der Zuweisungsvorbereitung für die Sekundär- bzw. Tertiärbildung betrachtet. Die Sonderpädagogik – die ihre Rolle vom Auftrag der Schule her ableitet und darum präziser als Sonderschulpädagogik zu bezeichnen wäre – übernimmt darin bis heute pädagogische Hilfsfunktionen und deckt diejenigen Bereiche ab, die ihr

Sonderpädagogik im schulischen Unterricht zusätzlich zugeschrieben werden. Dazu gehören schwerpunktmässig Nachhilfe-, Stütz- und Fördermassnahmen. Der Zuweisung zu solchen Massnahmen geht die Abklärung der intellektuellen Fähigkeiten des Kindes im Vergleich mit seinen Schulleistungen voraus. Auf dieser Grundlage werden dann diejenigen Massnahmen getroffen, die für die Schullaufbahn des Kindes den grösstmöglichen Nutzen versprechen.

Schule: Fokus Leistungsförderung

Als Initiatoren besonderer schulischer Massnahmen dienen im heutigen Schulbetrieb sowohl ungenügende als auch hervorragende Schulleistungen des Kindes in den – gesellschaftlich nachgefragten und benoteten – Leistungsbereichen wie Lesen, Schreiben und Rechnen. Dieser Auffassung liegt die Ansicht zugrunde, dass Begabung ein natürlich festgelegtes Intelligenzpotenzial bzw. Talent sei

ICF: Körperfunk- und dem aus diesem Grund beeinträchtigten oder eben erhöhten
tionen / globale Lernvermögen dieser Kinder mit besonderen Lern- und Unterrichts-
mentale Funktionen / massnahmen Rechnung getragen werden soll. Die Grundlage die-
Funktionen der ser Auffassung lässt sich modellhaft an der sogenannten «Normal-
Intelligenz verteilung der Intelligenz» abbilden:

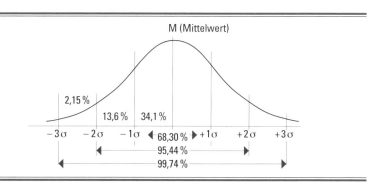

ABBILDUNG 1_ Normalverteilung

Bei einem IQ-Wert von 100 wird von normaler Intelligenz (M) und ab ca. einem Wert von IQ 120 von aussergewöhnlicher Intelligenz gesprochen. Die Grenze zur sogenannten Hochbegabung wird meistens bei einem Wert von 130 gesetzt, und das Etikett der Höchstbegabung bleibt den letzten ca. 0.1% der Gesamtpopulation vorbehalten. Umgekehrt wird der linken Seite dieser auch Gauss'sche Glockenkurve genannten Wahrscheinlichkeitsverteilung bei einem Wert bis ca. 70 IQ-Punkten von einer Lernbeeinträchtigung bzw. von einer leichten, mittelgradigen, schweren bis hin zu schwersten geistigen Beeinträchtigung ausgegangen (vgl. World Health Organisation WHO, 2014).

Eine solchermassen einfache Verbindung von Intelligenz, Begabung und schulischer Leistung wird heute zutage jedoch kaum mehr vertreten. In allen verwendeten Modellen werden neben den kognitiven Fähigkeiten – bzw. den IQ-Werten – auch Persönlichkeits- und Sozialfaktoren in die Beurteilung aufgenommen. Einerseits werden ganz allgemeine Strukturmodelle der Begabung entwickelt und andererseits individualisierte Auffassungen wie beispielsweise das sogenannte Drei-Ringe-Konzept von Renzulli oder das erweiterte Konzept von Mönks favorisiert (vgl. Renzulli, 1998; Mönks, 1992; Fels, 1999; Gagné, 2011). Andere Konzepte modellieren einen idealisierten Einzelfall und integrieren diese Auffassung in ein Strukturmodell der Begabung (vgl. Sternberg, Jarvin und Grigorenko, 2011, S. 34ff.). Im sogenannten WICS-Modell der Begabung des amerikanischen Psychologen Robert J. Sternberg ist diese Ansicht am differenziertesten ausgearbeitet. Die Begabung respektive die hohe Begabung zeichnet sich darin durch Ideenreichtum (creativity), evaluative und überzeugende Intelligenz (analytical and practical intelligence) und Urteilsfähigkeit (wisdom) in ihrem wechselseitigen Bezug zueinander (synthesized) aus (vgl. Sternberg, 2003; Sternberg 2009, S.3ff.; Sternberg, Jarvin und Grigorenko, 2011, S. 34; Sternberg und Subotnik, 2000, S. 831 ff.).[3]

Im deutschsprachigen Europa wird für eine differenzierte Bestimmung von hoher Leistungsfähigkeit am häufigsten auf das sogenannte Münchner Hochbegabungsmodell verwiesen, in welchem

Modelle von Begabung

Münchner Hochbegabungsmodell

---

3   In diesem Modell wird das testtheoretische Konstrukt des sogenannten IQ-Wertes ersetzt durch eine kontextbezogene Ansicht, die verschiedene kognitive Fähigkeiten (Aufnahmekapazität, Verarbeitungskapazität und verschiedene Meta- bzw. Handlungskompetenzen) miteinander in Beziehung setzt. Mit dieser Sicht geht Sternberg über die psychometrische Auffassung von Intelligenz hinaus: «Although many of us acts though intelligence is not identical to what tests measure, then what is it? The approach taken here is that of first conceiving intelligence in terms of the context in which it occurs» (Sternberg, 2009b, S. 34; vgl. dazu auch Sternberg, 2009b, S. 56ff.).

ICF: Umweltfaktoren

neben den kognitiven Fähigkeiten auch ausgewählte persönliche Eigenschaften und einige Umweltfaktoren hinzugezogen werden. Zu den kognitiven Eigenschaften gehören in diesem Modell sowohl die allgemeine oder bereichsspezifische – schulisch nachgefragte – Intelligenz als auch kreatives, künstlerisches und musisches Talent, soziale und sogenannte praktische Fähigkeiten sowie psychomotorisches Können (vgl. dazu auch die englischsprachige Version des Modells in Heller, 2009, S. 63; Heller, 2010, S. 6; Heller, 2001, S. 24; Perleth, 2011, S. 22; Campbell und Kyriakides, 2011, S. 286):

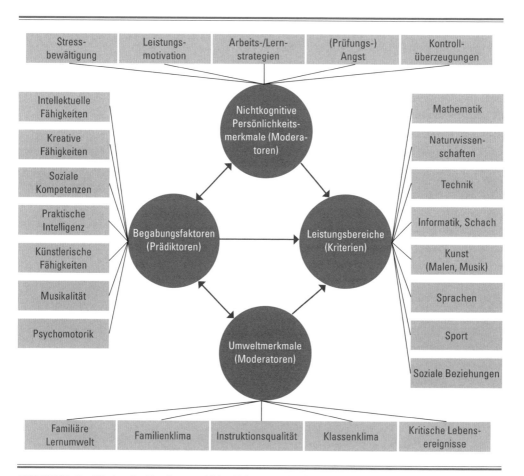

ABBILDUNG 2_ Das Münchner Hochbegabungsmodell (aus Heller, 2000a, S. 24)

Im Münchner Hochbegabungsmodell werden auf der einen Seite die klassischen Leistungsbereiche der Schule von heute abgebildet: Sprachen, Mathematik, Naturwissenschaften, Technik, Informa-

tik, Musik, Kunst, Sport bzw. soziale Beziehungen.[4] Auf der anderen
Seite werden die individuellen Begabungsfaktoren aufgelistet:
theoretische und praktische Intelligenz, Kreativität, Beziehungs-
fähigkeit, Musikalität bzw. psychomotorische Voraussetzungen. Beide Seiten werden dann über diverse Einflussfaktoren miteinander
in Beziehung gesetzt. Dazu sind in diesem Modell neben Persönlich-   ICF: Personbezogene
keitsmerkmalen (Stressverhalten, Leistungs- und Arbeitsverhalten   Faktoren
bzw. bestimmte Persönlichkeitsfaktoren) auch spezifische Sozialfaktoren (Familie, Lernangebot, Schule und kritische Lebensereignisse) zentral. Dieses komplexe Geflecht berechtigt dazu, das Modell
grundsätzlich als «mehrdimensionales, typologisches Begabungs-
konzept» zu bezeichnen (vgl. Heller, 2010, S. 6). Der Begabungsbegriff verweist neben bestimmten – hoch veranschlagten, prädiktiven
und durch wissenschaftlich geprüfte, reliable und valide Tests er-
fassbare Begabungsfaktoren – auch auf die als notwendig erachte-
ten Voraussetzungen für hohe Leistungen in einem oder mehreren
der aufgelisteten Leistungsbereiche. Zudem ist der Begriff offen für
intrapsychische und von aussen wirksame Moderatoren, welche die
Leistungsfähigkeit beeinflussen. Ein so erweiterter Begabungsbegriff lässt zwei Interpretationsmöglichkeiten offen. Einerseits bejaht
auch dieses Modell die Abhängigkeit von Begabung und Talent vom
jeweiligen familiären und schulischen Umfeld sowie vom individuellen Lebenslauf. Andererseits lädt das Modell dazu ein, neben
den individuell erhobenen Begabungsfaktoren auch bestimmte Persönlichkeitsfaktoren in den Begriff hoher Begabung einzuschleusen
und mit den hohen kognitiven Fähigkeiten auch bestimmte Verhaltensweisen – wie beispielsweise etwa hohe Durchsetzungsfähigkeit,
überdurchschnittlicher Leistungswille, aussergewöhnliches Arbeits-
und Lernverhalten – zu verbinden.[5]

Es ist schliesslich diese Palette von kognitiven Fähigkeiten, individuell verschiedenen Persönlichkeitsmerkmalen und Kontextfaktoren, die zum einen auf ein aussergewöhnlich hohes Leistungs-
potenzial hinweisen und zum anderen zu aussergewöhnlichen
Schulleistungen führen können (vgl. beispielsweise Stamm, 1998a;
Stamm, 1998b; weiterführend Stamm, 2005).

---

4   In der Hochbegabtenforschung stehen heute vor allem die Diagnostik und
    Prognostik von hoher Leistungsfähigkeit in den sogenannten MINT-Fächern
    (Mathematik, Informatik, Naturwissenschaften, Technik) im Zentrum. Auch aus
    politischer Sicht wächst das Interesse, diese Fächer im schulischen Unterricht zu
    stärken (vgl. Bundesrat der Schweizerischen Eidgenossenschaft, 2010).
5   Leider wird die Diskussion dieser gesellschaftlich verengten Ansicht von Bildung
    praktisch ausschliesslich anderen Disziplinen überlassen (vgl. Precht, 2013, Nida-
    Rümelin, 2013).

Für die Schule bzw. den schulischen Unterricht werden unter diesen Voraussetzungen die an die Grundidee des Münchner Be-
Expertise und gabungsmodells anschliessenden Überlegungen zum Aufbau von
Exzellenz Expertise und Exzellenz relevant (vgl. Heller, 2000b, S. 220; Gruber und Ziegler, 1996; Ahlbrecht, 2006; Rost, 2009). Der Umgang mit begabten und hochleistungsfähigen Kindern und Jugendlichen im schulischen Unterricht wird über das methodisch-didaktische Können der Lehrpersonen und ganz allgemein über die Qualitätssicherung der Vermittlungsformen im Unterricht festgelegt. Entlang allgemeindidaktischer Strukturierungsvorschläge wird ein Vermittlungshorizont aufgebaut, der an einzelne Themen angelehnt und für einzelne Schülerinnen und Schüler oder an ganze Klassen angepasst werden kann. Als Ausgangspunkte dienen zentrale Kriterien wie «epochale Schlüsselprobleme der Bildung», wie sie Klafki im Rahmen der kritisch-konstruktiven Didaktik benennt, oder das postulieren einer bestimmten Auffassung von Erziehung und Bildung werden konkrete schulische Erfahrungsfelder als nötig erachtet, für welche bis hin zu systemischen Modellen, die Bildung von vorneherein als emergente Eigenschaft und dementsprechend Lernen als von aussen kaum oder nur bedingt beeinflussbar betrachten (vgl. dazu beispielsweise Gudjons, 2012, S. 241ff.; Glöckel, 1990, S. 316 ff.). Auf die besondere Lernsituation von hochbegabten und hochleistungsfähigen Kindern und Jugendlichen wird im schulischen Unterricht anhand der gewählten bildungstheoretischen Grundlagen entweder mit sogenannten methodisch-didaktischen, dem üblichen Schulunterricht angepassten Akzelerationsverfahren reagiert, oder es werden zusätzliche Enrichmentangebote realisiert.[6]

Allen bis anhin vorgestellten Hochbegabungsmodellen liegen implizit bestimmte kulturell-gesellschaftlich festgelegte Traditionen und Zielsetzungen zugrunde, die dann in verschiedenen didaktischen Prinzipien konkretisiert, inhaltlich festgelegt und curricular

---

6   Mit Akzelerationsmassnahmen sind das Überspringen einer Klasse – beispielsweise die direkte Einschulung in die zweite Primarschulklasse – gemeint. Andere Möglichkeiten sind das Überspringen einer oder mehrerer weiterer Primarschuljahre. Eine der bekanntesten englischen Begabungsforscherinnen beurteilt diese – administrative und für die Schulgemeinden finanziell lukrative – Fördermassnahme aufgrund ihrer Erfahrung allerdings sehr skeptisch (vgl. Freeman, 2010, S. 10; vgl. dazu auch Wolfer, 2010, S. 233ff.). Unter die Enrichmentmassnahmen fallen verschiedene Formen zusätzlicher schulischer Angebote oder thematisch konkretisierte Vertiefungskurse (vgl. dazu weiterführend zum Beispiel Brunner, Gyseler und Lienhard, 2003; Fischer, Mönks und Grindel, 2009; Heinbokel, 2012). Enrichement- und Akzelerationsmassnahmen sind heute gängige Fördermassnahmen für hochbegabte Schülerinnen und Schüler, die üblicherweise von den Schulgemeinden angeboten und in den Schulbetrieb integriert werden.

umgesetzt werden. Diese Sichtweise fasst dementsprechend die-jenigen Kinder und Jugendlichen zur Gruppe der Hochbegabten zu-sammen, welche die Voraussetzungen für festgelegte – gesellschaft-lich als ausserordentlich wichtig erachtete – Arbeits- und Berufsfelder in besonderem Masse erfüllen.[7] Die Schule ist in diesem Prozess die dominante Vorbereitungs- und auch Selektions- bzw. Verteilungs-instanz, und im schulischen Unterricht wird von der Lehrperson er-wartet, dass sie auf die besonderen schulischen Bedürfnisse von hochbegabten und hochleistungsfähigen Schülerinnen und Schü-lern möglichst adäquat reagiert.[8] Eltern intellektuell hoch eingestuf-ter Kinder und Jugendlicher stellen gerade diese Funktion der Schu-le und auch die Professionalität der Lehrkräfte zum Teil vehement infrage.[9] Die professionelle Beratung der Lehrpersonen und der Eltern im Hinblick auf die Schullaufbahn von hochbegabten und hochleistenden, aber auch von hochbegabten minderleistenden Kindern und Jugendlichen, ist daher von zentraler Bedeutung (vgl. Hoyningen-Süess und Gyseler, 2006, S. 270 ff.; Elbing, 2000; Holling und Kanning, 1999, S. 133 ff.; Wieczerkowski, 1998). Am Anfang der beratenden Gespräche sollte die Verständigung über die Ziele des schulischen Unterrichts und den Auftrag der Schule stehen, und da-von ausgehend sollten gemeinsam mit den Eltern die mögliche Auswahl der verschiedenen Förder-, Lern- und Unterrichtsmassnah-men getroffen werden.

---

7 Diese Form der Hochbegabtenförderung als Leistungsförderung wird deshalb häufig kritisiert. Die Kritik bedient sich dabei einer deskriptiven Sicht, wie das der Philosoph Julian Nida-Rümelin treffend beschreibt: «Eliten [können] als kleine Gruppe beschrieben werden, denen es gelingt, sich in zentralen Macht- und Ein-flusspositionen zu etablieren, (…) das Erreichte zu stabilisieren und möglicher-weise auf weitere Generationen zu übertragen» (Nida-Rümelin, 2006, S. 82).

8 Aber auch die Identifikation von hochbegabten *und* zugleich minderleistenden Schülerinnen und Schülern wird von der Lehrperson verlangt (vgl. dazu Peters, Grager-Loidl und Supplee, 2000). Eine vergleichende Studie von Sparfeldt, Schil-ling und Rost kommt zum Schluss, dass die frühe Erkennung von schulischen Minderleistenden zwar wichtig wäre, die dafür notwendigen diagnostischen Fertigkeiten der Lehrkräfte aber nicht ausreichen (vgl. Sparfeldt, Schilling und Rost, 2006).

9 In einer Zürcher Studie zum Thema zeigte sich, dass nicht kompatible Vorstellun-gen bezüglich der Zielsetzung und des Auftrags der Schule die Verständigung zwischen den Eltern hochbegabter Kinder und den Lehrpersonen zum Teil massiv erschwert (vgl. dazu Hoyningen-Süess und Gyseler, 2006, S. 161 ff.).

Schule: Fokus Begabungsförderung

Eine andere Auffassung des schulischen Auftrags fokussiert nicht das Realisieren einer möglichst hohen schulischen Leistungsfähigkeit, sondern eine umfassendere Beurteilung der eigenen Entwicklungs- bzw. Handlungsfähigkeit im Umgang mit hoher Begabung. Dies führt zu einer veränderten Zugangsweise zur Hochbegabtenförderung. Als antreibende Kraft wird die Begabung aus dieser Sicht heraus nicht als Prädiktor schulischen Lernens aufgefasst, sondern als ein zwar notwendiges, aber keinesfalls hinreichendes Merkmal menschlicher Entwicklungs-, Handlungs- und Leistungsfähigkeit, das es im schulischen Alltag zu begleiten und zu fördern gilt:[10]

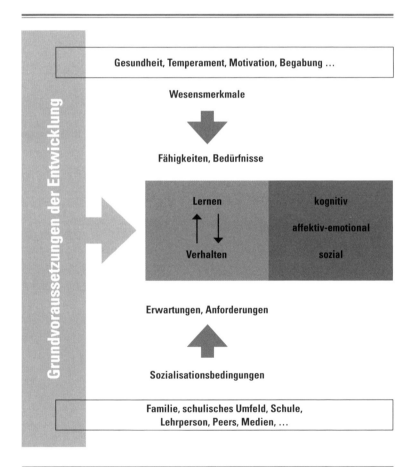

ABBILDUNG 3_ Teil I Verlaufsschema von Erziehung und Bildung: Entwicklungsvoraussetzungen und -bedingungen (Hoyningen-Süess und Gyseler, 2006)

Die (besondere) Begabung des Kindes wird in diesem Modell nicht als natürlich festgelegtes Potenzial aufgefasst, das es den gesellschaftlichen Anforderungen entsprechend zu realisieren gilt. Vielmehr wird die Begabung von vorneherein als ein im Verbund mit anderen Wesensmerkmalen interagierender Entwicklungsmotor verstanden, der im Hinblick auf ein erfülltes menschliches Leben zum Laufen gebracht werden soll. Neben den – messbaren – kognitiven Voraussetzungen wird dieser Vorgang auch von persönlichen Wesensmerkmalen wie Temperament, Motivation, körperliche Voraussetzungen und von den tatsächlich angetroffenen Sozialisationsbedingungen gelenkt. Erst in diesem breit angelegten Verständnis, in das neben individuellen Fähigkeiten und Bedürfnissen auch gesellschaftliche Erwartungen und Anforderungen eingehen, wird die Begabung als Indikator des schulischen Lernens und Verhaltens überhaupt wirksam. Denn neben der Vermittlung von Wissensbeständen und ihrer Bewertung gehen in diese Auffassung auch Vermittlungsformen des Umgangs mit sich selbst, mit den eigenen Bedürfnissen und Fähigkeiten sowie denen von anderen mit ein, welche die kognitive, die affektiv-emotionale und soziale Entwicklung des heranwachsenden Kindes oder Jugendlichen beeinflussen.[11]

Begabung als Entwicklungsmotor

Dieser umfassende Anspruch an den Begabungsbegriff erfordert eine veränderte Zielsetzung des schulischen Unterrichts. Die Förderung der Sachkompetenz bleibt selbstverständlich eine zentrale Aufgabe der Schule:

---

10 In der Unterscheidung von formativer und summativer Berteilung erreichter Lernziele werden diese beiden Sichtweisen konkret. Während die summative Beurteilung die angeeigneten Wissensbestände und Kenntnisse bewertet, geht die formative Beurteilung auf die vorhandenen Lernvoraussetzungen ein. Es wird eine Analyse des Lernvorgangs erstellt und für die Unterrichtsplanung über angepasste individuelle Förder- und Unterstützungsmassnahmen entschieden (vgl. dazu beispielsweise Berger, Granzer, Looss und Waack, 2013).

11 Hohe Leistungsfähigkeit und hohe Begabung ist dementsprechend nicht dasselbe. Hohe Leistungsfähigkeit setzt nicht notwendigerweise eine hohe Begabung voraus, sondern verlangt insbesondere spezifische persönliche Eigenschaften und bestimmte psychische Voraussetzungen. Eine hohe Begabung hingegen definiert sich im Verbund mit den individuellen Entwicklungsvoraussetzungen und setzt die Unterstützung und Förderung der Gesamtpersönlichkeit voraus (vgl. dazu Brunner, Gyseler & Lienhard, 2003; Delisle & Galbraith, 2002).

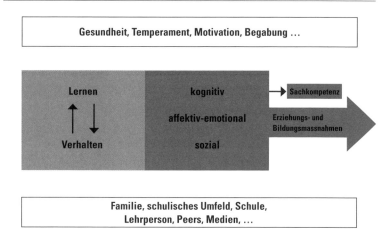

ABBILDUNG 4_ Teil II Verlaufsschema von Erziehung und Bildung: Erziehungs- und Bildungsmassnahmen zur Förderung der Sachkompetenz (Hoyningen-Süess und Gyseler, 2006)

Aber an die Stelle curricular verlangter Jahresziele treten individuell
festgelegte und – bestenfalls mit den Eltern und dem Kind bzw. dem
Jugendlichen abgesprochene – Lernziele. Statt der besonderen Förderung von intellektuell überdurchschnittlich begabten Kindern und
Jugendlichen gilt es, alle Kinder und Jugendlichen entsprechend
ihren Fähigkeiten und Fertigkeiten zu fördern und zu unterstützen.
Darüber hinaus ist es aus der Sicht der Hochbegabungsförderung
auch notwendig, den Umgang mit sich selbst, mit seiner Begabung
und das Einüben des Umgangs mit anderen im Unterricht zu thematisieren.

Allerdings lassen sich entsprechende Lernziele zur Selbst-, So-
zial- und Urteilskompetenz nicht in ein Unterrichtsfach pressen, sondern implizit oder explizit darin verpackte Werte und Normen beeinflussen das Lernen und Verhalten der Kinder und Jugendlichen
in erheblichem Ausmass.[12] Im schulischen Unterricht müssen dementsprechend neben der Wissensvermittlung auch darin enthaltene
Wert- und Normvorstellungen thematisiert werden. Denn gerade
unter den globalisierten gesellschaftlichen Verhältnissen des

**Wissensvermitt-
lung, Wert- und
Normvorstellungen**

---

12 Wert- und Normvorstellungen wurden früher unter «Fleiss», «Ordnung» und «Be-
tragen» subsumiert und auch bewertet. Heute werden die Wert- und Normvorstellungen in den Lehrplänen zumeist formal umschrieben, allerdings erinnern viele
Formulierungen durchaus an die althergebrachten Leitbegriffe. Vergleiche dazu
beispielsweise den Lehrplan 21: Überfachliche Kompetenzen (D-EDK, 2013).

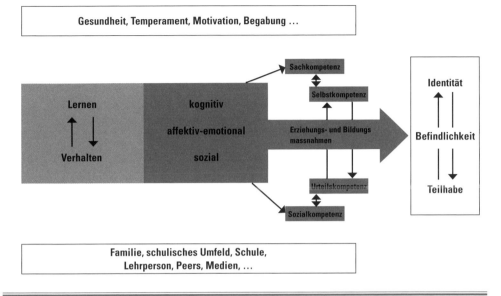

ABBILDUNG 5_ Teil III Verlaufsschema von Erziehung und Bildung: Erziehungs- und Bildungsmassnahmen zur Förderung verschiedener Kompetenzen und der Einfluss von Erziehung und Bildung sowie verschiedener Kompetenzen auf die Identität und Teilhabe des Kindes oder Jugendlichen (vgl. Hoyningen-Süess und Gyseler, 2006)

21. Jahrhunderts ist es wichtiger denn je, dass auch Kinder und Jugendliche in die Vielfalt verschiedenster Wertvorstellungen eingeführt werden und Einblick erhalten in den immer temporeicheren Wandel gesellschaftlich festgelegter Normvorstellungen. Der schulische Raum muss schon aus diesen Gründen jedem Kind und jedem Jugendlichen jenen allgemeinen sozialen Raum bieten, in dem neben der Vermittlung kognitiv orientierter Wissensbestände auch die affektiv-emotionale sowie die soziale Entwicklung des heranwachsenden Kindes oder des Jugendlichen unterstützt und begleitet wird, indem die Heranwachsenden so sowohl ihre eigene Identität ausbilden als auch ihre eigenständige Persönlichkeit entfalten und am gesellschaftlichen Leben teilhaben können (vgl. dazu Grosch, 2006).

Diese breite Auffassung von Begabungsförderung hat zwei deutlich erkennbare Konsequenzen. Erstens stellt diese Sichtweise den klassischen Selektionsauftrag der Schule infrage. Denn im Mittelpunkt des schulischen Unterrichts steht nicht primär die erbrachte Leistung der Schülerinnen und Schüler, sondern vielmehr die individuelle Entwicklung entlang ihrer Begabungen und ihren Bedürfnissen (vgl. dazu beispielsweise Fischer, Mönks und Westphal, 2008;

Der Selektionsauftrag der Schule wird infrage gestellt

Fischer et al., 2012; Grossenbacher, 1999; Grossenbacher 2011; Huber, 2008). Die Grundlage der Beurteilung der schulischen Leistung liegt primär beim Kind beziehungsweise Jugendlichen selber und seinem von ihm gestalteten schulischen Lebensweg:

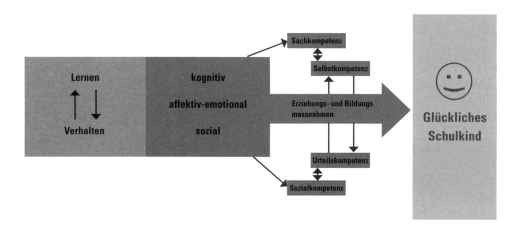

ABBILDUNG 6_ Teil IV Verlaufsschema von Erziehung und Bildung: Ein glückliches Schulkind als Ziel von Erziehung und Bildung (vgl. Hoyningen-Süess und Gyseler, 2006)

Veränderte Rolle der Lehrperson   Dies führt zur zweiten Konsequenz, nämlich zur veränderten Rolle der Lehrperson im schulischen Unterricht (vgl. dazu Hoyningen-Süess, 1999, S. 39 ff.). Denn ihr fällt die Aufgabe zu, im Verbund mit den Eltern den schulischen Unterricht einerseits so zu gestalten, dass diese umfassende Entwicklung realisiert werden kann und andererseits in der Schule diejenigen Förderungs- und Unterstützungsmöglichkeiten bereitzustellen, die es allen Kindern ermöglicht, das schulische Angebot so zu nutzen, dass sie selbstbestimmte und eigenständige Entscheidungen treffen lernen, die ihr Leben zu einem wertvollen Leben machen. Zu den primär familiär geprägten

Einstellungen und Werthaltungen kommen sekundär erworbene andere Einstellungen und Werthaltungen hinzu, sei es in den Kindertagesstätten, im Kindergarten, in der Schule, im Freundeskreis oder im Berufs- und Arbeitsleben. Die Hochbegabungsförderung wird in diesem Rahmen zur allgemeinen Begabungsförderung für alle, die im schulischen Alltag gemeinsam realisiert wird (vgl. dazu Huber, 2008; Kornmann, 2005; Nida-Rümelin, 2006; Sapon-Shevin, 2010; Smith, 2006).

Fazit

In der heutigen globalisierten Gesellschaft werden wir alle ein Leben lang mit den verschiedensten Wert- und Normvorstellungen konfrontiert. Der Schule kommt deshalb die Aufgabe zu, allen Kindern und Jugendlichen Orientierungshilfen anzubieten, entlang derer sie sich ein erfülltes Leben aufbauen können. Dazu gehört einerseits die Vermittlung dafür nötiger Kulturtechniken wie Lesen, Schreiben und Rechnen und andererseits die Einführung in den Gebrauch moderner Informations- und Kommunikationssysteme. Des Weiteren ist es auch die Aufgabe der Schule – bis zu einem gewissen Grad notwendige – Unterstützungs- und Fördermassnahmen für alle bereit zu halten. Denn die Komplexität der gesellschaftlichen Verhältnisse bedrohen die soziale Teilhabe für immer mehr Menschen und die Gefahr, dass die gesellschaftlichen Anforderungen und Erwartungen die Identitätsbildung heranwachsender Kinder und Jugendlicher zu beeinträchtigen vermögen, wächst beträchtlich.[13]

    Unter diesen Voraussetzungen ist die *Hochbegabten*förderung eine mögliche Massnahme. Stellvertretend für viele Modelle wurde das Münchner Hochbegabungsmodell vorgestellt, das als diagnostisches Instrument zur Selektion und besonderen Förderung jener Kinder und Jugendlichen verwendet werden kann, die den gesellschaftlich nachgefragten Leistungserwartungen und Anforderungen genügen können. Damit ist eine frühe Erfassung und besondere Förderung derjenigen Kinder und Jugendlichen möglich, die über diejenigen besonderen Fähigkeiten, Persönlichkeitsmerkmale und Sozialisationsbedingungen verfügen, die sie vermutlich zu herausragenden Leistungsträgern und Leistungsträgerinnen machen.

Hochbegabten-
förderung

---

13 Der in den letzten Jahren zu beobachtende Anstieg sonderpädagogischen Förderbedarfs kann z. B. auch eine direkte Folge davon sein (vgl. dazu Lienhard-Tuggener, Joller & Mettauer Szadey, 2011, S. 27ff.).

Hochbegabungs-
förderung

Die *Hochbegabungs*förderung hingegen geht von den individuell variierenden Fähigkeiten und Bedürfnissen aus, die für jedes
Kind spezifische Förder- und Unterstützungsmassnahmen nötig
machen, welche in der Schule bereitgestellt werden. Unterstüt-
zungs- und Fördermassnahmen sind ausschliesslich nötig, um ent-
wicklungsbedingte Beeinträchtigungen oder soziale Gefährdungen
auszugleichen und drohende Behinderungen oder faktische Benachteiligungen zu vermeiden:

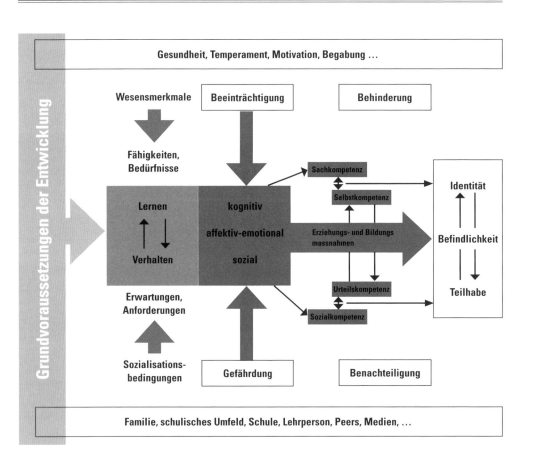

ABBILDUNG 7_ Verlaufsschema von Erziehung und Bildung (Hoyningen-Süess und Gyseler; vgl. auch Hoyningen, 2014)

Eine inklusive Ausrichtung verlangt von der Schule über den schulischen Unterricht hinaus auch besondere pädagogische Massnahmen. Denn sie muss sich über die gesellschaftlichen Anforderungen und Erwartungen hinaus explizit auch auf die Fähigkeiten und Bedürfnissen der ihr anvertrauten Kinder und Jugendlichen ausrichten. Selektionsmechanismen und Jahrgangsklassen lassen sich unter diesen Voraussetzungen nur bedingt aufrechterhalten, und der schulische Auftrag lässt sich unter inklusiven Bedingungen nicht auf Didaktik und Methodik der Wissensvermittlung beschränken. Zum guten Unterricht gehören neben der wissenschaftlichen Evaluation der Wirksamkeit des vermittelten Wissens, von vornherein an das pädagogische Interesse, heranwachsenden Menschen die Bedingungen zu einem lebenswerten Leben bereitzustellen, ihre verschiedenen Bedürfnisse und Interessen ernst zu nehmen, ihre unterschiedlichen Begabungen zu fördern und sie bei ihren diversen Schwächen zu unterstützen. So gelingt Inklusion.

Literatur

Ahlbrecht, K. (2006). *Hochleistungsfähige Kinder in der Grundschule. Entwicklung und Evaluation eines Förderkonzepts.* Bad Heilbrunn: Verlag Julius Klinkhardt.

Berger, R., Granzer, D. Looss, W. und Waack, S. (2013). *Warum fragt ihr nicht einfach uns? Mit Schüler-Feedback lernwirksam unterrichten.* Weinheim und Basel: Beltz Verlag.

Brunner, E., Gyseler, D. und Lienhard, P. (2003). *Hochbegabung – (k)ein Problem? Handbuch zur interdisziplinären Begabungs- und Begabtenförderung.* Zug: Klett und Balmer Verlag.

Bundesrat der Schweizerischen Eidgenossenschaft (2010). Mangel an MINT-Fachkräften in der Schweiz. Ausmass und Ursachen des Fachkräftemangels in MINT (Mathematik, Informatik, Naturwissenschaften und Technik. Bericht des Bundesrates. Bern: Staatssekretariat für Bildung, Forschung und Innovation SBFI. Verfügbar unter: *http://www.sbfi.admin.ch/dokumentation/00335/01737/01738indexhtml?lang =de* [Stand: 25.02.2014].

Campbell, J. R. und Kyriakides, M. L. (2011). Applying the Munich dynamic ability-achievement model. In A. Ziegler und C. Perleth (Hrsg.), *Excellence. Essays in honour of Kurt A. Heller* (S. 283–302). Berlin a. o.: LIT-Verlag.

Delisle, J. und Galbraith, J. (2002). *When gifted kids don't have all the answers. How to meet their social and emotional needs. Hrsg.* Minneapolis: Free Spirit Publishing Inc.

Deutschschweizer Erziehungsdirektoren-Konferenz (D-EDK) (Juni 2013). *Lehrplan 21: Überfachliche Kompetenzen (Konsultationsfassung).* Verfügbar unter: *http://konsultation.lehrplan.ch/index.php?nav=20&code=t|200&PHPSESSID=59f9caf7510a04 a9ba7bbc13e1a11966* [Stand: 25.02.2014].

Elbing, E. (2000). *Hochbegabte Kinder. Strategien für die Elternberatung.* München und Basel: Ernst Reinhardt Verlag.

Fels, C. (1999). *Identifizierung und Förderung Hochbegabter in den Schulen der Bundesrepublik Deutschland.* Bern: Verlag Paul Haupt.

Fischer, C., Fischer-Ontrup, C., Käpnick, F., Mönks, F. J., Scheerer, H. und Solzbacher, C. (Hrsg.), *Individuelle Förderung multipler Begabungen. Allgemeine Forder- und Förderkonzepte.* Münster u.a.: LIT-Verlag.

Fischer, C., Mönks, F. J. und Grindel, E. (Hrsg.) (2009). *Curriculum und Didaktik der Be-gabtenförderung. Begabungen fördern. Lernen individualisieren* (2. Aufl.). Münster: LIT-Verlag.

Fischer, C., Mönks, F. J. und Westphal, U. (2008). *Individuelle Förderung: Begabungen entfalten – Persönlichkeit entwickeln. Fachbezogene Forder- und Förderkonzepte.* Berlin: LIT-Verlag.

Freeman, J. (2010). *Gifted lives. What happens when gifted children grow up?* New York: Routledge.

Gagné, R. M. (2011). *Die Bedingungen des menschlichen Lernens.* Münster u.a.: Waxmann.

Glöckel, H. (1990). *Von Unterricht. Lehrbuch der Allgemeinen Didaktik.* Bad Heilbrunn: Verlag Julius Klinkhardt.

Grosch, A. (2006). Individuelle Förderung aller Kinder in innovativen Schulformaten. In A. Spies und D. Tredop (Hrsg.), *«Risikobiografien». Benachteiligte Jugendliche zwischen Ausgrenzung und Förderprojekten* (S. 223–236). Wiesbaden: VS Verlag für Sozialwissenschaften.

Grossenbacher, S. (2011). Elf Jahre Entwicklungsarbeit im Netzwerk Begabungsförderung. *SwissGifted, 4*(1/2), 21–26.

Grossenbacher, S. (Hrsg.) (1999). *Begabungsförderung in der Volksschule – Umgang mit Heterogenität.* Aarau: Schweizerische Koordinationsstelle für Bildungsforschung SKBF.

Gruber, H. und Ziegler, A. (Hrsg.) (1995). *Expertiseforschung. Theoretische und methodische Grundlagen.* Opladen: Westdeutscher Verlag GmbH.

Gudjons, H. (2008). *Pädagogisches Grundwissen* (10. Aufl.). Bad Heilbrunn: Verlag Julius Klinkhardt.

Heinbokel, A. (2012). *Handbuch Akzeleration. Was Hochbegabten nützt* (2. Aufl.). Berlin: LIT-Verlag.

Heller, K. A. (2010).The Munich model of giftedness and talent. In K. A. Heller (Ed.), *Munich Studies of giftedness* (S. 3–12). Berlin: LIT-Verlag.

Heller, K. A. (2009). Gifted education from the German perspective. In T. Balchin, B. Hymer und D. J. Matthews (Hrsg.), *The Routledge international companion to gifted education* (S. 61–67). New York: Routledge.

Heller, K. A. (2001). Projektziele, Untersuchungsergebnisse und praktische Konsequenzen. In K. A. Heller (Hrsg.), *Hochbegabung im Kindes- und Jugendalter* (2., überarb. u. erw. Aufl.; S. 21–40). Göttingen: Hogrefe.

Heller, K. A. (2000a). Einführung in den Gegenstandsbereich der Begabungsdiagnostik. In K. A. Heller (Hrsg.), *Begabungsdiagnostik in der Schul- und Erziehungsberatung* (2., vollst. überarb. Aufl.; S. 13–40). Bern: Verlag Hans Huber.

Heller, K. A. (2000b). Schuleingangsdiagnose und Schulerfolgsprognose. In K. A. Heller (Hrsg.), *Begabungsdiagnostik in der Schul- und Erziehungsberatung* (2., vollst. überarb. Aufl.; S. 217–240). Bern: Verlag Hans Huber.

Holling, H. und Kanning, U. P. (1999). *Hochbegabung. Forschungsergebnisse und Fördermöglichkeiten.* Göttingen u.a.: Hogrefe Verlag.

Hoyningen-Süess, U. (2014). Begabung und Talent aus sonderpädagogischer Sicht. In: M. Stamm (Hrsg.), Handbuch Entwicklungspsychologie des Talents S. 63.75). Bern: Verlag Hans Huber.

Hoyningen-Süess, U. (1999). Begabungsförderung beginnt mit der Einstellung. In S. Grossenbacher (Hrsg.), *Begabungsförderung in der Volksschule – Umgang mit Heterogenität* (S. 39–44). Aarau: Schweizerische Koordinationsstelle für Bildungsforschung SKBF.

Hoyningen-Süess, U. und Gyseler, D. (2006). *Hochbegabung aus sonderpädagogischer Sicht.* Bern: Verlag Haupt.

Huber, M. (2008). Integrative Begabungsförderung. Chancen und Risiken zur Umsetzung in der Volksschule. *SwissGifted, 1*(1), 13–17.

Kornmann, R. (2005). Inclusive Pädagogik und die Förderung Hochbegabter. *Vierteljahresschrift für Heilpädagogik und ihre Nachbargebiete, 74,* 37–44.

Lampert, Y. (2009). *Begabungs- und Kreativitätsförderung auf der Grundlage des Philosophierens.* Münster: Waxmann.

Lienhard-Tuggener, P., Joller-Graf, K. und Mettauer Szaday, B. (2011). *Rezeptbuch schulische Integration. Auf dem Weg zu einer inklusiven Schule.* Bern u.a.: Haupt Verlag.

Mönks, F. J. (1992). Ein interaktionales Modell der Hochbegabung. In E. A. Hany und H. Nickel (Hrsg.), *Begabung und Hochbegabung. Theoretische Konzepte, empirische Befunde, praktische Konsequenzen* (S. 17–22). Bern u.a.: Verlag Huber.

Nida-Rümelin, J. (2013). *Philosophie einer humanen Bildung.* Hamburg: edition Körber-Stiftung.

Nida-Rümelin, J. (2006). *Humanismus als Leitkultur. Ein Perspektivenwechsel.* München: C. H. Beck.

Perleth, C. (2011). My life with a supermodel. In A. Ziegler und C. Perleth (Hrsg)., *Excellence. Essays in honour of Kurt A. Heller* (S. 17–46). Berlin a.o.: LIT-Verlag.

Peters, W. A. M., Grager-Loidl, H. und Supplee, P. (2000). Underachievement in gifted children and adolescents. In K. A. Heller, F. J. Mönks, R. J. Sternberg und R. F. Subotnik (Hrsg.), *International handbook of giftedness and talent* (2. ed.; S. 609–620). Oxford: Elsevier Science Ltd.

Precht, R. D. (2013). *Anna, die Schule und der liebe Gott. Der Verrat des Bildungssystems an unseren Kindern.* München: Verlag Wilhelm Goldmann.

Renzulli, J. S. (1998). The three-ring conception of giftedness. In S. M. Baum, S. M. Reis und L. R. Maxfield (Hrsg.), *Nurturing the gifts and talents of primary grade students* (S. 73–101). Mansfield Center: Creative Learning Press.

Rost, D. H. (Hrsg.) (2009). *Hochbegabte und hochleistende Jugendliche. Befunde aus dem Marburger Hochbegabtenprojekt* (2., erw. Aufl.). Münster u.a.: Waxmann.

Sapon-Shevin, M. (2010). *Because we can change the world. A practical guide to building cooperative, inclusive classroom communities.* Thousand Oaks a. o.: Corwin.

Smith, C. M. M. (Ed.) (2006). *Including the gifted and talented. Making inclusion work for more gifted and able learners.* London and New York: Routledge.

Sparfeldt, J. R., Schilling, S. R. und Rost, D. H. (2006). Hochbegabte Underachiever als Jugendliche und junge Erwachsene. Des Dramas zweiter Akt? *Zeitschrift für Pädagogische Psychologie, 20*(3), 213–224.

Stamm, M. (2005). *Zwischen Exzellenz und Versagen. Frühleser werden erwachsen.* Zürich und Chur: Verlag Rüegger.

Stamm, M. (1998a). Frühlesen und Frührechnen als soziale Tatsachen. In U. Hoyningen-Süess und P. Lienhard (Hrsg.), *Hochbegabung als sonderpädagogisches Problem* (S. 91–117). Luzern: Edition SZH/SPC.

Stamm, M. (1998b). *Frühlesen und Frührechnen als soziale Tatsachen. Leistung, Interesse, Schulerfolg und soziale Entwicklung von Kindern, die bei Schuleintritt bereits lesen und/oder rechnen konnten. Projektbericht.* Aarau: Institut für Bildungs- und Forschungsfragen.

Sternberg, R. J. (2009a). Sketch of a componential subtheory of human intelligence. In J. C. Kaufman und E. L. Grigorenko (Hrsg.), *The essential Sternberg. Essays on intelligence, psychology and education* (S. 3–31). New York: Springer.

Sternberg. R. J. (2009b). Toward a triarchic theory of human intelligence. . In J. C. Kaufman und E. L. Grigorenko (Hrsg.), *The essential Sternberg. Essays on intelligence, psychology and education* (S. 33–70). New York: Springer.

Sternberg, R. J. (2003). *Wisdom, intelligence, and creativity synthesized.* Cambridge: Cambridge University Press.

Sternberg, R. J., Jarvin, L. und Grigorenko, E. L. (2011). *Explorations in giftedness.* Cambridge: Cambridge University Press.

Sternberg, R. J. und Subotnik, R. F. (2000). A multidimensional framework for synthesizing disparate issues in identifying, selecting, and serving gifted children. In K. A. Heller, F. J. Mönks, R. F. Subotnik und R. J. Sternberg (Hrsg.), *International handbook of giftedness and talent* (2. ed.; S. 831–838). Oxford: Elsevier Science Ltd.

Wieczerkowski, W. (1998). Vier hochbegabte Grundschüler in beratungspsychologischer Perspektive. *Psychologie in Erziehung und Unterricht, 45*(2), 143–159.

Wolfer, M. (2010). *Diagnostische Pädagogik als Grundlage für die (innere) Differenzierung zwischen Lernbehinderung und Hochbegabung.* Berlin: Logos Verlag.

World Health Organisation (WHO) und Deutsches Institut für Medizinische Dokumentation und Information (2014). *Internationale statistische Klassifikation der Krankheiten und verwandter Gesundheitsprobleme (ICD-10-GM Version 2014).* Verfügbar unter: *http://www.dimdi.de/static/de/klassi/icd-10-gm/kodesuche/onlinefassungen/htmlgm2014/index.htm* [Stand 25.02.2014].

Unterrichtssituationen mit Kindern mit unterschiedlicher intellektueller Leistungsfähigkeit: Lernbeeinträchtigungen und geistige Behinderung

Gabriel Sturny-Bossart, Anita Ottiger-Bachmann

Vor 150 Jahren pochten engagierte Pädagoginnen und Pädagogen auf das Anrecht aller Lernenden auf individuelle Betreuung. Sie haben so den Aufbau von eigenen Klassen (in Sonderschulen, heilpädagogischen Zentren, Sonderklassen) für Lernende mit mehr oder weniger stark ausgeprägten intellektuellen Beeinträchtigungen vorangetrieben. Im Zuge der Integrationsdiskussion ab den 1970er-Jahren wurden diese separativen Schulungsformen zunehmend kritisch diskutiert und zunehmend ersetzt durch integrative Fördermassnahmen im Rahmen der Regelklassen. Deshalb müssen Lehrpersonen heute mit Schülerinnen und Schülern umgehen können, die in mancher Hinsicht sehr «unterschiedlich» sind. Die folgenden Ausführungen thematisieren, was eine «intellektuelle Beeinträchtigung» bedeutet und welche theoretischen Überlegungen zum inklusiven Unterricht mit diesen Schülerinnen und Schülern für Regelklassenlehrpersonen bedeutsam sind. Ein Einblick in eine konkrete Unterrichtssituation rundet den Beitrag ab.

Wer sind die Schülerinnen und Schüler mit beeinträchtigter intellektueller Leistungsfähigkeit?

In der pädagogischen Fachliteratur werden zwei «grosse» Gruppen von Kindern und Jugendlichen mit intellektuellen Einschränkungen beschrieben: mit Lernbehinderungen/-beeinträchtigungen sowie mit geistiger Behinderung. In den klassischen Definitionen werden die Schwierigkeiten bzw. Einschränkungen vorwiegend «am Kind» festgemacht. Aus heutiger Sicht erscheint dies zu einseitig; es gilt auch den Kontext einzubeziehen, in welchem ein Kind steht. Das offizielle Etikett Kind oder Jugendlicher mit Lernbeeinträchtigung

bzw. mit geistiger Behinderung ermöglicht im Einzelfall keine Rück-
schlüsse auf die konkrete pädagogische/sonderpädagogische Förderung einer betreffenden Schülerin oder eines betreffenden Schülers. Dieses Anliegen wird mit den drei Ebenen des ICF-Ansatzes
besser eingelöst. ➥ Siehe auch Kapitel Hollenweger. Auf Kinder mit
beeinträchtigter intellektueller Leistungsfähigkeit bezogen bedeutet
dies (vgl. Werning und Lütje-Klose, 2012, S. 22):

a. Körperstrukturen und -funktionen als medizinisch beschreib-
   bare Aspekte wie beispielsweise eine Intelligenzminderung
   aufgrund genetischer Faktoren oder Sauerstoffmangels während der Geburt.
b. Aktivitäten beeinflusst durch eine Schädigung oder Störung
   der Handlungsfähigkeit, beispielsweise bei eingeschränkter
   Merkfähigkeit, Einmaleins-Reihen aufzusagen.
c. Partizipation bei eingeschränkter sozialer Teilnahme, beispielsweise fehlender Beteiligung an Diskussionen im Klassenrat,
   weil das Tempo des Gesprächs das Kind mit Lernbeeinträchtigungen überfordert.

Diese drei Ebenen stehen in der ICF in engem Bezug mit den beiden
Kontextfaktoren «Umweltfaktoren» (materiale Lebenssituation, soziale Umwelt …) sowie «personenbezogenen Faktoren» (Alter, Geschlecht …).

Um das Bild, wer Kinder und Jugendliche mit intellektuellen
Beeinträchtigungen sind, plastischer werden zu lassen, wird an dieser Stelle der Begriff der Entwicklungsbeeinträchtigung eingeführt   *Entwicklungs-*
(Joller, Sturny-Bossart, 2010). Der Begriff setzt bei der individuellen   *beeinträchtigung*
Entwicklung jedes Individuums an: Entwicklungen verlaufen übli-
cherweise schneller oder langsamer, sie können kontinuierlich sein
oder Sprünge aufweisen. Ein dreizehnjähriger Knabe kann zum Beispiel den Entwicklungsstand eines zehnjährigen Kindes bezüglich
Frustrationstoleranz und den Entwicklungsstand eines sechzehnjäh-   *ICF: Körperstruk-*
rigen Jugendlichen bezüglich Kraft aufweisen. Entwicklungen kön-   *turen*
nen aber auch klar beeinträchtigt sein, beispielsweise durch eine
Schädigung der Wahrnehmungsorgane, durch Verhaltensweisen   *ICF: Personen-*
eines Jugendlichen, die ihn von gewissen Tätigkeiten ausschliessen   *bezogene Faktoren*
oder durch einen Unterricht, der einem Kind keine adäquaten Anre-
gungen bietet. Ist eine Entwicklung *nachhaltig* beeinträchtigt, sind   *ICF: Umweltfaktoren*
spezifische Massnahmen angezeigt. So weist der Leselernprozess
eines Kindes, das noch stark im konkreten Denken verwurzelt ist,
andere Schritte auf als derjenige eines gleichaltrigen kognitiv wei-
terentwickelten Kindes.

Behinderung

Es zeigt sich: Ein Denksystem, in dem eine Behinderung ihren Ursprung einseitig in einer medizinischen Schädigung findet, führt in eine Sackgasse. Die Qualität der sozialen Annahme eines Kindes mit beeinträchtigter intellektueller Leistungsfähigkeit in einem Klassengefüge sowie seine schulische Förderung beeinflussen die individuelle Ausprägung einer Lernbehinderung oder geistigen Behinderung erheblich mit (Gold, 2011; Speck, 2012; Stöppler, Wachsmuth, 2010; Heimlich, 2009).

Worin unterscheiden sich Schüler und Schülerinnen mit und ohne beeinträchtigte intellektuelle Leistungsfähigkeit?

Unterschiede zwischen Kindern und Jugendlichen mit beeinträchtigten intellektuellen Leistungsfähigkeiten und «normal» begabten Kindern und Jugendlichen aufzuzählen, ist ausserordentlich schwierig und kann in Form einer negativen Etikettierung ungünstige Folgen haben. Dennoch soll im Sinne einer Sensibilisierung von Lehrpersonen für unterschiedliche Bedürfnisse der Schülerinnen und Schüler auf die unten stehenden Punkte hingewiesen werden. Kinder mit und ohne beeinträchtigte intellektuelle Leistungsfähigkeit können markante Unterschiede aufweisen bezüglich:
— kognitive und emotionale Aufnahme-, Verarbeitungs- und Speicherungsprozesse
— Ausdrucksverhalten
— Motorik
— sprachlicher und nichtsprachlicher Kommunikation (Pitsch, 2002, S. 15).

Daraus wird ersichtlich, dass in der Arbeit mit sogenannt intellektuell beeinträchtigten Kindern und Jugendlichen eine ganzheitliche Sicht gefordert ist. Es geht in der Regel nicht nur darum, angemessen auf intellektuelle Minderleistungen zu reagieren.

Wird der Blick auf einen der schulischen Kernbereiche gelenkt, nämlich auf Lernen und Wissensanwendung, müssen Lehrpersonen bei folgenden Aspekten von mehr oder weniger bedeutenden Unterschieden zwischen den Schülerinnen und Schülern ausgehen –

ICF: Aktivitäten und Partizipation / Lernen und Wissensanwendung

sie werden hier gemäss den einschlägigen ICF-Indikatoren aufgezeigt (Weltgesundheitsorganisation, 2005; S. 42; S. 97–99):
— bewusste sinnliche Wahrnehmungen, z.B.: Zuschauen, Zuhören
— elementares Lernen, nämlich: Nachmachen, Nachahmen, Üben,

Lesen lernen, Schreiben lernen, Rechnen lernen, sich elementare und komplexe Fertigkeiten aneignen
— Wissensanwendung, nämlich: Aufmerksamkeit fokussieren, Denken, Lesen, Schreiben, Rechnen, einfache und komplexe Probleme lösen, Entscheidungen treffen.

Inklusiver Unterricht: Theoretische Überlegungen

Im schulischen Kontext müssen sich Lehrpersonen bewusst sein, dass Lernen dann zum Problem werden kann, wenn «Lernvoraussetzungen, Lernangebote und die Ziele oder Standards, die in einer Lernsituation oder durch eine Lehrmassnahme erreicht werden sollen, nicht zusammenpassen» (Gold, 2011, S. 264). In diesem Fall entsteht ein sogenanntes Passungsproblem. Um Schwierigkeiten zu begegnen, können Massnahmen grundsätzlich auf unterschiedlichen Ebenen ergriffen werden: auf der Ebene von Schülerinnen und Schülern, von Eltern, von Lehrpersonen, von Schulischen Heilpädagoginnen und Heilpädagogen und von anderen Fachpersonen, aber auch auf der Ebene der Schulorganisation.

Pädagogisch-therapeutische Fachpersonen

Mit dem erwähnten Passungsproblem sind in erster Linie die Einflussmöglichkeiten von Lehrpersonen angesprochen. Der Begriff der «unterrichtlichen Adaptivität» weist auf die «Bringschuld des Unterrichts» (Gold, 2011, S. 264) hin. Im Folgenden rücken wir die Ebenen der Prävention, des Unterrichts sowie der Intervention ins Blickfeld.

Lehrperson

Prävention
Präventive Massnahmen sollen vorbeugend mögliche Schwierigkeiten verhindern. Bei intellektuellen Schwierigkeiten präventiv tätig zu sein, bedeutet, schon vor der Pflichtschulzeit verschiedene Massnahmen getroffen zu haben (Gold, 2011, S. 152). Frühen Massnahmen zum Trotz weisen Kinder immer unterschiedliche Vorläuferfertigkeiten auf, welche sie benötigen, um sozial-emotional kompetent zu werden oder um erfolgreich zum Lesen, Rechtschreiben und Rechnen zu kommen. Präventionsarbeit von Lehrpersonen bedeutet einen gezielten Einsatz von Massnahmen, um unterschiedliche Voraussetzungen der Schülerinnen und Schüler auszugleichen – was zum Teil im Zusammenspiel mit anderen Fachpersonen, insbesondere Schulischen Heilpädagoginnen und Heilpädagogen, getan wird. Präventive Massnahmen sollen sicherstellen, dass solche Kinder nicht noch zusätzlich benachteiligt werden.

Unterricht

Wie soll eine Regelklassenlehrperson eine Unterrichtssituation organisieren, in welcher Kinder mit intellektuellen Beeinträchtigungen zusammen mit Kindern ohne spezifische Beeinträchtigungen geschult werden? Aus den bisherigen Ausführungen lässt sich ableiten, dass Kinder mit besonderen Bedürfnissen andere, zum Teil zusätzliche oder intensivere Formen von Lernunterstützung brauchen als ihre Mitschülerinnen und Mitschüler. Selbstverständlich spielen auch die Rahmenbedingungen mit: die Klassengrösse, die Ausstattung der Klassenräume, die Möglichkeit, zusätzliche Lernorte ausserhalb des Klassenraums belegen zu können, aber auch der Einsatz von zusätzlichen Lehrpersonen/Fachpersonen – insbesondere von Schulischen Heilpädagogen und Heilpädagoginnen. Die Eingangsfrage kann aber auch banaler beantwortet werden: Inklusiver Unterricht ist ohne eine unterrichtliche Binnendifferenzierung undenkbar (Gold, 2011, S. 254).

Binnendifferenzierung des Unterrichts

Was bedeutet diese Kurzformel für den Alltag einer Lehrperson? Die Lehrperson ist grundsätzlich an tauglichen Methoden interessiert, um ihre Zielsetzungen zu erreichen. Sie bereitet den Unterricht vor und entscheidet, welche Unterrichtsformen zum Einsatz kommen sollen. Es geht aber nicht nur um dieses Unterrichtshandwerk – damit inklusiver Unterricht gelingen kann, müssen auch die auf den Unterricht einwirkenden didaktischen Prinzipien geklärt werden. Letztere bilden gewissermassen die Hintergrundfolie des Unterrichts. ➡ Siehe auch Kapitel Müller Bösch und Schaffner Menn. Eine Konkretisierung dazu: Planarbeit wird als günstige Unterrichtsform für integrativen Unterricht genannt. Ein anerkanntes didaktisches Prinzip für integrativen Unterricht sieht vor, dass alle Kinder eine möglichst minimale Unterstützung erhalten, damit diese ihre Selbstständigkeit entwickeln können. Will nun eine Lehrperson beim Einsatz von Planarbeit aus organisatorischen Gründen eine Lerneinheit mit allen Schülerinnen und Schülern der Klasse gleichzeitig abschliessen, kann sie in Versuchung kommen, das Kind mit geistiger Behinderung zu stark zu unterstützen. Sie verstösst somit gegen das wichtigere Prinzip der minimalen Unterstützung.

In den folgenden Abschnitten werden Unterrichtsvorbereitung, Unterrichtsformen sowie didaktische Prinzipien angesprochen. Dabei wird (einmal mehr) sichtbar, dass der Unterricht in integrativen Klassen nicht eine völlig neue oder spezielle Didaktik nach sich zieht (Lienhard-Tuggener, Joller-Graf, Mettauer Szaday, 2011, S. 57 ff.).

Unterrichtsvorbereitung

Bei der Vorbereitung von Unterricht, welcher Kinder und Jugendliche mit intellektuellen Beeinträchtigungen integriert, stellen sich Fragen zur didaktischen und sozialen Bewältigung von Heterogenität. Eine Lehrperson muss Antworten dazu erhalten, was die spezifischen Bedürfnisse dieser Kinder sind. Wo steht das Kind im Lernprozess? Sichtbar zeigen sich Lernschwierigkeiten aufgrund von Leistungsproblemen beim Lesen, Rechtschreiben oder Rechnen. Weniger sichtbar, aber möglicherweise gravierender sind die Auswirkungen auf die Merkfähigkeit, auf logisches und schlussfolgerndes Denken usw. Wie kommt eine Lehrperson zu gültigen Antworten auf solche Fragen? Welche Ziele können realistischerweise mit den Kindern vereinbart werden, auf welchen Wegen sind sie zu erreichen, wie können diese anschliessend erkannt werden, um die Erfolge auch zu verstärken? Fischer (2008, 15f.) zählt im Zusammenhang mit Kindern und Jugendlichen mit geistiger Behinderung folgende hilfreiche Ausgangsfragen auf:

Besondere pädagogische Bedürfnisse

Fragen bei der Unterrichtsvorbereitung

Wer soll gebildet werden? Wen haben wir vor uns? Und wie sehen wir die Schüler im Hinblick auf ihre
— körperlich-organischen Ausgangsbedingungen und Schädigungen
— sensomotorischen, sozialen, kognitiven und kommunikativen Kompetenzen und Einschränkungen
— potenziellen Entwicklungs- und Lernmöglichkeiten
— Chancen, am Leben der Gemeinschaft möglichst selbstbestimmt teilzuhaben?

Vor dem Hintergrund der ICF-Systematik bedeutet dies: Für den individuellen Fall ist ein differenzierter Blick für potenzielle Barrieren zu Aktivitäten und zu Partizipation zu entwickeln (vgl. Terfloth, Bauersfeld, 2012, S. 36). Konsequenterweise beinhaltet die Planung gezielte Überlegungen zu möglichen Aktivitäten und Unterstützungsmassnahmen von Kindern und Jugendlichen mit intellektuellen Beeinträchtigungen. Dazu braucht es spezifische (heilpädagogische) Kenntnisse, insbesondere um den Lernstand zu erfassen und, darauf aufbauend, Lernsituationen zu ermöglichen, welche den Spagat schaffen zwischen Individuums- und Gemeinschaftsorientierung (Terfloth, Bauersfeld, 2012, S. 57).

ICF: Aktivitäten und Partizipation

Sonderpädagogik

Unterrichtsformen

Offene Unterrichtsformen wie Werkstatt, Planarbeit haben sich als besonders günstige Unterrichtsformen für inklusiven Unterricht be-

Offene Unterrichts-
formen

währt. Allerdings ist darauf zu achten, dass die Kinder mit besonderen Bedürfnissen nicht überfordert werden. Die erwähnten Unterrichtsformen sind insbesondere dort sinnvoll einzusetzen, wo gleichzeitig eine lernzieldifferenzierte Anpassung an die unterschiedlichen Leistungsfähigkeiten möglich ist (Gold, 2011, 255).

Handlungs-
orientierter Unterricht und Projektunterricht

Handlungsorientierter Unterricht (Terfloth und Bauersfeld, 2012, S. 57) sowie Projektunterricht (Stöppler, Wachsmuth, 2010, S. 42 ff.) werden als weitere geeignete Formen erwähnt. Handlungsorientierter Unterricht ermöglicht verschiedene Erfahrungen durch unterschiedliche Tätigkeitsformen und Handlungsmöglichkeiten. Projektunterricht zielt auf selbstständiges Aneignen von Wissens- und Handlungsfeldern hin. Bei Kindern mit Lernbeinträchtigungen oder geistiger Behinderung braucht es dabei in der Regel gezielte und wiederkehrende Unterstützung durch die Lehrperson.

«Bei aller Individualisierung» (Lienhard-Tuggener, Joller-Graf und Mettauer Szaday, 2011, S. 81) darf die gezielte Gemeinschaftsbildung nicht vergessen werden; sie ist für optimale Lernprozesse wichtig. Es gilt also ein Gleichgewicht herzustellen zwischen individuellen Förderungssituationen und dem sozialen Kontext (Lienhard-Tuggener, Joller-Graf & Mettauer Szaday, 2011, S. 81 f.; Terfloth, Bauersfeld, 2012).

Didaktische Prinzipien

«Didaktische Prinzipien sind persönliche Überzeugungen und Leitlinien, an denen man den eigenen Unterricht orientieren will» (Lienhard-Tuggener, Joller-Graf und Mettauer Szaday, 2011, 63). Diese handlungsleitenden Grundsätze basieren in unserem Fall einer Tätigkeit in einem integrativen Setting auf einer «integrativen Haltung»; zudem sollen sie einer pädagogischen, ethischen und wissenschaftlichen Prüfung standhalten.

Im vorliegenden Band werden die beiden Elemente «Lernen am gemeinsamen Gegenstand» sowie «Differenzierung am Gemeinsamen Gegenstand ohne Ausgrenzungen» als didaktische Möglichkeiten dargestellt, welche die Qualität von inklusivem Unterricht sicherstellen. ➥ Siehe auch Kapitel Müller Bösch und Schaffner Menn. Diese Aussagen gelten auch für Kinder und Jugendliche mit intellektuellen Einschränkungen.

In vielen Publikationen werden Unterrichtsprinzipien thematisiert, die sich für den Unterricht mit heterogenen Lerngruppen besonders eignen. Die Stossrichtung sieht immer ähnlich aus; die Systematisierung ändert sich allerdings je nach Autorenschaft. Im folgenden Beispiel beschreiben Lienhard-Tuggener, Joller-Graf und Mettauer Szaday (2011, S. 63–89, 2014) zehn allgemeingültige Prinzipien für den inklusiven Unterricht und reichern diese mit praxiser- probten Beispielen an:

Prinzipien für den inklusiven Unterricht

— LEBENSWELTEN DER LERNENDEN EINBEZIEHEN. Beispiel: Anfangs Schuljahr nennen alle Schülerinnen und Schüler drei Bereiche, in denen sie sich besonders gut auskennen. Die Lehrperson macht es sich zur Aufgabe, von jeder Schülerin und jedem Schüler im Verlauf der Schulzeit mindestens einen Bereich für den Unterricht zu nutzen.

— INHALTE VARIANTENREICH ANBIETEN. Beispiel: unterschiedliche Lernumgebung für aktives und reflektiertes, sensorisches und intuitives, visuelles und handlungsbezogenes sowie verbales, sequenzielles und globales Lernen gestalten.

— AUFGABENSTELLUNGEN MIT UNTERSCHIEDLICHEN SCHWIERIGKEITS-GRADEN VORLEGEN. Beispiel: komplexe Aufgaben, die unterschiedlich tief/umfassend bearbeitet werden können, oder Aufgaben mit unterschiedlichen Schwierigkeitsgraden (mindestens drei Niveaus).

— AN VORWISSEN UND ERFAHRUNG DER LERNENDEN ANKNÜPFEN. Beispiel: zu Beginn [!] einer Unterrichtseinheit das Vorwissen und die Vorerfahrung erheben.

— ALTERSDURCHMISCHTES LERNEN (ADL) ERMÖGLICHEN (Achermann und Gehrig, 2013). Beispiel: Vier Unterrichtsbausteine (Thema, Freie Tätigkeit, Kurs und Plan) und vier Bausteine für das Zusammenleben (Arbeiten für die Gemeinschaft, Anlässe in der Gemeinschaft, Forum und Versammlung) bestimmen den Schulalltag einer sogenannten Individualisierenden Gemeinschaftsschule mit AdL.

— LERNEN DURCH LEHREN ERMÖGLICHEN. Beispiel: Lernen wird auch als sozialer Prozess verstanden, bei dem ein schulleistungsstärkerer «Helfer-Schüler» in einer kooperativen Lernform einem schulleistungsschwächeren Mitschüler sein Wissen vermittelt und dabei zusätzlich soziale Kompetenzen erwirbt.

— VOLLSTÄNDIGE LERNPROZESSE DURCHLAUFEN. Beispiel: Neben dem Aufbauen von Wissen und Fertigkeiten (im Sinne von Aebli, 2003) auch dem Durchdenken, dem Üben und dem Anwenden in unterschiedlichen Kontexten Beachtung schenken.

— FERTIGKEITEN UND WISSEN WIEDERHOLT REPETIEREN. Beispiel: Im Schulzimmer befindet sich eine «Schatzkarte», auf der Dinge notiert sind, die nicht vergessen werden dürfen. Pro Schulwoche setzen alle Schülerinnen und Schüler Zeit für die Bearbeitung der Aufgaben auf der «Schatzkarte» ein.

— ZIELE VEREINBAREN UND ERFOLGE BELOHNEN. Beispiel: Zu Beginn der Unterrichtseinheit werden Fragen der Lernenden und

Fehler gesammelt – daran anknüpfend wird überlegt, wie die Fehler bereits im Aufbau vermieden werden können.

— MINIMALE UNTERSTÜTZUNG BIETEN MIT DEM ZIEL, DEM KIND ZU HELFEN, ES SELBER ZU TUN. Beispiel: Wiederkehrende Abläufe in Checklisten festhalten, welche den Schülerinnen und Schülern als Selbstkontrolle dienen.

Die dargestellten Prinzipien eignen sich für einen kreativen Umgang in der Arbeit mit Kindern und Jugendlichen mit unterschiedlichen intellektuellen Leistungen. Für die Arbeit mit Lernenden mit geistiger Behinderung sind in der Literatur weitere Prinzipien beschrieben, welche zum Teil Zuspitzungen der obigen Prinzipien sind (vgl. Terfloth und Bauersfeld, 2012; Stöppler und Wachsmuth, 2010).

Intervention

Wenn Lernschwierigkeiten auftreten, sind spezifische Massnahmen zu ergreifen. Im schulischen Lernen werden Leistungsprobleme oft auf das Lesen, die Rechtschreibung und das Rechnen eingeschränkt. In diesen Bereichen existiert denn auch eine Vielzahl von wirksamen Förderansätzen. Eine Klassenlehrperson kann nicht umfassend über solche spezifischen Kenntnisse verfügen – hier öffnet sich ein breites Feld der interdisziplinären Zusammenarbeit mit weiteren Fachpersonen. ➡ Siehe auch Kapitel Luder und Kunz. So wird eine Schulische Heilpädagogin oder ein Schulischer Heilpädagoge bei einem Schüler, der Texte nicht oder nur schlecht versteht, diagnostisch prüfen, ob ihm das textinhaltliche oder textstrukturelle Hintergrundwissen fehlt, ob keine Lesestrategien vorhanden sind oder ob der Wortschatz fehlt usw. (Gold, 2011, S. 224). Konkrete Massnahmen setzen beispielsweise an den basalen Fertigkeiten der Worterkennung, an der Erweiterung des Wortschatzes oder beim Flüssiglesen an. Zur Verbesserung der Leseflüssigkeit sind viele Verfahren bekannt. Einige lassen sich auch im Klassenverband einsetzen. Die Oral Reading-Methode beispielsweise baut auf dem Prinzip des wiederholten, begleiteten und korrigierenden Lesens auf. Ein schwächerer und ein besserer Leser (was auch eine Mitschülerin oder ein Mitschüler sein kann) lesen beide abwechslungsweise laut den gleichen Text. Dabei verbessert der bessere Leser auftretende Lesefehler (Gold, 2011, S. 225 f.).

Oral Reading Methode

Gold (2011, S. 222–263) gibt einen wertvollen Überblick über spezifische Fördermassnahmen. Neben den schon erwähnten Ansätzen zur Förderung des Lesens, des Rechtschreibens und des Rechnens beschreibt er beispielhaft zusätzliche Verfahren zur Förderung der individuellen Lernvoraussetzungen, zu adaptiven unterrichtlichen Massnahmen sowie zu Fördermassnahmen, die auf neurodidaktischen Vorstellungen gründen. Nicht zu vergessen sind pädagogisch-therapeutische Angebote in Form von Psychomotoriktherapie, Logopädietherapie usw.

Konkrete Unterrichtssituationen und deren Handlungsmöglichkeiten

Die Ausführungen im abschliessenden Kapitel geben Einblick in die Organisation und Gestaltung von inklusivem Unterricht. Die Grundlage bildet die Planung von Unterrichtssequenzen für integrativ geförderte Lernende mit intellektuellen Beeinträchtigungen, die drei Schulische Heilpädagoginnen zur Verfügung gestellt haben.[1] Je eine Unterrichtsplanung für eine Doppellektion auf der Basisstufe, der Primarstufe und der Sekundarstufe I stehen als Online-Material zur Verfügung. Die Skizzen umfassen auch Angaben zur Schulorganisation, zur Situation der Klasse, der Lerngruppen und der Kinder sowie zur didaktischen Einbettung und Begründung der Lektionen. Eine tabellarisch aufbereitete Unterrichtsplanung rundet das Bild ab.

Im Folgenden wird beispielhaft und zusammenfassend eine konkrete Unterrichtseinheit vorgestellt und auf der Grundlage von Unterrichtsprinzipien, die der obigen Darstellung entnommen sind, kommentiert.

Unterrichtssituation zum Thema Ernährung
Situation der Klasse, Lerngruppen und Kinder
Die 2. Realklasse (Sekundarstufe I, Niveau C) zählt 17 Jugendliche (acht Mädchen, neun Knaben). Vier Jugendliche haben individuelle Lernziele:
— Ein Mädchen stösst bei Aufgaben, bei denen schlussfolgerndes und logisches Denken gefordert ist, an Grenzen (individuelle Lernziele in Mathematik).
— Einem Knaben bereiten das Lesen und Schreiben grosse Schwierigkeiten. In der Mathematik kann er wiederkehrende

---

1 Wir danken Andrea Berther-Bertschi, Fabienne Stoop und Jeannette Ettling-Senn für ihre Unterlagen.

Abläufe bei den Grundoperationen (Addition und Subtraktion) mit Hilfsmitteln ausführen (individuelle Lernziele in Deutsch und Mathematik).

— Ein Knabe hat grosse Schwierigkeiten, das Material, den Arbeitsplatz und die Hausaufgaben zu organisieren. In der Mathematik arbeitet er am Basisstoff in allen Bereichen. Das Leseverständnis entspricht dem eines Schülers der 4. Klasse (individuelle Lernziele in Deutsch, Mathematik sowie Mensch und Umwelt)

— Seit Beginn des neuen Schuljahres ist ein in der Gemeinde wohnhafter Junge mit Down-Syndrom in der Klasse integriert. Er erhält vier Lektionen «verstärkte Massnahmen», in denen die Schulische Heilpädagogin anwesend ist. Diese Lektionen werden für viele lebenspraktische Arbeiten genutzt, z.B. Fahrplanlesen, Kochrezepte ausführen (individuelle Lernziele in Deutsch, Mathematik sowie Mensch und Umwelt; Arbeit am Stoff der 3. und 4. Klasse).

Im Fach Mensch und Umwelt wird der Lerngegenstand/das Thema auf mindestens drei unterschiedlichen Niveaus mit entsprechenden Lernzielen (erweiterte Ziele, minimale Ziele, individuelle Ziele) angeboten. In Mathematik und Deutsch arbeiten die Schülerinnen und Schüler an Arbeitsplänen. Es werden immer wieder gemeinsame Teile geschaltet und verschiedene Unterrichts- und Sozialformen berücksichtigt. Die Schülerinnen und Schüler sind sich ruhiges und selbständiges Arbeiten gewohnt, da ihnen nicht immer eine Lehrperson zur Verfügung steht. Die Schulische Heilpädagogin ist während acht Wochenlektionen in der Klasse anwesend.

Doppellektion Nahrungsmittelgruppe Fette/Öle:
Didaktische Überlegungen
Mit dem Thema Ernährung beschäftigen sich die Schülerinnen und Schüler der 2. Realklasse seit vier Wochen. Die Themenwahl ergab sich aufgrund von Erfahrungen und Erlebnissen auf Schulreisen, Ausflügen, einem Klassenlager sowie Erzählungen von Jugendlichen zu ihrem Essverhalten. Beim Thema Ernährung geht es neben dem persönlichen Essverhalten auch um die sechs Nahrungsmittelgruppen der Nahrungsmittelpyramide. Die Jugendlichen sollen neue Nahrungsmittel kennenlernen, wissen, welche Gruppe für welche Funktion im Körper gut ist und was genau diese Funktion ist. Zu jeder Nahrungsmittelgruppe wird nicht nur Wissen vermittelt, sondern es werden auch verschiedene Speisen praktisch zubereitet. Die Zutaten kaufen die Schülerinnen und Schüler selber ein. Neben

der Erweiterung/Vertiefung des Wissens über Ernährung und die Nahrungsmittelgruppen sollen die Schülerinnen und Schüler Informationen zum Thema Fast Food und Essstörungen erhalten. Das Thema zur Vertiefung dürfen die Schülerinnen und Schüler selber wählen. Der Unterricht wird als Werkstatt mit verschiedenen Angeboten, Schwierigkeitsstufen und Sozialformen durchgeführt.

Ziele

a. Richtziele:
   1. Die eigenen Ess- und Einkaufsgewohnheiten kennen.
   2. Regeln für gesunde Ernährung kennen und anwenden.

b. Grobziele (2. Realklasse):
— Ich kann erklären, wie viele Esslöffel (Fett/Öl) ich pro Tag essen kann, damit der Tagesbedarf an Fett gedeckt ist.
— Ich führe die Fettfleckprobe durch und bestimme, welche Nahrungsmittel Fett enthalten.
— Ich kann 12 Nahrungsmittel aufzählen, die versteckte Fette enthalten.
— Ich kann den Unterschied von tierischen zu pflanzlichen Fetten erklären.
— Ich kann 10 Nahrungsmittel den tierischen oder pflanzlichen Fetten zuordnen.
— Ich schreibe einen Merksatz zu Fette und Öle und lese ihn der Klasse vor.

Eine Schülerin und zwei Schüler mit integrativer Förderung (IF)
— Ich kann erklären, wie viele Esslöffel (Fett/Öl) ich pro Tag essen kann, damit der Tagesbedarf an Fett gedeckt ist.
— Ich führe die Fettfleckprobe durch und bestimme, welche Nahrungsmittel Fett enthalten.
— Ich kann 8 Nahrungsmittel aufzählen, die versteckte Fette enthalten.
— Ich kann den Unterschied von tierischen zu pflanzlichen Fetten erklären.
— Ich kann 7 Nahrungsmittel den tierischen oder pflanzlichen Fetten zuordnen.
— Ich schreibe einen Merksatz zu Fette und Öle und lese ihn der Klasse vor.

Ein Schüler mit integrativer Sonderschulung (IS)
— Ich führe die Fettfleckprobe durch und bestimme, welche
  Nahrungsmittel Fett enthalten.
— Ich kann die Bilder den Namen der Nahrungsmittel mit ver-
  steckten Fetten zuordnen und beschriften.
— Ich kann 5 Nahrungsmittel aufzählen, in welchen versteckte
  Fette enthalten sind.
— Ich finde 10 Nahrungsmittel im Wörtersuchrätsel und übermale
  sie farbig.
— Ich schreibe einen Merksatz zu Fette und Öle und lese ihn der
  Klasse vor.

Bezug zu den dargestellten didaktische Prinzipien

Für inklusiven Unterricht wurden oben einige wegleitende didaktische Prinzipien vorgestellt.

Hier folgen einige Hinweise auf vier Prinzipien (siehe oben), welche für Schülerinnen und Schüler mit unterschiedlicher intellektueller Leistungsfähigkeit relevant und in der vorgestellten Unterrichtssituation gut sichtbar sind:

— LERNEN AM GEMEINSAMEN GEGENSTAND SOWIE DIFFERENZIERUNG
  AM GEMEINSAMEN GEGENSTAND OHNE AUSGRENZUNGEN: Diese für
  inklusiven Unterricht zentrale Prinzipien werden in vorbildlicher
  Weise erfüllt. Alle 17 Schülerinnen und Schüler beschäftigen
  sich mit der Nahrungsmittelgruppe der Fette/Öle. Konsequenterweise lauten die Richtziele für alle Jugendlichen gleich.
  Unterschiede werden bei den Grobzielen sichtbar. Für Schülerinnen und Schüler mit reduzierten Lernzielen auf der Ebene
  der integrativen Förderung (IF) ändern sich die Grobziele nicht,
  es wird aber der Umfang der Arbeitsergebnisse reduziert (z.B.
  acht Nahrungsmittel aufzählen anstatt zwölf). Der Schüler mit
  integrativer Sonderschulung (IS) muss die grundlegenden Ziele
  ebenfalls erfüllen, insbesondere erkennen können, welche
  Nahrungsmittel Fette enthalten und einen persönlichen Merksatz verfassen. Dabei ist er sicherlich auf die Unterstützung der
  Lehrperson angewiesen. Daneben wurden die Grobziele zum
  einen reduziert und zum andern seinen Fähigkeiten angepasst;
  er ist mehr auf der konkret-gegenständlichen und anschau-
  lichen Ebene tätig als auf der abstrakt-begrifflichen.

— LEBENSWELTEN DER LERNENDEN EINBEZIEHEN. Aus der didaktischen Begründung wird sichtbar, weshalb es Sinn macht, bei
  diesen Jugendlichen Ernährung zu thematisieren. Die Lehrper-

sonen haben bei gemeinsamen Essensanlässen mit den Schülerinnen und Schülern festgestellt, dass diese sich in der Überzahl «ungesund» ernähren. Dies wird durch Berichte der Jugendlichen erhärtet und offenbar zum Teil sichtbar an den etwas fülligen Körperformen. Gemeinsame Essensanlässe während der Freizeit sind für Jugendliche wichtig (zum Beispiel Essen am Kebab-Stand). Mit dem Thema der Ernährung kann auch der Knabe mit Down-Syndrom gut «abgeholt» werden.

— AUFGABENSTELLUNGEN MIT UNTERSCHIEDLICHEN SCHWIERIGKEITS-GRADEN: In der Unterrichtsplanung schreibt die Schulische Heilpädagogin, dass im Fach Mensch und Umwelt der Lerngegenstand/das Thema auf mindestens drei unterschiedlichen Niveaus mit entsprechenden Lernzielen angeboten werde: erweiterte, minimale und individuelle Ziele. Dies zeigt sich bei den unterschiedlich anforderungsreichen Grobzielen. Die Kunst der Lehrperson besteht darin, einen Inhalt so auszuwählen und einzugrenzen, dass er für den einzelnen Schüler bedeutsam ist. Sie hat sich im Falle des Knaben mit Down-Syndrom zu fragen, ob Teilaspekte des Stoffs verändert werden sollen, ob etwas hinzugefügt oder weggenommen oder ersetzt werden kann, ob die Reihenfolge der zur Auswahl stehenden Elemente eingehalten werden muss usw. (vgl. Terfloth, Bauersfeld 2012, S. 86 ff.).

Abschliessend sei darauf hingewiesen, dass inklusiver Unterricht für Kinder mit unterschiedlichen intellektuellen Leistungsfähigkeiten auf den Merkmalen von gutem Unterricht beruht. Guter inklusiver Unterricht muss diesen jedoch überhöht zum Ausdruck bringen, mit anderen Worten, besonders ausgeprägt realisieren.

Literatur

Achermann, E., Gehrig, H. (2013). *Altersdurchmischtes Lernen AdL. Auf dem Weg zur individualisierenden Gemeinschaftsschule. Primarstufe.* Bern: schulverlag blmv.

Bless, G. Schulische Integration – Kritische Aspekte zu ihrer Realisierung innerhalb der Schweizer Bildungssysteme. In *Kummer Wyss A., Walther-Müller P. (Hrsg.). Integration: Anspruch und Wirklichkeit* S. 41–56.

Bundesamt für Statistik, Bildungslandschaft Schweiz 2010/1, Suche nach Kanton und Stufe Bsp. ZH: http://www.portal-stat.admin.ch/isced97/files/de/query.php?c=ZH&i=1&submit=Go

Fischer, E. (2008). *Bildung im Förderschwerpunkt geistige Entwicklung.* Bad Heilbrunn: Julius Klinkhardt.

Gold, A. (2011). *Lernschwierigkeiten: Ursachen, Diagnostik, Intervention.* Stuttgart: Kohlhammer.

Heimlich, U. (2009). *Lernschwierigkeiten.* Bad Heilbrunn: Julius Klinkhardt.

Joller, K., Sturny-Bossart, G. (2010).Welche Kompetenzen sollen Schulische Heilpädagoginnen und Heilpädagogen in ihrer Ausbildung erwerben? *Schweizerische Zeitschrift für Heilpädagogik,* 16 (1), 8–16.

Kanter, G. (1974). Lernbehinderungen, Lernbehinderte, deren Erziehung und Rehabilitation. In: *Deutscher Bildungsrat: Gutachten und Studien der Bildungskommission 34, Sonderpädagogik 3.* Stuttgart: Klett.

Kummer Wyss, A., Walther-Müller, P. (Ed.) (2004). *Integration: Anspruch und Wirklichkeit.* Luzern: Edition SZH.

Lienhard-Tuggener, P., Joller-Graf, K., Mettauer Szaday, B. (2011). *Rezeptbuch schulische Integration: Auf dem Weg zu einer inklusiven Schule.* Bern: Haupt.

Matthes, G. (2009). *Individuelle Lernförderung bei Lernstörungen: Verknüpfung von Diagnostik, Förderplanung und Unterstützung des Lernens.* Stuttgart: Kohlhammer.

Pitsch, H. J. P. (2002). *Zur Didaktik und Methodik des Unterrichts mit Geistigbehinderten.* Oberhausen: Athena.

Speck, O. (2012). *Menschen mit geistiger Behinderung: Ein Lehrbuch zur Erziehung und Bildung.* München: Ernst Reinhardt.

Stöppler, R., Wachsmuth, S. (2010). *Förderschwerpunkt Geistige Entwicklung: Eine Einführung in didaktische Handlungsfelder.* Paderborn: Ferdinand Schöningh.

Terfloth, K., Bauersfeld, S. (2012). *Schüler mit geistiger Behinderung unterrichten: Didaktik für Förder- und Regelschule.* München: Ernst Reinhardt.

Walker, W. (1903). *Die neuesten Bestrebungen und Erfahrungen auf dem Gebiet der Erziehung der Schwachen.* Solothurn.

Werning, R., Lütje-Klose, B. (2012). *Einführung in die Pädagogik bei Lernbeeinträchtigungen.* München: Ernst Reinhardt.

Weltgesundheitsorganisation (WHO, 2005). *Internationale Klassifikation der Funktionsfähigkeit, Behinderung und Gesundheit – ICF.* Herausgegeben vom Deutschen Institut für Medizinische Dokumentation und Information, DIMDI WHO-Kooperationszentrum für das System Internationaler Klassifikationen. Online: http://www.dimdi.de/dynamic/de/klassi/downloadcenter/icf/endfassung/

Unterrichtssituationen, in denen Lernende Aufmerksamkeits- und Konzentrationsschwierigkeiten zeigen

Annette Schröder

Aufmerksamkeits- und Konzentrationsschwierigkeiten sind zentrale Merkmale von Lernenden mit Aufmerksamkeitsdefiziten mit und ohne Hyperaktivität (ADHS). Doch auch viele andere Schülerinnen und Schüler zeigen diese Probleme im Unterricht, wenn auch oft nicht in dem Ausmass. Das Anliegen des Kapitels ist es daher, Lehr- und Lernstrategien aufzuzeigen, die im Unterricht nicht nur eine Unterstützung für Kinder mit ADHS ermöglichen, sondern für alle Kinder hilfreich sind. Dazu wird zunächst auf die Häufigkeit von Aufmerksamkeits- und Konzentrationsproblemen eingegangen, und es werden typische Symptome bei Aufmerksamkeitsproblemen genannt. Es folgt eine kurze Einführung in kognitionspsychologische und neurowissenschaftliche Grundlagen, um zu erläutern, was Aufmerksamkeit ist. Der daran anschliessende Abschnitt erklärt, warum Kinder mit ADHS besonders grosse Schwierigkeiten mit Aufmerksamkeit und Konzentration haben und welche Folgen dies für den Unterricht haben kann. In einem dritten Abschnitt werden Hilfestellungen für die konkrete Unterrichtsgestaltung bei Kindern mit Aufmerksamkeits- und Konzentrationsschwierigkeiten gegeben.

Aufmerksamkeitsschwierigkeiten und Konzentrationsschwächen zeigen viele Schülerinnen und Schüler im Unterricht. Will man allgemeinen Einschätzungen von Lehrpersonen Glauben schenken, mangelt es etwa jedem fünften Kind einer Klasse an genügend Konzentration, um dem Unterricht zu folgen, wobei wissenschaftliche Zahlen zur Auftretenshäufigkeit von Aufmerksamkeits- und Konzentrationsstörungen deutlich niedriger liegen. Berücksichtigt man etwa epidemiologische Studien zur Prävalenz von psychischen Störungen im Kindes- und Jugendalter, wird die Prävalenz für die sogenannte Aufmerksamkeitsdefizit-/Hyperaktivitätsstörung (ADHS) weltweit auf 3 bis 5 % der Kinder geschätzt (American Psychiatric Association APA, 1994). Für Deutschland und die USA werden Prävalenzen zwischen 2 und 7 % angegeben (August et al., 1996; Esser,

ADHS

Prävalenz: Situationen mit Aufmerksamkeitsproblemen sind in der Schule häufig

Schmidt und Woerner, 1990). Dabei ist allerdings zu bedenken, dass es sich bei ADHS um ein höchst komplexes Störungsbild handelt, das viele sehr unterschiedliche Facetten aufweist, wovon nur eine – allerdings bedeutsame – die Aufmerksamkeits- und Konzentrationsschwäche darstellt. Die Tatsache, dass ADHS zu den häufigsten Verhaltensauffälligkeiten gehört, die im Kindes- und Jugendalter diagnostiziert werden (Döpfner, Fröhlich und Lehmkuhl, 2000), kann auch als Hinweis verstanden werden, dass schulisches und familiäres Umfeld sich zunehmend weniger in der Lage sehen, angemessen auf die Besonderheiten dieser Kinder eingehen zu können. Vor dem Hintergrund, dass es heute als belegt gilt, dass sowohl genetische Faktoren als auch Risikofaktoren, die in der Umwelt der Kinder zu finden sind, für die Entstehung einer AHDS ursächlich verantwortlich sind, erscheint eine Beschäftigung damit, wie Unterrichtssituationen für Kinder mit besonderen Aufmerksamkeits- und Konzentrationsschwächen als auch für alle anderen Kinder, die vielleicht nur gelegentlich diese Schwächen zeigen, gestaltet werden können. Ein Anliegen dieses Kapitels ist es daher, Überlegungen zur Gestaltung von Lern- und Leistungssituationen anzustellen und Lehr- und Lernstrategien aufzuzeigen, die im Unterricht für die Lehrperson als auch für alle Kinder hilfreich sind. Diese Beobachtungen machen Sie tagtäglich im Unterricht:

Typische Beobachtungen in Unterrichtssituationen

Sie haben Schülerinnen und Schüler in Ihrer Klasse, die

— ihre Aufmerksamkeit nicht für längere Zeit bei Aufgaben aufrechterhalten können
— häufig Einzelheiten nicht beachten
— Flüchtigkeitsfehler machen
— sich durch äussere Reize ablenken lassen
— Schwierigkeiten haben, Aufgaben und Aktivitäten zu organisieren (DSM-IV der APA, 1994; ICD-10 der Weltgesundheitsorganisation, WHO, 1992, siehe Dilling, Mombour und Schmidt, 1994).

Falls für eines der Kinder die Diagnose ADHS vorliegt, können noch weitere Besonderheiten wie Impulsivität oder starker Bewegungsdrang hinzukommen. Auf diese Aspekte wird im Weiteren nicht eingegangen werden. Vielmehr liegt der Fokus dieses Kapitels auf den Aufmerksamkeits- und Konzentrationsschwierigkeiten. Für Kinder, die davon betroffen sind, stellen sie eine Einschränkung ihrer Teilnahme am Unterricht und damit ihres schulischen Erfolgs dar.

Zu beachten ist bei Konzentrationsstörungen, dass es auch bei akuter emotionaler Spannung oder Angst, bei chronischen Konflikten oder Spannungszuständen, bei affektiven Störungen, sowie akuten und chronischen Intoxikationen zu Konzentrationsschwierigkeiten kommen kann (Steinhausen, 2000).

Um zu verdeutlichen, wie es zu Aufmerksamkeits- und Konzentrationsschwierigkeiten kommen kann und wie Lehrerinnen und Lehrer im Unterricht am besten mit ihnen umgehen, ist es hilfreich, sich einige kognitionspsychologische und neurowissenschaftliche Grundlagen klarzumachen.

Was ist Aufmerksamkeit? Eine kurze Einführung

Aufmerksamkeit umschreibt eine Fähigkeit unseres Gehirns, aus dem vielfältigen Reizangebot der Umwelt einzelne Reize oder Reizaspekte auszuwählen und bevorzugt zu betrachten, andere dagegen zu übergehen und zu unterdrücken. Aufmerksamkeit bedeutet also eine bewusste Ausrichtung der Wahrnehmung auf ein Objekt oder Ziel: Das Gehirn ist in der Lage, mittels Aufmerksamkeit zu selektionieren, was bewusst wahrgenommen wird und was nicht. Die Selektion durch die Aufmerksamkeit basiert auf der Bedeutung, die das Wahrgenommene für die Person hat. Was nicht interessiert, wird nur bedingt oder gar nicht wahrgenommen, ein Phänomen, das jeder kennt, der schon einmal hungrig eine fremde Stadt besichtigt hat: Wenn der Magen knurrt, stehen die Sehenswürdigkeiten nicht im Zentrum der Aufmerksamkeit.

ICF: Körperfunktionen / Funktionen der Aufmerksamkeit

Dass Aufmerksamkeitsprozesse Einfluss auf unsere Lebensbereiche haben, hat für den Unterricht zwei Implikationen:

1. Stark schwankende Aufmerksamkeitsleistungen beeinträchtigen die kontinuierliche Leistungsfähigkeit und die Qualität *jeder* Arbeitsleistung.
2. Eine hohe Aufmerksamkeit wird nur erzielt, wenn die Wahrnehmung von inneren und äusseren Reizen effizient *gefiltert* wird.

Würden vom Organismus alle Reize mit gleicher Priorität verarbeitet, wäre geordnetes Handeln aufgrund des sensorischen Überangebots unmöglich oder zumindest sehr erschwert.

ICF: Umweltfaktoren

Für die *Gestaltung des Unterrichts* ergibt sich daraus eine einfache Forderung, nämlich durch Umweltfaktoren den Rahmen zu schaffen, in dem eine kontinuierliche Aufmerksamkeitsleistung möglich ist. Dies lässt sich erreichen durch

Strategien zur Unterrichtsgestaltung bei Aufmerksamkeitsproblemen

— ... *Unterrichtsräume, in denen die Konzentration auf das, was gelernt werden soll, wenig durch ablenkende konkurrierende Reize gestört wird.*

Damit ist nicht gemeint, dass Unterricht am besten nur noch in Räumen ohne Fenster und mit kahlen Wänden stattfinden sollte. Zu achten ist vielmehr auf alles, was für die Kinder ablenkenden Aufforderungscharakter hat und deshalb in Konkurrenz zu den Anregungen steht, die durch den Unterrichtsstoff geben werden. Dieser Konkurrenz entgehen Sie am besten, indem Sie für Ihre Unterrichtsgestaltung, soweit möglich, visuelles oder akustisches Anschauungsmaterial einbeziehen.

— *... den Einsatz von geeigneten Filtern für die Wahrnehmung: dies kann z.B. geschehen durch eine besondere Strukturierung des Lernstoffes mittels farblichen Markierungen oder durch grafische Symbole, die die Wichtigkeit von Informationen hervorheben.*

Konzentration: Selektive (gerichtete) Aufmerksamkeit

Wenn bisher von Aufmerksamkeit die Rede war, so war damit die selektive (gerichtete oder fokussierte) Aufmerksamkeit gemeint. Diese bezeichnet die selektive oder fokussierte Aufmerksamkeit auf relevante Reize bei gleichzeitiger Unterdrückung von Störreizen und entspricht dem Begriff der Konzentrationsfähigkeit.

Geteilte Aufmerksamkeit

Von dieser selektiven Aufmerksamkeit lässt sich die geteilte Aufmerksamkeit unterscheiden. Mit dieser ist es z.B. möglich, gleichzeitig zu telefonieren und sich Notizen zu machen oder die rote Ampel im Auge zu behalten und gleichzeitig wahrzunehmen, dass von links ein Sanitätswagen heranfährt. Geteilte Aufmerksamkeit ist also auf mehr als einen Stimulus in der (inneren oder äusseren) Umgebung gerichtet und nimmt diese in gleicher Intensität wahr. Deshalb wird in kognitiven Theorien der Psychologie angenommen, dass unser Gehirn für die Reizwahrnehmung zwei weitere Funktionen besitzt:

1. Es kann die Reize für kurze Zeit speichern, um so rasch und richtig auf relevante Reize zu reagieren und sich nicht von irrelevanten Aspekten einer Aufgabe oder von Störreizen ablenken zu lassen. Diese sogenannte exekutive (d.h. ausführende) Funktion wird als *Arbeitsgedächtnis* bezeichnet. ➡ Siehe auch Kapitel Schmid.

2. Es ist zu schnellen Wechseln des Aufmerksamkeitsfokus zwischen unterschiedlichen Informationsquellen, d.h. zu *flexibler Aufmerksamkeitssteuerung* fähig, die es ermöglicht, bei Bedarf den Fokus zu wechseln.

Studien zeigen, dass neben der erhöhten Ablenkbarkeit auch die geringere Flexibilität in der Aufmerksamkeitssteuerung zu Aufmerksamkeitsschwierigkeiten beitragen kann. Insbesondere sind Situationen, in denen viele Ereignisse gleichzeitig ablaufen, eine grosse Herausforderung für zahlreiche Menschen. Bei manchen löst jeder neu auftauchende Reiz eine neue Orientierungsreaktion aus und unterbricht somit die momentan ausgeführte Aktivität.

Die Zentrierung der Aufmerksamkeit stellt also eine sehr komplexe Leistung dar. Gesteuert wird sie durch das funktionelle Zusammenwirken verschiedener Hirnzentren.

Dabei kooperieren Gehirnzentren miteinander, die für

— zentrale Steuerungsprozesse und willentliche Planungen (präfrontaler Kortex),
— die Aktivierung (Kleinhirn und retikuläres System) und
— die Informationsaufnahme und -bewertung (Assoziations-kortex, limbisches System)

zuständig sind (Birbaumer und Schmidt 1996, S. 532 ff.).

An der Aufmerksamkeitssteuerung beteiligte Bereiche des Gehirns

Wer mehr über die neurophysiologischen Grundlagen der Aufmerksamkeitsprozesse im menschlichen Gehirn erfahren möchte, kann dies in den wissenschaftlichen Artikeln von Posner und Mitarbeitern nachlesen.[1]

Warum manche Kinder besondere Schwierigkeiten mit Aufmerksamkeit und Konzentration haben und was dies für ihre Leistungen im Unterricht bedeutet

Im vorangegangenen Abschnitt wurde erläutert, welche Prozesse im Gehirn ablaufen, wenn von Aufmerksamkeit und Konzentrationsfähigkeit gesprochen wird. Im Folgenden wird das Konzept der *Exekutivfunktionen* behandelt. Die Exekutivfunktionen sind relevant, weil man ihnen die Steuerung der Aufmerksamkeits- und Gedächtnisprozesse zuschreibt und in Erklärungsansätzen zu ADHS (vgl. z.B. Barkley, 1997a, 1997b) angenommen wird, dass bei Kindern mit ADHS diese Steuerungsprozesse ungenügend ausgebildet sind.

Als exekutive Funktionen werden geistige Prozesse bezeichnet, die zum Erreichen eines Ziels die Koordination mehrerer Unterprozesse steuern oder an der Zielerarbeitung beteiligt sind und somit Steuerungs- oder Leitungsfunktion haben.

Definition: Exekutive Funktionen

1   Posner, M.I., Rothbart, M.K. (2007). Research on attention networks as a model for the integration of psychological science. In: *Annual Revue of Psychology,* 58, 1-23. http://www.ncbi.nlm.nih.gov/pubmed/17029565
Petersen, S.E., Posner, M.I. (2012). The attention system of the human brain: 20 years after. In: *Annual Revue of Neuroscience,* 35, 73-89. http://www.ncbi.nlm.nih.gov/pmc/articles/PMC3413263/#R62

Die Exekutivfunktionen umfassen kognitive Leistungen wie Planung, Organisation von Arbeitsabläufen oder die Steuerung des Arbeitsgedächtnisses. Sind sie gestört, zeigen sich Defizite auf der Verhaltensebene, z.B. überschiessendes Verhalten, mangelnde Anpassungsfähigkeit oder ungenügende Selbstkontrolle (Biederman, Monteaux, Doyle et al., 2004; Clark, Prior und Kinsella, 2002; Gioia, Isquith, Kenworthy und Barton, 2002). Beispiele für Exekutivfunktionen sind das Setzen von Zielen, die Planung einer Handlung, die Entscheidung für Ziele und ihre Prioritäten, die Impulskontrolle, die emotionale Regulation, die Aufmerksamkeitssteuerung, die Beachtung von Handlungsergebnissen und die Selbstkorrektur. Es handelt sich um die höheren mentalen bzw. kognitiven Prozesse, die der Selbstregulation und der zielgerichteten Handlungssteuerung des Individuums in seiner Umwelt dienen.

Durch Studien weiss man, dass diese verschiedenen Exekutivfunktionen im Laufe der kindlichen Entwicklung zunehmend verbessert werden (Welsh, 2002; Klenberg, Korkman, und Lahti-Nuuttila, 2001; Luciana, Conklin, Hooper und Yarger, 2005). Empirisch gut belegt ist, dass der schulische Erfolg eines Kindes eng mit seiner Fähigkeit verknüpft ist, sich selbst zu regulieren, beispielsweise durch das Am-Ball-Bleiben bei der Bearbeitung von Aufgaben, durch das Einhalten von Zeitplänen, durch das planvolle Vorgehen bei Problemlöseaufgaben oder durch das Sich-Ziele-Setzen (Cleary und Zimmerman, 2004).

Typische Schwierigkeiten in Unterrichtssituationen

Im Unterricht, in dem nicht selten die Fähigkeit zur Selbstorganisation erforderlich ist, zeigen Kinder mit Schwächen in den Exekutivfunktionen Schwierigkeiten bei:

— dem Erkennen der von der Lehrperson gestellten Aufgabe; sie wissen oft nicht, was sie tun sollen
— der Planung und der Ausführung von Problemlösungen
— Im-Kopf-behalten von Anweisungen der Lehrperson
— Überprüfen von Aufgaben, z.B. der Suche nach Flüchtigkeitsfehlern.

Definition: Arbeitsgedächtnis

Das sogenannte Arbeitsgedächtnis wird im Alltag als Kurzzeitgedächtnis bezeichnet. Es dient dazu, Informationen für wenige Sekunden zu behalten, so lange, wie es nötig ist, um Information zu verarbeiten, damit sie ins Langzeitgedächtnis eingeht. Insofern lässt es sich auch als «Arbeitsspeicher» bezeichnen.

Das Kurzzeitgedächtnis dient der Kontrolle und der Koordination aller Informationen und Vorgänge im Gehirn. Baddeley (2000) beschreibt seine Funktion als das Bereitstellen von Gedächtnisinhalten

während des gleichzeitigen Ablaufs übergeordneter kognitiver Operationen. Benötigt wird das Arbeitsgedächtnis z. B.
— beim Kopfrechnen, um Zwischenergebnisse zeitgleich zu behalten, bis die Rechenaufgabe gelöst ist.
— Auch das Zwischenspeichern von einzelnen Satzteilen beim Hören von langen Sätzen ist ein Beispiel für die Funktion des Arbeitsgedächtnisses. Deshalb ist es für Kinder mit einem gering ausgeprägten Arbeitsgedächtnis oft schwer,
— langen Aufgabenanweisungen der Lehrperson zu folgen.
— Lösungsschritte zu erkennen
— beim Lösen von Aufgaben Stärken und Schwächen, Richtiges und Fehlerhaftes auseinanderzuhalten.

Personen können sich in der Kapazität ihres Arbeitsgedächtnisses unterscheiden (Engle, Kane und Tuholski, 1999). Empirisch gut belegt ist der Zusammenhang von Arbeitsgedächtnis und Aufmerksamkeitssteuerung: Bei einem schlechten Arbeitsgedächtnis ist die Aufmerksamkeitsleistung geringer (Conway, Cowan, und Bunting, 2001), vermutlich deshalb, weil die Fähigkeit, bei gleichzeitigen Aufgabenbearbeitungen ablenkende Reize zu ignorieren als Folge des schlechten Arbeitsgedächtnisses geringer ist (De Fockert, Rees, Frith und Lavie, 2001).
    Die Konzentrationsfähigkeit spiegelt sich vor allem in der Kapazität des Arbeitsgedächtnisses wider. Seine grösste Leistungsfähigkeit erreicht dieses erst mit 25 Jahren. Beim fünfjährigen Kind ist die Fähigkeit des Zwischenspeicherns etwa beim Kopfrechnen noch sehr schwach ausgebildet, und selbst ein Zwölf- oder Vierzehnjähriger kann sich noch nicht so lange und intensiv konzentrieren wie ein Achtzehnjähriger.
    Hinzuweisen ist allerdings darauf, dass Konzentrationsstörungen bei Kindern in den meisten Fällen aufgrund von fatalen Fehleinschätzungen durch Eltern oder Lehrerinnen und Lehrer diagnostiziert werden, da diese von ihrer eigenen – meist ebenfalls überschätzten – Konzentrationsfähigkeit ausgehen. Im Durchschnitt ist eine Konzentrationsdauer im Alter von

Durchschnittliche Konzentrationsdauer je nach Alter

— 5–7 Jahren von etwa 15 Minuten,
— 7–10 Jahren von 20 Minuten,
— 10–12 Jahren von 20–25 Minuten
— 12–14 Jahren von 30 Minuten.

Verarbeitungsgeschwindigkeit bezieht sich darauf, in welchem Umfang eine Person ein- und ausgehende Informationen kognitiv verarbeiten kann.

Definition: Verarbeitungsgeschwindigkeit

Im Kontext von Aufmerksamkeits- und Konzentrationsschwierigkeiten ist sie von Bedeutung, weil die damit verbundenen Wahrnehmungs- und Bewertungsprozesse langsamer ablaufen und ablenkende Reize, die die Aufmerksamkeitsfokussierung einschränken, stärker abgewehrt werden müssen.

Unterrichtsplanung für Kinder mit Aufmerksamkeits- und Konzentrationsschwierigkeiten

Wer Erfahrungen mit Kindern mit ADHS im Unterricht hat, weiss, dass die oben dargestellten Schwierigkeiten häufig zu beobachten sind. Deshalb sind schulische Rahmensetzungen hilfreich, um den Kindern die Teilnahme am Schulunterricht und auf der Grundlage des Schulerfolgs das Erreichen von zukünftigen Berufszielen zu erleichtern oder sogar erst möglich zu machen.

Eine ruhige, geordnete Lernumgebung ist zur Konzentration der Aufmerksamkeit für jedes Kind wichtig.

Genauso wichtig ist, die Unterrichtsstunde so zu planen und durchzuführen, dass die Kinder aufmerksam bei der Sache bleiben können. Die Dauer der «normalen» Unterrichtsstunde nimmt auf die grundlegenden psychologischen Sachverhalte zu Aufmerksamkeit und Konzentration wenig Rücksicht, sodass es der Lehrperson überlassen bleibt, durch geeignete Unterrichtsplanung und -durchführung darauf Rücksicht zu nehmen.

Möglichkeiten im Rahmen der Unterrichtsplanung

— Erforderlich ist, den *Unterricht in verschiedene zeitliche Phasen einzuteilen.* Lehrerzentrierte Phasen mit aufmerksamkeitsfördernden Elementen (Bilder, Erzählungen, Rätsel, Geräusche …) wechseln sich mit Eigenaktivität der Schülers in Stillarbeitsphasen ab.
— Beim Phasenwechsel, vor wichtigen Unterrichtsabschnitten oder wenn die Unruhe in der Klasse steigt, ist es angezeigt, *kurze Konzentrationsphasen einzubauen* wie zum Beispiel:
  — Signale: z.B. Klingeln mit der Triangel zum Aufräumen des Arbeitsplatzes und zum Ruhigwerden;
  — Spiel: hinter dem Stuhl stehen, erst setzen, wenn ein vereinbartes leises Geräusch zu hören ist, z.B. Klingeln des Schlüsselbundes, oder wenn der Kreisel aufhört, sich zu drehen.
— Für Arbeitsaufträge *deutliche, einfach zu verstehende Arbeitsanweisungen* geben.

— *Überschaubare Aufgabenabschnitte* vorsehen, die förderlich
  für die Motivation sind und dem Umsichgreifen von Mutlosig-
  keit und Frustration vorbeugen.

Wie deutlich wurde, sind es insbesondere die Fähigkeit, sich auf
eine Aufgabe zu fokussieren und sich nicht ablenken zu lassen sowie ein gutes Arbeitsgedächtnis zur «Zwischenspeicherung» von
Ergebnissen, die zu unterscheidbaren Lernleistungen von Schülern
führen. Wie die Abbildung 1 zusammenfassend zeigt, bedingen sich
die einzelnen Prozesse gegenseitig, und eine gute Leistung, z.B.
beim Schreiben oder Rechnen, ist nur möglich, wenn die Aufmerksamkeit gegeben ist und der Arbeitsspeicher gut funktioniert.

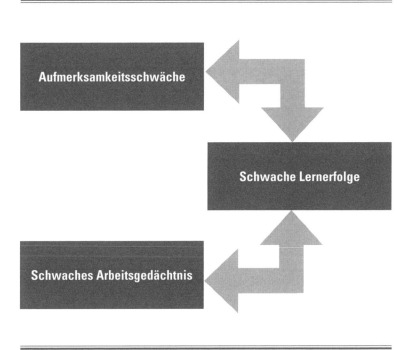

ABBILDUNG 1_ Das Zusammenwirken von Aufmerksamkeit, Arbeitsgedächtnis und Lernleistung

Machen Sie sich auch klar, dass Sie als Lehrerin bzw. Lehrer für die
Planung Ihres Unterrichts immer vier Kernelemente berücksichtigen
sollten und Sie so die Möglichkeiten haben, eine Unterrichtsstunde
attraktiv zu gestalten: Vier Kernelemente bei der Unterrichtsplanung

Lernumgebung	Lehrer-Sprache
Methoden der Lernunterstützung	Lernstrategien der Schülerinnen und Schüler

Diese vier Kernelemente sollten immer auch
— den Lehrplan
— die Stärken und Schwächen der einzelnen Schülerinnen und Schüler
— die individuellen Ziele der Schülerinnen und Schüler reflektieren.

Hinweise zum didaktischen Vorgehen   So kann die Lernumgebung je nach Klassenzusammensetzung ganz unterschiedlich auf die Bedürfnisse der Schülerinnen und Schüler angepasst werden durch:

— JE STRUKTURIERTER UND KLARER die Themen und Gegenstände einer Unterrichtsstunde vermittelt werden, desto einfacher ist es für die Schülerinnen und Schüler, sie zu verstehen. Verwenden Sie dazu eine möglichst einfache Sprache, finden Sie interessante Beispiele und unterstützen Sie mit Bildern und Farben.
— DIE SOZIALFORM lässt sich bei einzelnen Aufgaben auch innerhalb einer Unterrichtsstunde variieren. Nutzen Sie Eins-zu-eins-Arbeiten mit Schülern, die Ihre besondere Unterstützung brauchen, binden Sie gegebenenfalls Mitschüler ein, die als Mentoren helfen können. Auch Schülertandems liefern eine Extraunterstützung. Lassen Sie sich selbst auch durch Assistenzlehrpersonen helfen.
— Variieren Sie die Art der ANTWORTMÖGLICHKEITEN: viele konkrete Fragen und häufige Gelegenheiten zu antworten und ein sofortiges und spezifisches Feedback zu erhalten, lassen Schüler engagierter mitarbeiten.
— SITZORDNUNG: Je näher Schüler beim Lehrer sitzen, desto besser kann die Aufmerksamkeit aufrechterhalten werden, ausserdem können Sie viel schneller bemerken, wenn die Aufmerksamkeit schwindet.

Lehrersprache ist besonders:

Sprache der
Lehrperson

— Lehrpersonen sind in der Regel diejenigen in der Klasse, die
  selbst am meisten reden.
— Die verwendete Sprache ist oft sehr formal.
— Die verwendeten Begriffe sind manchmal noch unbekannt, oft
  aber abstrakter und technischer als die gewohnten Wörter aus
  dem Alltag.
— Die Sätze sind oft länger und haben komplizierte grammatika-
  lische Verknüpfungen, mit denen Arbeitsanweisungen gegeben
  werden.
— Oft werden implizite Botschaften ausgesprochen, z.B. wenn ein
  Lehrer sagt: «Soll ich noch deutlicher werden?», damit aber
  meint: «Sei still und passe auf!»

Deshalb:
— Nicht mehr als eine Anweisung auf einmal geben.
— Klare, kurze und spezifische Anweisungen geben.
— Die wichtigen Teile einer Erklärung oder einer Anweisung
  wiederholen.
— Bei mehreren verlangten Arbeitsschritten die einzelnen Schritte
  konkret benennen.
— Überprüfen, ob jedes Kind die Anweisung verstanden hat.
— Häufig und spezifisch Rückmeldung zu den Antworten geben.

Manchmal kann es sinnvoll sein, dem einen oder anderen Schüler
zusätzliche Lernunterstützung zu geben (z.B. mehr Zeit für Aufgaben, kürzere Aufgabenstellungen, Erlaubnis von Hilfsmitteln). Es
gibt aber auch Methoden, die allen Schülern zugutekommen und
die dazu dienen, Schülern zu verdeutlichen, was genau die Aufgaben sind und wie sie gelöst werden können. Haben sie dann erst
einmal «den Dreh» heraus, braucht es in aller Regel diese Unterstützung nicht mehr. Dies sind zum Beispiel:

Methoden der
Lernunterstützung

— Eine Lösungsstrategie selbst durchführen, zeigen, wie man
  selbst die Aufgabe lösen würde,
— Erklärungen, am besten mit Beispielen,
— Technik des «lauten Denkens» vorstellen und praktizieren
  lassen, sodass Sie merken, wo es noch «hakt»;
— Unterstützende Fragen stellen;
— Visualisierungshilfen, z.B. Poster, Checklisten oder Fluss-
  diagramme;
— Gedächtnishilfen;
— Spezifische Software und Multimedia für bestimmte Unter-
  richtsthemen einsetzen.

Lernstrategien der Schülerinnen und Schüler

Eine Lernstrategie ist ein Plan oder verschiedene Schritte, die das Lernen von etwas erleichtern. Dies können ganz spezifische Strategien sein, die ein Schüler z.b. nur zum Vokabellernen einsetzt, aber auch allgemeine Strategien wie Notizen anfertigen oder einen Zeitplan für die Bearbeitung einer grösseren Aufgabenstellung anfertigen. ➡ Siehe auch Kapitel Schmid.

Unterstützen Sie diese Strategien, und geben Sie gegebenenfalls weitere Tipps, wie diese Strategien noch verbessert werden können.

Ein Wort zum Schluss

Das vorliegende Kapitel hat zum Ziel aufzuzeigen, wie eine Unterrichtsplanung und -gestaltung aussehen kann, die Kindern die bestmögliche Unterstützung bei ihren Aufmerksamkeits- und Konzentrationsproblemen geben möchte. Dazu gehört auch das Grundlagenwissen zu neurophysiologischen Abläufen, um zu verstehen, warum manche Kinder sich gut, andere sich weniger gut konzentrieren können. Auf eine Differenzierung dahingehend, welche Kinder besondere Bedürfnisse haben und daher eine stärkere Unterstützung durch die Lehrpersonen benötigen, ist ganz bewusst verzichtet worden. Die Vorschläge zur Gestaltung des Unterrichts sollen jeder Lehrperson den Spielraum lassen, was und wieviel von den Ideen umgesetzt werden soll und kann.

Literatur

American Psychiatric Association (1994). *Diagnostic and Statistical Manual of Mental Disorders* (4th ed.). Washington DC: APA.

Baddeley, A. D. (2000). The episodic buffer: A new component of working memory. *Trends in Cognitive Science,* 4, 417 – 423.

Barkley, R. A. (1997a). *ADHD and the nature of self control.* New York: The Guilford Press.

Barkley, R. A. (1997b). Behavioral inhibition, sustained attention and executive functions: Constructing a unifying theory of ADHD. *Psychological Bulletin, 121,* 143 – 155.

Biederman, J., Monuteaux, M.C., Doyle, A.E. et al. (2004). Impact of executive function deficits and attention-deficit hyperactivity disorder (ADHD) on academic outcomes in children. *Journal of Consulting and Clinical Psychology, 72,* 757–766.

Birbaumer, N. und Schmidt, R. F. (1996). *Biologische Psychologie.* Berlin: Springer.

Clark, C., Prior, M., und Kinsella, G. (2002). The relationship between executive function abilities, adaptive behavior, and academic achievement in children with externalizing behavior problems. *Journal of Child Psychology and Psychiatry, 43,* 785–796.

Cleary, T.J., und Zimmerman, B.J. (2004). Self-regulation empowerment program: A school-based program to enhance self-regulated learning and self-motivated cycles of student learning. *Psychology in the Schools, 41,* 537–550.

Conway, A.R.A., Cowan, N., und Bunting, M. (2001). The cocktail party revisited: The importance of working memory capacity. *Psychonomic Bulletin and Review, 8,* 331–335.

De Fockert, J.W., Rees, G., Frith, C.D., und Lavie, N. (2001). The role of working memory in visual selective attention. *Science, 291,* 1803–1806.

Dilling, H., Mombour, W. und Schmidt, M.H. (1994). *Internationale Klassifikation psychischer Störungen ICD-10 Kapitel V (F). Forschungskriterien.* Bern: Huber.

Döpfner, M., Frölich, J. und Lehmkuhl, G. (2000). *Hyperkinetische Störungen: Leitfaden Kinder- und Jugendpsychotherapie.* Göttingen: Hogrefe.

Engle, R.W., Kane, M.J., und Tuholski, S.W. (1999). Individual differences in working memory capacity and what they tell us about controlled attention, general fluid intelligence and functions of the prefrontal cortex. In A. Miyake und P. Shah (Hrsg.), *Models of Working Memory: Mechanisms of Active Maintenance and Executive Control* (S. 102–134). New York: Cambridge University Press.

Esser, G., Schmidt, M.H. und Woerner, W. (1990). Epidemiology and course of psychiatric disorders in school-age children-results of a longitudinal study. *Journal of Child Psychology and Psychiatry, 31*(2), 243–63.

Gioia, G.A., Isquith, P.K., Kenworthy, L., und Barton, R. (2002). Profiles of everyday executive functions in acquired and developmental disorders. *Child Neuropsychology, 8,* 121–137.

Klenberg, L., Korkman, M., und Lahti-Nuuttila, P. (2001). Differential development of attention and executive functions in 3 to 12 year old Finnish children. *Developmental Neuropsychology, 20,* 407–428.

Lepach, A. und Petermann, F. (2010). Training für Kinder mit Gedächtnisstörungen: Das neuropsychologische Einzeltraining REMINDER (2., überarb. Aufl.). Göttingen: Hogrefe.

Luciana, M., Conklin, H.M., Hooper, C.J., und Yarger, R.S. (2005). The development of nonverbal and executive control processes in adolescents. *Child Development, 76,* 697–712.

Petersen, S.E., und Posner, M.I. (2012). The attention system of the human brain: 20 years after. *Annual Revue of Neuroscience, 35,* 73–89.

Posner, M.I., und Rothbart, M.K. (2007). Research on attention networks as a model for the integration of psychological science. *Annual Revue of Psychology, 58,* 1–23.

Schröder, A. (2006). *ADS in der Schule. Handreichungen für Lehrerinnen und Lehrer.* Göttingen: Vandenhoek und Ruprecht.

Steinhausen, H.-C. (2000). Hyperkinetische Störungen – eine klinische Einführung. In H.-C. Steinhausen (Hrsg.), *Hyperkinetische Störungen bei Kindern, Jugendlichen und Erwachsenen* (Kap. 1, S. 9 – 37; Kap. 13, S. 225 – 236). Stuttgart: Kohlhammer.

Welsh, M. (2002). Developmental and clinical variations in executive functions. In D.L. Molfese und V.J. Molfese (Hrsg.), *Developmental Variations in Learning: Applications to Social, Executive Functions, Language, and Reading Skills* (S. 139–185). Mahwah N.J.: Erlbaum.

Aussichtsreicher inklusiver Schriftsprachunterricht für Kinder mit erhöhtem Förderbedarf im Lesen- und Schreibenlernen

Erich Hartmann

Erschwernisse im Lesen- und Schreibenlernen haben oft ungünstige Auswirkungen auf die schulische und psychosoziale Entwicklung von betroffenen Schulkindern, die in der inklusiven Schule daher besonderer pädagogischer Aufmerksamkeit und Unterstützung bedürfen. Dieser Beitrag geht der Frage nach, wie ein qualitativ guter Regelunterricht im Lesen und Schreiben beschaffen sein muss, damit Kinder mit erhöhtem Förderbedarf im Schriftspracherwerb möglichst erfolgreich lernen und partizipieren können. Die entlang von wissenschaftlich fundierten Prinzipien skizzierten unterrichtlichen Aufgaben und Möglichkeiten von Regellehrpersonen werden sodann in ein schulweites Modell (RTI) zur Früherkennung, Prävention und Behandlung von schriftsprachlichen Lernproblemen eingeordnet. Zuständigkeiten und Kooperationsanlässe von Sonderpädagoginnen und -pädagogen im Rahmen koordinierter Bemühungen um individuell erfolgreiches Lesen- und Schreibenlernen aller Kinder runden den Beitrag ab.

Lesen- und Schreibenlernen – Chancen und Risiken

Das Lesen- und Schreibenlernen eröffnet Kindern den Zugang zu einer weiteren und wichtigen Kommunikationsform, und es erweitert kindliche Partizipationsmöglichkeiten in schulischen und ausserschulischen Kontexten. Schriftsprachliche Fortschritte und Fertigkeiten dienen den Lernenden zunehmend auch als Werkzeug für mentale Aktivitäten – sie wirken positiv auf sprachliche und kognitive Kompetenzen, die ihrerseits der schulischen Entwicklung und Integration zugutekommen. In Anbetracht der vielfältigen Vorteile des erfolgreichen Schriftspracherwerbs ist es denn auch das erklärte

Ziel der Schule, alle Kinder zum möglichst kompetenten Lesen und Schreiben zu befähigen.

Während die Mehrzahl der Lernenden den Schriftspracherwerb (weitgehend) problemlos meistert, finden sich in jeder Klasse auch Kinder, die individuelle Schwierigkeiten mit dem Lesen- und Schreibenlernen (nachfolgend: LRS als Sammelbegriff) bekunden und daher erhöhter pädagogischer Aufmerksamkeit und Unterstützung bedürfen. Erschwernisse im Schriftspracherwerb gehören nicht nur zu den häufigsten Schulproblemen von Schülerinnen und Schülern mit sonderpädagogischem Förderbedarf überhaupt; sie bergen für die Betroffenen auch ein erhöhtes Risiko für eine unharmonische Entwicklung im Sinne von schulischer Partizipationsbeschränkung und Aussonderung – was nach effektiven präventiven Unterrichts- und Interventionsstrategien verlangt (z. B. Snow et al., 1998; Hartmann, 2007; 2008).

Lese-Rechtschreibstörung

Kinder mit erhöhtem Förderbedarf im Schriftspracherwerb

Der Fokus auf Schülerinnen und Schüler, die im Schriftsprachunterricht besonderer Beachtung und Förderung bedürfen, führt zunächst zu der Frage, um wen es sich bei diesen sogenannten *diverse learners* handelt. Solche Lernenden zeichnen sich dadurch aus, dass sie infolge von ungünstigen *individuellen Voraussetzungen* und/oder *erschwerenden Umweltbedingungen* pädagogisch relevante Probleme mit dem schulischen Lernen bekunden (können) (Carnine et al., 2006; Vaughn et al., 2011). Mit Blick auf den Problemkreis des gefährdeten bzw. beeinträchtigten Schriftspracherwerbs ist sinnvollerweise zwischen folgenden heterogenen Untergruppen von Lernenden zu unterscheiden:

Besondere pädagogische Bedürfnisse

— *Risikolerner* kommen mit ungünstigen individuellen bzw. sozial-familiären Voraussetzungen für den Schriftspracherwerb in die (Vor-)Schule. Ohne frühe und kompetente Unterstützung stehen sie in der Gefahr, bereits in den ersten Schuljahren erhebliche Schwierigkeiten im Lesen- und Schreibenlernen auszubilden. Als Risikolerner gelten mitunter Kinder mit a) spezifischen Sprachentwicklungsstörungen oder anderweitigen Sprachrückständen (z. B. bei Migration), b) genetischen Dispositionen für LRS, c) Entwicklungsbeeinträchtigungen des Hörens, des Lernens oder der sozialen Kommunikation und d) erschwerenden sozioökonomischen/familiären Gegebenheiten (zum

Beispiel Armut, mangelnde Anregung). Insbesondere bei einer Kumulation von solchen lernerschwerenden Faktoren erhöht sich das Risiko für LRS substanziell (Snow u.a., 1998). Ebenfalls ist belegt, dass Risikokinder mehrheitlich von einem qualitativ guten Schriftsprachunterricht und von frühen präventiven Zusatzmassnahmen profitieren und ihre anfänglichen Lernschwierigkeiten überwinden können (z. B. Denton, 2012; Hartmann, 2013).

— Kinder mit *schriftsprachlichen Lernbeeinträchtigungen/LRS* bekunden trotz präventiver unterrichtlicher Bemühungen deutliche und zumeist persistierende Probleme beim Erwerb von Lese- und Schreibkompetenzen. Davon können je nach – engen oder weiten – diagnostischen Kriterien 5 bis 16% aller Schulkinder eines Jahrgangs betroffen sein. Wie bereits die klassische diagnostische Unterscheidung zwischen *spezifischer Lese-Rechtschreibstörung (Legasthenie, Dyslexie)* und *allgemeiner Lese-Rechtschreibschwäche* deutlich macht, handelt es sich hierbei um eine heterogene Gruppe. Obgleich Schülerinnen und Schüler mit LRS hinsichtlich sprachlich-kognitiver Voraussetzungen und aktueller Schriftsprachfertigkeiten individuell differieren können, zeigen sie in ähnlicher Weise eingeschränkte (Lern-)Aktivitäten und schulische Partizipationsmöglichkeiten. Gemein ist solchen Kindern überdies, dass sie im Hinblick auf individuell bedeutsame Lernfortschritte auf pädagogisch-therapeutische Hilfen angewiesen sind, die mit dem inklusiven Unterricht zu koordinieren sind (z. B. Klicpera und Gasteiger-Klicpera, 2011; Hartmann 2008; 2013).

Die Anwendung des *ICF-CY-Modells* der *WHO* auf die Diagnostik und die Förderung von Kindern und Jugendlichen mit LRS steckt in wissenschaftlicher wie praktischer Hinsicht in den Kinderschuhen. Bisherige Analysen, Fallbeispiele und Diskussionsbeiträge zu diesem Thema legen indes nahe, dass dieses Modell eine wertvolle Ergänzung zur traditionellen, defizitorientierten Klassifikationsdiagnostik im Sinne von *ICD-10* oder *DSM-IV* darstellt. ➡ Siehe auch Kapitel Hollenweger. Die Integration von Informationen aus einer herkömmlichen LRS-Diagnostik und einer ICF-basierten Evaluation ist sinnvoll und zu befürworten, da sich dadurch ein «vollständigeres Profil von Kompetenzen und Beeinträchtigungen im spezifischen Lebenskontext des Kindes» mit (schriftsprachlichen) Lernschwierigkeiten gewinnen lässt (Riva und Antonietti, 2010, 43). Auch Korntheuer (2009, 220) beurteilt die *ICF-CY* insgesamt als ein «hilfreiches Beschreibungs- und Dokumentationsinstrument für LRS».

Obwohl eine ICF-basierte Diagnostik unter Nutzung angemessener Instrumente und Quellen grundsätzlich zu pädagogisch-therapeutisch relevanten Informationen führt, stösst die aktuelle Form der *ICF-CY* als Basis für die Unterrichts- und Interventionsplanung an gewisse Grenzen. Während sich nämlich Förderziele «aus den Bereichen der Körperfunktion und Umweltfaktoren relativ unmittelbar ableiten» lassen, liegen «für Aktivität und Partizipation therapeutisch nutzbare Unterteilungen (…) nur in geringem Masse (vor). Für die meisten Bereiche der Kernsymptomatik von LRS – insbesondere Teilfertigkeiten des Lesens oder Rechtschreibens betreffend – liefert die *ICF-CY* keine geeigneten Kategorien» für die Konzeption von Interventionen (Korntheuer 2009, 225). Diese differenzierte Einschätzung ist wichtig, zumal symptom- bzw. schriftsprachspezifische Fördermassnahmen bei LRS nachweislich am effektivsten sind (z. B. Huemer et al. 2009; Ise et al. 2012). Somit ist weiterführende Forschung zur ICF-basierten Diagnostik und Förderplanung bei Schriftspracherwerbsstörungen erforderlich. Schliesslich ist zu bedenken, dass die Abklärung von Kindern mit Lernproblemen anhand der ICF-CY (z. B. Hollenweger und Lienhard, 2011) eine zuverlässige Evaluation von kindlichen Lernfortschritten im Kontext von Unterricht und pädagogisch-therapeutischer Unterstützung nicht ersetzen kann.

Welcher Schriftsprachunterricht ist hilfreich und erfolgversprechend?

Der Regelunterricht im Lesen und Schreiben ist das A und O schulischer Bemühungen um bestmögliches schriftsprachliches Lernen aller Kinder. Aktuell liegen überzeugende wissenschaftliche Belege vor, wonach Risikolerner wie auch Schulkinder mit LRS von einem qualitativ guten Schriftsprachunterricht durch die Regellehrperson Lehrperson profitieren. Ein solcher aussichtsreicher Unterricht orientiert sich an empirischen Erkenntnissen über effektive Instruktionen zur Entwicklung von kindlichen Schriftsprachfertigkeiten und -aktivitäten (Denton 2012; Hartmann 2013).

Aufgrund einer Analyse des Verhältnisses zwischen *effektiver früher Instruktion* und *Inklusion* schlussfolgert Savage (2006, 347), dass ein hochstehender, evidenzbasierter Schriftsprachunterricht in den ersten Schuljahren eine unerlässliche Bedingung für «genuin inklusive Bildung» ist beziehungsweise eine Erfordernis darstellt, die «produktiv mit inklusiven Zielen verknüpft werden kann». Was Kinder mit Lernrisiken bzw. LRS angeht, hat die Forschung insbe-

Merkmale eines förderlichen Unterrichts im Lesen und Schreiben

sondere folgende Merkmale eines förderlichen Regelunterrichts im Lesen/Schreiben identifiziert (z. B. Coyne et al., 2006; Vaughn et al., 2011; Denton, 2012):

— Fokus auf essentielle Voraussetzungen und zentrale Dimensionen des Schriftspracherwerbs (vgl. Abb. 1);
— Intensive Nutzung von verfügbarer Unterrichtszeit für die aktive Beschäftigung mit dem Lerngegenstand Schriftsprache;
— Ausgewogener Lese- und Schreibunterricht mit direkten Instruktionen und offenen Lehr-Lern-Angeboten;
— Flexibles Gruppieren zur Binnendifferenzierung und Individualisierung von Unterrichts- und Fördermassnahmen;
— Diagnostisch geleitete Instruktionen aufgrund von regelmässigen Lernstands- und Lernfortschrittserhebungen;
— Frühe Identifikation und unmittelbare Zusatzförderung von Kindern mit Lernrisiken bzw. Lernschwierigkeiten.

Ein unterstützender inklusiver Unterricht, in dem alle Kinder bestmöglich lernen können, ist ein hoch anspruchsvolles Unterfangen. Dessen Erfolg hängt vorrangig davon ab, wie gut es der Lehrperson gelingt, die nachfolgend erläuterten Prinzipien zielstrebig und effektiv in alltägliche Praxis umzusetzen.

Prinzip 1: Fokus auf Wichtiges

In einem vielversprechenden Unterricht erhalten alle Kinder gezielte Lehr-Lern-Angebote und pädagogische Unterstützung zum Erwerb von spezifischen Kenntnissen und Fertigkeiten, die für ein nachhaltig erfolgreiches Lesen- und Schreibenlernen unerlässlich sind. Für das Lesen hat die Forschung eine Reihe von zentralen Komponenten oder *big ideas* eines mehrdimensionalen Curriculums auf der Primarstufe identifiziert (vgl. Abb. 1).

Big Ideas des Lesenlernens

(Meta-)sprachliche Kompetenzen und alphabetisches Wissen spielen auch im Schreibunterricht eine relevante Rolle. Diesen gilt es um Instruktionen zu den Bereichen *Schreibmotorik, lautgetreues Schreiben, orthografische Kenntnisse/Strategien* und *schriftsprachlicher Ausdruck auf Satz- und Textebene* zu ergänzen. Darüber hinaus verknüpft die Lehrperson den Schreibunterricht vorteilhaft mit Instruktionen und Aktivitäten zum Lesen (z. B. Carnine et al., 2006; Hartmann, 2006).

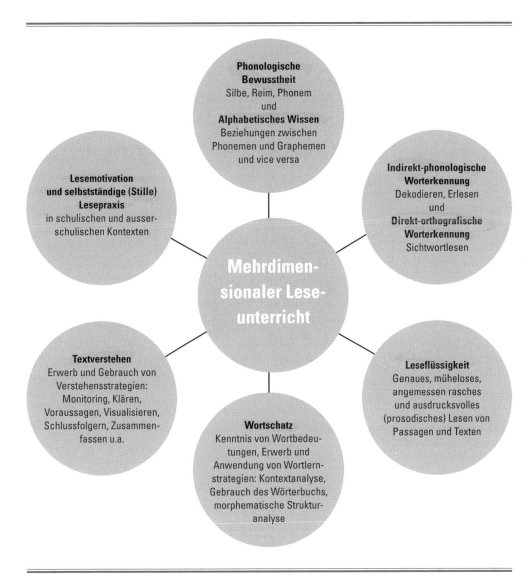

ABBILDUNG 1_ Kernelemente des Leseunterrichts für alle Kinder

Big ideas sollten sowohl curricular (Klassenebene) als auch auf der Ebene individueller Förderung entwicklungslogisch sequenziert und miteinander verknüpft werden. Ein solches integratives Unterrichtskonzept ist wichtig, damit die Lernenden die Beziehungen zwischen den verschiedenen Komponenten des Unterrichts bzw. des Schriftspracherwerbs besser verstehen und nutzen lernen können. Nur wenn alle wesentlichen Elemente berücksichtigt und aufeinander bezogen werden, können sich Kinder letztlich zu kompetenten Schriftsprachbenutzern entwickeln.

Lehrpersonen sollten hinsichtlich *big ideas* insofern flexibel sein, als sie individuelle Förderschwerpunkte setzen, um den heterogenen Lernbedürfnissen innerhalb der Klasse gut Rechnung tragen zu können. Gleichzeitig sollten Lehrpersonen bestrebt sein, die für einen erfolgreichen Schriftspracherwerb erforderlichen Kompetenzen in synergistischer Weise zu vermitteln und zu fördern. Wie dies in einem ausgewogenen Unterricht erfolgen kann, skizziert das Sonderpädagogik folgende Beispiel einer sonderpädagogisch betreuten Schülerin mit LRS (nach Vaughn et al., 2011, 303):

Als Drittklässlerin liest Stephanie auf dem Anfängerniveau. Sie ist in der Lage, gegen 30 Wörter zu lesen. Bei unbekannten Wörtern versucht sie, das Wort zu erlesen. Die alphabetische oder phonologische Lesestrategie fällt der Schülerin aber noch schwer, weil sie Mühe hat, sich Buchstaben-Laut-Beziehungen zu merken und beim Lesen die Synthese von Buchstaben(lauten) vorzunehmen.

Die individuelle Leseförderung im Unterricht fokussiert daher auf phonologische Bewusstheit, alphabetische Kenntnisse, phonologische Wortlesestrategie und direktes Worterkennen. Neben diesen Schwerpunkten beinhaltet der Unterricht von Stephanie wiederholtes Partnerlesen mit lesetechnisch einfachen Texten zur Erhöhung von Leseflüssigkeit. Zudem hört und diskutiert die Schülerin in der Klasse vielfältige Geschichten und Sachtexte, was ihre sprachlichen und kognitiven Kompetenzen unterstützt (Wortschatz, Verstehen, Weltwissen u.a.). Weiter wird im Unterricht Wert darauf gelegt, dass Stephanie entwicklungsangemessene Lese- und Schreibaktivitäten miteinander verknüpfen kann. Mit zunehmendem textspezifischem Wissen soll sie vermehrt auch das Schreiben in unterschiedlichen Textarten erproben und praktizieren können.

Prinzip 2: Direkte Instruktion und offenes Lernen im ausgewogenen Unterricht

Balanced Instruction *Balanced instruction* ist ein konstruktiver Kompromiss zu einer langen Kontroverse über *den* richtigen oder besten (Erst-)Lese-/Schreibunterricht. Einen solchen Unterricht kann es nicht geben in Anbetracht der heterogenen Lernvoraussetzungen und -potenziale von Kindern in inklusiven Settings. Ein ausgewogener oder eklektischer Unterricht will den Lernbedürfnissen und -prozessen aller Kinder entgegenkommen, indem er verschiedene Ansätze oder Methoden – z.B. direkte Instruktion vs. offener Unterricht; code-basiertes vs. bedeutungsbasiertes Curriculum – zulässt und nutzt, die von der Forschung als effektiv ausgewiesen sind. Ein solches *mehrmethodisches Vorgehen* ist keinesfalls eine *Laissez-faire-Kombination* von beliebigen Unterrichtselementen; es impliziert vielmehr absichtsvolle pädagogische Entscheidungen und eine sorgfältige Auswahl von instruktionalen Komponenten für relevante Lernziele bei verschiedenen Lernenden (Ellis, 2005).

Unter Experten auf dem Gebiet der Prävention und Therapie von LRS besteht Konsens, dass *direkte Instruktionen* für Kinder mit Lernrisiken bzw. -schwierigkeiten besonders wichtig und hilfreich sind. Direkter Unterricht, nicht zu verwechseln mit dem traditionellen Frontalunterricht, «will die Lernenden nicht sich selbst überlassen, sondern ihnen explizit sagen und zeigen, was sie tun sollen und wie sie es tun sollen» (Wember, 2007, 164). Ein direkter Unterrichtsansatz umfasst folgende Merkmale (Carnine et al., 2006; Denton, 2012):

Merkmale eines direkten Unterrichtsansatzes

— Strukturierte, kleinschrittige Vermittlung von Kenntnissen, Fertigkeiten und Strategien auf dem Instruktionsniveau der Kinder;
— Klare Informationen über Lernziele, vorgängige Lehrer-Demonstrationen (Modellieren mit lautem Denken) von Fertigkeiten oder Strategien;
— Gestützte, lehrergeleitete Unterrichts- und Lernaktivitäten mit unmittelbaren korrektiven und positiven Feedbacks;
— Zügiges, angemessen herausforderndes Fortschreiten und häufiges Wiederholen innerhalb von fokussierten Lektionen;
— Ausgedehnte kooperative und selbstständige Übungspraxis zur Festigung und Generalisierung des Erlernten;
— Einsatz von geeigneten Unterrichtsformen (v.a. Kleingruppen), Materialien und Medien zur Unterstützung von kindlichen Lernprozessen.

Da direkte Instruktion die lehrerzentrierte Strukturierung unterrichtlicher Inhalte und Aktivitäten in den Vordergrund rückt, sollte sie in einem ausgewogenen Unterricht um offene oder konstruktivistische Lernformen ergänzt werden (Wember 2007). Folgende Zusammenstellung in Anlehnung an Ellis (2005, 50) enthält nützliche Kriterien zur Auswahl unterschiedlicher methodisch-didaktischer Ansätze im inklusiven (Schriftsprach-)Unterricht:

TABELLE 1_Einsatz von direkten und offenen Unterrichtsansätzen

Direkter, expliziter Unterricht	Offener, konstruktivistischer Unterricht
Einführung, Demonstration und gestützte Erprobung und Einübung von neuen Fertigkeiten, Strategien, Konzepten Für Kinder mit Lernrisiken oder Lernproblemen oder für solche, die wegen unzureichender Anleitung und Führung durch die Lehrperson im Lernen hinter die Peers zurückfallen. Wenn Motivation und Interesse von Kindern für selbstständiges Lernen oder für kooperative Aktivitäten schwinden: Für Kinder mit eher analytischen oder auditiven Lernstilen.	Für Fertigkeiten, Strategien oder Konzepte, die allgemein eigenaktiv-explo-rierend erworben werden können. Zu erwerbende Fertigkeiten sind keine Voraussetzung für andere Kompetenzen, sie müssen nicht zu einem bestimmten Zeitpunkt erworben sein. Für Kinder, die bereits fähig gewesen sind, Kompetenzen durch eigene Explorationen zu erlangen. Wenn sich Lernende im direkten Unterricht langweilen und ausblenden, weil sie die zu vermittelnden Kompe-tenzen bereits besitzen. Für Kinder mit eher visuellen oder ganzheitlichen Lernstilen.

Prinzip 3: Binnendifferenzierung und Individualisierung durch Gruppieren

«Differenzierte Klassenzimmer» sind «responsiv» gegenüber den heterogenen Lernbedürfnissen der Kinder, «die allesamt von einer Vielfalt an Methoden und Hilfestellungen und von einer angemessenen Balance zwischen Herausforderung und Erfolg profitieren» (Lawrence-Brown, 2004, 37).

Ein wichtiger Faktor eines individualisierenden Unterrichts ist das *Gruppieren*. Die Kernidee besteht darin, das Anspruchsniveau von Lernaufgaben und die pädagogische Unterstützung derart zu gestalten, damit alle Kinder in ihrer *Zone der proximalen Entwicklung* bzw. auf dem *Instruktionsniveau* angesprochen und gefördert werden können. Gruppieren gehört zu den wenigen veränderbaren Unterrichtsmerkmalen, die den kindlichen Lernerfolg stark beeinflussen können. Förderdiagnostisch begründete und geschickt implementierte Gruppierungsstrategien unterstützen einen wirksamen Unterricht und die Inklusion von Schulkindern mit Lernschwierigkeiten in die Regelklasse (Vaughn et al., 2006).

Unterricht mit Kleingruppen in flexibler Zusammensetzung   Im Schriftsprachunterricht können diverse Gruppierungen gewinnbringend genutzt werden. Obgleich Kinder mit Lernrisiken oder LRS auch am Unterricht in Grossgruppen (Klasse, Halbklasse) partizipieren sollen und davon profitieren können, sind für diese Lerner – aber auch für viele andere – vor allem der *Kleingruppenunterricht* und die *Partnerarbeit* förderlich (Vaughn et al., 2001; 2006; Slavin et al., 2011).

Zur exemplarischen Konkretisierung von Fördermöglichkeiten im Rahmen von Gruppenaktivitäten enthält folgende Zusammenstellung evaluierte Methoden zur Verbesserung des flüssigen Lesens, die sich (auch) bei Kindern mit LRS bewährt haben. Dabei ist zu beachten, dass die Lernenden vorteilhaft mit Texten auf dem lesetechnischen *Instruktionsniveau* (90–95 % dekodierbare Wörter) arbeiten, damit sie gezielt Leseflüssigkeit erlangen können.

Lautleseverfahren zur Förderung von Leseflüssigkeit in Gruppen
(nach Hartmann und Niedermann, 2007)

Echo-Lesen
Ein kompetenter Leser (Lehrperson, Schulkind) fungiert als Modell, das einer Gruppe sukzessive eine Zeile, einen Abschnitt oder eine kurze Textpassage vorliest. Zeitgleich mit dem Modell lesen die zuhörenden Kinder leise in einer Textkopie mit. Sobald das Vorlesen beendet ist, versuchen die Kinder, dieselbe Passage ebenso flüssig zu lesen wie das Modell. Ist ihre Leseflüssigkeit schon einigermassen entwickelt, können auch leseschwache Kinder die Rolle des Vorlesers übernehmen.

Choral-Lesen
Eine Gruppe von Kindern (und eventuell die Lehrperson) liest gemeinsam (simultan) denselben Text. Diese Lautlesemethode eignet sich besonders für das Vortragen von Gedichten und Versen. Weniger kompetente Schulkinder profitieren dabei vom Mitlesen in einer unterstützenden Lerngruppe.

Simultanes Hörlesen
Kinder hören ab CD, Kassette, iPad u.a. einen flüssig vorgelesenen Text und lesen aus einer gedruckten Version simultan mit.

Lesetheater
Einfache literarische Texte werden in kurze Szenen umgesetzt und anhand von Scripts mit Erzähler- und Figurenrollen als Lesetheater einstudiert. Bei der Vorbereitung einer Aufführung (z. B. Projektwoche) üben und lernen die Schulkinder durch wiederholtes Lautlesen in Gruppen das flüssige und ausdrucksvolle Lesen ihrer Passagen und ihre Rollen im Projekt. Lesetheater können anderen Lerngruppen oder Klassen, den Eltern oder sonstigem Publikum vorgeführt werden, was der kindlichen Motivation zuträglich ist.

Zu unterstreichen ist der Wert von *flexiblen Kleingruppen*. Flexibles Gruppieren gilt als eine effektive Unterrichtspraxis, die ohne die möglichen negativen sozialen Konsequenzen von permanenten (fähigkeitshomogenen) Lerngruppen einhergehen. Regellehrpersonen sollten im inklusiven Unterricht verschiedene Formen der gestützten und kooperativen Kleingruppenarbeit dynamisch nutzen. Hierfür orientieren sie sich vorrangig an *lernerorientierten Kriterien* wie

Kompetenzniveau, Lernbedürfnis, Interesse, Vorwissen, soziale Beziehungen. Flexibles Gruppieren ist für Kinder mit Lernschwierigkeiten wichtig und wertvoll, weil diese Lernenden zusätzlich zur lehrergeleiteten (direkten) Förderung in leistungsähnlichen Kleingruppen auch unterstützte und kooperative Lehr-Lern-Möglichkeiten mit kompetenteren Peers benötigen und schätzen. Der flexible Einsatz von Kleingruppenarbeiten kommt dem Bedürfnis vieler Kinder nach Zusammenarbeit mit verschiedenen Klassenkameraden – statt immer nur mit denselben – entgegen (Vaughn et al. 2001).

Effektive Formen der Partner- und Kleingruppenarbeit im Schriftsprachunterricht
(nach Vaughn et al. 2006, 369)

Partnerarbeit
— Einführung eines Peer-Tutorings, bei dem zwei Kinder phonics skills (Buchstaben-Laut-Korrespondenzen, Erlesen von einfachen Wörtern) oder andere Fertigkeiten praktizieren, in denen sie bereits unterrichtet worden sind.
— Ein stärkerer Partner arbeitet mit einem schwächeren Lerner zusammen, um Leseflüssigkeit zu verbessern. Der Trainer liest mehrere Abschnitte vor, der weniger gute Leser wiederholt dieselben Passagen jeweils nach dem Prinzip des Echolesens und bekommt vom Partner ggf. Hilfestellungen und Rückmeldungen zu seinen Leseversuchen Auch simultanes mündliches Lesen von Texten bietet sich für die Partnerarbeit an.
— Zwei Kinder lesen zusammen interessante Texte und bearbeiten Fragen zum Gelesenen.
— Paare verwenden Wortkarten, wobei ein Kind ein Wort vorliest und das andere Kind das gehörte Wort aufschreibt. Danach wird das Geschriebene mit dem Wort auf der Karte verglichen, überprüft und ggf. korrigiert.
— Partner überwachen sich gegenseitig beim kooperativen Arbeiten in Schriftsprachzentren mit diversen Lese- und Schreibmöglichkeiten.

Kleingruppenarbeit
— Vielfältige Unterrichtsaktivitäten, bei denen ein Teil der Kinder selbstständig bereits unterrichtete Fertigkeiten praktiziert, während die Lehrperson mit Kleingruppen arbeitet.
— Einsatz von bewährten Kleingruppenverfahren zur Förderung von Leseflüssigkeit (s. oben) und des Leseverstehens (z. B. reziprokes Lehren, s. unten).
— Lese- oder Schreibgruppen werden so organisiert, dass Kinder mit dem grössten Förderbedarf der kleinsten Gruppe angehören.
— Flexibles Reorganisieren von Gruppen, um den Lernbedürfnissen und Fortschritten der Kinder innerhalb der Gruppe gerecht zu werden.
— Personelle Ressourcen der Schulen nutzen, damit pädagogische Fachkräfte einzelne Kinder(gruppen) im regulären Unterricht zusätzlich unterstützen können.
— Einrichten von Schriftsprachzentren, in denen die Kinder anknüpfend an Klassenaktivitäten vielfältige Lese- und Schreibfertigkeiten kooperativ oder selbstständig praktizieren können.
— Explizite Anleitung, wie angebotene Lernzentren genutzt werden können.

— Angebot an Wahlmöglichkeiten für Lernzentren mit unterschiedlichen schriftsprach-
  lichen Zielen und flexibler Zeitgestaltung für ausgedehntes Arbeiten.
— Einsatz von Eltern, Freiwilligen oder älteren Schulkindern, die den Lernenden beim
  Arbeiten in Schriftsprachzentren unterstützend zur Seite stehen.
— Kindergruppen bearbeiten am Klassencomputer gute Software zum Lesen/
  Schreiben.

Zu den bekanntesten kooperativen Kleingruppenverfahren zur Förderung des aktiv-strategischen Textverstehens gehört das *reziproke
Lehren (Lesen)* (Palincsar und Brown, 1984), das für Schulkinder
unterschiedlichen Fähigkeitsniveaus nachweislich nützlich ist (vgl.
Aeschbacher, 1991).

Reziprokes Lehren (Reciprocal Teaching)
(nach Palincsar und Brown 1984)

Ziel des Kleingruppenverfahrens ist das metakognitiv bewusste, selbstgesteuerte
Anwenden von Lesestrategien. In Kleingruppen wird gemeinsam ein Sachtext ab-
schnittsweise gelesen und diskutiert. Dabei gelangen mehrere Strategien zur Anwendung, die ein vertieftes Verstehen und Lernen aus Texten begünstigen. In jeder Sitzung
übernehmen die Kinder für einen bestimmten Abschnitt abwechselnd die «Lehrerrolle».
Der Leader ist jeweils verantwortlich für Moderation und Strukturierung der Gruppen-
arbeit, für die Anwendung der verschiedenen Textverstehensstrategien und für die
Anschlussdiskussion über Texte. Die empirisch bestätigte Annahme ist, dass der/die
Gruppenmoderator/in durch das reziproke Lehren lernt, die folgenden hilfreichen
Strategien beim Lesen selbstständig anzuwenden:

— Fragen zum Text stellen und beantworten
— Zusammenfassen von Textinhalten
— Unklarheiten im Text beseitigen (Wörter/Konzepte, Sätze)
— Voraussagen zum Inhalt des folgenden Abschnitts formulieren

Die Kleingruppen (4 bis 6 Kinder) sollten relativ stabil und hinsichtlich Textverstehen eher
homogen sein, nicht aber zwingend in der basalen Lesefertigkeit. Reziprokes Lehren
muss sorgfältig eingeführt werden. Die Lehrperson erklärt und modelliert zuerst das
Vorgehen und die Funktionen des *Leiters* ausreichend intensiv. Während die Kleingruppe
anfänglich stark angeleitet und unterstützt wird, überträgt die Lehrperson die Verantwortung für die erfolgreiche Zusammenarbeit mit der Zeit immer mehr auf die Lernenden
selbst. Dabei blendet sie direkte Instruktionen allmählich aus, gibt den Gruppen aber
weiterhin erforderliche Hilfen und Rückmeldungen, bis diese eigenaktiv kooperieren und
lernen können.

Darüber hinaus besteht kein Zweifel, dass die *individuelle Förderung* von Kindern mit LRS besonders wirksam ist. Laut einer jüngsten Metaanalyse von Slavin et al. (2011) können lehrerzentrierte Kleingruppeninstruktionen und schülergeleitete Aktivitäten in kooperativen Lerngruppen die Leseentwicklung von *struggling readers* zwar positiv beeinflussen, jedoch nicht so stark wie 1:1-Interventionen durch Lehrpersonen oder andere (Fach-)Personen. Aufgrund ihrer Befunde sprechen sich die Forscher grundsätzlich für die Einzelförderung von Kindern mit schriftsprachlichen Lernproblemen aus. Insbesondere Schülerinnen und Schüler, die sich gegenüber einem guten Regelunterricht und einer präventiven Zusatzförderung in Kleingruppen als *nichtresponsiv* erweisen, sind auf stärker individualisierende Angebote in Form von Einzelförderung angewiesen.

Einzelförderung

Allerdings gibt es auch Einwände gegen die 1:1-Intervention. Sie ist nicht nur kostenintensiv und für Lehrpersonen organisatorisch anspruchsvoll zu bewerkstelligen, sondern auch problematisch im Hinblick auf Inklusion. Häufige Einzelinterventionen verändern die «strukturelle und soziale Integrität der Klassengemeinschaft» weit stärker als (vorübergehende) Kleingruppeninstruktionen (Savage, 2006, 356). Dies ist insbesondere dann der Fall, wenn die Förderung *pull out* erfolgt, was dem Ideal der integrativen Pädagogik entgegensteht bzw. keine Option für Befürworter der *full inclusion* ist (Ferri, 2012). Förderung ausserhalb der Klasse kann für Kinder mit besonderen Bedürfnissen zwar hoch wirksam sein; diese Form der Einzelintervention sollte in der inklusiven Schule jedoch zurückhaltend, individuell begründet und nur vorübergehend genutzt werden. Dies gilt umso mehr, als es wirksame klassenintegrierte Alternativen zur individualisierten Förderung von Kindern mit erhöhtem Förderbedarf gibt (z. B. Hartmann, 2013). Mit Vaughn und Kollegen (2011) bleibt zu unterstreichen, dass inklusive Schulen im Interesse der Kinder mit Lernproblemen offen sein sollten für eine vernünftige *Kombination* von klassenintegrierter Förderung und pull out Intervention. Der wesentliche Punkt sei letztlich, dass solche Schülerinnen und Schüler in der Regelschule kompetente Hilfestellungen erhalten, die ihr individuelles Lernen bestmöglich begünstigen.

Prinzip 4: Diagnostisch geleiteter Unterricht

In einem aussichtsreichen Schriftsprachunterricht nutzt die Lehrperson regelmässig geeignete (förder-)diagnostische Instrumente, um den Lernstand und den Lernfortschritt aller Kinder zu erfassen und auf dieser Grundlage (weiterhin) gute, differenzierende Unterrichtsangebote planen und realisieren zu können. Während zur punktuellen *Lernstandserfassung* im Bereich des Lesens und Schreibens mittlerweile eine Reihe von standardisierten Screeningverfahren und Tests zur Verfügung steht (vgl. http://www.testzentrale.de/), bietet sich für die *Lernfortschrittsmessung* das *Curriculumbasierte Messen* (CBM) an. CBM bietet eine am Lernstoff orientierte, praktikable und relativ zuverlässige Methode zur Ermittlung von kindlichen Lernverläufen, die für verschiedene Unterrichtsfächer wie Lesen/Schreiben, Sprache oder Mathematik genutzt werden kann. CBM ist ein Hilfsmittel zur Verbesserung der Unterrichtsqualität, das mit diversen methodisch-didaktischen Ansätzen vereinbar ist. CBM ist hingegen keine Unterrichtsmethode, sondern fungiert vielmehr als diagnostischer «Impulsgeber» für erfolgreiches Unterrichten und Fördern (Diehl und Hartke, 2007, 202; Hosp et al., 2007).

Obwohl CBM-Aufgaben keine herkömmlichen Tests sind, erfüllen sie grundlegende psychodiagnostische Gütekriterien (z. B. Reliabilität, Validität). Wie Forschungsergebnisse überdies zeigen, kann der Einsatz von CBM die Urteilsgenauigkeit von Lehrpersonen erhöhen, zu einer besseren Unterrichtsqualität und folglich auch zu höheren kindlichen Lernfortschritten beitragen. Aufgrund dieser potenziellen Vorteile ist die förderdiagnostische Methode des CBM ein unverzichtbares Element eines erfolgversprechenden (Schriftsprach-)Unterrichts (z. B. Hosp et al., 2007; Müller und Hartmann, 2010; Hartke und Diehl, 2013).

Curriculumbasiertes Messen CBM

CBM-Tests
(nach Müller und Hartmann, 2010)

— CBM-Erhebungen umfassen in der Regel «Speed-Tests», bei denen die Anzahl richtig gelöster Aufgaben bzw. richtig gelesener Wörter oder Sätze usw. in einer bestimmten Zeit erfasst wird. Die Durchführung von CBM-Tests ist leicht in den Unterricht zu integrieren und erfordert nur wenige Minuten. CBM-Erhebungen können je nach förderdiagnostischer Zielsetzung häufig und kurzfristig (mehrmals wöchentlich über mehrere Wochen) oder weniger häufig über einen längeren Zeitraum (z.B. Semester, Schuljahr) zur Fortschrittsmessung eingesetzt werden. Insbesondere bei Kindern mit Lernrisiken oder LRS sollte sich die Häufigkeit von CBM-Erhebungen erhöhen. Dadurch lässt sich der kindliche Lernverlauf engmaschiger erfassen, und es können unmittelbar optimierende Anpassungen des (Förder-)Unterrichts erfolgen, wenn erwartete Lernerfolge ausbleiben.
— Eine typische schriftsprachliche CBM-Methode ist die *1-Minute-Leseprobe* zur Überprüfung der mündlichen Leseflüssigkeit. Im deutschsprachigen Raum hat *Jürgen Walter* ein validiertes Verfahren zur *Lernverlaufsdiagnostik im Lesen* (2010) und jüngst auch ein *Verlaufsdiagnostikum zum sinnentnehmenden Lesen* (2013) der Praxis zur Verfügung gestellt. Es ist absehbar, dass in den nächsten Jahren zusätzliche CBM-Instrumente für wesentliche Dimensionen des Schriftsprachunterrichts entwickelt werden.

Trotz der Bedeutung des Erfassens von Lernfortschritten anhand von CBM sollten die Grenzen dieser Methode nicht übersehen werden. Sie ist lediglich ein Baustein zur Evaluation von kindlichen Kompetenzen und Fortschritten und kann eine vertiefte Diagnostik von individuellen Lernproblemen nicht ersetzen – auch wenn CBM-Ergebnisse die Lehrperson auf solche Probleme aufmerksam machen können. Neben CBM-Verfahren sind auch andere diagnostische Instrumente und Quellen (Tests, Beobachtungen u.a.) zu berücksichtigen, wenn eine professionelle Diagnostik von schulischen Lernbeeinträchtigungen wie LRS vorgenommen werden soll. CBM-Daten sind auch kein pädagogischer Gewinn per se, sie müssen vielmehr in ein flexibles System von evidenzbasierten Instruktionen und Evaluationen eingebettet werden, wie dies im RTI-Modell vorgesehen ist (siehe folgenden Abschnitt). Besonders die Ableitung relevanter Unterrichts- oder Interventionsziele und die Auswahl angemessener pädagogisch(-therapeutisch)er Massnahmen aus verschiedenen diagnostischen Informationen erfordern aufseiten von regel- und sonderpädagogischen Fachkräften vertiefte förderdiagnostische Kompetenzen und ein solides methodisch-didaktisches Wissen und Können (z. B. Müller und Hartmann, 2010;).

Inklusiver Regelunterricht im präventions-orientierten RTI-Modell

Response to Intervention RTI

Response-to-Intervention (RTI)-Modelle sind in den USA entwickelt worden und dort mittlerweile verbreitet; seit einigen Jahren stossen sie auch im europäischen bzw. deutschsprachigen Raum auf zunehmendes Interesse insbesondere der Sonderpädagogik. RTI-Modelle verfolgen das Ziel, Prävention, Früherkennung und Behandlung (Remediation) von Lernstörungen (und Verhaltensproblemen) schulweit sicherzustellen, zu koordinieren und somit zu optimieren. Zentral für das mehrstufige Präventionskonzept ist die konsequente Verknüpfung von evidenzbasierten Unterrichts- und Förderangeboten mit kontinuierlichen Evaluationen von kindlichen Lernprozessen bzw. Lernantworten (Response) auf pädagogische Angebote. Dadurch sollen Kinder mit Lernrisiken bzw. -beeinträchtigungen iden-

Kernkomponenten des RTI-Modells

tifiziert werden, die auf vermehrte oder besondere Unterstützung angewiesen sind (z. B. Hartmann 2008; Hartmann und Müller 2009; Hartke und Diehl, 2013).

Kernkomponenten des RTI-Modells
(nach Hartmann, 2013)

— Hierarchisch organisiertes, flexibles System (Mehrebenen-Modell) von evidenzba-sierten Instruktionen und zunehmend intensiven Interventionen in Abhängigkeit von der kindlichen *Lernantwort (Response)* auf präventive pädagogische Angebote.
— Regelmässige Lernstandserhebungen (Screenings) und Lernfortschrittsmessungen zur Identifikation von Kindern mit Lernrisiken oder -schwierigkeiten.
— Datenbasierte (Team-)Entscheidungen über Anpassungen von pädagogischen Massnahmen für nichtresponsive (Risiko-)Kinder.
— Vertiefte Diagnostik von Schülerinnen und Schülern mit anhaltenden Lernschwierig-keiten bzw. LRS.
— Intensive Zusammenarbeit von regelpädagogischen und sonderpädagogischen Fachkräften zwecks Planung, Koordination, Durchführung und Evaluation von schulweiten Präventionsmassnahmen und sonderpädagogischen oder logopä-dischen Unterstützungsangeboten.

Die am häufigsten genutzte Variante des RTI-Modells umfasst drei dynamische Ebenen, die es den Kindern ermöglichen, in präventive Zusatzangebote ein- und daraus wieder auszusteigen, wenn sich ihre Bedürfnisse ändern (Hartmann, 2008; Denton, 2012; Hartke und Diel, 2013):

Drei Ebenen der Intervention

Die *unterste Ebene des Modells* – das Herzstück und das per-manente Element der Prävention – bildet der *reguläre Lese- und Schreibunterricht* für alle Kinder (Primäre Prävention). Er liegt im primären Aufgaben- und Verantwortungsbereich der Regellehrper-son, die tagtäglich einen qualitativ guten Schriftsprachunterricht nach den oben erörterten Prinzipien zu planen, durchzuführen und zu evaluieren hat.

Interventionen der *zweiten Ebene* (Sekundäre Prävention) und der *dritten Ebene* (Tertiäre Prävention/Therapie) erfolgen *zusätzlich* zum regulären Unterricht, zumal Schulkinder mit Lernschwierig-keiten mehr Instruktionen bzw. Lernzeit und Übungsmöglichkeiten benötigen als unauffällige Lernende (Vaughn et al., 2006; Denton, 2012; Hartmann, 2013):

— FOKUSSIERTE INTERVENTIONEN richten sich vorübergehend an Kinder, die durch Screenings oder Lernfortschrittsmessungen als *Risikolerner* bzw. als *nicht responsiv* identifiziert worden sind. Sekundäre Präventionsmassnahmen fokussieren auf noch nicht erreichte Lernziele (z. B. Buchstabenkenntnis, alphabe-tische Lesestrategie). Sie erfolgen explizit, systematisch und intensiv, erstrecken sich über einige Wochen bei mehreren wöchentlichen Fördereinheiten. Favorisiert wird die *klassenintegrierte Kleingruppenförderung,* die von Regellehrpersonen oder von geschulten Tutoren übernommen werden kann. Die meisten Kinder profitieren von fokussierten Massnahmen und können danach wieder ausschliesslich am allgemeinen Unterricht teilnehmen. *Unresponsive Kinder* erhalten hingegen eine weitere Runde an unterstützender Förderung, oder sie werden direkt einer sonderpädagogischen Evaluation zugewiesen. Aufgrund der gewonnenen diagnostischen Daten entscheidet sodann ein interdisziplinäres Schulteam über Ziele, Methoden und Modalitäten von sonderpädagogischen Interventionen für Kinder mit diagnostizierten Lernbeeinträchtigungen.

— SPEZIELLE (THERAPEUTISCHE) INTERVENTIONEN bei LRS obliegen den sonderpädagogischen und logopädischen Fachpersonen der Schule. Sie zielen darauf ab, lernerschwerende Defizite oder Bedingungen wenn möglich zu reduzieren, um spezifische Schriftsprachfertigkeiten gezielt aufbauen und erweitern zu können und so auch Folgeproblemen von LRS entgegenzuwirken. Kompensations-, Bewältigungs- und Partizipationsstrategien sind weitere wichtige Inhalte von pädagogisch-therapeutischen Bemühungen. Spezielle Interventionen sollten sich durch Evidenzbasierung und durch hohe Individualisierung, Spezifität, Systematik und Intensität auszeichnen. Über effektive therapeutische Interventionen bei LRS informieren die folgenden Sekundärarbeiten: Souvignier et al. (2007), Huemer et al. (2009), von Suchodoletz (2010), Hartmann (2010) und Ise et al. (2012).

Das RTI-Modell hat ein beachtliches Potenzial für die Früherkennung und Prävention von schriftsprachlichen Lernproblemen. Schulweite Bemühungen um erfolgreiches Lernen aller Kinder sind mit den Anliegen der inklusiven Schule vereinbar: Zum einen ist das präventive Mehrebenen-Modell strikt in der Regelschule verortet und sieht schulische Aussonderung als «Endoption» für Kinder mit Lernproblemen nicht vor. Zum anderen tragen ein guter Unterricht und präventive Interventionen entsprechend der RTI-Logik zum besseren Lernen von Schulkindern insgesamt bei, sie wirken nachweislich der Entstehung von LRS entgegen und können zudem den Erfolg einer erforderlichen sonderpädagogischen Förderung von Kindern mit LRS positiv beeinflussen (vgl. Denton, 2012; Hartmann, 2013).

Rollen und Kooperation von sonderpädagogischen Fachleuten in inklusiven Schulen

Das skizzierte Präventionskonzept begünstigt einen schulischen Systemwechsel mit nachhaltigen Konsequenzen für die Regel- und die Sonderpädagogik. Eine Umorientierung der inklusiven Schule im Sinne des RTI-Modells erfordert neue Sichtweisen über Unterricht, Diagnostik, Förderung/Intervention, aber auch eine verstärkte schulinterne (interdisziplinäre) Zusammenarbeit sowie eine Reorganisation und Koordination von Aufgaben und Verantwortlichkeiten von regel- und sonderpädagogischen Mitgliedern des Schulteams. ➡ Siehe auch Kapitel Luder und Kunz. Was speziell die in den Schweizer Schulen etablierten Schulischen Heilpädagoginnen und Logopädinnen angeht, kommen diesen beiden Berufsgruppen im inklusiven Kontext vielfältige, gemeinsame oder überlappende Rollen zu (vgl. Hartmann und Müller, 2009; Hartmann, 2013): Sie

- beteiligen sich an der Auswahl und Einführung von evidenzbasierten Instruktionen, Interventionen und Diagnostikinstrumenten, an schulinternen Weiterbildungen, an Öffentlichkeits- und Umfeldarbeit mit präventiver Zielsetzung und an der Evaluation von schulweiten präventiven Unterrichts- und Fördermassnahmen (Schul- und Unterrichtsentwicklung);
- kooperieren mit Regellehrpersonen, um diese indirekt und direkt bei der alltäglichen Umsetzung eines guten Unterrichts für alle Kinder und bei der Durchführung und Auswertung von Screenings und Lernfortschrittsmessungen zu unterstützen;
- partizipieren an datenbasierten Team-Entscheidungen hinsichtlich Planung und Durchführung von fokussierten Interventionen für Kinder mit Lernrisiken;
- sind zuständig für die vertiefte professionelle Diagnostik bei Kindern mit anhaltender Nichtresponsivität bzw. Lernbeeinträchtigungen;
- zeichnen verantwortlich für die Planung, Implementierung, Koordination und Evaluation von sonderpädagogischen bzw. therapeutischen Interventionen für Kinder mit LRS.

Rollen von Lehrperson und SHP in der Schriftsprachförderung

Logopädinnen und Schulische Heilpädagogen bemühen sich kooperativ um eine effektive Früherkennung, Prävention, Diagnostik und Therapie von kindlichen Lernproblemen/LRS. Durch Absprachen von fachlichen Zuständigkeiten und Aufgaben und durch eine sinnvolle Koordination von logopädischen und heilpädagogischen Angeboten soll Mehrspurigkeit vermieden werden zugunsten von bestmöglichen, problemspezifischen Massnahmen für Kinder mit erhöhtem Unterstützungsbedarf im Lesen- und Schreibenlernen.

Ausblick

Wie die vorausgegangenen Ausführungen deutlich gemacht haben, sollten die Prävention von Lernproblemen und die effektive Förderung von Schulkindern mit LRS ein wichtiges Anliegen der inklusiven Schule sein. Die sachkundige Umsetzung und Nutzung von schulweiten Präventions- und Interventionsmodellen wie RTI in der Praxis ist unbestritten ein komplexes und ambitiöses Unterfangen. Es erfordert eine Reihe von Voraussetzungen, die von Forschung, Lehre, Bildungspolitik und von den Schulen selbst zu erbringen sind. Ein wesentlicher Baustein sind gut qualifizierte Regellehrpersonen, Sonderpädagoginnen und Logopädinnen mit einem fundierten fachlichen Wissen und Können, das in Aus- und Weiterbildung zu vermitteln und regelmässig zu aktualisieren ist. Das skizzierte Präventions- und Interventionsmodell muss von den Schulen als sinnvoll und praktikabel wahrgenommen und letztlich akzeptiert werden, damit es erfolgversprechend genutzt werden kann. Deshalb ist es wichtig, dass Regelpädagogen, Sonderpädagoginnen und logopädische Fachpersonen nicht nur gut vorbereitet sind für ihre vielfältigen Aufgaben in der inklusiven Schule; sie benötigen zudem angemessene personelle, zeitliche, organisatorische und materielle Ressourcen für professionelles Handeln. Schliesslich müssen Regellehrpersonen ebenso wie Sonderpädagoginnen und Logopädinnen flexibel, offen und bereit sein für intensive interdisziplinäre Kooperation und für geteilte Verantwortung für bestmögliches Lernen und Partizipieren aller Schulkinder.

Literatur

Aeschbacher, U. (1991). Reziprokes Lehren. *Die neue Schulpraxis, 3,* 5–9.

Carnine, D., Silbert, J., Kame'enui, E., Tarver, S. und Jungjohann, K. (2006). *Teaching struggling and at-risk readers.* Upper Saddle River: Pearson.

Coyne, M., Zipoli, R. und Ruby, M. (2006). Beginning reading instruction or students at risk for reading disabilities. *Intervention in School and Clinic, 41,* 161–168.

Denton, C. (2012). Response to intervention for reading difficulties in the primary grades. *Journal of Learning Disabilities, 45,* 232–243.

Diehl, K. und Hartke, B. (2007). Curriculumnahe Lernfortschrittsmessungen. *Sonderpädagogik, 37,* 195–211.

Ellis, L. (2005). *Balancing approaches. Revisiting the educational psychology research on teaching students with learning difficulties.* Camberwell: ACER Press.

Hartke, B. und Diehl, K. (2013). *Schulische Prävention im Bereich Lernen.* Stuttgart: Kohlhammer.

Hartmann, E. (2006). *In Bildern denken – Texte besser verstehen.* München: Reinhardt Verlag.

Hartmann, E. (2007). Erfolg versprechende Prävention von Leseschwierigkeiten in Kindergarten und Schule: ein Überblick. *Vierteljahresschrift für Heilpädagogik und ihre Nachbargebiete, 76,* 114–127.

Hartmann, E. (2008). Konzeption und Diagnostik von schriftsprachlichen Lernstörungen im Responsiveness-to-Intervention-Modell: eine kritische Würdigung. *Vierteljahresschrift für Heilpädagogik und ihre Nachbargebiete, 77,* 123–137.

Hartmann, E. (2010). Wirksamkeit von Interventionen zur Leseflüssigkeit bei Kindern und Jugendlichen mit Lernbehinderung: Synopse systematischer Übersichtsarbeiten. *Vierteljahresschrift für Heilpädagogik und ihre Nachbargebiete, 79,* 224 –238.

Hartmann, E. (2013). Schulweite Prävention von Lese-Rechtschreibschwierigkeiten im RTI-Modell: Ein Überblick. *Gemeinsam Leben, 2,* 100–108.

Hartmann, E. und Müller, C. (2009). Schulweite Prävention von Lernproblemen im RTI-Modell. *Schweizerische Zeitschrift für Heilpädagogik, 15,* 25–33.

Hartmann, E. und Niedermann, A. (2007). *Flüssig lesen mit Pattern Books.* Obstalden: VerlagKg.CH.

Hollenweger, J. und Lienhard, P. (2011). *Standardisiertes Abklärungsverfahren (SAV).* Bern: EDK.

Hosp, M., Hosp, J. und Howell, K. (2007). *The ABC`s of CBM.* New York: Guilford.

Huemer, S., Pointer, A. und Landerl, K. (2009). *Evidenzbasierte LRS-Förderung.* http://www.schulpsychologie.at/uploads/media/lrs_evidenzbasiert.pdf.

Ise, E., Engel, R. und Schulte-Körne, G. (2012). Was hilft bei der Lese-Rechtschreibstörung? Ergebnisse einer Metaanalyse zur Wirksamkeit deutschsprachiger Förderansätze. *Kindheit und Entwicklung, 21,* 122 –136.

Klicpera, C. und Gasteiger-Klicpera, B. (2011). *Psychologie der Lese- und Schreibschwierigkeiten.* 2. Auflage. Weinheim: Beltz.

Korntheuer, P. (2009). Möglichkeiten und Grenzen der ICF bei Lese- und Rechtschreibstörungen von Kindern und Jugendlichen. In H. Grötzbach und C. Iven, (Hrsg.), *ICF in der Sprachtherapie* (S. 213–226). Idstein: Schulz-Kirchner Verlag.

Lawrence-Brown, D. (2004). Differentiated instruction. *American Secondary Education, 32,* 34–62.

Müller, C. und Hartmann, E. (2010). Lernfortschritte im Unterricht erheben – Möglichkeiten und Grenzen des curriculumbasierten Messens. *Schweizerische Zeitschrift für Heilpädagogik, 15,* 36–42.

Palincsar, A.S. und Brown, A.L. (1984). Reciprocal teaching of comprehension-fostering and comprehension-monitoring activities. *Cognition and Instruction, 1,* 117–175.

Riva, S. und Antonietti, A. (2010). The application of the ICF CY model in specific learning difficulties: A case study. *Psychology of Language and Communication, 14,* 37–58.

Savage, R. (2006). Effective early reading instruction and inclusion: some reflections on mutual dependence. *International Journal of Inclusive Education, 10,* 347–361.

Slavin, R., Kale, C., Davis, S. und Madden, N. (2011). Effective programs for struggling readers: a best-evidence synthesis. *Educational Research Review, 6,* 1–26.

Snow, C., Burns, S. und Griffin, P. (1998). *Preventing reading difficulties in young children*. Washington, DC: National Academy.

Souvignier, E. und Antoniou, F. (2007). Förderung des Leseverständnisses bei Schülerinnen und Schülern mit Lernschwierigkeiten – eine Metaanalyse. *Vierteljahresschrift für Heilpädagogik und ihre Nachbargebiete, 76,* 46–62.

Vaughn, S., Bos, C. und Schumm, J. (2011). *Teaching students who are exceptional, diverse, and at risk in the general education classroom*. 5th ed. Uppler Saddle River: Pearson.

Vaughn, S., Tejero Hughes, M., Watson Moody, S. und Elbaum, B. (2001). Instructional grouping for reading for students with LD. *Intervention in School and Clinic, 35,* 131–137.

Vaughn, S., Wanzek, D. und Denton, C. (2006). Teaching elementary students who experience difficulties in learning. In L. Florian (Ed.), *Handbook of special education* (pp. 360–377). Thousand Oaks, CA: Sage.

von Suchodoletz, W. (2010). Therapie von Lese-Rechtschreibstörungen. In W. von Suchodoletz (Hrsg.): Therapie von Entwicklungsstörungen. Göttingen: Hogrefe, 89–128.

Walter, J. (2010). *LDL: Lernfortschrittsdiagnostik. Ein curriculumbasiertes Verfahren*. Göttingen: Hogrefe.

Walter, J. (2013). *VSL: Verlaufsdiagnostikum sinnentnehmendes Lesen*. Göttingen: Hogrefe.

Wember, F. (2007). Direkter Unterricht. In J. Walter und F. Wember (Hrsg.), *Sonderpädagogik des Lernens: Handbuch Sonderpädagogik*. Bd. 2. (S. 435–449). Göttingen: Hogrefe.

Kinder mit erhöhtem Förderbedarf in Mathematik: Was bedeutet dies für die Unterrichtsgestaltung?

Esther Brunner

Kinder und Jugendliche bringen auch im Fachbereich Mathematik ganz unterschiedliche Lernvoraussetzungen mit und reagieren unterschiedlich auf den Unterricht, die verwendeten Anschauungsmittel oder die angebotenen Erklärungen und Hilfestellungen. Das erfordert einen angepassten, differenzierenden Unterricht – dies allerdings unter Berücksichtigung gemeinsamer Lerngelegenheiten und Anlässe für mathematische Gespräche und fachlichen Austausch. Individualisierung, Differenzierung *und* Gemeinschaftsbildung lautet die Maxime.

Zudem sehen sich Lehrerinnen und Lehrer in ihrem Mathematikunterricht zunehmend auch mit Schülerinnen und Schülern konfrontiert, die einen besonderen Förderbedarf aufweisen, denen Mathematiklernen schwerer fällt als anderen Kindern und Jugendlichen[1] und die nur mit Mühe dem Stoff der Regelklasse folgen und die minimalen fachlichen Anforderungen erfüllen können. In diesen Fällen werden Lehrerinnen und Lehrer zwar intensiv von den Schulischen Heilpädagoginnen und Heilpädagogen unterstützt. Aber die Inklusion von Schülerinnen und Schülern mit erhöhtem Förderbedarf in die Regelklasse kann nicht ausschliesslich an Fachleute delegiert werden, sondern verlangt auch Engagement, Kompetenzen und Fachwissen aufseiten der Regellehrkräfte.

In diesem Kapitel wird Mathematiklernen zunächst bezüglich des Fach- und Lernverständnisses beschrieben. Anschliessend werden anhand von Fallbeispielen zwei typische Situationen vorgestellt, theoretisch ausgeleuchtet und schliesslich Handlungsoptionen für die Praxis aufgezeigt. Im ersten Fallbeispiel geht es um ein Kind, das Schwierigkeiten beim Mathematikerwerb zeigt, die im Rahmen der Regelklasse mit wenigen Anpassungen gut bearbeitet werden können. Das zweite Fallbeispiel hingegen bezieht sich auf ein Kind mit gravierenden Lern-

---

[1] Mit Kindern, denen vieles leichter fällt, befasst sich das Kapitel von Hoyningen-Süess in diesem Buch.

schwierigkeiten und deshalb mit erhöhtem Förderbedarf. Angesprochen wird auch die Bedeutung des frühen Erkennens und Bearbeitens von Schwierigkeiten beim Mathematikerwerb, und es wird eine Möglichkeit für die gezielte Erfassung von fachlichen Schwierigkeiten aufgezeigt, durch welche die standardisierten Verfahren ergänzt werden sollten. Abschliessend wird dargelegt, welche Aspekte für die Gestaltung von Mathematikunterricht für Kinder mit besonderem Förderbedarf zentral sind.

«In Mathe war ich nie gut …»

Diese Aussage hört man von Erwachsenen erstaunlich oft und ebenso erstaunlich freimütig. Offenbar ist es nicht nur gesellschaftlich akzeptiert, von Lernschwierigkeiten in Mathematik zu sprechen, sondern Mathematiklernen scheint bei Erwachsenen in den meisten Fällen auch als Leistungs- und damit als Erfolgs- bzw. Misserfolgserinnerung präsent zu sein. Damit einher geht überdies die häufig geäusserte Annahme, dass Mathematikverstehen ein fehlerfreies, automatisiertes Abrufen von Fertigkeiten, meist im Bereich des Rechnens, sei.

Die Mathematik als wissenschaftliche Disziplin hingegen versteht sich weder primär als ein Gebilde von abrufbaren Fertigkeiten noch als blosses Rechnen, sondern schon seit längerer Zeit als «Wissenschaft der Muster» (Devlin, 1998). Eine Besonderheit des Fachbereichs Mathematik besteht darin, dass er gekennzeichnet ist durch eine von Menschen entwickelte Symbolsprache und entsprechend präzise Begrifflichkeiten für fachlich teilweise sehr komplexe Konzepte. Mathematische Ideen und Konzepte werden in Gesetzen oder in Beweisen und ihrer Herleitung in einer symbolischen Sprache präzise und kürzestmöglich gefasst. Die Gleichung $2 + 3 = 3 + 2$ zeigt beispielsweise auf, dass die beiden Summanden vertauscht werden können und das Resultat trotzdem gleich bleibt. Das Kommutativgesetz klärt diesen Zusammenhang und ermöglicht es, eine Aufgabe wie $9 + 83$ geschickt zu lösen, indem vom grösseren Summanden ausgehend der kleinere addiert und somit $83 + 9$ gerechnet wird. Dieser Zusammenhang wird hier auf einer syntaktisch-algorithmischen Verstehensebene dargelegt. Dies bedeutet, dass verstanden worden ist, *wie* etwas zusammenhängt bzw. *welcher Art* ein Zusammenhang ist und *wie* man damit auf der Ebene von Operationen handeln kann.

Mathematik als Wissenschaft der Muster

Ein mathematisches Gesetz oder eine Operation als Produkt kulturellen Wissens beschreibt aber nicht nur einen mathematischen Zusammenhang oder ein mathematisches Muster mittels einer Kurzschreibweise, sondern stellt in abstrakter Form auch eine Handlung dar, die in verschiedenen Kontexten konkretisiert werden kann. Diese Kontextualisierung erfolgt nicht auf der syntaktisch-algorithmischen Verstehensebene, sondern auf einer semantisch-inhaltlichen und damit auf der Bedeutungsebene. Es geht also darum zu verstehen, *was* hier genau geschieht. Auf der semantisch-inhaltlichen Verstehensebene beinhaltet die Gleichung 2 + 3 = 3 + 2 beispielsweise die Situation, dass zwei grosse Teddybären und drei kleine in einer Reihe sitzend von der Rückseite her betrachtet in umgekehrter Reihenfolge auftreten, in ihrer Summe aber gleich viele bleiben (vgl. Abbildung 1):

Die Bedeutung des mathematischen Verstehens

ABBILDUNG 1_ Veranschaulichung des Kommutativgesetzes als «Tauschaufgaben» im Schweizer Zahlenbuch 1 (Wittmann und Müller, 2007, S. 49)

Auf einer semantisch-inhaltlichen Verstehensebene beschreibt diese Tauschaufgabe die Einsicht, dass die Teddybärenfamilie aus 5 Mitgliedern besteht, nämlich aus 2 Eltern und 3 Kindern, egal, ob man mit der Anzahl Eltern oder der Anzahl Kinder zu rechnen beginnt.

Mathematiklernen bedeutet somit einerseits, Handlungen aus dem lebensweltlichen Kontext in die Sprache der Mathematik zu übersetzen und sie in dieser auszudrücken, und andererseits, formale Notationen wie eine Gleichung zu kontextualisieren und sie mit Bedeutung zu füllen.

ICF: Aktivitäten und Partizipation / Lernen und Wissensanwendung

Die Gleichung 2 + 3 = 3 + 2 kann aber nicht nur nicht für eine Handlung in einem Kontext stehen und erzählt nicht nur eine Geschichte, die symbolisch notiert worden ist, sondern sie bildet darüber hinaus auch ein wesentliches Prinzip und damit ein grundlegendes Muster der Mathematik ab: das Prinzip der Kommutativität bzw. der Tauschaufgabe, das für die Addition und die Multiplikation gilt, nicht aber für die Subtraktion oder die Division.

Das Verstehen dieser einfachen Gleichung verlangt deshalb weit mehr, als das gespeicherte richtige Resultat aus dem Gedächtnis abzurufen. Es verlangt nach grundlegender Einsicht in ein mathematisches Muster. Damit steht das Verstehen einer Beziehung oder eines Zusammenhangs und – wenn dieser *immer* besteht – eines Musters, an erster Stelle und muss *vor* der Beschreibung oder (rechnerischen) Bearbeitung erfolgen. Verstehen verlangt folglich ein semantisch-begriffliches Denken, also ein Denken, das sich auf inhaltlicher Ebene abspielt. Blosses Ausführen oder Berechnen hingegen verlangt lediglich syntaktisch-algorithmisches Denken (vgl. Wartha und Wittmann, 2009, S. 74), das sich auf Vorgehensweisen bzw. prozedurales Wissen bezieht. Die Krux des syntaktisch-algorithmischen Denkens besteht darin, dass es auch ohne solides, tragfähiges Verständnis auf semantisch-inhaltlicher Ebene ausgeführt werden kann, als sinnentleertes, unverstandenes Durchführen eines Rezepts beispielsweise.

semantisch-begriffliches Denken

syntaktisch-algorithmisches Denken

Alltägliche Muster werden mit mathematischen Mitteln bearbeitet, und mathematische Muster werden wiederum in den Alltag übertragen und bieten so Möglichkeiten, Probleme mathematisch zu lösen. Mathematiklernen bedeutet daher auch, Zugang zu dieser Welt der Muster zu finden, die eigenen Gedanken und Lösungswege formulieren zu lernen und sich mit anderen in einem mathematischen Gespräch darüber auszutauschen. Für solche mathematischen Gespräche und den Austausch mit anderen bildet die gemeinsame (abstrakte) Sprache die Grundlage. Dieses Fachverständnis wird mit dem Kompetenzmodell der EDK (2011) unterlegt und im Lehrplan der Deutschschweizer Kantone (Projekt Lehrplan 21, 2011) entsprechend bezüglich seiner Anforderungen konkretisiert.

Mathematik als *Wissenschaft von den Mustern* kann sich nur dann weiterentwickeln, wenn man sie als Aktivität begreift. Auch Mathematiklernen erfolgt – wie Lernen generell – als aktiver, sozialer, situierter und reflexiver Prozess und besteht in aktiver Aufbauleistung, Konstruktion von Wissen und aktivem Vernetzen mit dem eigenen Vorwissen (vgl. Reusser, 2006).

Die Verwendung einer symbolischen Sprache stellt dabei eine grosse Herausforderung dar. So ist eine Zahl selbst zunächst kein konkretes Objekt, sondern wird durch ein Wort oder ein Symbol ausgedrückt, das zuerst interpretiert werden muss. Kinder verwenden diese symbolische Sprache bzw. deren Zeichen nicht von Anfang an korrekt. Darum muss beim Mathematikerwerb grundsätzlich mit

Fehlern gerechnet werden, die gleichzeitig aber auch einen sehr guten Einblick in das Denken von Kindern ermöglichen.

Der mathematische Lern- und Verstehensprozess ist für die Schülerinnen und Schüler allerdings nicht nur deshalb fehleranfällig, weil die Verwendung einer symbolischen Sprache anspruchsvoll ist. Lernschwierigkeiten können sich auch aufgrund einer unangemessenen Beschulung oder der Verwendung ungeeigneter Veranschaulichungsmittel (z.B. Rechnen am Zahlenstrahl, weil das zum Zählen verleitet) oder Lehrmittel zeigen. Damit sind Lernschwierigkeiten und Lernstörungen im Fachbereich Mathematik keineswegs nur eine Angelegenheit des betroffenen Kindes, sondern bedürfen oft auch der sorgfältigen Reflexion des angebotenen Unterrichts. Werfen wir dazu einen Blick in die Praxis.

« $\frac{1}{5}$ ist grösser als $\frac{1}{3}$ – oder doch nicht?»

Nico sitzt über seinen Rechenaufgaben. Es gilt zu bestimmen, welcher von jeweils zwei Brüchen der grössere ist. Der Junge tut sich schwer damit: «Ein Fünftel ist doch grösser als ein Drittel, oder etwa nicht?», fragt er und zeigt dabei auf den Nenner der beiden Brüche: «Die Fünf hier ist doch die grössere Zahl als die Drei hier.»

Brüche als Verhältnis von zwei Zahlen

Was Nico hier Schwierigkeiten verursacht, bereitet vielen Schülerinnen und Schülern Probleme. Seine Erklärung macht deutlich, dass er die beiden Brüche miteinander nur bezüglich ihres Nenners vergleicht und somit die Nenner der beiden Bruchzahlen als isolierte natürliche Zahlen betrachtet. Er greift dabei also auf sein Vorwissen aus dem Bereich der natürlichen Zahlen zurück und bestimmt isoliert die grössere Zahl in den beiden Nennern, nicht jedoch die grössere Bruchzahl. Weil sich Brüche von natürlichen Zahlen fundamental unterscheiden, kann das Vorwissen aus dem Bereich der natürlichen Zahlen aber nicht einfach auf den neuen Bereich der Brüche übertragen werden. Bisherige Denkgewohnheiten müssen erweitert werden (Zusammenstellung der Denkgewohnheiten: siehe Schmassmann, 2009). Beim Übergang von natürlichen Zahlen zu Brüchen ist somit ein Konzeptwechsel bzw. eine Konzepterweiterung nötig. Deshalb ist es auch besonders wichtig, dass Brüche nicht einfach auf einer symbolischen Ebene eingeführt, sondern als Verhältnis von zwei Zahlen erklärt werden.

Nico hat offensichtlich das Konzept des Bruchs als eines Verhältnisses von zwei Zahlen nicht verstanden. Für ihn besteht ein Bruch aus zwei Zahlen, die durch einen Bruchstrich voneinander getrennt werden. Die Bedeutung dieser symbolischen Notation als «1/5 gleich ein Teil von fünf Teilen» bzw. als «1/3 gleich ein Teil von drei Teilen» berücksichtigt er beim Lösen seiner Rechenaufgaben nicht.

Nico zeigt hier also syntaktisch-algorithmisches Denken im Gegensatz zu semantisch-begrifflichem Denken (vgl. Wartha und Wittmann, 2009, S. 74). Beim syntaktisch-algorithmischen Denken wird verfahrensorientiert gerechnet bzw. werden zwei natürliche Zahlen hinsichtlich ihrer Grösse miteinander verglichen. Semantisch-begriffliches Denken hingegen befasst sich mit dem Inhalt und damit mit der Beziehung der beiden durch den Bruchstrich getrennten Zahlen und fragt erst in einem zweiten Schritt, welches der beiden dargestellten Verhältnisse – eins von fünf oder eins von drei – das grössere sei.

Gerade beim Bruchbegriff müssen Schülerinnen und Schüler etliche Denkhürden überwinden und neue Konzepte erlernen (vgl. Hefendehl-Hebeker und Prediger, 2006; Prediger, 2004, 2006). Viele Konzepte, die im Bereich der natürlichen Zahlen ihre Gültigkeit haben, verlieren diese beim Arbeiten mit Brüchen. Deshalb sollte bei der Einführung und Bearbeitung von Brüchen eine differenzierte inhaltliche Verstehensunterstützung geplant werden. Eine solche Verstehensunterstützung beinhaltet zunächst einen sorgfältigen Aufbau des Bruchbegriffs auf einer semantisch-begrifflichen Ebene als Verhältniszahl bzw. als Zahl, welche die Teil-Ganzes-Beziehung beschreibt, und wird mit didaktisch guten Veranschaulichungsmitteln visualisiert, z.B. durch ein Punktefeld, ein Flächenmodell (Kreis, Rechteck) oder ein Streckenmodell (vgl. Abbildung 2; Affolter, Amstad, Doebeli und Wieland, 2009; Schmassmann und Moser Opitz, 2011).

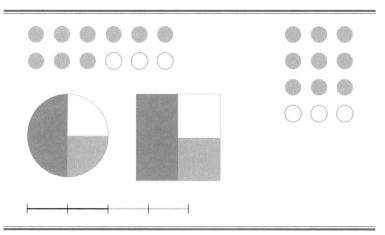

ABBILDUNG 2_ Unterschiedliche Modelle für die Darstellung von Brüchen: 1) Punktefeld (die Anzahl 12 als 2×6 bzw. als 4×3 abgebildet; die Hälfte der Punkte ist dunkelgrau, ¼ davon hellgrau, ¾ der Punkte sind eingefärbt), 2) Flächenmodell (im Kreis- bzw. Rechtecksmodell sind verschiedene Teilfelder erkennbar, die zusammen das Ganze ergeben: ½ + ¼ +¼) und 3) Streckenmodell (die Hälfte der Strecke + ein Viertel der Strecke, ½ + ¼ = ¾)

Es geht folglich darum, ein Konzept aufzubauen, und nicht einfach darum, Rechnungen richtig zu lösen oder erlernte Verfahren auszuführen. Die vorschnelle Fokussierung der syntaktisch-algorithmischen Ebene kann etliche Fehlermuster erzeugen, die bereits vielfach beschrieben worden sind (z.B. Padberg, 2002; Wartha und Wittmann, 2009). Eines dieser Fehlermuster besteht im isolierten Vergleichen von Zählern und Nennern, wie Nico dies tut. Er braucht also nicht einfach mehr Übungsmaterial oder eine Verbesserung seiner Fehler, sondern Verstehensunterstützung und damit Unterstützung auf semantisch-begrifflicher Ebene. Dabei soll er lernen, einen Bruch als Verhältniszahl zu erkennen. Prediger (2009, S. 213) nennt dieses didaktische Prinzip «inhaltliches Denken vor Kalkül». Ein solches didaktisches Prinzip kann möglichen Verstehens- und Lernschwierigkeiten vorbeugen und Nico darin unterstützen, ein tragfähiges Konzept von Brüchen aufzubauen, bevor er zu rechnen beginnt.

> Mathematisch Lernen heisst ein neues Konzept aufbauen

Regellehrpersonen können somit einen entscheidenden Beitrag dazu leisten, dass Lernschwierigkeiten sich nicht gravierend ausweiten. Dazu ist ein fachlich fundiert geplanter und durchdachter Unterricht unabdingbar. Nebst didaktischen Überlegungen gehört dazu auch, dass ein Inhalt schon während der Unterrichtsplanung bezüglich seiner möglichen Schwierigkeiten und Anforderungen analysiert wird, um bei der Bearbeitung von neuen Inhalten und beim Aufbau von Wissen in der Klasse bereits vorab präventiv entsprechende Unterstützungsmöglichkeiten vorbereitet zu haben. Ist dies der Fall, werden die anfänglichen Verstehensschwierigkeiten von Nico rasch behoben werden können. Mit einem erhöhten Förderbedarf ist dann nicht zu rechnen. Anders verhält es sich hingegen bei Silja, die im folgenden Abschnitt vorgestellt wird.

«... 99 993, 99 994, 99 995, 99 996, 99 997, 99 998, 99 999, 90 000 ...»

Die Lehrerin legt Silja ein Blatt Papier hin, auf dem eine grosse Zahl notiert ist: 99 993. Silja ist unsicher, wie die Zahl genau heisst, und schaut die Lehrerin fragend an. Diese liest ihr die Zahl vor und fordert sie anschliessend auf, selbst weiterzuzählen. «99 993, 99 994, 99 995, 99 996, 99 997, 99 998, 99 999», zählt Silja und stockt kurz, bevor sie weiterzählt: «90 000, 91 000, 92 000 ...» – «Komm, wir schreiben die Zahl einmal in der Stellenwerttafel auf», greift die Heilpädagogin darauf im Bestreben, Silja beim Weiterzählen zu unterstützen, ein. Das Mädchen schreibt:

HT	ZT	T	H	Z	E
		99	9		93

ABBILDUNG 3_ Eintrag von gehörten Einheiten in der Stellenwerttafel

Silja schreibt die grosse Zahl also so auf, wie sie sie gehört hat: als 99 Tausender, 9 Hunderter und 93 Einer (vgl. Abbildung 3). Dass die Stellenwerte Bündel von Zehnerpotenzen darstellen und dass man jede Zahl in ihre Stellenwerte aufteilen und mit Ziffern an der entsprechenden Stelle darstellen kann, ist ihr nicht klar. Auch wenn ihre Notation nicht grundsätzlich falsch ist – es fehlen lediglich die weiteren Bündelungen der zu vielen Einer und Tausender –, so wird darin doch erkennbar, dass Silja mit Oberflächenstrategien (hier: unmittelbares Übertragen des Gehörten) und nicht auf der Basis von Verständnis und Einsicht ins dezimale Stellenwertsystem arbeitet.

Das Dezimalsystem ist – wie jedes Zahlsystem – gekennzeichnet durch zwei Merkmale: durch Bündelung und durch Stellenwerte. Beim dezimalen Stellenwertsystem beträgt die Bündelungseinheit 10, d.h. zehn Einheiten werden zur nächstgrösseren Einheit gebündelt: zehn Einer (E) zu einem Zehner (Z), zehn Zehner zu einem Hunderter (H) usw. Die Anzahl jeder Einheit kann dabei nicht grösser sein als 9 und wird in der Stellenwerttafel an dem für sie bestimmten Platz eingetragen (vgl. Abbildung 4). Die Einsicht in diese beiden zentralen Merkmale scheint bei Silja nicht vorhanden zu sein. Würde sie diese beiden Prinzipien berücksichtigen, würde sie korrekterweise Folgendes schreiben:

HT	ZT	T	H	Z	E
9	9	9	9	9	3

ABBILDUNG 4_ Korrekter Eintrag in der Stellenwerttafel

Doch Silja fällt es offensichtlich sehr schwer, sich innerhalb der Zahlenreihe zu orientieren. Nachfolgerzahlen zu bestimmen, bereitet ihr insbesondere bei Stufenzahlen[2] grössere Schwierigkeiten. Zudem ist der Zählvorgang auch nach dem einfachsten Muster von *immer 1 mehr* ganz und gar nicht selbstverständlich. In Zweier-, Fünfer- oder Zehnerschritten zu zählen, ist Silja nicht möglich. Auch beim Rückwärtszählen gelingt ihr der ebenfalls einfache Schritt *immer 1 weniger* nicht mehr.

Flexibles Vor- und Rückwärtszählen von einer beliebigen Zahl aus sowie das Bestimmen von Vorgänger und Nachfolger von Zahlen gehören zu den elementaren Voraussetzungen des Rechnens. Addition kann als Vorwärtsschritt (nicht als Vorwärts*schreiten* in Einerschritten) interpretiert und auch entsprechend veranschaulicht werden, Subtraktion in analoger Weise als Rückwärtsschritt. Demnach ist 99 993 + 7 + 50 = 100 050 sowie 100 050 − 50 − 7 = 99 993 (siehe Abbildung 5):

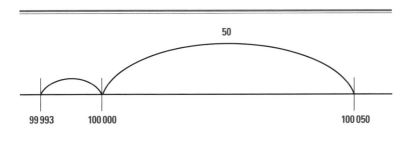

ABBILDUNG 5_ Darstellung von Addition und Subtraktion als Umkehroperationen mithilfe des Rechenstrichs

Für dieses Verständnis von Addition und Subtraktion als Umkehroperationen sind das Verständnis des Zahlenstrahls und die Orientierung auf diesem notwendig. Silja hat aber auch hiermit grosse Schwierigkeiten und verfügt zudem nicht über die Möglichkeit des Zählens in beliebigen (grösseren) Schritten. Zusammen mit der fehlenden Einsicht ins dezimale Stellenwertsystem führt dies schliesslich dazu, dass sie 99 Tausender nicht als 9 Zehntausender und 9 Tausender und damit nicht als 90 000 + 9000 verstehen kann. Muss sie Rechenaufgaben dieses Typs lösen, ist sie daher auf Oberflä-

---

2 Stufenzahlen sind Zehnerpotenzen mit ganzzahligen Exponenten, also z.B. 1 000 000 (10^6), 10 000 (10^4), 100 (10^2), 1 (10^0) oder 0,001 (10^{-3}) und Vielfache davon.

chenmerkmale angewiesen. Dabei kann es vorkommen, dass sie 9 + 9 korrekt löst, indem sie von 8 weiterzählt: 9, 10, 11, 12, …, 18. Anschliessend hängt Silja dann einfach eine gewisse Anzahl von Nullen an. Im einen Fall hängt sie die Summe aller Nullen der beiden Summanden an die Zahl 18 und kommt für die Addition 90000 + 9000 zum gänzlich unstrukturierten Ergebnis 180000000. Ein anderes Mal nennt sie als Resultat für die gleiche Aufgabe 180000 oder 18000, dies in Abhängigkeit von der Anzahl Nullen, die der von ihr fokussierte Summand aufweist. Danach gefragt, wie sie denn auf dieses Resultat gekommen sei, erklärt sie: «Man muss 9 + 9 rechnen und dann einfach die Nullen anhängen.» Ihre Antwort weist darauf hin, dass sie ein (unverstandenes) Rezept – Nullen anhängen – anwendet. Darin zeigt sich einmal mehr, wie problematisch es ist, Schülerinnen und Schüler mit Rezepten unterstützen zu wollen. Denn Rezepte haben einen sehr engen Gültigkeitsbereich und funktionieren nur bei vollständig korrekter Anwendung in ebendiesem (oftmals sehr begrenzten) Gültigkeitsbereich. Sobald sie nicht vollständig korrekt oder in einem anderen Bereich angewendet werden, führen sie zu falschen Resultaten. Gerade Schülerinnen und Schüler mit Lernschwierigkeiten zeigen darüber hinaus auch bezüglich ihrer Gedächtniskapazitäten reduzierte Leistungen und erinnern sich deshalb oft nur unvollständig an ein Rezept.

Die Problematik der Anwendung von unverstandenen Rezepten

Silja arbeitet mit diesem Vorgehen, dem rezepthaften Ausführen eines unverstandenen Musters, das in diesem Fall überdies keine Gültigkeit aufweist, ausschliesslich auf syntaktisch-algorithmischer Ebene und ist damit auch nicht in der Lage, das erreichte Resultat mittels Kontrollstrategien kritisch zu hinterfragen, etwa indem sie es auf semantisch-inhaltlicher Ebene hinsichtlich seiner Grössenordnung prüft. Die Folge davon sind Fehler über Fehler; das Rechnen mit grossen Zahlen gleicht einer einzigen Lotterie.

Die fehlenden Basiskompetenzen im Sinne von elementarem Verständnis des Zahlenstrahls und des Stellenwertsystems beeinflussen Siljas rechnerische Leistungen massgeblich und nachhaltig. Silja ist bald nicht mehr in der Lage, dem Stoff der Regelklasse auch nur annähernd zu folgen. Wie man mit grossen Zahlen, mit Grössen oder mit Dezimalbrüchen umgeht und was man darunter verstehen könnte, erschliesst sich ihr nicht. Ihre Schwierigkeiten betreffen die Grundlagen; die weiteren mathematischen Inhalte werden dadurch zu einem Buch mit sieben Siegeln.

Mathematische Lernschwierigkeiten erkennen und überwinden

Bei Silja zeigt sich zwar erhöhter Förderbedarf, aber ihre mathematischen Schwierigkeiten sind in einem gewissen Sinne auch typisch und betreffen nicht nur die Fünftklässlerin unseres Beispiels.

Kinder wie Silja bleiben zwischen zwei und vier Jahren hinter den erwarteten Mathematikleistungen zurück, brauchen für die Erarbeitung des Lernstoffs von einem Schuljahr zwei oder mehr Jahre und beherrschen am Ende der obligatorischen Schulzeit lediglich den Stoff der ersten fünf bis sechs Schuljahre. Zudem zeigen sie kaum Fortschritte in ihrem mathematischen Lernen und gewöhnen sich Fehlermuster an, die sie permanent replizieren (vgl. Parmar und Cawley, 1997). Betrachtet man ihre Fähigkeiten stärker inhaltlich, so fällt auf, dass sie über deutlich geringere Zählkompetenzen verfügen als andere Kinder und Jugendliche, die Stufe des flexiblen Zählens kaum erreichen und Schwierigkeiten beim Verständnis des Dezimalsystems, beim Veranschaulichen von Ergänzungen oder grundsätzlich beim Verständnis der Multiplikation und Division haben (vgl. Moser Opitz, 2005, 2007). Zudem greifen diese Kinder und Jugendlichen beim Addieren und Subtrahieren auf wenig effektive Strategien zurück (Geary, 2004; Jordan und Hanich, 2000) und lösen selbst einfache Kopfrechenaufgaben oft zählend (Hanich et al., 2001), was ein besonderes Problem darstellt, weil sie einerseits geringere Zählkompetenzen haben und andererseits durch das Zählen die Arbeit mit dem – nicht verstandenen – Dezimalsystem umgehen.

In solchen Fällen einfach von einer Rechenstörung oder Dyskalkulie zu sprechen, ist jedoch zu allgemein und beschreibt die typischen inhaltlichen Schwierigkeiten unzureichend, ist doch Dyskalkulie wie folgt definiert: «Diese Störung besteht in einer umschriebenen Beeinträchtigung von Rechenfertigkeiten, die nicht allein durch eine allgemeine Intelligenzminderung oder eine unangemessene Beschulung erklärbar ist. Das Defizit betrifft vor allem die Beherrschung grundlegender Rechenfertigkeiten wie Addition, Subtraktion, Multiplikation und Division, weniger die höheren mathematischen Fertigkeiten, die für Algebra, Trigonometrie, Geometrie oder Differential- und Integralrechnung benötigt werden» (DIMDI, 2012, F81.2). *Dyskalkulie / Mathematikschwierigkeiten*

Definition Dyskalkulie

Will man Silja gezielt fördern, kann man sich weder an den Grundoperationen im Allgemeinen orientieren, wie dies die oben zitierte Definition von Dyskalkulie nahelegen könnte, noch braucht sie zusätzliche Übungen in diesem Bereich. Vielmehr braucht Silja Einsicht in den Aufbau der Zahlen und ins dezimale Stellenwertsystem. Dazu benötigt sie ein Verständnis davon, dass eine ge-schriebene Zahl aus Ziffern besteht und diese je nach Position, an der sie stehen, zu einem anderen Wert führen, weil diese Ziffern an ihrer jeweiligen Position Ausdruck bestimmter Bündel (Einheiten), bestehend aus Zehnerpotenzen, sind.

Die Prävention solcher Rechenstörungen durch einen guten, sorgfältig geplanten und inhaltlich sinnvoll aufgebauten Mathema-tikunterricht ist Aufgabe der Regellehrperson. Die Aufarbeitung vor-handener Schwierigkeiten erfolgt zwar in enger Zusammenarbeit mit der Schulischen Heilpädagogik, kann aber nicht ausschliesslich an sie delegiert werden. Im Idealfall wird mit Silja eine fachlich dif-ferenzierte Lernstandserfassung durchgeführt (z.B. Schmassmann und Moser Opitz, 2011; Moser Opitz, Ramseier und Reusser, 2013), die Aufschluss über ihre grundlegenden rechnerischen Schwierig-keiten und Kompetenzen gibt. Auf dieser Basis wird eine Förderpla-nung ausgearbeitet, umgesetzt und nach einer entsprechenden Durchführung evaluiert. Nötig für dieses Vorgehen und damit für die Bearbeitung der spezifischen Schwierigkeiten von Silja ist eine fach-didaktisch orientierte Diagnostik. Dabei werden inhaltsnahe, mathe-matikdidaktische Verfahren eingesetzt (vgl. Brunner, 2012), die sich auf die Leistungen in inhaltlich schwierigen Anforderungssituati-onen und deren Förderung beziehen. Allgemeine Verfahren, wie sie beispielsweise auf der Basis der «Internationalen Klassifikation der Funktionsfähigkeit, Behinderung und Gesundheit» (ICF) (DIMDI, 2013) oder in Form von standardisierten Abklärungsverfahren vor-liegen, sind deshalb durch fachliche zu ergänzen oder fachlich zu interpretieren.

Förderplanung   Dieses Vorgehen lässt sich am Prozess der Förderplanung, wie ihn Luder (2011; vgl. auch Kunz, Luder, Gschwend und Diezi-Duplain, 2012) beschreibt, anschaulich aufzeigen (vgl. Abbildung 6). ➡ Siehe auch Kapitel Luder und Kunz. Zuerst werden die Lern- und Verhal-tensvoraussetzungen des Kindes in der konkreten Anforderungs-situation erfasst und beschrieben. Dabei geht es auch darum, Schwierigkeiten inhaltlich genauer zu präzisieren. In dieser Präzisie-rung wird deutlich, dass es sich nicht allgemein um tiefe Leistun-gen, eine Intelligenzminderung oder generell schwache Mathema-tikleistungen handelt, sondern um Schwierigkeiten mit einem ganz bestimmten Inhalt und bei einer ganz bestimmten Tätigkeit, nämlich beim Verwenden von grossen Zahlen. Gefragt wird nach einem spe-zifischen mathematischen Fehlermuster, das Aufschluss über ma-thematische Fehlkonzepte und Fehlvorstellungen gibt. Ein Fehler-muster wird dabei nicht in erster Linie z.B. durch Müdigkeit oder Konzentrationsmangel erklärt, sondern inhaltlich-mathematisch.

Im Fall von Silja könnte das Fehlermuster lauten, dass die Schülerin beim Weiterzählen in Einerschritten bei Stufenzahlen scheitert, weil sie vermutlich eine undeutliche Vorstellung von Stufenzahlen, Stellenwerten, Übertrag und Bündelung und damit eine unklare Vorstellung vom Aufbau des dezimalen Stellenwertsystems hat.

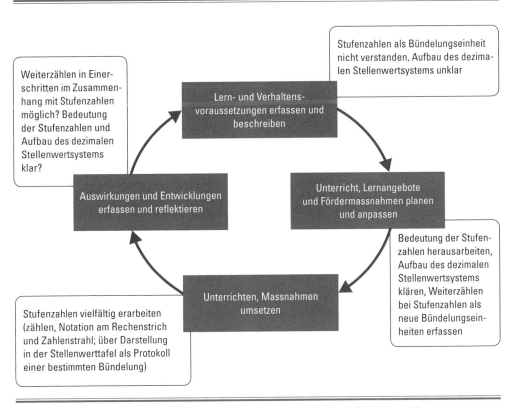

ABBILDUNG 6_ Prozess der Förderplanung (Luder, 2011), konkretisiert für das Beispiel von Silja in Mathematik

In einem nächsten Schritt führt dieses fachliche Verständnis des Fehlermusters zu einer fachlich ausgestalteten Förderplanung. Es wird überlegt, wie der Unterricht gestaltet werden muss und welche spezifischen Lernangebote und Fördermassnahmen angeboten werden sollten, damit Silja die nötigen Kompetenzen aufbauen kann. Der Inhalt dieser Angebote und Massnahmen bezieht sich auf die spezifischen Lernvoraussetzungen von Silja, denn die Angebote müssen dazu geeignet sein, ein Verständnis für das dezimale Stellenwertsystem mit seinen beiden Prinzipien Stellenwerte und Bündelungseinheit aufbauen zu können.

In der konkreten Umsetzung der Massnahmen werden deshalb vielfältige (aber nicht beliebige) Veranschaulichungsmittel eingesetzt, welche diese beiden Prinzipien verdeutlichen: die Stellenwerttafel und Bündelungen, z.B. mit Systemholz sowie strukturierte Punktefelder wie beispielsweise das Hunderterfeld oder das Tausenderfeld zum Erfassen von Anzahlen (vgl. Schmassmann und Moser Opitz, 2008). Mit dem Systemholz und mit Plättchen an der Stellenwerttafel können der Zahlaufbau und das Bündeln gut bearbeitet werden. Zudem werden dadurch die multiplikativen Beziehungen zwischen den Einheiten hervorgehoben. Wichtig ist dabei, dass eine grosse Zahl als Protokoll verschiedener Bündel in der Stellenwerttafel aufgefasst und verstanden wird. Die Stufenzahl stellt insofern eine Besonderheit dar, als dabei ein bestimmtes Bündel voll ist und kein weiterer Rest oder kleinere Bündel mehr übrig bleiben (z.B. 100 000 als ein Hunderttausender ohne weitere kleinere Bündel). Hunderter- oder Tausenderfeld zum Erfassen von Anzahlen hingegen sind geeignet, um auf den nächsten Zehner, Hunderter oder Tausender zu ergänzen. Auch dies benötigt Silja.

Eine solche fachlich ausgestaltete Planung von Unterricht, Lernangeboten und Fördermassnahmen kann nur auf der Basis einer sorgfältigen Sachanalyse (vgl. Grunder, Ruthemann, Scherer, Singer und Vettiger, 2007) erfolgen. Darin wird geklärt, welche inhaltlichen Aspekte bedeutsam sind, welche Fachbegriffe auftreten und welche Zusammenhänge bestehen (für ein Beispiel einer Sachanalyse vgl. Moser Opitz, 2009).

Nach verschiedenen Fördersequenzen werden die Auswirkungen der Massnahmen auf das Kind und seine Entwicklung erfasst. Diese Evaluation bezieht sich wiederum auf die inhaltlich-mathematischen Aspekte und fragt danach, ob Silja ein tragfähiges Verständnis von Stufenzahlen und vom dezimalen Stellenwertsystem aufbauen konnte und nun auch bei Stufenzahlen fehlerfrei in Einerschritten weiterzählen kann.

Die mathematisch-inhaltliche Ausgestaltung des Prozesses der Förderplanung (Luder, 2011) bezieht sich also nicht auf ein globales Störungsbild, wie dies bei der Diagnose Dyskalkulie der Fall ist, sondern auf spezifische einzelne fachliche Verstehensprobleme in einem anspruchsvollen Anforderungsbereich. Für das Erkennen und Erfassen von mathematischen Verstehensproblemen stehen

Der Einbezug fachlicher Diagnoseinstrumente

verschiedene ausgezeichnete fachliche Diagnoseinstrumente zur Verfügung, die von allgemeinen Testverfahren abzugrenzen sind (Übersicht siehe Brunner, 2012). Die fachlichen Diagnoseinstrumente leisten eine präzise Bestimmung des mathematischen Lernstands, während allgemeine Verfahren wie beispielsweise die

Standortbestimmung auf der Basis der ICF oder standardisierte Abklärungsverfahren auf einer übergeordneten Ebene eine Gesamtschau vornehmen. Die beiden unterschiedlichen Zugänge – der fachliche und der allgemeine – greifen aber nicht nur auf andere Instrumente und Verfahren zurück, sondern verfolgen auch je andere Zielsetzungen: Im Falle der fachdidaktisch ausgestalteten Diagnostik geht es weniger darum, abzuklären, welche allgemeinen Ressourcen vorhanden sind, als vielmehr darum, fachlich möglichst präzise zu bestimmen, wo zentrale Konzepte unverstanden sind, um darauf aufbauend eine spezifische Förderplanung erstellen zu können. Die Erarbeitung einer Förderplanung bedarf fachspezifischen Wissens und eines fachspezifisch erfassten Lernstands der Schülerin oder des Schülers, wenn sie wirksam sein soll. Im Idealfall greifen allgemeine Verfahren auf fachdidaktisch ausgestaltete zurück und beziehen die spezifischen Erkenntnisse aus einzelnen inhaltlichen Anforderungsbereichen gezielt mit ein.

Die fachlich ausgestaltete Diagnostik bezieht sowohl das Kind mit seinen spezifischen Verstehensschwierigkeiten als auch die Art des durchgeführten Unterrichts mit ein. Gefragt wird beispielsweise nach der Zweckmässigkeit bestimmter Veranschaulichungsmittel, nach der didaktischen Vermittlung von zentralen mathematischen Konzepten und nach der Kohärenz der fachlichen Erklärungen. Insbesondere bei diesem letzten Punkt lohnt es sich, inhaltsnahe und präzise fachliche Detailabsprachen zwischen Regellehrperson, Schulischer Heilpädagogin oder Schulischem Heilpädagogen, Eltern und allfälligen weiteren beteiligten Personen (z.B. Aufgabenhilfe) zu treffen, die sich auf die verwendeten Veranschaulichungsmittel, die zentralen fachlichen Begriffe (z.B. *Plus-Rechnen* anstelle von *zusammenzählen, zusammenrechnen, dazutun* usw.) und die Art und Weise einer fachlichen Erklärung beziehen, die sich nicht auf blosses Auswendiglernen und auf das Vermitteln von unverstandenen und wenig verstehbaren Rezepten abstützt.

«Was Hänschen nicht lernt …?»

Lernschwierigkeiten lassen sich in Mathematik schon sehr früh erkennen. So deuten die empirischen Arbeiten mit mathematischen Vorläuferkompetenzen darauf hin, dass die späteren Mathematikleistungen in der Unterstufe anhand von frühem Zahlen- und Mengenvorwissen vorhergesagt werden können (vgl. Krajewski, 2003, 2005; Krajewski und Schneider, 2006). Das mathematische Vorwissen im Vorschulalter ermöglicht eine deutlich bessere Vorhersage der späteren Rechenleistungen, als dies beispielsweise die Intelligenz zulässt (vgl. Weisshaupt, Peucker und Wirtz, 2006).

Mathematikleistungen erweisen sich auch als relativ stabil. So konnte im Rahmen der SCHOLASTIK-Studie (Weinert und Helmke, 1998) schon früh nachgewiesen werden, dass die Mathematikleistungen in der zweiten Klasse einen starken Zusammenhang mit denjenigen im elften Schuljahr aufweisen (Stern, 1998), sodass man von einer gewissen Langzeitstabilität der Mathematikleistungen sprechen kann. Wer im Kindergarten bereits über ein gutes mathematisches Vorwissen verfügt, hat damit deutlich bessere Chancen, auch im zweiten Schuljahr gute Mathematikleistungen zu erbringen und darüber hinaus auch im elften Schuljahr nach wie vor zu der leistungsfähigen Gruppe in Mathematik zu gehören. Umgekehrt gilt, dass sich Rechenschwierigkeiten ebenfalls bereits sehr früh abzeichnen. Damit kann auch sehr früh mit der Prävention und der gezielten Förderung von allfälligen fachlichen Schwierigkeiten begonnen werden. So erfreulich also die Langzeitstabilität der Mathematikleistungen im Bereich der guten Leistungen ist, so sehr sind intensive, spezifische und inhaltsnahe Fördermassnahmen notwendig, um diese Langzeitstabilität im Falle von schwachen Leistungen zu durchbrechen.

Guter Mathematikunterricht als Prävention

Die Förderung von Schülerinnen und Schülern mit besonderem Förderbedarf ist nicht allein Aufgabe der Schulischen Heilpädagogin oder des Schulischen Heilpädagogen (vgl. Kunz et al., 2012). Auch hier gilt, dass die Regelklasse den ersten Förderort darstellt (vgl. Scherer und Moser Opitz, 2010). Guter Mathematikunterricht kann dabei auch eine präventive Wirkung haben, da eine sorgfältige und konsistente Bearbeitung von Lerninhalten auf der Basis einer Sachstrukturanalyse eine gute Ausgangslage für das Verstehen von Mathematik darstellt oder indem ungünstige Lernvoraussetzungen früh unterstützt und teilweise ausgeglichen werden können.

Ein guter Mathematikunterricht bietet substanzielle und vielfältige Lerngelegenheiten für Schülerinnen und Schüler mit ganz unterschiedlichen Lernvoraussetzungen. Dazu gehören im inklusiven Unterricht auch Kinder mit besonderem Förderbedarf. Differenzierung in den Anforderungen, in den Veranschaulichungsmitteln, in den Erklärungen usw. ist deshalb unabdingbar. Das Konzept der natürlichen Differenzierung (vgl. Wittmann und Müller, 2007) erweist sich dabei als besonders leistungsfähig und als für die Lehrpersonen gut umsetzbar. Krauthausen und Scherer (2007) beschreiben die natürliche Differenzierung mit vier Merkmalen:

Besondere pädagogische Bedürfnisse

Natürliche Differenzierung

— Alle Kinder erhalten das gleiche Lernangebot bzw. die gleiche zu bearbeitende Aufgabe.
— Das Angebot umfasst ein inhaltlich Ganzes, keinen isolierten Teilbereich, und ist damit komplex, ohne aber kompliziert zu sein.
— Die gestellten Aufgaben enthalten Fragestellungen mit unterschiedlichem Schwierigkeitsgrad. Dieser ergibt sich nicht durch verschiedene Niveaus, sondern dadurch, dass die gestellten Aufgaben von den Schülerinnen und Schülern unterschiedlich – und damit in Abstimmung mit den je eigenen Lernvoraussetzungen – bearbeitbar sind. So können beispielsweise verschiedene Lösungswege, Darstellungsformen, Hilfsmittel oder teilweise auch Aspekte der Problemstellung gewählt werden.
— Die so ermöglichten unterschiedlichen Lösungen und Vorgehensweisen regen den sozialen Austausch und das Gespräch über das mathematische Tun an. Zwischen den Schülerinnen und Schülern findet ein fachliche Diskussion statt und regt deren Lernen voneinander und miteinander an.

Guter, differenzierender Mathematikunterricht schafft somit Lerngelegenheiten für unterschiedlich leistungsfähige Schülerinnen und Schüler und regt darüber hinaus eine gemeinsame Diskussionen und Reflexionen über mathematisches Tun an.

Guter Mathematikunterricht

Wichtig ist weiter, dass auch die fachliche Lernunterstützung in den Phasen des selbstständigen Bearbeitens der Aufgabenstellungen adaptiv konzipiert ist. Eine solche nimmt nicht nur auf die Aufgabenstellung und den vorhandenen Lösungsweg Bezug, sondern geht ebenso sehr auf die individuellen Lernvoraussetzungen der Schülerinnen und Schüler ein und wird in Abhängigkeit davon anders ausgestaltet.

Guter Mathematikunterricht schafft aber auch Gelegenheiten, neue Lerninhalte gemeinsam zu erarbeiten, führt neue Inhalte und Konzepte sorgfältig ein und baut zentrale fachliche Begriffe auf. Neue Inhalte, Konzepte und Begrifflichkeiten sind oft sehr anspruchsvoll und können kaum im Selbststudium erworben werden. Gerade diese Aspekte werden im offenen Unterricht, der primär auf selbstständiges Tun der Schülerinnen und Schüler fokussiert, allerdings oft vernachlässigt, was sich wiederum besonders auf Kinder mit erhöhtem Förderbedarf und vorhandenen Lernschwierigkeiten nachteilig auswirkt. Guter Mathematikunterricht braucht deshalb eine ausgewogene Balance zwischen Instruktion und selbsttätigem Arbeiten.

Erst wenn differenzierte unterrichtliche Massnahmen und ein guter Mathematikunterricht allein nicht ausreichen, braucht es die Unterstützung der Schulischen Heilpädagogin oder des Schulischen Heilpädagogen und eine fruchtbare Zusammenarbeit auf der Basis geklärter Rollen und Verantwortlichkeiten (vgl. Kunz et al., 2012).

Fazit

Schülerinnen und Schüler mit besonderem Förderbedarf im Mathematikunterricht brauchen also *nicht*
— eine grundsätzlich andere Mathematik,
— mehr vom Gleichen oder
— Rezepte zum Ausführen ohne Verständnis,
sondern
— fachlich und fachdidaktisch besonders kompetente Lehrpersonen,
— eine spezifische, inhaltlich-mathematische Förderung, aufbauend auf einer fachlich präzisen Bestimmung des Lernstands im Fachbereich Mathematik, was eine fachdidaktische Diagnostik erfordert, und
— gezieltes Aufarbeiten und Erarbeiten von Verständnis von zentralen fachlichen Konzepten und Prinzipien.

Denn – wie Wagenschein (1971, S. 419) dies sehr schön formuliert hat: «Verstehen des Verstehbaren ist ein Menschenrecht» – und Mathematik im Rahmen der obligatorischen Schulzeit gehört zweifelsohne zum Verstehbaren.

Literatur

Affolter, W., Amstad, H., Doebeli, M. und Wieland, G. (2009). *Schweizer Zahlenbuch 5.* Zug: Klett und Balmer.

Brunner, E. (2012). Rechenschwäche – wessen Thema ist das eigentlich? *SZH, 6,* 15–19.

Deutsches Institut für Medizinische Dokumentation und Information (DIMDI). (2012). *ICD-10-WHO Version 2013. Entwicklungsstörungen. F81.2 Rechenstörung.* Zugriff am 16.04.2013 unter: http://www.dimdi.de/static/de/klassi/icd-10-who/kodesuche/onlinefassungen/htmlamtl2013/ block-f80-f89.htm

Deutsches Institut für Medizinische Dokumentation und Information (DIMDI). (2013). *ICF.* Zugriff am 19.04.2013 unter: http://www.dimdi.de/static/de/klassi/icf/

Devlin, K. (1998). *Muster der Mathematik.* Heidelberg: Spektrum.

EDK. (2011). *Grundkompetenzen für die Mathematik. Nationale Bildungsstandards.* Freigegeben von der EDK Plenarversammlung am 16. Juni 2011. Bern: EDK.

Geary, D.C. (2004). Mathematics and learning disabilities. *Journal of Learning Disabilities, 37,* 4–15. Grunder, H.-U., Ruthemann, U., Scherer, S., Singer, P. und Vettiger, H. (2007). Unterricht verstehen, planen, gestalten, auswerten. Baltmannsweiler: Schneider Verlag Hohengehren.

Hanich, L.B., Jordan, N.C., Kaplan, D. und Dick, J. (2001). Performance across different areas of mathematical cognition in children with learning difficulties. *Journal of Educational Psychology, 93,* 615–626.

Hefendehl-Hebeker, L. und Prediger, S. (2006). Unzählig viele Zahlen: Zahlbereiche erweitern – Zahlvorstellungen wandeln. *Praxis Mathematik in der Schule; 48* (11), 1–7.

Jordan, N.C. und Hanich, L. (2000). Mathematical thinking in second-grade children with different forms of learning disabilities. *Journal of Learning Disabilities, 33,* 567–578.

Krajewski, K. (2003). *Vorhersage von Rechenschwäche in der Grundschule.* Hamburg: Kovac.

Krajewski, K. (2005). Vorschulische Mengenbewusstheit von Zahlen. In M. Hasselhorn, H. Marx und W. Schneider (Hrsg.), *Diagnostik von Mathematikleistungen* (S. 49–70). Göttingen: Hogrefe.

Krajewski, K. und Schneider, W. (2006). Mathematische Vorläuferfertigkeiten im Vorschulalter und ihre Vorhersagekraft für die Mathematikleistungen bis zum Ende der Grundschulzeit. *Psychologie in Erziehung und Unterricht 53* (4), 246–262.

Krauthausen, G. und Scherer, P. (2007). *Einführung in die Mathematikdidaktik* (3. Aufl.). Heidelberg: Spektrum.

Kunz, A., Luder, R., Gschwend, R. und Diezi-Duplain, P. (2012). Schulische Integration, Rollenverständnis, -konflikte: Rollenklärung für eine gemeinsame, interdisziplinäre Förderplanung. *SZH, 12,* 5–12.

Luder, R. (2011). Förderung als interdisziplinäre und kooperative Aufgabe. In R. Luder, A. Kunz, P. Diezi-Duplain und R. Gschwend (Hrsg.), *Sonderpädagogische Förderung gemeinsam planen. Grundlagen, Modelle und Instrumente für die Praxis* (S. 11–28). Zürich: Verlag Pestalozzianum.

Moser Opitz, E. (2005). Lernschwierigkeiten Mathematik in Klasse 5 und 8. Eine empirische Untersuchung zu fehlenden mathematischen Basiskompetenzen. *VHN, 74,* 113–128.

Moser Opitz, E. (2007). *Dyskalkulie.* Bern: Haupt.

Moser Opitz, E. (2009). Integrativer Unterricht. *Grundschule, 3,* 12–15.

Moser Opitz, E., Ramseier, E. und Reusser, L. (2013). Basisdiagnostik Mathematik für die Klassen 4–8 (BASIS-MATH 4–8). In M. Hasselhorn, A. Heinze, W. Schneider, und U. Trautwein (Hrsg.), *Diagnostik mathematischer Kompetenzen* (S. 271–286). Göttingen: Hogrefe.

Padberg, F. (2002). *Didaktik der Bruchrechnung. Gemeine Brüche und Dezimalbrüche* (3. Aufl.). Heidelberg: Spektrum.

Parmar, R.S. und Cawley, J.F. (1994). Differences in mathematics performance between students with learning disabilities and students with mild retardation. *Exceptional Children, 60,* 549–566.

Prediger, S. (2004). Brüche bei den Brüchen – aufgreifen oder umschiffen? *mathematik lehren*, Heft 123, 10–13.

Prediger, S. (2006). Vorstellungen zum Operieren mit Brüchen entwickeln und erleben – Vorschläge für vorstellungsorientierte Zugänge zu diagnostischen Aufgaben. *Praxis Mathematik in der Schule, 48* (11), 8–12.

Prediger, S. (2009). Inhaltliches Denken vor Kalkül. Ein didaktisches Prinzip zur Vorbeugung und Förderung bei Rechenschwierigkeiten. In A. Fritz und S. Schmidt (Hrsg.), *Fördernder Mathematikunterricht in der Sek. I. Rechenschwierigkeiten erkennen und überwinden* (S. 213–234). Weinheim: Beltz.

Projekt Lehrplan 21. (2011). *Grobstruktur Lehrplan 21.* Von der Deutschschweizer Erziehungsdirektoren-Konferenz an der Plenarversammlung vom 28. Oktober 2011 als Arbeitspapier zur Veröffentlichung freigegeben. Zugriff am 28.03.2013 unter: http://www.lehrplan.ch/sites/default/ files/grobstruktur_lp21.pdf

Reusser, K. (2006). Konstruktivismus – vom epistemologischen Leitbegriff zur Erneuerung der didaktischen Kultur. In M. Baer, M. Fuchs, P. Füglister, K. Reusser und H. Wyss (Hrsg.), *Didaktik auf psychologischer Grundlage. Von Hans Aeblis kognitionspsychologischer Didaktik zur modernen Lehr-Lernforschung* (S. 151–168). Bern: hep.

Scherer, P. und Moser Opitz, E. (2010). *Fördern im Mathematikunterricht der Primarstufe.* Heidelberg: Spektrum.

Schmassmann, M. (2009). «Geht das hier ewig weiter?» In A. Fritz und S. Schmidt (Hrsg.), *Fördernder Mathematikunterricht in der Sek. I. Rechenschwierigkeiten erkennen und überwinden* (S. 167– 185). Weinheim: Beltz.

Schmassmann, M. und Moser Opitz, E. (2008). *Heilpädagogischer Kommentar 3 zum Schweizer Zahlenbuch. Hinweise zur Arbeit mit Kindern mit mathematischen Lernschwierigkeiten.* Zug: Klett und Balmer.

Schmassmann, M. und Moser Opitz, E. (2011). *Heilpädagogischer Kommentar 5+6 zum Schweizer Zahlenbuch. Hinweise zur Arbeit mit Kindern mit mathematischen Lernschwierigkeiten.* Zug: Klett und Balmer.

Stern, E. (1998). Erwerb mathematischer Kompetenzen: Ergebnisse aus dem SCHOLASTIK-Projekt. In F.E. Weinert und A. Helmke (Hrsg.), *Entwicklung im Grundschulalter* (S. 157–170). Weinheim: Beltz.

Wagenschein, M. (1970). *Ursprüngliches Verstehen und exaktes Denken* (Band 1). Stuttgart: Klett.

Wartha, S. und Wittmann, G. (2009). Lernschwierigkeiten im Bereich der Bruchrechnung und des Bruchzahlbegriffs. In A. Fritz und S. Schmidt (Hrsg.), *Fördernder Mathematikunterricht in der Sek. I. Rechenschwierigkeiten erkennen und überwinden* (S. 73–108), Weinheim: Beltz.

Weinert, F.E. und Helmke, A. (Hrsg.). (1998). *Entwicklung im Grundschulalter.* Weinheim: Beltz.

Weisshaupt, S., Peucker, S. und Wirtz, M. (2006). Diagnose mathematischen Vorwissens im Vorschulalter und Vorhersage von Rechenleistungen und Rechenschwierigkeiten in der Grundschule. *Psychologie in Erziehung und Unterricht, 53*, 236–245.

Wittmann, E.C. und Müller, G.N. (2007). *Schweizer Zahlenbuch 1.* Bearbeitung für die Schweiz Elmar Hengartner und Gregor Wieland. Zug: Klett.

Handlungsmöglichkeiten im Bereich Spracherwerb und Begriffsbildung

Begriffsbildung in der Eingangsstufe und Handlungsmöglichkeiten im Bereich Spracherwerb

Inge Rychener

Da in der Literatur, der Begriff *Begriff* unscharf verwendet wird, wird zunächst versucht, eine gut verständliche Definition zu finden, die eine Basis für den vorliegenden Artikel bietet. Dabei werden sowohl Repräsentationen in Form von Merkmals- oder Funktionsbündeln angesprochen wie auch die Vernetzung dieser Merkmale, die uns ein differenziertes Denken ermöglichen. Daraus lässt sich schliessen, dass die Wortschatzarbeit im Unterricht nicht vernachlässigt werden darf.

Sprache wird nicht von Begriffen (Inhaltswörtern) allein bestimmt, sondern viel entscheidender von Funktionswörtern wie z.B. *obwohl, eigentlich,* oder *weil.* Deshalb wird diesen kleinen aber bedeutungsvollen Wörtern im Artikel ein besonderes Kapitel gewidmet. In diesem Zusammenhang wird die Notwendigkeit diskutiert, Kindern Redemittel zur Verfügung zu stellen.

Nach ein paar Worten zur Theorie des Begriffserwerbs wird der Fokus auf die Begriffsbildung im Unterricht gelegt. Das Konzept des ganzheitlichen Begriffserwerbs steht dabei im Zentrum: Begriffe werden gelernt und verinnerlicht, wenn sie in vielfältigen, möglichst authentischen Kontexten bewusst erlebt und angewendet werden. Dies stellt die Lehrperson vor die Herausforderung, anregende Lernumgebungen zur Verfügung zu stellen, die den Kindern den Gebrauch der gewünschten Begriffe ermöglicht, ohne dass eine Trainingssituation entsteht. Mit den entsprechenden Arrangements werden alle Kinder ermuntert, sich aktiv zu beteiligen und über Zusammenhänge nachzudenken. Die Qualität des Inputs, das Handeln und der Austausch unter Gleichaltrigen ermöglichen nachhaltiges Lernen. Wie die Lehrperson solche Arrangements zur Verfügung stellen kann, wird mit einem in der Praxis erprobten Beispiel aufgezeigt.

Der Begriff *Begriff*

«Begriffe sind die Instrumente, die uns die Welt sehen und verstehen lassen.» (Aebli, 2006, S. 246). Was meint Aebli damit? Mit seiner Definition weist er auf mehrere Aspekte des Wortes *Begriff* hin. Zum einen stellt er fest, dass Begriffe an sich zentral sind, um die Welt zu verstehen, sie aber nicht die Welt selber sind. Sie sind lediglich Hilfsmittel – eben *Instrumente* – die dazu dienen können, sich in der Welt besser zurechtzufinden. Voraussetzung ist, dass sie verstanden werden. Anschaulich wird dies, wenn wir uns eine Person vorstellen, die zwar über viele Wörter verfügt, aber nicht weiss, was sie bedeuten. Die Person kann unter Umständen zwar mit Fachwörtern auftrumpfen, bei genauerem Hinsehen wird aber deutlich, dass sie nicht weiss, wovon sie spricht. Erst wenn Wörter mit Merkmalen, Funktionen, Assoziationen usw. verknüpft werden können, werden sie zum *Begriff* und können angemessen verwendet werden. Über je mehr Merkmale, Funktionen usw. eine Person zu einem Wort verfügt, umso besser hat sie es verstanden. Und wer einen Begriff umfassend verstanden hat, ist besser in der Lage, die Welt in ihrer Vielfältigkeit wahrzunehmen und zu verstehen. Wem z.B. zum Wort *Wald* das Merkmal *Baum* einfällt, hat wohl ein zentrales Kennzeichen des Waldes erkannt, den Wald aber in seiner Vielfalt nicht erfasst. Wer *Eiche, Buche, Föhre* usw. nennen und diese Bäume auch voneinander unterscheiden kann, *sieht* den Wald genauer, bewegt sich aufmerksamer im Wald und achtet sorgfältiger auf die Bäume. Dies meinte Aebli mit der Aussage, dass Begriffe *uns die Welt sehen und verstehen lassen.*

Begriffe als Instrumente, um die Welt zu verstehen

Mir fehlen die Worte

Mir fehlen die Worte ich
hab die Worte nicht
dir zu sagen was ich fühl'
ich bin ohne Worte ich
finde die Worte nicht [...]

Tim Bendzko (2011): Wenn Worte meine Sprache wären.
Songtext

Nicht nur Tim Bendzko fehlen die Worte, um das auszudrücken, was ihn beschäftigt. Auch Pädagogen und Sprachwissenschaftler beklagen mangelhafte sprachliche Handlungsfähigkeiten bei Kindern und Jugendlichen im mündlichen wie im schriftlichen Bereich aufgrund von fehlendem Wortschatz: Anspruchsvollere Texte werden nicht verstanden, schriftliche Arbeiten werden auf dem sprachlichen Niveau einer SMS geschrieben. Ein Grund ist nicht (oder nicht nur) mangelndes Interesse, sondern oft liegt das Problem bei den fehlenden Wörtern. Wer die Wörter *wispern, flüstern, tuscheln* nicht kennt, kann in einem Text lediglich den umschreibenden Begriff *leise sprechen* verwenden, was den Text semantisch deutlich ärmer macht.

Naheliegend wäre der bewusste Auf- und Ausbau des Wortschatzes im schulischen Unterricht, was jedoch kaum je praktiziert wird. Ulrich (2011) nennt u.a. folgende Gründe, warum Wortschatzarbeit von vielen Lehrpersonen wenn nicht als unnötig, so doch als problematisch betrachtet wird:

Wortschatzarbeit als wichtige Aufgabe von Lehrpersonen

— Wortschatz wird beiläufig erworben
— Zu viele Wörter – welche sollen ausgewählt werden?
— Begriffe sind kaum je eindeutig
— Nicht vertretbarer Zeitaufwand

Ulrich (2011) zeigt auf, dass diese Argumente bei näherer Betrachtung kaum stichhaltig sind. So wird Wortschatz zwar auch beiläufig erweitert, die so erworbenen Begriffe sind aber oft nur rudimentär und unsicher gespeichert. Deshalb kann sich eine Lehrperson kaum darauf verlassen, dass die verwendeten Begriffe wirklich verstanden wurden. Dass es sehr viele Wörter sind und eine Auswahl schwierig ist, mag zutreffen, nur gilt dies auch für den übrigen Lernstoff, und auch hier traut sich die Lehrperson zu, eine Auswahl zu treffen. «Soll ich im nächsten Semester das Kaninchen, die Katze oder das Meerschweinchen thematisieren?», mag sich manche Kindergärtnerin fragen. Genauso gut könnte sie sich fragen, welche damit verknüpften Begriffe sie mit den Kindern erarbeiten und vertiefen könnte. Dass Begriffe kaum je eindeutig sind, macht es umso spannender, mit Kindern daran zu arbeiten und mit ihnen darüber zu reflektieren. Dabei bietet sich nicht nur ein Vergleich mit den Erstsprachen der Kinder, sondern auch die Verknüpfung mit Erfahrungen und individuellen Theorien der Kinder an.

Die sorgfältig geplante Begriffsarbeit erweitert nicht nur den Wortschatz der Kinder quantitativ, sondern ermöglicht ihnen mit der Zeit auch, ihren Wortschatz qualitativ zu vertiefen, indem sie z.B. auf

Synonyme, unterschiedliche Verwendungsmöglichkeiten, Haupt- und Nebenbedeutungen aufmerksam werden. Der Wortschatzzuwachs eines Menschen ist nahezu unbegrenzt möglich. Weil nur eine ausreichend grosse Menge an sicher verstandenen Begriffen schriftliches und mündliches Handeln ermöglicht, liegt es in der Verantwortung jeder Lehrperson, diesen Schatz auf- und auszubauen. Diesen Aufwand als Zeitverschwendung zu betrachten, würde bedeuten, den Kindern eine wichtige Lernchance vorzuenthalten (Ulrich, 2011, S. 39 f.).

Wort-Klassen

In diesem Abschnitt soll kurz auf die Unterscheidung zwischen Inhaltswörtern und Funktionswörtern eingegangen werden. Wortschatzarbeit wird oft gleichgesetzt mit dem Erlernen und Abrufen von bedeutungstragenden Einzelwörtern. Dabei kann leicht vergessen werden, dass Wörter oft erst im Text ihre Bedeutung erhalten. So wird im Satz «Der Wal, den sie nach Hause geschleppt hatte, machte sich wirklich gut im Buchregal», erst gegen Ende des Satzes klar, dass es sich bei dem Tier um ein Kunstobjekt o.ä. handeln muss.

Inhaltswörter sind bedeutungstragend, d.h. sie sagen für sich allein genommen bereits viel aus, man muss sich aber bewusst sein, dass sie in einem Text gegebenenfalls ihre Bedeutung ändern können. Zu den Inhaltswörtern werden Nomen, Verben und Adjektive gezählt. Inhaltswörter können (im Deutschen), zumindest theoretisch, beliebig lang sein (z.B. durch die Aneinanderreihung von Nomen), was u.a. auch bedeutet, dass ihre Anzahl nicht begrenzt ist (offene Klasse). *Inhaltswörter*

Funktionswörter, deren Anzahl begrenzt ist (geschlossene Klasse), sind hingegen nicht oder wenig bedeutungstragend. Zu ihnen gehören die Partikeln (z.B. Präpositionen, Konjunktionen), Artikel, Pronomina usw. Trotz der auf den ersten Blick unscheinbaren Rolle haben die Funktionswörter eine entscheidende Funktion im Satz und sind oft für die inhaltliche Feinaussage des Satzes verantwortlich. Sie stellen Beziehungen zwischen Inhaltswörtern her. So ändert sich z.B. die Bedeutung des folgenden Satzes entscheidend durch die Funktionswörter *weil* und *obwohl:* *Funktionswörter*

— Weil es regnete, gingen wir spazieren.
— Obwohl es regnete, gingen wir spazieren.

Die *inhaltliche* Aussage ist sofort klar – es regnete – wir gingen spazieren. Die beiden Funktionswörter *weil* und *obwohl* ermöglichen aber die Diskussion über die Bedingungen des Spazierengehens, wodurch die Aussagen erst interessant werden, das heisst, sie nehmen Einfluss auf die Inhaltswörter. So klein und unscheinbar die Wörter auch wirken, so entscheidend sind sie für die semantische Aussage des Satzes. Ausserdem können Funktionswörter unterstützend die interpretatorische Bedeutung eines Inhaltswortes klären. So wird im ersten Beispielsatz der Regen geschätzt (z.B. als Abkühlung), im zweiten hingegen als problematisch betrachtet.

Die Relevanz von Funktionswörtern
    Wenn Wortschatzarbeit im Unterricht betrieben wird, werden in der Regel hauptsächlich Inhaltswörter fokussiert. Mittels Assoziationen und Wortfeldern werden Bedeutungen erarbeitet, Schüler und Schülerinnen setzen sich mit möglichen Wortbedeutungen auseinander oder lernen neue Wörter, indem sie ihnen erklärt werden. Funktionswörter hingegen sind selten Gegenstand von Wortschatzarbeit. Auch finden sich kaum Publikationen, die sich mit der Frage auseinandersetzen, wie Funktionswörter gelernt werden. In der vergriffenen Publikation von Clahsen (1988) beschreibt er, dass Kinder Funktionswörter möglicherweise lernen, indem sie sie vergleichend, prüfend und ausschliessend anwenden (Clahsen, 1988, S. 124). Dabei unterstützt sie ein elaborierter, ihrem Alter angepasster Input, den sie in ihrem Umfeld hören, wie z.B. das Vorlesen von (Bilder-) Büchern oder Gespräche mit kompetenten Anderen in der Pause.

    Textkompetenz (Texte produzieren, rezipieren und reflektieren) und Wortschatzarbeit schliessen sich somit nicht aus, sondern bedingen einander gegenseitig oder wie Hoffmann es ausdrückt: «Es wird erfahrbar, dass [...] aus textbezogenen Wortschatzkenntnissen Einsichten in die Differenziertheit von Textkommunikation erwachsen» (Hoffmann, 2011, S. 143).

Begriffserwerb – Grundlage

Die Frage, wie Bedeutungen in den Köpfen gespeichert werden, ist bei weitem nicht abschliessend geklärt. Es gibt aber diverse Theorien, die sich auf verschiedenen Wegen einer Erklärung annähern. Im Folgenden sollen die Theorie der Merkmalssemantik, der Prototypensemantik und die Wortfeldtheorie kurz vorgestellt werden, um anschliessend auf die Konsequenzen für den schulischen Begriffserwerb zu sprechen zu kommen. Im Folgenden wird nur auf jeweils einen Vertreter der jeweiligen Theorie eingegangen.

Merkmalssemantik

Pottier (1963) führt aus, dass jedes Wort über *distinktive seman-tische Merkmale* (Pottier, 1963/64, nach Overberg, 1999) verfügt, d. h., jedes Wort wird durch klar unterscheidbare Merkmale (= Seme) von anderen Wörtern abgegrenzt. Die Grundüberlegung ist, dass sich die Bedeutung jedes Wortes aus zutreffenden oder nicht zutref-fenden Merkmale zusammensetzt. Pottier stellt dies in einer ein-fachen Tabelle dar, in der er bezeichnet, ob das Merkmal vorhanden oder nicht vorhanden ist:

TABELLE 1_Merkmalssemantik

Merkmale	Vogel	Spatz	Pinguin	Flugzeug
hat Federn	+	+	–	–
kann fliegen	+	+	–	+
legt Eier	+	+	+	–
kann schwimmen	+	–	+	–
frisst Fische	+	–	+	–
frisst Insekten	+	+	–	–
singt	+	+	–	–
hat einen Motor	–	–	–	+

+ vorhandenes / – nicht vorhandenes Merkmal

Die Merkmalsliste könnte theoretisch fortgesetzt werden, bis alle denkbaren Eigenschaften (hier von flugfähigen Objekten) erfasst und binär (+ / –) markiert sind. Die Summe der Merkmale ergebe dann die genaue Bedeutung des jeweiligen Begriffs (Bachmann-Stein, 2011, S. 64).

Mithilfe solcher Tabellen kann z.B. festgestellt werden, ob zwei Begriffe Synonyme sind, nämlich dann, wenn sie in allen Merkma-len übereinstimmen. Auch können Oberbegriffe bestimmt werden, diese enthalten alle Merkmale eines Begriffs, in diesem Beispiel könnte dies *flugfähiges Objekt* sein. **Vor- und Nachteile von Merkmalslisten**

Ein Nachteil solcher Tabellen ist, dass die Merkmalsliste nahezu unendlich fortgesetzt werden müsste, bis die Bedeutung eines Be-griffs tatsächlich bis ins letzte Detail definiert wäre. So könnte im vorliegenden Beispiel geklärt werden, welche Insekten genau ein Spatz frisst, in welcher Tonhöhe er singt, wie viele Federn er durch-schnittlich hat usw. Ausserdem eignet sich diese Theorie nur, um konkrete und unter Umständen auch abstrakte Inhaltswörter zu beschreiben. Das Hauptproblem aber ist die Einschränkung auf *vorhanden / nicht vorhanden,* da Bedeutungen sehr oft nur «graduell beschreibbar» sind wie Bachmann-Stein bemerkt (Bachmann-Stein, 2011, S. 65). Das ist gemeint, wenn wir z.B. die Farbe eines Kleides mit *rötlich* bezeichnen. Das heisst, das Kleid ist zwar irgendwie rot, aber nicht genau so, wie wir uns *rot* vorstellen. Auf dieses Problem geht die Prototypensemantik ein.

Prototypensemantik

Die Prototypensemantik (Rosch, 1975, 1977 nach Bachmann-Stein, 2011) geht davon aus, dass bestimmte Vertreter einer Kategorie typischer für die Kategorie sind als andere. So ist z.B. der Spatz ein typischer Vertreter der Kategorie *Vogel,* der Pinguin hingegen ist weniger repräsentativ für diese Kategorie. Der Spatz wäre somit der Prototyp der Vögel. Oder allgemein ausgedrückt ist der Prototyp derjenige Vertreter einer Kategorie, der zuerst genannt wird, wenn danach gefragt wird: «Nenne einen Vogel!»– «Spatz!». Rosch konnte mit ähnlichen Tests nachweisen, dass bei vielen Probanden eine hohe Übereinstimmung besteht bei der Nennung von typischen Vertretern bestimmter, unterschiedlicher Kategorien. Daraus schliesst sie, dass es *Prototypen* jeder Kategorie geben muss, die besonders repräsentativ für die Kategorie sind (Rosch, 1975, 1977, nach Bachmann-Stein, 2011).

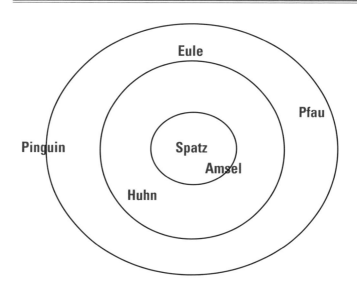

ABBILDUNG 1_Prototypensemantik: Vogel

Ein wichtiger Unterschied zur Merkmalssemantik liegt darin, dass ein Merkmal nicht entweder *vorhanden* oder *nicht vorhanden* ist, sondern, dass es typischere Merkmale gibt und weniger typische. Merkmale sind also *mehr oder weniger* vorhanden. Zudem gibt es Merkmale, bei denen nicht eindeutig ist, ob sie zutreffen oder nicht. So baden Spatzen in Regenpfützen, gilt dies nun als *schwimmen* oder nicht? Um das wiederum bestimmen zu können, müsste das Verb *schwimmen* mithilfe von Merkmalen genau definiert werden.

Offenbar speichern Menschen Begriffe mittels Prototypen ab und kennen daneben aber in der Regel auch eine Anzahl ähnlicher Vertreter. Bis heute ist allerdings nicht geklärt, wie die typischen Merkmale eines Prototyps bestimmt werden können. Sind es beim Spatz z. B. die Merkmale «hat Federn», «kann fliegen» und «frisst Insekten»? Oder noch mehr? Oder andere? Denn die genannten treffen ja für viele andere Vögel auch zu, z. B. das Rotkehlchen oder die Amsel. Die Frage also, warum vielen Menschen der Spatz zuerst einfällt, wenn sie einen Vogel nennen sollen, ist nicht geklärt. Es kann vermutlich davon ausgegangen werden, dass Prototypen jeweils individuell und soziokulturell unterschiedlich definiert sind und Menschen bei deren Bestimmung wahrscheinlich auf persönliche Erfahrungswerte zurückgreifen.

Die Funktion des Prototyps beim Begriffslernen

Die Prototypensemantik stellt also die Merkmalssemantik nicht infrage, sondern kann als eine Fortführung dieser Theorie verstanden werden, indem sie nach der Qualität der Merkmale fragt und nach deren Rolle für die Bedeutung eines Begriffs. Es wäre möglich, diese Wertung der Merkmale in der Tabelle (s. Tabelle 1) darzustellen, indem die Merkmale statt lediglich mit + / – zu bezeichnen, mit einer gewissen Anzahl + / – bezeichnet würden. +++ würde dann bedeuten «sehr relevantes Merkmal».

Wortfeldtheorie

Eine etwas andere Sichtweise nimmt die Wortfeldtheorie (Fanselow/ Staudacher, 1991, nach Bachmann-Stein, 2011) ein. Sie beschreibt Bedeutungen auf der Wortebene, indem sie davon ausgeht, dass kein Wort im Kopf eines Menschen existiert, ohne dass weitere, sinnverwandte Wörter ins Bewusstsein gerufen werden können. Mit einem Wortfeld wird diese (individuell) begrenzte Menge an sinnverwandten Wörtern bezeichnet, die in einem Satz beliebig ausgetauscht werden könnten. Das heisst, sie gehören zur selben Wortart und passen inhaltlich zum Ausgangssatz. So lassen sich im Satz «Dort fliegt ....» Nomen einfügen, die fiktiv oder real flugfähig sind: ein Vogel, ein Spatz, das Flugzeug, der Drachen, eine Fledermaus usw. Ein Wortfeld ist eine geschlossene Einheit.

Vor- und Nachteile
der Wortfeldtheorie

Die Wortfeldtheorie zeigt auf, dass Wortbedeutungen abhängig sind von den übrigen Wörtern des Wortfeldes. Dies wiederum zeigt die Merkmalssemantik, da (in diesem Beispiel) bei jedem Nomen das Grundmerkmal *kann fliegen* vorhanden sein muss. Deshalb kann hier beispielsweise *Pinguin* nicht zum Wortfeld gezählt werden. Der zentrale Vorteil ist, dass in einem Wortfeld Bedeutungsbeziehungen aufgezeigt werden können, die nicht offensichtlich sind.

Offensichtlich sind auch die Nachteile der Wortfeldtheorie: Die Bedeutung von Wörtern wird nur sehr ungenau erfasst. Ausserdem sind Wortfelder nie unmissverständlich begrenzt: Wer definiert z.B. ob Dumbo, der fliegende Elefant, in das oben genannte Wortfeld gehört oder ob auch ein fliegendes Auto (wie es z.B. in Filmen vorkommen kann) dazu gezählt werden kann (Bachmann-Stein, 2011)?

Was bedeuten diese kurzen Einblicke in die Wortschatztheorie für die Wortschatzarbeit in der Schule? Auf diese Frage soll im folgenden Abschnitt eingegangen werden.

Begriffserwerb im Unterricht

Kinder – sowohl Kinder mit Deutsch als Erstsprache wie auch Kinder mit Deutsch als Zweitsprache – lernen neue Begriffe, indem natürliche Lernsituationen von der Lehrperson geschickt gesteuert werden: Über ein natürliches Eintauchen in eine deutsche Sprachwelt, eine sogenannte *Immersionssituation* hinaus, ist es notwendig und sinnvoll, Kindern gezielt den Input anzubieten, den sie benötigen, um die Details der deutschen Grammatik zu entdecken […] (Tracy, 2008, S. 163).

Die Voraussetzung für eine gelingende Steuerung von spielerischen Angeboten, ist eine sorgfältige Vorbereitung durch die Lehrperson. Die *Wortfeldtheorie* unterstützt sie bei der präzisen Auswahl von Unterthemen oder Teilgebieten innerhalb eines Themas. In Anlehnung an die *Prototypensemantik* kann bestimmt werden, welche Begriffe und Redemittel fokussiert werden sollen, und die *Merkmalssemantik* gib Hinweise, wie diese Begriffe und Redemittel in Spiel- und Lernangebote eingeplant werden können:

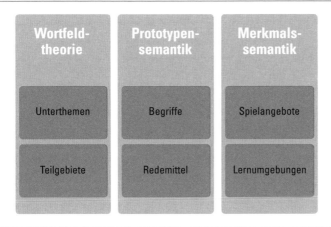

ABBILDUNG 2_ Der Nutzen der Theorien für die Praxis

Mit einem realen Beispiel aus der Eingangsstufe soll nun vorgestellt werden, wie Begriffserwerb im Unterricht vorbereitet, geplant und umgesetzt werden kann:

a. Thema und Unterthemen festlegen
b. Begriffe und Redemittel auswählen
c. Spiel- und Lernumgebungen planen

Die Lehrperson möchte zum Abschluss des Schuljahres mit ihrer Klasse ein Theater-Musical vorbereiten, zu dem die Eltern eingeladen werden. Bereits ein halbes Jahr vorher weiss sie, dass es etwas mit Tieren zu tun haben sollte. Die Kombination *Musical – Tiere* führt schnell zur Entscheidung, den *Karneval der Tiere* von Camille Saint-Saëns als Grundlage für die Aufführung zu wählen.

Thema und Unterthemen festlegen

   Bei der Frage, welche Tiere aus dem Musical gewählt werden sollen, kommt die Wortfeldtheorie (s. oben) ins Spiel. Das heisst, es werden zunächst Grundmerkmale festgelegt, die auf alle Tiere zutreffen sollten. So sollten Tiere gewählt werden, deren äussere Erscheinung typische Merkmale hat, die von den Kindern gut nachgestaltet werden können. Beim Elefanten ist dies z.B. der Rüssel, beim Löwen die Mähne, bei der Schildkröte der Panzer usw. Als weniger geeignet wurden z.B. die Fossilien und die Kängurus erachtet, und deshalb schieden sie aus. Ein weiteres Grundmerkmal war die Fortbewegungsart, resp. die typische Haltung eines Tieres. Diese sollte sich gut darstellen lassen. Beim Elefanten war dies z.B. das Trampeln, beim Löwen das Anschleichen und die stolze/faule Haltung oder bei der Schildkröte der schleppende Gang. Und schliesslich sollten die Tiere möglichst eine besondere Sprache haben, damit die Kinder diese bei der Aufführung nachahmen könnten: der Elefant trompetet, der Löwe brüllt, die Hühner gackern. Obwohl die Schildkröte nur wenig und keine typischen Laute von sich gibt, kam sie in die engere Auswahl, weil das Merkmal *Sprache* weniger stark gewichtet wurde.

Nachdem mithilfe dieser drei Grundmerkmale die infrage kommenden Tiere (aus dem durch das Werk «Karneval der Tiere» begrenzten Wortfeld) ausgewählt worden waren, geht die Lehrperson daran, Begriffe und Redemittel festzulegen, denen die Kinder in den Spiel- und Lernangeboten begegnen sollten. Dazu erstellte die Lehrperson in Anlehnung an die Prototypensemantik (s. oben) für jedes Tier ein Auswahldiagramm.

Die Lehrperson notiert (kann auch in Zusammenarbeit mit den Kindern geschehen) alle Wörter / Satzteile, die ihr zum Thema einfallen, einzeln auf je einen Post-it-Zettel. Sie notiert den Hauptbegriff, um den es geht (z.B. Elefant), in der Mitte eines grossen Papieres. Nun klebt sie die Post-it-Zettel darum herum und zwar so, dass die typischen oder wichtigen Wörter (das sind in der Regel die Wörter, die ihr zuerst eingefallen sind), nahe beim Zentrum stehen. Je untypischer oder weniger naheliegend die Wörter sind, desto weiter weg werden sie aufgeklebt. Nun sieht die Lehrperson auf einen Blick, welche Wörter zentral zum Thema gehören, nämlich diejenigen, die nahe der Mitte sind (s. Abb. 3). Ein weiterer Vorteil ist, dass sie festlegen kann, welche Wörter/Redemittel zum Mindestzielwortschatz gehören sollen und zumindest als rezeptiver (verstehender) Wortschatz von allen Kindern gelernt werden sollen, auch z.B. von Kindern mit Deutsch als Zweitsprache oder von sprachschwächeren Kindern. Meist sind dies ebenfalls die Begriffe, die nahe der Mitte aufgeklebt wurden. Sprachbegabtere Kinder können mit anspruchsvolleren Wörtern/Redemitteln weiter weg vom Zentrum gefordert werden. Der Vorteil der Post-it-Zettel ist, dass sie problemlos verschoben oder auch entfernt werden können. Das Ziel der Vorbereitung ist, dass nur noch diejenigen Post-it-Zettel auf dem Poster kleben, die als Zielwortschatz (s. Abb. 4) ausgesucht wurden.

Begriffe und Redemittel auswählen

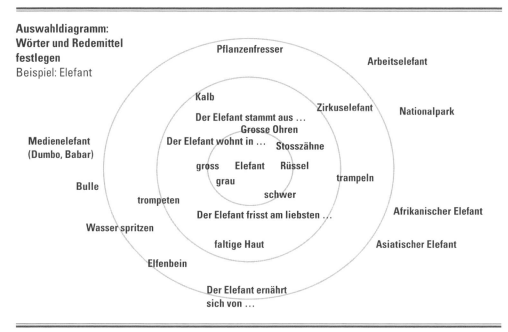

Auswahldiagramm: Wörter und Redemittel festlegen
Beispiel: Elefant

ABBILDUNG 3_ Sammlung aller Wörter / Begriffe

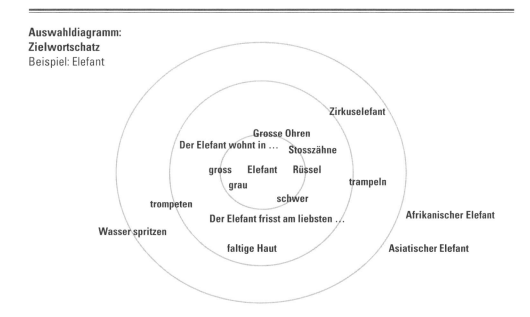

Auswahldiagramm: Zielwortschatz
Beispiel: Elefant

ABBILDUNG 4_ Ausgewählter Zielwortschatz

In Zusammenarbeit mit den pädagogisch-therapeutischen Lehrpersonen wurde im Projekt-Kindergarten ausserdem festgelegt, dass einige Präpositionen (auf, unter, zwischen) und Redemittel (z.B. «Darf ich bitte … haben?») zum Zielwortschatz gehören sollen.

Spiel- und Lernumgebungen wählen

Kinder lernen eine Sprache, wenn ihnen ein interessantes, anregungsreiches Umfeld geboten wird, in dem sie gefordert werden, die Sprache zu nutzen. Das heisst, dass die Lehrperson ein Spiel- und Lernangebot bereitstellen sollte, das den Kindern die Begegnung mit und die Anwendung von Sprache ermöglicht.

Der Ansatz der Merkmalssemantik unterstützt die Lehrperson bei der Auswahl an Spiel- und Lerngeboten mit Fokus auf den Zielwortschatz. Dazu erstellt sie zu den einzelnen ausgewählten Begriffen ein Merkmalsnetzwerk. Die einzelnen Netze dieses Netzwerkes können als unterschiedlich definierte Merkmal-Oberbegriffe des Begriffs gedacht werden, mit deren Hilfe die Lernenden sich der Bedeutung annähern können. Im Beispiel unten (Abb. 5) sind das z.B. die Sinneserfahrungen, das Begriffsnetz, das Assoziative Netz usw. Diese Netze werden nun mit passenden Merkmalen oder Stichworten gefüllt (s. Abb. 5). Wie umfassend dies geschehen kann, ist individuell unterschiedlich. Die eine Person kennt den Begriff – z.B. Elefant – sehr genau, ihr Netzwerk wird sehr dicht gefüllt sein, während es bei einem kleinen Kind vermutlich noch viele Lücken hat. Das Netzwerk ist nie fertig ausgebaut, deshalb kann Verstehen immer nur annähernd gelingen. Nicht nur die Oberbegriffe selber können laufend ausgebaut werden, auch die Anzahl der Netze kann ergänzt werden: Je dichter das Netzwerk, desto differenzierter das Verstehen. Das Netzwerk des Begriffs *Elefant* kann zum Beispiel so aussehen, wie in der folgenden Grafik dargestellt (Abb.5).

In der Eingangsstufe sind die drei Netze *Sinneserfahrungen*, *Emotionen* und *Assoziationen* (rot markiert) massgebend für die Vorbereitung der Spiel- und Lernangebote; das *Begriffsnetz* spielt dabei selbstredend auch eine bedeutende Rolle. Die Lehrperson bereitet Lernumgebungen vor, die zur Anwendung der aufgelisteten

Wörter handelnd lernen

Stichwörter herausfordern. Sie studiert z.B. einen Tanz ein (passend zur entsprechenden Musik), in dem die Kinder sich *trampelnd und schwer* bewegen. Bei der Einführung des Tanzes kann sie die Wörter *trampeln* und *schwer* immer wieder einflechten. Die Kinder verknüpfen das Gehörte mit den Bewegungen, die sie dazu ausführen. Eventuell begleiten die Kinder das Stück, indem sie mit den Armen einen Rüssel formen und laut trompeten. Die Lehrperson ermuntert sie: «Mit seinem Rüssel kann der Elefant laut trompeten.» So lernen die Kinder im Handeln die Wörter *trampeln, schwer* und *laut* kennen. Im Sommer können die Kinder draussen mit Schläuchen Was-

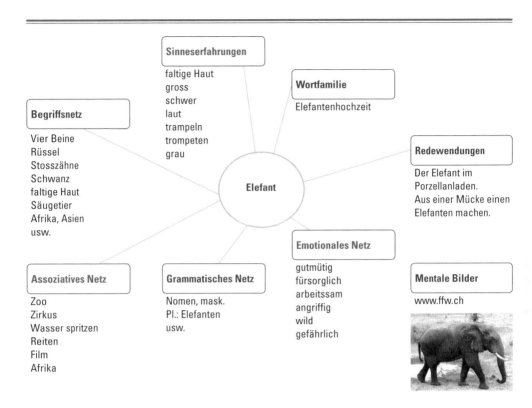

ABBILDUNG 5_ Netzwerk *Elefant*

ser spritzen. Die Kinder benutzen das Wort *Rüssel* und den Ausdruck *Wasser spritzen*. Das Reiten auf einem Elefanten kann in der Turnhalle nachempfunden werden: Ein Kind macht den Vierfüsslerstand, ein anderes setzt sich vorsichtig auf dessen unteren Rücken. So spazieren sie durch die Turnhalle. Es kann auch ein *Elefantenrennen* auf allen Vieren (ohne Reiter) durchgeführt werden, um zu zeigen, dass *schwer* nicht gleichbedeutend mit *langsam* sein muss.

Auf einem Forschertisch liegen Bücher / Bilder / Poster usw. bereit z.B. für die Beschäftigung im Freispiel. Damit vertiefen die Kinder ihr Sachwissen zum Elefanten. In Kleingruppen können in der geführten Sequenz unterschiedliche Aufträge bearbeitet werden, z.B. «Sucht in den Büchern, welche Farbe der Elefant haben kann.» – «Sucht und zeichnet die unterschiedlichen Ohrformen der Elefanten.» – «Sucht in den Büchern, was die Elefanten essen und zeichnet es auf.» – Die Lehrperson könnte einer Kleingruppe auch einen Stapel Bilder geben, die mögliche und unmögliche Esswaren für den

Umsetzungsidee Forschertisch

Elefanten zeigen. Die Kinder sortieren die Bilder mithilfe der Bücher in zwei Stapel: essbar / nicht essbar (für den Elefanten). Die Kinder arbeiten am Begriffsnetz und vertiefen damit das Verstehen des Begriffs *Elefant*.

Es kann ein Zoobesuch, vielleicht mit einem geführten Rundgang im Elefantengehege, organisiert werden. Die Kinder bereiten Fragen für den Wärter vor. Sie notieren diese in der ihnen möglichen Form. Parallel zu allen Aktivitäten führen die Kinder ein Reisetagebuch, in dem sie regelmässig ihre Erfahrungen und Erlebnisse festhalten. Der Zoobesuch ermöglicht den Kindern viele emotionale Begegnungen mit den Tier, was die feste Verankerung des Begriffs fördert.

Umsetzungsidee Zoobesuch

In all diesen Aktivitäten werden laufend viele Begriffe aus dem Merkmalsnetz implizit und/oder explizit angewendet und damit gefestigt. Die Kinder lernen nicht nur neue Begriffe kennen und vertiefen ihr Weltwissen, sie bauen auch ihre sprachlichen Kompetenzen bezüglich Dialogfähigkeit, Schrifterfahrung und Sprachbewusstheit aus.

Um einzelne Begriffe gezielt herauszufordern, haben die Kinder ein Quartett gestaltet. Auf den vier zueinander gehörenden Karten waren jeweils vier typische Merkmale eines Tieres abgebildet. Beim Elefanten z.B. der Rüssel, die grossen Ohren, die vier Beine und die Stosszähne. Beim Spielen fragten die Kinder einander: «Darf ich (von dir) bitte die Stosszähne vom Elefanten haben?» Somit wurden im Spiel einerseits einzelne Begriffe immer wieder angewendet und andererseits das Redemittel «Darf ich bitte ... haben?» laufend wiederholt.

Umsetzungsidee Spielendes Lernen

Um die unterschiedlichen Bezeichnungen aus dem emotionalen Netz spielerisch anzuwenden, hat die Lehrperson einen sogenannten *Instrumentenbaum* gestaltet. Dazu hat sie an einem hölzernen *Stamm* verschiedene Holzstangen und -bretter montiert. Darauf und daran wurden Instrumente und Geräte, mit denen Geräusche erzeugt werden können, angebracht. Zum Spiel gehört ein Stapel laminierter A5-Karten, auf denen die Tiere zu sehen sind, z.B. eine Elefantenkuh mit ihrem Jungen. Die Kinder spielen in einer kleinen Gruppe. Ein Kind zieht eine Karte und stellt mittels Tönen und Klängen das Tier und die Szene auf dem Bild dar. Die Kinder raten, was auf dem Bild zu sehen ist. Dabei wird zunächst das Tier selber dargestellt und geraten (mit seinen typischen Merkmalen, hier z.B. schwer, laut) und dann die Szene auf dem Bild (feine, liebevolle Töne). Die Kinder verwenden immer wieder die Fragen «Ist es ein....?» und «Ist es ein [Elefant], der [spaziert]?». Somit wird beiläufig der Relativsatz vertieft.

Zum Schluss ein Beispiel, wie die Ziel-Präpositionen im Spiel eingeplant werden können: Die Kinder zeichnen ein grosses Bild (Format A3) mit bestimmten Elementen (z.B. eine Wiese, einen Turm, den Himmel usw. Die Bilder können in Kleingruppen gemalt werden, indem die Lehrperson diktiert, was wo dargestellt werden soll (Raumorientierung). Jedes Bild wird zweimal kopiert. Zum Spiel gehören Stempel (mit den Tieren), Stempelkissen und ein Satz kleiner Kärtchen, auf denen jeweils ein gestempeltes Tier ist.

Spielverlauf: Zwei Kinder erhalten je eine Kopie vom selben Bild. Sie setzen sich gegenüber und bauen eine Wand zwischen sich auf. Ein Kind diktiert dem anderen, wo es ein Tier hinstempeln soll: «Stemple einen Elefanten auf die Wiese!» oder «Stemple einen Elefanten zwischen das Haus und die Blume!» Das diktierende Kind legt ein Kärtchen mit dem Elefanten auf die Wiese, resp. zwischen Haus und Blume. So kann am Schluss überprüft werden, ob die Stempel am richtigen Ort gemacht wurden. Die Kinder wenden im Spiel nicht nur die Präpositionen an, sondern auch eine Imperativform.

Schlusswort

Die aktive und spielerische Beschäftigung mit Sprache in der vorgestellten Form ermöglicht nicht nur lustvolles, sondern auch systematisches Lernen. Implizites, handlungsorientiertes Lernen bedeutet nicht, dass die Kinder nach Belieben selbstvergessen spielen. Das Lernen geschieht in diesen Lernumgebungen zwar implizit, d.h. beiläufig und ohne eine bewusste Wissensbasis, aber nicht ungesteuert oder ziellos. Es gilt, Lernsituationen zu schaffen, die die Anwendung der sprachlichen Zielstrukturen im spielerischen Austausch mit kompetenten Anderen herausfordern und somit fördern.

Literatur

Aebli, H. (2006). *Zwölf Grundformen des Lehrens. Eine Allgemeine Didaktik auf psychologischer Grundlage.* Stuttgart: Klett-Cotta.

Bachmann-Stein, A. (2011). Theoretische Grundlagen: Semantik. In W. Ulrich und I. Pohl (Hrsg.), *Deutschunterricht in Theorie und Praxis (DTP). Wortschatzarbeit,* (S. 54–73). Baltmannsweiler: Schneider.

Bendzko, T. (2011). *Wenn Worte meine Sprache wären.* Zugriff am 4.2.2014 unter: http://www.goethe.de/ins/us/saf/prj/sig/mus/mcv/lyr/en9087749.htm

Clahsen, H. (1988). *Normale und gestörte Kindersprache.* Linguistische Untersuchungen zum Erwerb von Syntax und Morphologie. Zugriff am 25.7.2013 unter: http://books.google.com/books?id=t_tm7pUU2RQC&pg=PA79&lpg=PA79&dq=Clahsen+Funktionsw%C3%B6rter

Hoffmann, M. (2011). Textorientierte Wortschatzarbeit. In W. Ulrich (Hrsg.), *Deutschunterricht in Theorie und Praxis (DTP). Wortschatzarbeit.* Baltmannsweiler: Schneider.

Krumm, H.-J., Fandrych, Ch., Hufeisen, B. und Riemer, C. (Hrsg.) (2012). *Deutsch als Zweit- und Fremdsprache. Ein internationales Handbuch.* Band 1. Berlin/New York: De Gruyter.

Overberg, Philipp (1999). *Merkmalssemantik vs. Prototypensemantik.* Zugriff am 27.7.2013 unter: http://www.linguist.de/overberg/sem.html#2.1

Tracy, R. (2008). *Wie Kinder Sprachen lernen. Und wie wir sie dabei unterstützen können.* Tübingen: Narr Francke.

Ulrich, W. (2011). Begriffsklärungen. Wort, Wortschatz, Wortschatzarbeit. In W. Ulrich und I. Pohl (Hrsg.), *Deutschunterricht in Theorie und Praxis (DTP). Wortschatzarbeit,* (S. 29–45). Baltmannsweiler: Schneider.

Handlungsmöglichkeiten im Bereich der Kommunikation

Unterrichtssituationen mit erhöhtem Bedarf im Bereich Kommunikation

Dieter Rüttimann

Eine positive Leistungserwartung von Lehrerinnen und Lehrern scheint einer der wichtigsten Prädiktoren zukünftiger Leistungen von Kindern und Jugendlichen zu sein. Dies bestätigen Metaanalysen von Hattie bis zu fokussierten Studien, wie sie etwa von Kronig (2007) durchgeführt wurden. Dabei werden Kinder mit besonderen Bedürfnissen, mit Migrationshintergrund oder Fremdsprachigkeit systematisch benachteiligt. Dies geschieht hauptsächlich in der Alltags- und Unterrichtskommunikation. Sowohl verbale, non- und paraverbale Kommunikation «transportieren» unterschiedliche Leistungserwartungen. Im verbalen Bereich lassen sich bestimmte Fragetypen, wie sie von Lehrpersonen verwendet werden, bestimmten Leistungserwartungen zuordnen: Anspruchsvolle, analytische Fragen werden vor allem Schülerinnen und Schülern gestellt, an die die Lehrperson positive Leistungserwartungen haben. Im nonverbalen Bereich sind es differenzielle mimische Reaktionen wie Lächeln, den Kopf zuwenden oder Blickkontakt aufnehmen. Einige Studien weisen darauf hin, dass Kinder aufgrund differenzieller Kommunikation relativ früh das Fremdbild ihrer Lehrpersonen zu ihrem eigenen machen. Ist dieses eher von tiefen Leistungserwartungen geprägt, sind Selbstwert- und Selbstwirksamkeitsentwicklung gefährdet.

Im nachfolgenden Beitrag wird aufgezeigt, wie die Kommunikation im Unterricht von den Lehrpersonen dahingehend verändert werden kann, dass möglichst viele Kinder, insbesondere jene, die systematisch benachteiligt werden, bessere Chancen haben, ihre Potenziale wirksamer zu entwickeln. Eine neuere Studie belegt, dass mittels Weiterbildung die Kommunikation im Unterricht verändert werden kann und viele Kinder davon profitieren.

Zwei Beispiele unter zwei Perspektiven

1. Sandro, ein elfjähriger Junge mit Down-Syndrom, konnte die Regelschule bis zur dritten Klasse besuchen. Beim obligaten Wechsel in die 4. Klasse, verbunden mit einer neuen Klassenzusammensetzung und neuen Lehrpersonen, wurde Sandro und seinen Eltern mitgeteilt, dass ein Verbleib in der Regelklasse nicht mehr möglich sei. Er sei nicht mehr tragbar in einer Regelklasse. Für Sandro gebe es aber ein passendes Angebot. Er dürfe einen Tag pro Woche in die Regelklasse, vier Tage werde er von besonders ausgebildeten Fachleuten in einer heilpädagogischen Schule unterrichtet. Mit diesem Modell sei auch in Zukunft seine Inklusion gewährleistet.
   Die Eltern waren mit diesem Entscheid der Behörde nicht einverstanden. Sandro besucht jetzt die vierte Klasse in einer altersdurchmischten Schule in privater Trägerschaft.

2. Im Film «la classe – entre les murs», dessen Drehbuch von einem Lehrer in den Pariser Banlieus geschrieben und von ihm selbst gespielt wurde, gibt es eine besondere Szene. Ein Schüler streckt während einer Lektion über französische Poesie auf und sagt, dass seine Note in Mathe während der gestrigen Notenkonferenz abgerundet worden sei. «Soll das eine Bemerkung zur Poesie sein?» Damit geht François, der Lehrer, wieder zur Anzahl Silben pro Zeile zurück. Ein zweiter Schüler, Suleiman, Nordafrikaner, streckt auf und sagt: «Sie haben mich gestern schlecht gemacht!» – «Wieder eine Bemerkung zur Poesie!» Es zeigt sich in der Folge, dass François Suleiman während der Notenkonferenz als «beschränkt» bezeichnet hat. Die Situation eskaliert, und Suleiman muss die Schule verlassen, weil er den Lehrer geduzt hat.

Beide Beispiele lassen sich unter einer spezifisch strukturellen Perspektive betrachten. Das Schulsystem erzeugt immer wieder Paradoxien. «Das Erziehungssystem behandelt Ungleiches gleich, um die Auflösung dieser Paradoxie, die Erzeugung schulleistungsbedingter Ungleichheit, sich selbst zurechnen zu können» (Luhmann, 1996, S. 25). Löw (2003, S. 58) fährt fort: «Die ungleichen Kinder werden also gleich eingestuft, um dann Leistungsdifferenzen (scheinbar) hervorbringen und messen zu können. Voraussetzung – so die Selbstbeschreibung – sei eine «gerechte», d.h. «im System kontrollierte Herstellung von Ungleichheit» (Luhmann, 1996, S. 26). Oder wie es Wischer (2013) formuliert: «Darüber hinaus gilt für den (demnach nur partiellen) Einflussbereich der Schule insgesamt, dass hier weniger das individuelle Lehrerhandeln, sondern vor allem die Struktur- und Funktionsprinzipien des Bildungssystems als institutioneller Rahmen, der wiederum eine spezifische Handlungslogik entfaltet – verantwortlich zu sein scheinen» (Wischer, 2013, S. 32). ➡ Siehe auch Kapitel Felkendorff und Luder.

Das Schulsystem erzeugt immer wieder Paradoxien

Dafür, dass Sandro eine heilpädagogische Schule besuchen, Suleiman die Schule verlassen müssen – ist das Schulsystem verantwortlich?

Beide Beispiele lassen sich auch unter einer handlungstheoretischen Perspektive betrachten. In diesem Fall werden die beteiligten Lehrpersonen als Akteure verstanden. Bei Sandro, so kann vermutet werden, haben sich die Lehrpersonen der vierten Klasse gegen eine Integration ausgesprochen. Mit Verweis darauf, dass in der sechsten Klasse selektioniert werden müsse, argumentieren sie, dass die übrigen Kinder von ihm zu stark abgelenkt oder gestört werden und darum die Lernziele nicht erreicht werden könnten.

Inklusion / Integration

Selektion

Hier stellt sich die Frage, ob Lehrpersonen überhaupt ermächtigt werden dürfen, eine Entscheidung von solcher Tragweite zu fällen. In diesem Fall haben sich die Behörden hinter ihre Entscheidung gestellt. Der betroffene Lehrer hätte aber auch ganz anders handeln können. Er hätte sich mit den Eltern treffen, die Lehrpersonen der dritten Klasse befragen, mit der Schulpsychologin das Gespräch suchen und sich nach spezifischen Bedürfnissen von Sandro erkundigen können. Vielleicht hätten sich auch Möglichkeiten von Team Teaching mit einer Schulischen Heilpädagogin ergeben oder eine Unterrichtassistenz finden lassen, und Sandro würde heute die vierte Klasse in seiner Wohnortsgemeinde besuchen.

Lehrpersonen sollen ihren Handlungsspielraum nutzen

François, der Lehrer der 8. Klasse, hat sicher unglücklich agiert. Er ist verantwortlich für die Eskalation der Situation, weil sein Verhalten weder einfühlend noch verständnisorientiert war. Stellen wir uns den Dialog vor, wie er auch hätte verlaufen können.
— Meine Note in Mathe ist abgerundet worden!
— Deine Mathenote ist mir nicht gerade gegenwärtig, aber es beschäftigt dich. Können wir dies nach der Lektion in Ruhe während der nächsten Pause besprechen?

Damit zeigt der Lehrer, dass er die innere Not des Schülers wahrgenommen hat – immerhin geht es um dessen berufliche Zukunft und eine halbe Note höher oder tiefer könnte seine Chancen beeinflussen – und fragt ihn, ob er bis zur Pause warten könne. Er überlässt damit dem Schüler zu entscheiden, ob sein Problem sofort bearbeitet werden muss oder etwas aufgeschoben werden kann. Möglicherweise ist die Notenkonferenz nicht nur ein individuelles Problem, sondern sie betrifft einige weitere Kinder der Klasse. Vielleicht wäre eine Diskussion darüber wichtiger als über das Versmass eines französischen Sonetts.

Nehmen wir weiter an, dass Suleiman sich trotzdem beschwert, dass er schlecht gemacht worden sei. Der Lehrer hat ihn während der Konferenz tatsächlich als beschränkt bezeichnet, die beiden Klassenvertreterinnen haben diese Aussage protokolliert und waren *schockiert.*

«Was ich bin, beschränkt?» meint Suleiman betroffen.

François greift die beiden Mädchen an und wirft ihnen vor, die Klasse gegen den Lehrer aufzuhetzen. Er hätte auch ganz anders handeln können: «Ja, Suleiman, ich habe dieses Wort tatsächlich gebraucht – hinterher bin ich bestürzt, dass ich so etwas gesagt habe. Das ist ein schwerer Fehler, der mir unter keinen Umständen hätte passieren dürfte. Es tut mir sehr leid, und ich entschuldige mich bei dir und würde gerne mit dir unter vier Augen darüber sprechen.»

Wie hätte Suleiman darauf reagiert? Ich bin mir sicher, dass er diese Entschuldigung von François angenommen hätte, vor allem, wenn dessen Betroffenheit auch in seiner Mimik und in seiner Stimme authentisch sichtbar gewesen wäre.

Im Folgenden steht das Handeln, vor allem das kommunikative Handeln, von Lehrpersonen im Vordergrund. Es geht darum, den Handlungsspielraum, wie in den beiden Beispielen gezeigt, von Lehrpersonen zu beschreiben. Dabei wird überprüft, wie Leistungserwartungen von Lehrpersonen gegenüber Schülerinnen und Schüler vermittelt werden. In einem zweiten Teil wird eine kleine Untersuchung vorgestellt, in der es um die Frage ging, ob Lehrpersonen nach einer Weiterbildungssequenz anders kommunizieren, sodass mehr Schülerinnen und Schüler von einer positiven Leistungserwartung ihrer Lehrpersonen profitieren.

Leistungserwartungen

Ob Kronig (2006), Dubs (2009, S. 447–460), Thies (2010) Oelkers (2012), Hattie (2013, S. 145–148), alle sind der Meinung, dass Leistungserwartungen von Lehrpersonen gegenüber ihren Schülerinnen und Schülern bedeutsam sind. Auch wenn längst nicht alle Studien den Rosenthal-Effekt aus den Sechzigerjahren verifizieren konnten, sind in den letzten Jahren (worauf Hattie hinweist, 2013, S. 148) zwei wichtige Erkenntnisse generiert worden. Schülerinnen und Schüler realisieren, dass sie aufgrund der Leistungserwartungen ihrer Lehrpersonen unterschiedlich behandelt werden und es gibt Lehrpersonen, die glauben, dass Lernleistungen angeboren und andere, die davon ausgehen, dass sie veränderbar seien. Solche Erwartungen werden Schülerinnen und Schülern über Kommunikation vermittelt, sowohl verbal wie nonverbal über Gestik und Mimik.

ICF: Umweltfaktoren / Einstellungen

Die Einschätzung
der Intelligenz Wie entstehen Leistungserwartungen? Helmke (2012, S. 135) bezieht sich auf ein Modell, das eine Reihe von proximalen Merkmalen aufweist, die zeigen, wie Lehrpersonen beurteilen, ob ein Kind intelligent ist. Ausschlaggebend dabei sind ein wacher Gesichtsausdruck, eine hohe Stirn, eine ordentliche Arbeitsweise, die zuverlässige Erledigung von Hausaufgaben, ein geordnetes Elternhaus und ein Vater mit einer guten beruflichen Position. Interessant ist, dass keine Problemlösestrategien, analytisches oder divergentes Denken genannt werden, also Aspekte, die normalerweise mit Intelligenz gekoppelt sind.

Schweizerische Untersuchungen (Bildungsbericht, 2006, S. 64) zeigen, dass bei gleichen Leistungen unterschiedliche Empfehlungen von Lehrpersonen für die Sekundarstufe 1 gemacht werden. Zuweisungs-
empfehlungen von
Lehrpersonen für
die Sekundarstufe 1 Die besten Chancen, eine Empfehlung für einen anspruchsvolleren Schultyp zu bekommen, haben Mädchen schweizerischer Herkunft und aus *gutem* Hause. Rund dreimal schlechtere Chancen – immer bei identischen Leistungen – haben Knaben, die fremdsprachig sind und aus der Unterschicht stammen.

Das ist skandalös! Es zeigt sich, dass die Schweiz, neben Deutschland und Belgien, zu den Ländern gehört, in denen Bildungserfolg eng an die Herkunft der Schülerinnen und Schüler gekoppelt ist. In der Folge sind Kinder aus bildungsnahen Schichten in Gymnasien weit übervertreten.

Weitere Ergebnisse weisen darauf hin, dass geringe Leistungserwartungen oft gegenüber ganzen Klassen gehegt werden. Dies kann z. B. mit einer höheren Anzahl afroamerikanischer Schüler in den USA (Dubs, 2009), türkischer Schülerinnen in Deutschland oder Leistungserwartungen gegenüber
ganzen Klassen albanischer Schüler in der Schweiz zusammenhängen. Manchmal sind die Leistungserwartungen innerhalb von Klassen sehr unterschiedlich, und die Kinder werden, je nach Erwartung der Lehrperson, verschieden behandelt. Im besten Fall steht dahinter die Absicht, jedes Kind seinen Fähigkeiten entsprechend zu behandeln – gut gemeint, schlecht gehandelt. Erinnert sei an jenen Grundschullehrer, der in der ersten Schulwoche der ersten Klasse schon prognostizieren kann, welches Kind den gymnasialen Weg einschlagen werde. Hier werden Diagnosekompetenzen wohl mit Pygmalioneffekten verwechselt.

Tiefe Leistungserwartungen werden oft an Kinder oder Jugendliche gestellt, die schulpsychologisch getestet wurden. Beim folgenden Schüler aus dem Kosovo wurde eine Leseschwäche diagnostiziert. Das Erstgespräch zwischen der Schulischen Heilpädagogin und dem Schüler aus der vierten Klasse entwickelt sich folgendermassen:

LP	Du hast zu Beginn gesagt, du liest jetzt besser.
Sch	Ja, ich weiss.
LP	Hast du dann … oder wie sieht deine Lesegeschichte aus, war das ein Problem? Ich kenne dich ja auch noch nicht gut. (Dann stellt die schulische Heilpädagogin eine Skalierungsfrage. «Sehr gut lesen» entspricht einer 10, «gar nicht lesen» einer 0.) Wo würdest du dich heute einschätzen?
Sch	(Zeigt auf der Skala auf die 6)
LP	Du bist schon ein bisschen über der Hälfte! Das ist eine gute Einschätzung. Jetzt nehme ich an, dass du dich verbessern möchtest; wohin möchtest du kommen?
Sch	Ja, nach da oben! (zeigt auf die 10 auf der Skala)
LP	(lacht) Da oben, aber dann bist du vielleicht schon in der Lehre, aus der Schule oder am Ende der Schulzeit.

Dem Schüler ist das Lachen wohl vergangen. Die Schulische Heilpädagogin erwartet also bestenfalls kleine Fortschritte und wenn,
dann dauern sie sehr, sehr lange.

Interaktionsmuster und Leistungserwartung

Mittlerweile lassen sich auch ganz spezifische Interaktionsmuster
identifizieren, in denen unterschiedliche Leistungserwartungen vermittelt werden:

Wenn Lehrpersonen eine generell geringe Leistungserwartung
an die ganze Klasse haben, werden sie den Schülerinnen und Schü-
lern vor allem Wissens-, Alternativ- oder Suggestivfragen, die alle   Fragen stellen
als eher geschlossen bezeichnet werden können, stellen. Bei positiven Erwartungen verändern sich die Fragestellungen, und es wird
zum Verständnis, zum Nachdenken, zur Metakognition aufgefordert.

Haben Lehrpersonen differenzielle Leistungserwartungen innerhalb einer Klasse, stellen sie den Kindern, an die sie positive Erwartungen haben, anspruchsvolle Fragen. Den anderen Kindern bleiben die einfachen Fragen. Das folgende Beispiel illustriert dies
(Hess, 2005):

Aufgabe: 7 + 8 (2 Stangen mit Steckkuben, die die L. selber gesteckt hat)

L   Acht und wie viel gibt zehn? Zwei. Und wie viele bleiben von diesen Sieben übrig, wenn du zwei absteckst? (Die L. steckt zwei Kuben von der 7er- an die 8er-Stange)

S   Wenn ich zwei von diesen wegnehme, bleiben noch fünf.

L   Mhm. Und jetzt zählst du die Fünf, die Fünf noch dazu. Zehn und fünf?

S   Fünfzehn.

L   Gibt 15. 8 + 7 gibt 15.

Hier wird wenig gelernt, wenig verstanden, aber Erwartungen der Lehrperson erfüllt. Die Lehrerin fragt explizit, wie viel übrig bleibt, «wenn *du* zwei absteckst.» Dann führt sie die Handlung selber aus. Der Schüler erwidert pflichtschuldig: «Wenn *ich* zwei wegstecke, bleiben noch fünf», auch wenn die Lehrerin die Kuben wegsteckt! Dem Schüler muss attestiert werden, dass er den versteckten Lehrplan von Schule schon in der zweiten Klasse verstanden hat. Ein solches Frage-Antwort-Spiel ist Ausdruck einer geringen Leistungserwartung.

Eine positive oder hohe Leistungserwartung würde sich anders zeigen. «Hier habt ihr verschiedene Materialien. Sucht möglichst viele Aufgaben, die 15 geben. Wenn ihr fertig seid, frage ich euch, wie ihr vorgegangen seid.»

Auch wie lange eine Lehrperson auf eine Antwort wartet, ist abhängig von ihrer Leistungserwartung. Hoch eingeschätzte Schülerinnen und Schüler wird deutlich mehr Zeit zum Nachdenken eingeräumt als tief eingeschätzten.

Reaktionen auf unvollständige oder falsche Antworten In einer achten Klasse stellt der Lehrer, vor der ersten Wahl Obamas zum amerikanischen Präsidenten, der Klasse die folgende Frage (Transkript einer Videoaufnahme):

LP   Wieso hat's jetzt genau, sind zwei Namen gefallen und nicht mehr, das wär' auch noch so ne Frage, wieso sind zwei oder nicht drei, vier oder fünf Präsidentschaftskandidaten?

Lazar   Also, ich weiss nur das auch von über also, dass (sie) ein Attentat schon auf Barack Obama machen wollten.

Darauf kann die Lehrperson unterschiedlich reagieren. Wenn sie eine tiefe Leistungserwartung an Lazar hat, könnten mögliche Antworten etwa so ausfallen:

— Das war nicht meine Frage! Kannst du nicht zuhören?
— Wiederhole doch bitte meine Frage! (Ob sie die Lehrperson selber wiederholen könnte, bleibe dahingestellt.)

Hätte die Lehrperson eine hohe Leistungserwartung, würde ihr Reaktion anders ausfallen:

— Tatsächlich, Obama ist der eine der beiden Kandidaten. Kennst du noch andere?
— Woher hast du diese Information über ein geplantes Attentat? Was weisst du darüber?
— Kannst du dir vorstellen, aus welchen Gründen ein Attentat geplant werden sollte?

Bei diesem Interaktionsmuster zeigen sich ebenfalls klare Unterschiede, ob Lehrpersonen hohe oder eher tiefe Leistungserwartungen haben. Sind die Erwartungen positiv, kriegen Schülerinnen oder Schüler viele helfende Hinweise. Die Lehrperson ist überzeugt, dass sich ihre Intervention lohnt. Bei tiefen Erwartungen werden kaum Hilfen geboten, meist wird einfach das nächste Kind aufgerufen.

Lob und Tadel sind ebenfalls abhängig von der Leistungserwartung von Lehrpersonen. So werden Schülerinnen und Schüler bei gleichem Verhalten weit häufiger getadelt, wenn sie tief eingeschätzt werden, umgekehrt werden die hoch eingeschätzten öfter gelobt. *Lob und Tadel*

Auch in der nonverbalen Kommunikation zeigen sich vergleichbare Unterschiede. Tief eingeschätzte Schülerinnen und Schüler werden klar benachteiligt. Sie werden weniger angelächelt, bekommen weniger Blickkontakte und sitzen weiter von der Lehrperson entfernt. *Nonverbale Interaktionsmuster*

In allen untersuchten Aspekten werden Schülerinnen und Schüler, bei denen von tiefen Leistungserwartungen ausgegangen wird, systematisch und nachhaltig benachteiligt. Damit wird ein eigent-

Systematische
Benachteiligung von
Lernenden durch
eine tiefe Leistungs-
erwartung licher *Teufelskreis* erzeugt. Zum einen, weil die Kinder das Fremdbild der Lehrperson zu ihrem eigenen machen. Die Folge ist ein un-
günstiges Selbstbild. Zum anderen bekommen diese Kinder viel
weniger Anregungen, um besser zu verstehen und intensiver nachzudenken. Die Unterschiede zwischen den hoch und tief eingeschätzten Schülerinnen und Schülern werden grösser, die Leistungsdifferenzen wachsen.

Bedauerlicherweise werden Kinder mit schlechten Schulleistungen der schulpsychologischen Abklärung zugewiesen, und zu oft
werden die Interaktionsmuster zwischen Lehrpersonen und Schülerinnen und Schülern dabei übersehen. Stattdessen werden diese
Kinder pathologisiert, etikettiert und in der Folge diskriminiert.

Lassen sich ungünstige Interaktionsmuster verändern? Eine wissenschaftliche Untersuchung

Leider gibt es wenige wissenschaftliche Untersuchungen, die sich
mit der Wirkung von Weiterbildungsmassnahmen beschäftigen
(Bessoth, 2007). Meist werden Umfragen zur Zufriedenheit durchgeführt. Dass der Zuwachs an Zufriedenheit für die Schülerinnen und
Schüler spürbar ist, wird oft behauptet. Im Kontext des Masterstudienganges *Wirksamer Umgang mit Heterogenität* am Institut Un-
terstrass untersuchte die Universität Hildesheim die Wirkung einer
Lehrveranstaltung auf die Interaktionsmuster von Lehrpersonen.

Die Intervention: Kommunikationstraining
Die Lehrpersonen wurden vor der Lehrveranstaltung mittels entsprechender Literatur auf die Thematik der Leistungserwartung und
deren Auswirkungen vorbereitet. Am ersten Tag der Lehrveranstaltung ging es um die wichtigsten Ergebnisse aus der Literatur und
um deren soziologischen Hintergründe.

Es folgen intensive Trainingssituationen. Viele ausgewählte Filmsequenzen (z.B. aus den Filmen «La classe – entre les murs», «Etre
et avoir» und «Freedom writers») werden bearbeitet. Der Film wird
vor der in ihm gezeigten Intervention der Lehrperson gestoppt, die
Lehrpersonen erhalten etwa eine halbe Minute Zeit, um über die
Antwort der Lehrperson in der gezeigten Situation nachzudenken,
dann erfolgt ein kurzer Austausch zu zweit. Mit der ganzen Gruppe
wird die Situation mit den vorgeschlagenen Varianten durchge-
spielt. Die Zuschauer versetzen sich in die Rolle der gezeigten Schülerinnen und überprüfen die Wirkung der Interventionen. Im Vorder-

grund stehen Interventionen, die von positiven Leistungserwartungen erfüllt sind. Zum Schluss der Sequenz werden Aussagen gesucht, die von einer negativen Leistungserwartung zeugen. Interessanterweise brauchen die Lehrpersonen dafür keine Zeit zum Nachdenken.

Kurze Rollenspiele ergänzen die Flexibilität des Handelns. In Dreiergruppen, bestehend aus einer Lehrperson, einer Schülerin oder einem Schüler und einer Beobachtungsperson bearbeiten die Teilnehmenden in kurzen Sequenzen schwierige Situationen. Schüler und Schülerinnen werden darüber instruiert, was sie spielen und ausdrücken müssen. Die Lehrpersonen kennen nur den Kontext und müssen spontan antworten.

Ein Leistungstest wird durchgeführt, und ein Schüler hat einen nicht zu übersehenden grossen Spickzettel auf den Knien. Die Lehrperson geht auf ihn zu und droht ihm mit der schlechtesten Zensur. Der Schüler hebt die Hand und sagt: «Ich hatte keine Zeit, richtig zu lernen, aber ich wollte Sie auf keinen Fall enttäuschen!»

In einem Videoexperiment werden die Lehrpersonen von ihrem Lernpartner aufgefordert, von einem schwierigen Schüler zu erzählen. Die Darstellung wird mit dem Handy gefilmt. Nach einer Minute wird die Lehrperson aufgefordert, von einer Schülerin zu berichten, die ihr richtig Freude mache. Schliesslich werden die beiden Filmsequenzen auf verbale, non- und paraverbale (stimmliche) Aspekte analysiert.

Training mittels Rollenspiel, Videoexperiment und Reflexionen

Die Fragestellung

Können Lehrpersonen ihr Kommunikationsverhalten nach einer Weiterbildungsmassnahme so verändern, dass tief wie auch hoch eingeschätzte Schülerinnen und Schüler gleichermassen von den Interaktionen der Lehrpersonen profitieren?

Untersuchungsinstrument und Beteiligte

Als Instrument entwickelte Rudolph und Ostermann (2011, S. 16) einen Beobachtungsbogen (Ausschnitt aus dem Bogen, Abbildungen 1 und 2), der während des Unterrichts von geschulten Studierenden ausgefüllt werden muss. Jede Studierende beobachtet vier bis sechs Kinder und notiert die Interaktionen zwischen Lehrperson und den entsprechenden Kindern. Aufgrund der Zeugnisnoten werden hoch und tief eingeschätzte Schülerinnen und Schüler immer hälftig verteilt. Die Beobachtenden kennen aber die Einschätzung der Lehrperson nicht. Sie haben nur die Anzahl (Abbildung 1) und die Qualität der Interaktion (Abbildung 2) aufzunehmen. Die Beobachtungen erstrecken sich jeweils über den ganzen Vormittag.

Insgesamt wurden 21 Lehrpersonen mit 525 Schülerinnen und Schülern von 75 Studierenden beobachtet.

Die Lehrpersonen wurden zu drei Zeitpunkten untersucht: Vor der Weiterbildungsmassnahme, zu Beginn der Lehrveranstaltung und zwei Monate später, um allfällige Effekte zu überprüfen.

TABELLE 1_ Ausschnitt aus dem Beobachtungsbogen ‹Frageformen› von Rudolph und Osermann (2011, S. 24)

Typ	Anzahl	Anzahl	Anzahl	Anzahl
Name der/des Schüler/in				
Offene Fragen (mehrere Antwortmöglichkeiten)				
Geschlossene Fragen (Ja – Nein – Antworten)				
Impulsfragen (mit Aufforderungs- / Motivationscharakter)				
Suggestivfragen (gewünschte Antwort implizit enthalten)				
Echofragen (Wiederholung von Schüleraussagen)				
Ratefragen (wer weiss …)				
Rhetorische Fragen (Antwort unnötig)				

TABELLE 2_ Ausschnitt aus dem Beobachtungsbogen ‹Frageformen› von Rudolph und Osermann (2011, S. 24)

Typ	Bewertung	Bewertung	Bewertung	Bewertung
Name des/der Schüler/in				
Hört aktiv zu				
Gibt Schülern *Zeit zum* Nachdenken und Antworten (viel Zeit++/wenig Zeit—)				
Lässt *Zeit nach* Antworten (Nachdenk-/Verstehenszeit) (viel Zeit++/wenig Zeit—)				
Wiederholt seine eigenen Fragen				
Wartet Antwort nicht ab, ruft anderen Schüler auf				
Bietet Hilfe an zur Präzisierung von Beiträgen bei A: unvollständigen Antworten B: halbrichtigen Antworten				

Zusammenfassung der Ergebnisse (Rudolph und Ostermann, 2011, S. 121/122)

Die Ergebnissynopse zeigt, dass die Lehrpersonen vor der Intervention erwartungskonform mit hoch und tief eingeschätzten Schülerinnen und Schülern unterschiedlich umgehen, insbesondere in Bezug auf die Art der gestellten Fragen und die sprachlichen Formulierungen im Gesprächsverlauf. Es fällt auf, dass die Lehrperson in Dialogen mit Schülern mit tiefer Einschätzung starrer lenkt. Keine Unterschiede zwischen tief und hoch eingeschätzten Schülerinnen und Schülern bestehen jedoch in Bezug auf die den Schülerinnen und Schülern von der Lehrperson zur Verfügung gestellte Zeit zum Nachdenken.

Nach der Intervention sind die Diskrepanzen in den Lehr-Lerndialogen deutlich minimiert worden, und die Lenkungsformen der Lehrpersonen sind generell flexibler und unterstützender geworden. Die Lehrpersonen loben beide Schülergruppen praktisch gleich häufig. Ebenfalls haben sich die nonverbalen Verhaltensweisen so

Diskrepanzen in den Lehr-Lerndialogen konnten deutlich minimiert werden

entwickelt, dass allen Schülerinnen und Schülern vergleichbare Zuwendungen entgegengebracht worden ist.

Fazit

Die Forschungslage zeigt, dass Erwartungen von Lehrpersonen an ihre Schülerinnen und Schüler leistungsrelevant sind. Die Erwartungen werden kommunikativ vermittelt – und Schülerinnen und Schüler übernehmen diese. Das Fremd- wird zum Selbstbild.

Lehrerinnen und Lehrer müssen an alle Kinder und Jugendliche positive Leistungserwartungen haben, an ihre Möglichkeiten glauben, von Entwicklung überzeugt sein.

Wenn Lehrpersonen um die Bedeutung von Leistungserwartungen *wissen,* Leistungserwartung verändern *wollen* und in vielen Situationen trainieren, *handeln* sie in verschiedenen Unterrichtssituationen anders – zum Vorteil von benachteiligten Schülerinnen und Schülern.

Literatur

Bessoth, R. (2007). *Wirksame Weiterbildung.* Aarau: Sauerländer.

Coradi Vellacott, M., Denzler, St., Grossenbacher, S., Kull, M., Meyer, P., Vögeli-Mantovani, U., Wolter, St.C., Zulliger, C. (2006). *Bildungsbericht Schweiz 2006.* Aarau: Schweizerische Koordinationsstelle für Bildungsforschung.

Dubs, R. (2009). *Lehrerverhalten.* St. Gallen: SKV.

Flammer, Au. (1997). *Einführung in die Gesprächspsychologie.* Bern: Huber.

Hess, K. (2005). *Lernbegleitung im Mathematikunterricht.* JMD. 3/4/2005, 224–248.

Helmke, A. (2012). *Unterrichtsqualität und Lehrerprofessionalität.* Seelze: Klett u. Kallmeyer.

Hurrelmann, K. (2007). *Kinder in Deutschland 2007.* Frankfurt a.M.: Fischer.

Kronig, W. (2007). *Die systematische Zufälligkeit des Bildungserfolgs.* Bern: Haupt.

La classe (auch: Entre les murs) / Schuldrama / Regie: Laurent Cantet / 128 Minuten / Frankreich 2008.

Löw, M. (2003). *Einführung in die Soziologie der Bildung und Erziehung.* Opladen: Leske und Budrich.

Luhmann, N. (1996). Das Erziehungssystem und die Systeme seiner Umwelt. In N. Luhmann, E. Schorr (Hrsg.), *Zwischen Systemen und Umwelt.* Frankfurt a.M.: Suhrkamp.

Oelkers, J. (2012). *Outputorientierung in der Lehrerinnen- und Lehrerbildung.* Vortrag in Chur am 9.2.2012. Unveröffentlichtes Dokument.

Rudolph, M. und Ostermann, B. (2011). *Evaluation des Masterstudienganges «Wirksamer Umgang mit Heterogenität».* Universität Hildesheim: Unveröffentlichter Bericht.

Thies, B. (2010). *Kognitive Repräsentationen in der Grundschule.* Frankfurt a.M.: Peter Lang.

Wischer, B. (2013). Bildungsungleichheiten als Herausforderung für die Lehrerprofessionalisierung? *Journal für Lehrerinnenbildung* 1/2013, 31–38.

Unterrichtssituationen mit Kindern mit einer Hörbeeinträchtigung

Mirjam Stritt

Kinder mit einer Hörbeeinträchtigung haben in der Regel bereits eine komplexe Geschichte hinter sich, bis das Stichwort Inklusion zum ersten Mal erwähnt wird. Häufig wird aufgrund des Neugeborenenscreenings bereits wenige Tage nach der Geburt der Verdacht auf eine Hörbeeinträchtigung geäussert und in den ersten Lebenswochen durch die Pädaudiologie bestätigt. Eine jahrelange intensive Zusammenarbeit zwischen den Eltern, der Pädaudiologie, der Pädakustik und der Audiopädagogik nimmt ihren Anfang, und es wird versucht, den Anforderungen einer Hörbeeinträchtigung gerecht zu werden, ohne dabei aus dem Fokus zu verlieren, dass es sich um ein Kind handelt, das zufällig eine Hörbeeinträchtigung mitbringt. Aus dieser Grundhaltung entsteht auch die Bezeichnung *Kind mit einer Hörbeeinträchtigung* anstelle von *hörbehindertes Kind.* Ziel der Bestrebungen ist neben der altersgemässen Gesamtentwicklung des Kindes eine gelingende Inklusion in sein Familiengefüge. Je umfassender das Kind sich in seinem familiären System entfalten kann, desto stabiler sind die Grundlagen im Hinblick auf einen langfristigen Eintritt ins Regelschulsystem. Im optimalen Fall durchläuft das Kind eine unauffällige Entwicklung und tritt wie seine Alterskameraden ins erste Jahr des Kindergartens ein. Viel häufiger kommt es aber vor, dass trotz intensiver Frühförderung, optimaler Hörgeräteanpassung oder sogar Implantation von Cochlea-Implantaten (CI) der altersgemässe Entwicklungsstand bis zum Eintritt in den Kindergarten noch nicht erreicht ist und ein differenziertes Fördersetting nötig wird. Ob dieses Fördersetting rein lautsprachlich gestaltet wird oder eine Schulung in Gebärdensprache mit beinhaltet, ist davon abhängig, welchen Entwicklungsweg eine Familie für ihr Kind wählt. Die folgenden Ausführungen beziehen sich auf die lautsprachliche Erziehung und die Schulungsform in den für den Wohnort zuständigen Regelschulen.

Herausforderungen im Kleinkindalter

ICF: Umwelt-
faktoren: Produkte
und Technologien

In engster Zusammenarbeit zwischen den Fachpersonen der Pädaudiologie, Pädakustik und Audiopädagogik wird zusammen mit
den Eltern eine Hörgeräteversorgung aufgebaut, die dem Kind
einen raschen Einstieg in die Hörentwicklung ermöglichen soll. Die
Anpassung von Ohrstücken, die Gewöhnung an die Hörgeräte und
das fortlaufende Verfeinern der Hörgeräteprogrammierungen ist
eine aufwändige Sache, die nur bei engster Zusammenarbeit und
konsequenter Umsetzung zur gewünschten Hörentwicklung führen
kann, die auch dann noch nicht mit dem Hörvermögen eines unauffällig hörenden Kindes verglichen werden kann. Reichen die Hörgeräte nicht für den angemessenen, zu erwartenden Spracherwerb
aus, erhält das Kind in der Regel beidseitig Cochlea-Implantate mit
den dazugehörenden individuell programmierten Sprachprozessoren. Eine mehrjährige Phase des intensiven Hörtrainings schliesst
sich an, das kindgerecht in spielerischer Form angeboten und mit
der Familie zusammen gestaltet wird.

Ein wichtiges Instrument sind von dieser Zeit an die Tagebücher,
die mit Fotos, Zeichnungen und Alltagsmaterialien aus dem kindlichen Alltag entstehen und von Anfang an mit kleinen Kom-
mentaren, Texten und immer komplexer werdenden Geschichten
kombiniert sind. Sie erlauben ein engmaschiges Repetieren von
Wortschatz, Sprachhandlungsmustern und Kommunikationsformen
und dienen gleichzeitig als Kommunikationshilfe und Verweis auf
Vergangenes und Zukünftiges. Dass das Kind ganz nebenbei quasi
unbemerkt den Einstieg ins Lesen vollzieht, hat den langfristigen

Schrift als präziseste
Sprachquelle

Vorteil, die für einen Menschen mit Hörbeeinträchtigung präziseste
Sprachquelle so früh wie möglich verfügbar zu machen: die Schrift.

Das Hören und Verstehen bei Störgeräuschen, das Richtungs-
gehör sowie das Hören und Verstehen von aufgezeichneter Sprache
(CD, DVD, usw.) wird mit jeder Art von Hörhilfen weiterhin eine
Herausforderung bleiben, auch wenn die technischen Fortschritte
der letzten zwanzig Jahre im wahrsten Sinne des Wortes sensa-
tionell sind. Umso wichtiger sind die Einsatzmöglichkeiten der
Schrift.

Werden die Hörhilfen in diesen entscheidenden Jahren unzuver-
lässig getragen, können nicht die erwartbaren Fortschritte in der
lautsprachlichen Kommunikationsentwicklung erreicht werden, und
die ohnehin schon erschwerte Hör- und Sprachentwicklung gerät
weiter in Rückstand.

Loslösung von zu Hause: Die Spielgruppe

Kommt das Kind ins Spielgruppenalter, erfolgt ein grosser Schritt der Loslösung und der Erprobung der bis dahin erreichten Entwicklung. Kann das Kind bereits altersadäquat Eigenverantwortung übernehmen und für seine Bedürfnisse einstehen? Hat es bereits genügend Kommunikations- und Sozialkompetenz, um sich in die Gruppe einzufügen? Die erfolgenden Lernschritte sind auf allen Entwicklungsebenen eine wesentliche Grundlage für den immer näher rückenden Eintritt in den Kindergarten.

Aus audiopädagogischer Sicht stehen die Aspekte der gelingenden Kommunikation im Vordergrund, aber es darf nicht übersehen werden, dass sich die Hörentwicklung immer noch in einer kritischen Phase befindet. Das Kind ist permanent daran, das Gehörte immer differenzierter abzuspeichern und in einen logischen Zusammenhang zu setzen.

ICF: Aktivitäten und Partizipation: Kommunikation

In enger Zusammenarbeit zwischen Audiopädagogin und Spielgruppenleitern werden Zwischenschritte geschaffen, die dem Kind mit einer Hörbeeinträchtigung die Teilhabe am Spielgruppengeschehen ermöglichen oder zumindest erleichtern.

Dazu gehört das Aufbereiten der Inhalte im Voraus, ohne Pointen von Geschichten zu verraten oder Überraschungen vorwegzunehmen. Zusammenhänge werden dabei erfahrbar gemacht, mit Sprache verknüpft und auf Tagebuchblättern festgehalten. Diese Tagebuchblätter werden mit den verschiedenen Familienangehörigen und weiteren Bezugspersonen immer wieder lustvoll betrachtet, erörtert und inhaltlich vertieft, damit das Kind in der konkreten Unterrichtssequenz länger dem Inhalt folgen und erfolgreich mithalten und im Alltag adäquat auf Zukünftiges vorbereitet werden kann.

Ebenfalls hilfreich sind spätestens von dieser Altersstufe an grosse Wochenkalender aus Stoff. Jeder Wochentag wird mit einem Streifen dargestellt, auf dem drei Täschchen für den Vormittag, Nachmittag und Abend angebracht sind. In die Täschchen sortieren die Familienmitglieder zusammen mit dem Kind Bildkarten von Aktivitäten der Familienmitglieder ein. So wird eine zeitliche Orientierung sichtbar (z.B. «noch zweimal schlafen»), und Begriffe wie «gestern» oder «morgen» werden erfahrbar. Die Wochentage und längerfristig Datumsangaben können so spielerisch angeboten werden. Das ist unerlässlich, weil es gerade die zeitliche Orientierung ist, die einem Kind mit einer Hörbeeinträchtigung häufig erst sehr spät zugänglich wird. Vermutlich liegt die Erklärung darin, dass dem Kind mit der Hörbeeinträchtigung in Alltagsgesprächen häufig nur knappe Inhaltszusammenfassungen angegeben werden und die

zeitliche Orientierung

präzisen Zeitangaben als vermeintliche Vereinfachung weggelassen werden. Dadurch können sie aber nicht altersgemäss erworben werden. Auch Alltagssituationen wie Besuche beim Pädakustiker, Freizeitaktivitäten und vor allem die ganz alltäglichen kleinen Abläufe und Zusammenhänge im häuslichen Umfeld werden im Tagebuch und im Wochenkalender festgehalten und so ins Weltwissen des Kindes übernommen.

Das Kind erlebt ein Eingebettetsein und eine Akzeptanz: die Hörbeeinträchtigung ist einfach eine einzelne Facette seines bunten Daseins.

Mit einer gelingenden Inklusion ins familiäre System startet das Kind dann sein Abenteuer im Regelschulsystem.

Voraussetzungen am Schulort

Bevor es aber soweit ist und das Kind seinen ersten Schultag im Kindergarten verbringt, sind einige vorbereitende Absprachen und Vorarbeiten nötig.

Die Raumakustik muss auf einen Stand gebracht werden, der dem Kind das Hören erleichtert, und die Lichtverhältnisse müssen so sein, dass das Kind ohne zusätzliche Sehanstrengung die Gesichter der Lehrpersonen und Kameraden erkennen und das Lippenlesen zum besseren Verständnis beiziehen kann. Quietschende Stühle können allenfalls geölt werden, und das Klappern von Stuhlbeinen kann mit Filzgleitern gedämpft werden. Reichen die weiteren hausintern zu bewerkstelligenden Akustik-Verbesserungen wie Vorhänge oder Dekormaterialien an Wänden und Decken nicht aus, ist der Beizug eines Raumakustik-Spezialisten empfehlenswert.

Je kleiner die Gruppe ist, desto weniger wird das Kind von Störgeräuschen belastet. Es lohnt sich also das frühzeitige Gespräch mit den Schulleitungen und die Bitte um Berücksichtigung der Hörbeeinträchtigung bei der Gruppeneinteilung und Zuteilung der Räume.

Zentral in der Vorbereitung auf den Kindergarten ist der Besuchstag am zukünftigen Ort. Er ermöglicht eine kleinschrittige Vorgehensweise bei der Angewöhnung an die neue schulische Umgebung. Können schon Fotos von den neuen Kameraden gemacht werden, kann sich das Kind frühzeitig an die Namen der Kindergartenkinder gewöhnen, denn das Abspeichern von neuen Namen wird möglicherweise länger dauern und ist ein nicht zu unterschätzender Aspekt in Bezug auf die gelingende soziale Einbettung im Kindergarten.

Raumakustik

Der Alltag im Kindergarten

Der Kindergartenalltag stellt enorm hohe Anforderungen an ein lautsprachlich orientiertes Kind mit einer Hörbeeinträchtigung. Aufgrund der vielen parallel ablaufenden Beschäftigungen ergibt sich ein meist hoher Geräuschpegel, der dem Kind das Herausfiltern von Sprache erschwert.

In die erste Phase nach Kindergarteneintritt fällt auch die Angewöhnung an die verschiedenen Sprechstimmen und Sprechweisen. Je häufiger sich das Kind in einer Kleingruppe unter akustisch guten Bedingungen in die Sprechweisen seiner Kameraden einhören kann, desto besser kann dadurch das Hören und Verstehen in geräuschvollerer Umgebung angeregt werden. Alles, was das Kind schon kennt, kann es auch bei weniger optimalen akustischen Verhältnissen besser wiedererkennen. Gewöhnung an Sprechstimmen und Sprechweisen

In den geführten Sequenzen verringert der Einsatz einer FM-Anlage eine übermässige Ermüdung und sorgt dafür, dass das Kind die Lehrpersonen besser hören und im besten Fall ausreichend verstehen kann. Der zusätzliche Einsatz eines Handmikrofons hat den Sinn, die Beiträge der Kinder besser verständlich zu machen. Zudem wirkt das Handmikrofon im Gesprächsfluss strukturierend und beruhigend, da immer nur das Kind spricht, das das Handmikrofon in dem Moment hält. Das Kind mit der Hörbeeinträchtigung kann so mit den Augen dem Weg des Handmikrofons folgen und kann vom ersten Wort des Redebeitrages an auch das Lippenlesen zu Hilfe nehmen, falls dies nötig ist.

Ist nur ein Mikrofon im Einsatz, ist es besonders hilfreich, wenn die Lehrperson die Kinder mit Namen anspricht. Das sehr visuell orientierte Kind mit der Hörbeeinträchtigung wird häufig sofort wissen, wo sich welches Kind aufhält respektive wo im Kreis es sitzt und kann so schneller dem Redebeitrag folgen, als wenn es zuerst der Blickrichtung der Lehrperson folgen muss und sich darüber klar werden muss, wer denn gerade angesprochen wurde und bereits zu sprechen begonnen hat.

Fasst die Lehrperson die Beiträge der Kinder jeweils kurz zusammen, kann das Kind mit der Hörbeeinträchtigung fehlende Satzteile ergänzen, für sich den Inhalt mit dem bereits Verstandenen abgleichen und dadurch das Verständnis erhöhen.

Das Kind wird aber im Vergleich zum unauffällig hörenden Kind in allen Interaktionen zusätzliche Verarbeitungs- und Verständnisleistungen erbringen müssen, in denen es das Gehörte mit dem Verstandenen abgleicht und für sich den Sinn der Mitteilung verarbeitet. Gelingt es dem Kind bereits, das Nichtverstandene zu formulieren und gezielt nachzufragen, hat es bereits einen sehr hohen Grad an Kommunikationskompetenz erlangt. Die häufigere Situation wird aber sein, dass nur am Handeln des Kindes abgelesen werden kann, was es verstanden hat und welche Schlüsse es vermutlich gezogen hat.

Die gut gemeinte, aber überflüssige Rückfrage «Hast du verstanden?» wird häufig mit einem «Ja!» beantwortet werden, da das Kind etwas verstanden hat, von dem es nicht wissen kann, ob es dem gesamten Umfang der Mitteilung entspricht oder ob ihm Informationen fehlen. Hilfreicher sind in diesen Situationen Rückfragen wie: «Wie gehst du nun an die Arbeit? Was tust du als erstes? Welches Material brauchst du dazu? Was ist der erste Schritt, den du nun tust? Was hast du für ein Ziel?»

Hilfreiche Rückfragen

Das Kind erlebt häufig, dass es sich mit Unlogischem zufrieden gibt, weil ihm Informationen fehlen. Dies kann teilweise durch den Beizug von Anschauungsmaterialien oder durch das Schaffen von kleinen Zwischenschritten, die zum selbsttätigen Entdecken und Lernen anregen, verringert werden. Durch diese Lernform und den Austausch in Kleingruppen in einer akustisch optimierten Lernumgebung erfährt das Kind die Zuverlässigkeit seines logischen Denkens und erlebt eine Stärkung seines Selbstwertgefühls. Die Erfolgserlebnisse motivieren das Kind zum weiteren forschenden Lernen und zum kommunikativen Austausch über das soeben Entdeckte.

Formen der Zusammenarbeit

In enger *Zusammenarbeit* zwischen Elternhaus, Lehrpersonen und Audiopädagogin wird abgesprochen, wer wann in welchem Kontext welche Anteile der Schaffung von Zwischenschritten, Vertiefung und Veranschaulichung übernehmen kann. ➡ Siehe auch Kapitel von Luder und Kunz. So kann es einmal das Elternhaus sein, das durch eine Exkursion ein Thema lebendig werden lässt und dem Kind Zugang zu vielen Zwischenschritten schafft, die Verständnis entstehen lassen. Das Erlebte wird im bewährten Tagebuchordner festgehalten und kann am Schulort wiederholt, vertieft und mit Neuem verknüpft werden. Ein anderes Mal wird es die Audiopädagogin sein, die mit einer Kleingruppe und viel Anschauungsmaterial den Kindern eine Lernumgebung verschafft, in der das nötige Verständnis für einen Sachverhalt entsteht, der im Klassenverband bereits sprachlich weiter verarbeitet werden kann.

In wieder anderen Situationen entsteht von Anfang an innerhalb der Klasse eine handlungsorientierte Lernumgebung, in der das Kind mit der Hörbeeinträchtigung weniger benachteiligt ist, eigenverantwortlich mittun und sich dem selbstentdeckenden Lernen widmen sowie über das Erlebte mit seinen Kameraden im kommunikativen Austausch sein kann. ➡ Siehe auch Kapitel Müller Bösch und Schaffner Menn.

Zu beachten ist, dass das Kind mit einer Hörbeeinträchtigung beim Vorzeigen und gleichzeitigen Kommentieren der Handlung bei der kommentierenden Person entweder auf die handelnden Hände oder auf den sprechenden Mund schauen kann, um durch das Lippenlesen die gehörten Informationen zu vervollständigen. Es ist aber wahrscheinlich, dass ihm immer eine der beiden Darbietungsformen fehlen wird oder sie nur unvollständig aufgenommen werden kann. Ideal ist in diesen Situationen, wenn Handeln und Sprechen voneinander getrennt werden und in kleinsten Einheiten abwechselnd angeboten aufeinander bezogen sind.

Trennen von Handeln und Sprechen

Durch einen grossen eigenen Handlungsspielraum sowie eigene Erprobungsmöglichkeiten entdeckt das Kind eigene Lösungswege. Aber es muss berücksichtigt werden, dass das Kind vermutlich weniger neuen Wortschatz einfach nebenbei aufschnappen wird und der Wortschatz darum gezielter angeboten werden muss.

Kann in mehreren Gruppen gearbeitet werden, ergibt das gegenseitige Berichten vom zuvor Erlebten echtere kommunikative Situationen, als wenn Abläufe ohne kommunikativen Anspruch einfach repetiert werden.

Das Teamteaching verbessert die Ansprechbarkeit des Kindes mit einer Hörbeeinträchtigung, sofern die akustischen Bedingungen ausreichend sind und die Gruppen in unterschiedlichen Räumen arbeiten können. Durch eine kleinere Gruppengrösse kann zudem eine übermässige Ermüdung verhindert werden, wodurch das Kind wiederum länger erfolgreich ins Geschehen eingebettet bleibt. Diese Unterrichtsform ist besonders im Fremdsprachenunterricht sinnvoll, wenn neue Sprachklänge wahrgenommen und abgespeichert werden müssen, die im Geräuschpegel einer grossen Klasse nur erschwert differenziert werden können. Die nötige Einzelförderung, die sich auf audiopädagogische Aspekte konzentriert, geschieht in engster Absprache mit Lehrpersonen und Elternhaus.

Teamteaching

Audiopädagogische Einzelförderung

Die audiopädagogische Einzelförderung ist aus verschiedenen Gründen weiterhin nötig und darf nicht mit der unerwünschten Defizitorientierung verwechselt werden. Einerseits geht es um die konkrete Vorbereitung der kommenden schulischen Anforderungen. Je umfassender sich ein Kind in einem Thema schon auskennt, desto länger kann es dem Unterrichtsgeschehen in der konkreten Situation folgen. Muss das Kind hingegen bei jedem Wort zuerst abgleichen, ob es sich um ein bekanntes Wort handelt, das nur gerade unklar gehört wurde, oder um ein neu zu lernendes mit noch viel unklarerer Form, ist es einfach nachvollziehbar, dass die Verarbeitungskapazität nicht mehr für das altersadäquate Reflektieren ausreicht und das Kind über lange Zeit beim akustischen Verstehen hängen bleibt.

Hier setzt das vorbereitende Arbeiten an, das mit dem Kind vor der konkreten Unterrichtssituation Zusammenhänge und Wortschatz erfahrbar macht und eine sprachliche Erwartungshaltung aufbaut, innerhalb derer das Kind erfolgreicher am Unterrichtsgeschehen teilhaben kann. Je altersadäquater die Grammatikentwicklung des Kindes schon ist, desto hilfreicher kann es diese Kompetenzen beim Ergänzen von hörbedingten Lücken im Alltag einsetzen, und je bekannter der Wortschatz und ganze Ausdrucksweisen schon sind, desto länger können sie auch bei nicht optimalen akustischen Bedingungen noch wiedererkannt und weiterverarbeitet werden.

Um keine Pointen vorwegzunehmen und die Spannung aufrechtzuerhalten, wird der thematische Rahmen abgesteckt. Dieser wird mit einer reichhaltigen Sprache angeboten, die auch Redensarten und Doppeldeutigkeiten mit beinhaltet, die das Kind in dieser akustisch optimierten Situation am besten verarbeiten kann.

Lieder, Verse und gemeinsam gesprochene Texte nutzen Lieder, Verse und weitere in der Klasse gemeinsam gesprochene Texte können in der Gruppe meist nur ungenügend auditiv differenziert und gelernt werden. Auch hier bietet es sich an, die Lieder und Texte im Elternhaus, in einer Kleingruppe und in der Einzelförderung erfahrbar zu machen und so das Verständnis nachhaltiger zu sichern.

Das Kind wird angeregt, sich seine eigenen Überlegungen zum jeweiligen Thema zu machen und das Neue mit dem bereits Bekannten zu verknüpfen. Tückisch ist dabei, dass Versäumnisse aus der früheren Kindheit und Kindergartenzeit erst in den späteren Primarschuljahren deutlich sichtbar werden, wenn das imitierende Lernen und Handeln die Einschränkungen im Verständnis nicht mehr kaschieren kann.

Für den Fremdsprachenunterricht ist das Einplanen der Einzel-förderung entscheidend. Neue Sprachklänge, die einem unauffällig hörenden Kind in der Regel schon aus der Vorschulzeit auch ohne Sprachkompetenz in der jeweiligen Fremdsprache bekannt sind, stellen für das Kind mit einer Hörbeeinträchtigung bereits ein grosses Übungsfeld dar und sind ihm meist fremd, unvertraut und werden als schwierig zu speichern erlebt. Dies ist durch die Er-schwernisse im Hören, Differenzieren, Zuordnen und Abspeichern erklärbar.

Neben den Unterrichtsthemen geht es in der audiopädago-gischen Einzelförderung andererseits auch um hörspezifische The-men, die vom Unterrichtsgeschehen mehrheitlich unabhängig sind. Dazu gehört neben der Weiterführung des Hörtrainings und dem Aufbau von Hör- und Kommunikationstaktiken auch das Absichern **Absicherung der** der technischen Unterstützung. Sind die technischen Hilfen so effizi- **technischen** ent im Einsatz, dass die erwartete Stabilisierung sichtbar ist respek- **Unterstützung** tive der erwartete Fortschritt eintritt? Kann die Benachteiligung da-durch im erwarteten Rahmen verringert werden? Hörfortschritte werden angeregt, trainiert, beobachtet, dokumentiert und Verände-rungen werden beobachtet.

Hier tritt die Dringlichkeit einer speditiv funktionierenden Ver-netzung zutage, da nur eine enge interdisziplinäre Zusammenarbeit zwischen allen Beteiligten zu einer erfolgreichen Inklusion führen kann. ➥ Siehe auch Kapitel Luder und Kunz. E-Mails mit «cc» sind in der heutigen Zeit ein ideales Mittel, um alle Kooperationspartner mit den nötigen Informationen zu versorgen.

Audiopädagogische Vernetzung

Die Beobachtungen rund ums Hören fliessen zu den verschiedenen **Relevante Koopera-** Kooperationspartnern zurück, die daraus ihre nächsten Schlüsse- **tionspartner und ihre** ziehen und weitere Vorgehensweisen ableiten. **Aufgaben**

Die *Eltern* bemühen sich weiterhin um Veranschaulichung, Ver-tiefung und Vernetzung der schulischen und persönlichen Themen. Sie unterstützen ihr Kind im Entwickeln einer altersadäquaten Ei-genverantwortung und stellen aufgrund der Rückmeldung aus der Schule die Funktionstüchtigkeit der technischen Hilfen sicher (Hör-geräte, Sprachprozessoren der CIs, FM-Anlage sowie altersabhän-gig Anschaffung von Vibrations- oder Lichtwecker, usw.).

Der *Pädakustiker* optimiert bei Lärmempfindlichkeit und un-genügend hör- und differenzierbaren Sprachlauten die Programmierungen, fertigt die möglicherweise nicht mehr gut sitzenden Otoplastiken neu an, entfernt Druckstellen, und er testet Materialunverträglichkeiten aus. Hörgewohnheiten und Höranforderungen können immer präziser berücksichtigt werden und führen zu einer permanenten Verfeinerung und Verbesserung der Hörgeräteeinstellungen oder der Programmierungen der Sprachprozessoren respektive zu einer Neuversorgung mit Hörhilfen und weiteren Hilfsmitteln, die den Lebensanforderungen eher genügen.

Grössere, auch schwankende Veränderungen im Hörvermögen werden an die *Pädaudiologie* rückgemeldet, um eine schleichende Hörverschlechterung oder vorübergehende krankheitsbedingte Hörveränderungen zeitnah erfassen und darauf reagieren zu können. Neuversorgungen erfordern immer die ärztliche Empfehlung, die wiederum die Rückmeldungen aus Schule und Elternhaus mit einbezieht.

Die *Schulpsychologischen Dienste* begleiten die Schulung und Förderung von Kindern mit Hörbeeinträchtigungen sorgfältig und tragen mit ihrer präzisen Einschätzung des Potenzials eines Kindes zu seiner gelingenden Schulkarriere bei. Sie sind auch die Fachpersonen, die ein psychologisches Beratungsangebot haben oder die Familien bei Bedarf an andere Stellen weiterweisen können.

Eine weitere Vernetzung stellen die *Kontakte* mit anderen Kindern und Jugendlichen mit Hörbeeinträchtigungen dar. In regelmässigen Abständen werden die Kinder eingeladen, sich mit Gleichaltrigen zu treffen. Diese thematischen Gruppentreffen lassen in ungezwungenem Rahmen Gespräche und Freundschaften entstehen, die im Rückblick von den jungen Menschen häufig als wesentlich für ihre Identitätsentwicklung als Kind oder Jugendlicher mit einer Hörbeeinträchtigung eingestuft werden.

Übergang in die Primarstufe

Der Übergang vom Kindergarten in die Primarstufe bringt für das Kind mit einer Hörbeeinträchtigung die bereits bekannten Herausforderungen mit sich. Es muss sich wieder an neue Sprechweisen und akustische Bedingungen gewöhnen, trifft aber in der Regel auf Strukturierungsformen und Lernangebote, die ihm entgegenkommen.

Sobald die Schrift zuverlässig eingesetzt werden kann, erlebt das Kind eine grosse Erleichterung für seinen Spracherwerb. Wörter und Redensarten sowie Grammatikformen müssen nicht mehr einzig über das Gehör aufgenommen und verarbeitet werden, sondern die Augen helfen beim Differenzieren und Speichern enorm mit. Inhalte können nun immer mehr über das Lesen aufgenommen und verarbeitet werden.

Im schulischen Alltag sind Regeln und Abmachungen hilfreich, die die Eigenverantwortung und Unabhängigkeit von akustischen Informationen stärken. Dazu zählen neben allen Arten von Visualisierungen beispielsweise Wandtafeln, auf denen zuverlässig die Hausaufgaben notiert werden, oder Abmachungen, auf welche Weise bei einem anderen Kind Hilfe geholt werden kann, mit dem ein Inhalt beispielsweise in einem separaten Raum noch einmal besprochen werden darf. Der gezielte eigenverantwortliche Einsatz von Wörterbüchern, Nachschlagewerken oder des Internets ist für das Kind in den weiteren Primarschulklassen ebenfalls eine Absicherung, dass es seine schulischen Anforderungen immer erfolgreicher selber bewältigen kann.

Regeln und Abmachungen

Bei der Unterrichtsgestaltung bewähren sich technische Hilfen, die es zulassen, dass die Lehrperson der Klasse zugewandt spricht und sich nicht der Wandtafel zuwenden muss. Dazu zählen Hellraumprojektoren und elektronische Wandtafeln oder der Einsatz von Laptops mit Beamern. Ein ebenfalls enorm hilfreiches Instrument ist die Dokumentenkamera, die – einem Hellraumprojektor vergleichbar – nicht nur Folien, sondern ganze Gegenstände an die Wand projiziert. Ist die Position des Kopfes der sprechenden Person im gleichen Blickwinkel wie die Projektionsfläche der Dokumentenkamera, kann das Kind einfacher den vorgezeigten Handlungen folgen und dabei das Mundbild der Lehrperson für das Lippenlesen beiziehen. Natürlich ist zum Lippenlesen grundsätzlich erforderlich, dass die Lehrperson möglichst ruhig an einem Ort steht und sich beim Sprechen nicht durchs Zimmer bewegt.

Technische Hilfen

Ebenfalls hilfreich ist es, wenn die zu behandelnden Themen im Voraus, zu Beginn der Lektion oder zu Beginn eines Gesprächs, bekannt gegeben werden und sich das Kind gedanklich auf einen Themenkreis einstellen kann. Ideal ist im Unterricht das Notieren von Themenangaben und Stichwörtern.

Wird beispielsweise im Mathematikunterricht das Kopfrechnen geübt, kann von der mündlichen Aufgabenstellung auf die schriftliche Darbietung der Rechnung übergegangen werden, bei welcher die Rechnung zwecks Anregen der Speicherfähigkeit nur kurz gezeigt und dann wieder verdeckt wird. Anstelle des bekannten Rufens einer Lösung, was vom Verarbeitungstempo her häufig eine Überforderung darstellt, kann das Kind mit der Hörbeeinträchtigung als Zeichen, dass es die Lösung kennt, ein Glöckchen betätigen und bekommt daraufhin die nötige Zeit, um die Lösungszahl zu formulieren oder an die Tafel zu schreiben.

Der Kreativität in der Reduktion von Benachteiligungen sind keine Grenzen gesetzt. Der stetige Informationsfluss innerhalb des ganzen Kooperationssystems bleibt weiterhin aktuell und trägt massgeblich zum Gelingen der Inklusion bei.

Steigende Anforderungen auf der Sekundarstufe

Für das Kind mit einer Hörbeeinträchtigung steigen die Anforderungen mit den höheren Schulklassen zunehmend, da immer stärker sprachlich gearbeitet und gelernt wird und das Lerntempo und die Fülle des Stoffes zunehmen. Zudem muss sich das Kind im Fachlehrersystem beinahe jede Stunde auf eine andere Sprechweise einstellen, was eine grössere Ermüdung mit sich bringt.

Ist das Reflektieren noch nicht altersgemäss möglich, weil in den vorangegangenen Jahren zu viel Energie in die Informationsbeschaffung und -absicherung, d.h. ins reine Hören, Verstehen und Abspeichern, investiert werden musste, sind die meisten Schulfächer davon betroffen.

Nachteilsausgleich   Im Sinne eines Nachteilsausgleiches, der im besten Fall eine kleine Reduktion der Benachteiligung darstellt, können für den Schulunterricht besondere Abmachungen getroffen werden. Dazu gehört die Möglichkeit, Unterrichtsnotizen von Kameraden kopieren zu dürfen oder Scripts zur Verfügung gestellt zu bekommen, da das gleichzeitige Zuhören und Notieren der Inhalte meist aufgrund der Dringlichkeit des ergänzenden Lippenlesens nicht möglich ist. Eine weitere Möglichkeit liegt bei Prüfungen in Zeitzugaben aufgrund des erhöhten Aufwandes für die sprachliche Verarbeitung und im Beizug von Wörterbüchern sowie in der Möglichkeit, bei Prüfungsfragen das Verständnis der Fragen durch eigenes Formulieren der Fragen überprüfen und absichern zu dürfen.

Audiovisuelle   Ebenfalls nicht unterschätzt werden dürfen die besonderen Anforderungen des Hörverständnisses bei der Verwendung von Datenträgern wie CD, DVD usw. Sind synchronisierte Filme im Einsatz, ist das Lippenlesen nicht nur nicht hilfreich, sondern sogar verwirrend, da es mit den gehörten Informationen nicht mehr übereinstimmt. Zudem kann es passieren, dass bei ungenügender Lautsprecherqualität die Hörgeräte oder Sprachprozessoren das Sprachsignal wie ein Störgeräusch behandeln und im extremen Fall unterdrücken und ausfiltern. Dies geschieht auch bei Hörtexten mit Hintergrundgeräuschen und Begleitmusik sowie Dialogen mit verschiedenen Sprechstimmen. Diese Unterscheidungen können von Kindern und Jugendlichen mit Hörbeeinträchtigungen nur selten ausreichend wahrgenommen werden. Hilfreich ist in diesen Situationen das Durchführen von Hörverständnisübungen im Einzelkontakt mit einer direkt sprechenden Person, idealerweise der Audiopädagogin.

Als weiterer Nachteilsausgleich kann vereinbart werden, dass ein Text mehrfach vorgelesen werden darf oder dass kleine Figuren zur Veranschaulichung der jeweils sprechenden Person in Dialogen zum Einsatz kommen.

Reichen diese Massnahmen im schulischen Alltag nicht aus, können in Abhängigkeit des Entwicklungsstandes und der jeweiligen Anforderungen in den Unterrichtsfächern vorübergehend oder längerfristig individuelle Lernziele vereinbart werden.

Da das Kind mit einer Hörbeeinträchtigung ganz grundsätzlich *mehr vom Normalen* braucht, bieten beispielsweise bei Fremdsprachen Ferienwochen oder mehrwöchige Sprachaufenthalte in der jeweiligen Sprachregion eine effiziente Unterstützung.

Der Übergang ins Berufsleben

Bereits in den letzten beiden Schuljahren der obligatorischen Schulzeit werden spezialisierte Berufsberater (z.B. in der Schweiz Berufsberater der örtlichen IV-Stellen) beigezogen, um einen gut gelingenden Übergang ins Berufsleben oder in die weitere Schulung auf Sekundarstufe II einzufädeln.

Spezialisierte Berufsberatung

Zur Erweiterung des Weltwissens und zum Erkennen der eigenen Vorlieben und Abneigungen ist es sinnvoll, Schnupperwochen im ganz normalen Rhythmus der Regelklasse zu absolvieren. In Absprache mit den Beteiligten kann es sinnvoll sein, vor einer Schnupperlehre bereits auf einige nötige Anpassungen hinzuweisen, um eine hörbedingte Benachteiligung zu vermeiden.

Grundsätzlich gehört aber zum Grundgedanken der Inklusion die Haltung, dass es in erster Linie ein junger Mensch ist, der sich mit einer Berufsrichtung auseinandersetzen möchte, und erst in zweiter Linie geschaut wird, welche hörspezifischen Anpassungen bei der Umsetzung nötig sind.

Entscheidet sich der junge Mensch für eine weitere schulische Karriere, ist mit denselben Herausforderungen zu rechnen wie bereits auf der Sekundarstufe I.

Handlungsmöglichkeiten im Bereich Mobilität

Unterrichtssituationen mit Kindern mit einer motorischen Beeinträchtigung

Angela Nacke und Peter Diezi-Duplain

Die Doppeldeutigkeit des Titels ist gewollt. Anhand von Beispielen wird gezeigt, wie die Handlungsmöglichkeiten von Schülerinnen und Schülern mit Schwierigkeiten im Bereich Mobilität unterstützt und gefördert werden können. Gleichzeitig werden Handlungsmöglichkeiten für Lehrpersonen und therapeutische Fachpersonen vergrössert. In diesem Kapitel werden Ressourcen und Schwierigkeiten erwähnt, welche in der ICF schwerpunktmässig dem Kapitel Mobilität innerhalb der Komponente Aktivität und Partizipation zugeordnet werden können.

Bei einer ICF-basierten Förderplanung werden die individuellen Voraussetzungen der Schülerinnen und Schüler eingeschätzt und deren Lebenswelt mitberücksichtigt. Dies ist beim Thema Mobilität zentral. Aus diesem Grund müssen die ausgeführten Empfehlungen zu Interventionen mit der nötigen Vorsicht aufgenommen und vor dem Einsatz sorgfältig geprüft werden, ob diese in der dann aktuellen Situation auch adäquat sind.

Lernen findet nicht nur in der Schule statt – Förderung auch nicht

«Das meiste lernen wir nicht in der Schule»
(Jäggi, TA, 4.2.2009)

Jäggi verweist auf die Wichtigkeit des informellen Lernens für die individuellen Lernprozesse und dass dies oft trotz Schule geschieht. ➡ Siehe auch Kapitel Schmid. Die Faure-Kommission der UNESCO hielt Anfang der siebziger Jahre fest, dass informelles Lernen etwa 70 % aller menschlichen Lernprozesse umfasse (Overwien, 2004). Das Bildungssystem hat somit einen eingeschränkten Spielraum. Ganz besonders gilt dies für Verhaltensweisen, welche unter der Perspektive der Mobilität beobachtet werden können. Dies lässt sich oft nicht isoliert betrachten, wie dieses Kapitel vielleicht suggerieren könnte. Dazu einige Beispiele:

— Als erstes Beispiel kann die Aktivität Gehen in verschiedenen Lebenswelten betrachtet werden: Bereits während einer normalen intrauterinen Entwicklung lernt ein Kind sich zu bewegen. Je nach Lebenswelt, in welcher ein Kind aufwächst, stehen verschiedene Bewegungskompetenzen im Vordergrund, um den Lebensalltag bewältigen zu können. In die Schule gehen zu können, stellt ein Kind in Alaska, ein anderes in Tansania oder nochmal ein anderes in der Schweiz vor je unterschiedliche Probleme. Dabei reicht das Gehenkönnen nicht aus. Bereits vor dem Schuleintrittsalter müssen die Kinder in allen Weltregionen weit mehr gelernt haben als nur zu gehen, um den Schulweg bewältigen zu können.
— An weiteren Beispielen soll aufgezeigt werden, dass bestimmte Probleme nicht zwingend in demselben Lebens- oder Erfahrungsbereich entstanden, in welchem sie sich manifestieren. Ein Kind mit Schwierigkeiten beim Schreiben kann vielleicht die Aufmerksamkeit deswegen nicht gleichzeitig auf das Zuhören bei der Aufgabenerteilung lenken. Oder ein Kind, das zur Eile angehalten wird, benötigt noch länger zum Anziehen, weil es das Unterhemd verkehrt angezogen hat und das Hemd kaum zuknöpfen kann.
— An einem letzten Beispiel kann aufgezeigt werden, dass der soziale Kontext einzelne Kompetenzen der Kinder beeinflusst: Die Grösse der Familie, die materiellen und zeitlichen Ressourcen der Eltern, der Erziehungsstil (Überbehütung / Vernachlässigung) beeinflussen die Entwicklung der Kinder in hohem Masse.

Beobachtungen verorten

Es ist wichtig, Beobachtungen immer im Kontext der realen Situation sowie der individuellen Lebensgeschichte zu sehen. Die ICF (Weltgesundheitsorganisation WHO, 2006) kann dabei unterstützen. ➡ Siehe auch Kapitel Hollenweger. Dies erleichtert, das Verhalten von Schülerinnen und Schülern mit besonderen pädagogischen Bedürfnissen besser zu verstehen und als funktional sinnvoll betrachten zu können.

Wenn auch wie beschrieben alles miteinander verwoben ist, so hat die Struktur der ICF gleichwohl einen Sinn: Die Zuordnungen nach Kapiteln oder gar Items in der ICF dienen der gemeinsamen Verständigung. Die ICF kann so als gemeinsame Sprache dienen

und hilft beim interdisziplinären Austausch. ➡ Siehe auch Kapitel
Luder und Kunz. Dies ist umso relevanter, weil persönliche Beobachtungen ebenfalls im Kontext individueller Lebens- und Lern-
geschichten interpretiert und diese durch die vorgeschriebenen Zuordnungen explizit gemacht werden können. Damit dies gelingt,
sollten die verschiedenen Aspekte dieses Kapitels verstanden werden. Zu jedem der vier Unterkapitel werden Erscheinungsformen
von Problemen, Fördermöglichkeiten und denkbaren Interventionen vorgestellt.

Diagnosebegriffe dekonstruieren

ICF-basierte Förderplanung versucht, klassische Diagnosebegriffe
zu *dekonstruieren* und arbeitet mit phänomenologischen Beschreibungen von Beobachtungen und Resultaten von Assessments. Bei
den folgenden Beschreibungen von Störungsbildern werden immer
wieder die traditionellen Begriffe, wie sie in den zitierten Forschungs-
arbeiten verwendet werden, gebraucht. Die Verfasserin und der Ver-
fasser des vorliegenden Beitrags stehen diesen Krankheitsbegriffen
und Syndrom-Bezeichnungen kritisch gegenüber. Kategoriale Diagnosen und Beschreibungen der Funktionsfähigkeit sollen trotzdem
nicht gegeneinander ausgespielt werden. Gerade für die Förderplanung ist es wichtig zu wissen, ob ein Kind sich wegen eines Schädel-
Hirn-Traumas, einer ADHS oder inadäquaten Erziehung auf eine
bestimmte Art auffällig bewegt und verhält.

Wichtig ist auch, dass die möglichen Hintergründe (Ursachen)
von Funktionsstörungen in die Förderplanung einbezogen werden.
Durch angeborene, während der Schwangerschaft erworbene,
durch Unfall und Krankheit nach der Geburt oder durch mangelndes
Training hervorgerufene Ursachen können Mobilitätseinschrän-
kungen entstehen.

Umweltfaktoren mitberücksichtigen

Im Weiteren werden bei einer ICF-basierten Förderplanung die Umweltfaktoren einbezogen.

In der Tabelle 1 werden die für Mobilität relevanten Förderfakto-   ICF: Umweltfaktoren
ren und Barrieren erwähnt, wie sie in der ICF unter der Komponente
Umweltfaktoren zugeordnet sind. Diese Auslegeordnung hilft im
Folgenden, die Förderung von Mobilität besser planen zu können.
➡ Siehe auch Kapitel Hollenweger. So ist es zum Beispiel wichtig, ob
ein Kind in seinem persönlichen Umfeld ermutigt wird, sich zu bewegen, auf Bäume und über Steine zu klettern (fördernde Einstellung) oder ob ein allzu fürsorgliches und ängstliches Umfeld solche
Bewegungserfahrungen unterbindet (verhindernde Einstellung).

TABELLE 1_Umweltfaktoren in Bezug auf Mobilität als Förderfaktoren und Barrieren

	Produkte und Technologien	Natürliche und vom Menschen veränderte Umwelt	Unterstützung und Beziehungen	Einstellungen	Dienste, Systeme und Handlungs- grundsätze
Förderfaktoren	Hilfsmittel, Medikamente, Infrastruktur Ernährung	Gesunde Umwelt Schwellenfreier Zugang	Sinnvoll für- sorgliches Um- feld (Familie, Freunde, Fach- leute)	Förderliche Einstellungen im Umfeld	Förderliche Dienste, Systeme und Handlungs- grundsätze
Barrieren	Fehlende oder falsche Hilfsmittel, behindernde Infrastruktur Ernährung	Klima Physikalische Geografie (Topografie)	Fehlendes oder ungeeignet handelndes Umfeld (Familie, Freunde, Fach- leute)	Schädigende Einstellungen im Umfeld	Fehlende / eingeschränkte Dienste, Systeme und Handlungs- grundsätze

Behinderungen im Bereich Mobilität können als Folge der Interaktionen zwischen möglichen Störungen im Bereich der Körperfunktionen und möglichen Schädigung bzw. dem Fehlen von Körperstrukturen und den Umweltfaktoren als Förderfaktoren und
Barrieren beschrieben werden.

Mobilität in der ICF-CY

Im Folgenden gehen wir detailliert auf das Kapitel Mobilität innerhalb der Komponente Aktivität und Partizipation, der ICF-CY (Weltgesundheitsorganisation WHO, 2006), ein. Dieses Kapitel der ICF-CY
befasst sich…

ICF: Aktivitäten
und Partizipation /
Mobilität

1. … mit der eigenen Bewegung durch Änderung der Körperposition oder -lage oder Verlagerung von einem Platz zu einem
   anderen,
2. … mit der Bewegung von Gegenständen durch Tragen, Bewegen oder Handhaben,
3. … mit der Fortbewegung durch Gehen, Rennen, Klettern oder
   Steigen
4. … sowie mit der eigenen Bewegung durch den Gebrauch
   verschiedener Transportmittel.

Diese vier Bereiche werden als vier Unterkapitel ausgeführt und
sind jeweils gleich aufgebaut:
— Beispiele für Unterrichtssituationen und den zugehörigen
   Lebenswelten

— Beschreibung des Bereichs: was ist gemeint?
— Beispiele für Erscheinungsformen von Mobilitätsbeeinträchtigungen in diesem Bereich
— Fördermöglichkeiten
— Mögliche Massnahmen
— Als Abschluss folgen Beispiele zur Illustration der Förderung

Mobilitätsbereich 1: Die Körperposition ändern und aufrechterhalten

Folgende Beispiele sollen diesen Bereich der Mobilität verdeutlichen:

Im Kindergarten sitzen Schülerinnen und Schüler für eine Sequenz im Sitzkreis [Körperposition aufrechterhalten] und hören einer Geschichte zu; oder sie stehen im Kreis, singen ein Lied und machen zum Text passende Bewegungen, dazu gehört es auch, in die Knie zu gehen und ohne sich abzustützen wieder ganz gross zu werden und sich zu strecken (einige Kinder gehen auf die Knie und stützen sich ab …) [Körperpositionen wechseln].

In der Schule (Primarstufe oder Oberstufe) sitzen die Schülerinnen und Schüler vier bis fünf Stunden oder mehr pro Tag auf dem Stuhl. Sie stützen ihren Kopf auf dem Arm ab oder legen ihn auf den Tisch [Körperposition aufrechterhalten]. Während der Geometrielektion müssen sie Tetraeder konstruieren und herstellen. Bevor sie in die Pause gehen, müssen sie die Papierschnipsel vom Boden aufheben und in den Papierkorb werfen. Ein Junge stöhnt schon nach dreimaligem Bücken, er ist stark übergewichtig.

Beschreibung des Bereichs: was ist gemeint?

Haltungskontrolle ist die Fähigkeit des Menschen, seinen Körper in fast jeder Position im Gleichgewicht zu halten. Mithilfe der Haltungskontrolle kann der Mensch seinen Körper sowohl im Gleichgewicht halten als auch in eine bestimmte Haltung bringen. Physikalisch betrachtet befindet sich der Körper im Gleichgewicht, wenn der Körperschwerpunkt innerhalb der Unterstützungsfläche liegt (Schellhammer, 2002). Die Fähigkeit, die Körperposition zu ändern und aufrechtzuerhalten bildet die Grundlage für die Fortbewegung und die Möglichkeit, Gegenstände zu tragen, zu bewegen und zu handhaben. Diese Fähigkeit ist abhängig von der Interaktion des Menschen mit der Aufgabe und der Umgebung. Es handelt sich um ein komplexes Zusammenspiel zwischen dem muskuloskelettalen und

Haltungskontrolle ist zentral

dem neuralen System (Shumway-Cook und Woollacott, 2007). Die Komplexität dieser Interaktion macht das System der Haltungskontrolle störanfällig. Es lassen sich darum bei Kindern, deren Hirnentwicklung verzögert oder gestört ist, immer leichte bis schwere Störungen in der Haltungskontrolle finden (Hadders-Algra, 2008). Dies gilt für Kinder mit Zerebralparesen oder umschriebenen Entwicklungsstörungen der Motorik, aber auch für Kinder mit ADHS (Buderath et al., 2009, Cheng und Wang, 2007, Shum und Pang, 2009) und Autismus-Spektrum-Störungen (Fournier et al., 2010). Selbstverständlich gilt dies auch für Kinder mit einem Erfahrungsdefizit.

Im schulischen Alltag lässt sich beobachten, dass diese Kinder versuchen, die an sie gestellten Aufgaben zu vereinfachen, zum Beispiel ist es leichter zu sitzen als zu stehen. Beim Arbeiten auf dem Boden fällt unter Umständen auf, dass die Kinder zwischen ihren Füssen knien und so die Unterstützungsfläche vergrössern (siehe Abb. 1). Einige Kinder benötigen sogar noch einen Arm um abzustützen und sind dadurch in ihrer Handlungsfähigkeit eingeschränkt (siehe Abb. 2).

ABBILDUNG 1 links _ Kind im Zwischenfersensitz.

ABBILDUNG 2 rechts _ Kind im Zwischenfersensitz, das sich noch zusätzlich mit einem Arm abstützt.

Das Aufrechterhalten der Körperposition im Stehen ist anspruchsvoller als im Sitzen, weil der Körperschwerpunkt höher liegt, die Unterstützungsfläche kleiner ist und mehr Gelenke kontrolliert werden müssen. Um die stehende Position zu halten, wendet das Kind verschiedene Strategien an. Schwerpunktverlagerungen nach vorn oder hinten werden durch ausbalancierende Bewegungen der Fuss-, Knie- und Hüftgelenke ausgeglichen. Bei grösseren Verlagerungen reagiert das Kind mit einem Ausgleichsschritt.

Im Alter zwischen sieben und zehn Jahren erreichen Kinder mit diesen Strategie das Niveau Erwachsener (Shumway-Cook und

Woollacott, 2007). Auf dem Weg zu diesen Kompetenzen sind viele drei bis sechsjährige Kinder fasziniert, sich mit der Schwerkraft auseinanderzusetzen. Sie gehen, springen und rollen sich abfallende Wiesenborte hinunter, steigen wieder hoch und wiederholen ihr Spiel.

Für die Haltungskontrolle sind zudem auch verschiedene Sinnessysteme von Bedeutung (Shumway-Cook und Woollacott, 2007): **Sinnessysteme zur Haltungskontrolle**

— Das visuelle System für eine Orientierung des Körpers in Bezug auf Objekte.
— Das somatosensorische System (Tastsinn, Körpereigenwahrnehmung) für die Orientierung auf der Unterstützungsfläche.
— Das vestibuläre System (Gleichgewichtssinn) für die Orientierung im Schwerkraftfeld.

Das Gehirn beurteilt diese sensorischen Informationen in Hinblick auf ihre aktuelle Relevanz. In der Dunkelheit ist zum Beispiel die visuelle Information weniger zuverlässig, sodass das Gehirn die Informationen aus dem taktilen System und aus den Fühlern in Muskeln, Sehnen und Gelenken (somatosensorisches System) stärker gewichtet. Stehen wir auf einer rutschigen Unterlage, kommt dem visuellen System eine grössere Bedeutung zu. Kinder sind ab vier Jahren in der Lage, sensorische Informationen zu gewichten. Sie entwickeln diese Fähigkeit im Primarschulalter aber zunehmend weiter (Bair, Kiemel, Jeka, und Clark, 2007). Kindern mit umschriebenen Entwicklungsstörungen der Motorik fällt diese multisensorische Gewichtung von Informationen schwer (Bair et al., 2007, Deconinck et al., 2008).

Haltungskontrolle bedarf einer gewissen Aufmerksamkeit, abhängig von der zu erfüllenden Aufgabe, dem Alter und den individuellen Möglichkeiten des jeweiligen Kindes (Brandt, Wenzel, und Dichgans, 1976). Kerr, Condon, und McDonald (1985) untersuchten Studenten bei einer Doppelaufgabe, bei der verschiedene Anforderungen an die Haltungskontrolle gestellt wurden. Zusätzlich wurden visuell-räumliche Aufgaben und ein sprachlicher Gedächtnistest durchgeführt. Es zeigte sich eine gehäufte Fehlerzahl in visuell-räumlichen Tests, nicht aber im sprachlichen Gedächtnistest. Visuell-räumliche Aufgaben scheinen auf den gleichen neuralen Mechanismen zu beruhen wie die Regulation der Haltung. Demzufolge sollte im Unterricht gut überlegt werden, ob oder für welche Kinder Aufgaben zur Haltungskontrolle, wie zum Beispiel Trampolinspringen mit kognitiven Aufgaben kombiniert werden.

Mögliche Erscheinungsformen von Mobilitätsbeeinträchtigungen in diesem Bereich

Im Folgenden sollen relevante Erscheinungsformen von Beeinträchtigungen der Mobilität aufgelistet werden. Zu beachten ist dabei, dass die Definitionen zu diesen klassischen Diagnosen (s. oben) teilweise kritisch zur Kenntnis genommen werden müssen, möchte man Informationen zur Förderplanung gewinnen. Es soll keine abschliessende Liste entstehen, jedoch eine, die auf relevante Erscheinungsformen hinweist:

Infantile Zerebral-
parese (CP)

— Unter einer *Infantile Zerebralparese – ICD-10 – G80 [Kapitel VI – Krankheiten des Nervensystems] (DIMDI, 2010)* wird eine vor oder während der Geburt entstandene Schädigung des Gehirns verstanden. Diese äussert sich in unterschiedlichen Varianten und Ausprägungen von Bewegungsstörungen. Sie tritt bei zirka drei bis vier Kinder je 1000 Lebendgeburten auf. Weitere mentale Funktionen können in unterschiedlicher Ausprägung beeinträchtigt sein. Die Symptome können durch geeignete Interventionen gelindert werden. Je nach Behinderungsgrad sind unterschiedliche Formen der integrativen Schulung angezeigt.

Umschriebenen
Entwicklungsstö-
rungen der Motorik
(UEMF)

— *Umschriebenen Entwicklungsstörungen der Motorik (UEMF):* In einem Positionspapier der Arbeitsgemeinschaft der Wissenschaftlichen Medizinischen Fachgesellschaften (AEFM, 2011) wird zugestanden, dass in der klinischen Praxis und in Expertenkreisen Unklarheiten bei der Definition und der Diagnose einer UEMF bestünden. Es werden folgende Kriterien für eine Diagnose als Leitlinien empfohlen:

— I: Motorische Fähigkeiten, *müssten* gewöhnlich erheblich unterhalb des Niveaus liegen, das aufgrund des Alters des Kindes und angemessener Möglichkeiten zum Erwerb der Fähigkeiten zu erwarten wäre.
— II: Die Störung in Kriterium I müssten Aktivitäten des täglichen Lebens oder schulische Leistungen wie zum Beispiel die Selbstversorgung, das Schreiben oder Freizeitaktivitäten beträchtlich beeinträchtigen.
— III: Die Beeinträchtigung der motorischen Fähigkeiten, dürfte nicht allein durch mentale Retardierung erklärbar sein. Die Störung könne auch nicht durch wie auch immer geartete spezifische, angeborene oder erworbene neurologische Störungen oder irgendeine schwerwiegende psychosoziale Auffälligkeit erklärt werden.

— Die Störungsform *Aufmerksamkeitsdefizit- und Hyperaktivitäts-*
störung (ADHS) wird in diesem Studienbuch im Kapitel von
Schröder ausführlich beschrieben. ➡ Siehe auch Kapitel
Schröder. An dieser Stelle wird ergänzend hinzugefügt, dass
aufgrund übergeordneter Beeinträchtigungen auch Störungen
im Bereich der Mobilität häufig zu beobachten sind. Eine
mangelnde Aufmerksamkeitsspanne, geringe Ausdauer oder
Impulsivität können dazu führen, dass es für die Kinder schwierig wird, motorische Kompetenzen oder Bewegungskompetenzen (Bewegung im sozialen Spiel) altersgemäss zu entwickeln. Die Deutsche Bundesärztekammer (2006) erwähnt in
ihrer Stellungnahme zur ADHS Folgendes: Über die Symptomatik Unaufmerksamkeit, motorische Unruhe und Impulsivität
werde eine ganze Gruppe von Störungsbildern definiert, die in
den gebräuchlichen Klassifikationssystemen ICD-10 und DSM
IV als Hyperkinetischen Störungen (HKS) bzw. Aufmerksam-
keitsdefizit- und Hyperaktivitätsstörung (ADHS) beschrieben
und mit diagnostischen Kriterien versehen werden. Diese
Grundmerkmale beobachtbaren Verhaltens sind für die vorliegende Thematik «Mobilität» relevant: Unruhiges Verhalten,
insbesondere die Schwierigkeit, stillsitzen zu können. Zudem
könne unter Impulsivität Verhalten mit abrupten motorischen
und/oder verbalen Aktionen, die nicht in den sozialen Kontext
passen, beobachtet werden.

— Die WHO definiert die *Autismus-Spektrum-Störungen (ASS)* auf
ihrer «questions und answers»-Seite (WHO 2013) wie folgt:
«Autism spectrum disorders are a group of complex brain
development disorders. This umbrella term covers conditions
such as autism, childhood disintegrative disorder and Asperger
syndrome. These disorders are characterized by difficulties in
social interaction and communication and a restricted and
repetitive repertoire of interests and activities» (WHO, 2013). In
der DSM 5 (2013) wird laut American Psychiatric Publishing
(2013) die in unterschiedlicher Ausprägung auftretende Störung
neu als auf einem Kontinuum liegend beschrieben. Betroffene
Menschen hätten Schwierigkeiten in der verbalen und nonverbalen Kommunikation, beim Schliessen und Aufrechterhalten
von Freundschaften. Sie seien abhängig von Routinen und
reagierten empfindlich auf Veränderungen in ihrer Lebenswelt.

— Unter dem Begriff *Erfahrungsdefizit im Bereich Mobilität* (oder
unter Aktivitätsdefizit) sind Auffälligkeiten im Verhalten von
Kindern und Jugendlichen gemeint, welche sich nicht in
klinisch-medizinischen Diagnoseschemata unterordnen, sich

Marginalien:

Aufmerksamkeits-
defizit- und Hyper-
aktivitätsstörung
(ADHS)

Autismus-Spektrum-
Störungen (ASS)

Erfahrungsdefizit im
Bereich Mobilität

jedoch erklären lassen. Nach Dordel (2003) besitzen Kinder einen «natürlichen Bewegungsdrang», der auf ein Überwiegen zentralnervöser Erregungsprozesse zurückführbar sei. Neben mangelndem Erfahrungsspielraum oder motivationalen Gründen werden auch die technologische Entwicklung, der Medienkonsum, die Urbanisierung, die familiären Vorbilder, die Peergroups, der soziale Status und der Migrationshintergrund als mögliche Ursachen für Erfahrungsdefizite im Bereich Mobilität genannt (vgl. Dordel, 2003, Graf, Dordel, Koch, und Predel, 2006, Lampert, Mensink, Romahn, und Woll, 2007).

Fehlende oder deformierte Körperstrukturen — Unter dem Aspekt *fehlende oder deformierte Körperstrukturen* sind Auffälligkeiten im Verhalten von Kindern und Jugendlichen gemeint, welche aufgrund von fehlenden oder geschädigten Körperstrukturen keine normale Bewegungsentwicklung durchlaufen können. Zum Beispiel ist die Plexusparese eine periphere Armlähmung, die durch Zerrung oder Quetschung des Plexus brachialis (Armnervengeflecht) entsteht (Riegel und Linderkamp, 1991).

Fördermöglichkeiten

Eine Förderung im Bereich «Körperposition ändern und aufrechterhalten» wird somit folgende Komponenten enthalten:

— Veränderungen der Körperpositionen, des Körperschwerpunktes
— Ausbalancierende Bewegungen von den Fuss-, Knie- und Hüftgelenken sowie mittels Ausgleichsschritten
— Halten der Balance bei Bewegungen der Arme
— Halten der Balance bei unterschiedlichen sensorischen Bedingungen
— Überdenken des Einsatzes von Doppelaufgaben

Je nach Schweregrad einer Behinderung muss die Erreichung der Ziele mittels passender Massnahmen angegangen werden. Je frühzeitiger erfasst wird, desto niederschwelliger können diese Massnahmen in der Regel sein. Durch den Beizug einer beratenden Fachperson kann geklärt werden, ob eine Massnahme von der Klassenlehrperson oder anderen Fachpersonen umgesetzt werden sollte. Fachpersonen wie beispielsweise Psychomotorik-, Ergo-, Physiotherapeutinnen und -therapeuten je nach Fragestellung (gemeinsame Zielformulierung), mittels welcher Intervention gearbeitet werden könnte.

Mögliche Massnahmen

Auf medizinische Massnahmen in den Bereichen Chirurgie und Medikamente wird hier nicht eingegangen. Im Vordergrund stehen nie-
derschwellige Massnahmen, die im Rahmen des Bildungssystems,
im Rahmen medizinisch-therapeutischer Massnahmen und/oder im
privaten Bereich umgesetzt werden können. Es ist denkbar, dass in
den verschiedenen Massnahmen identische oder unterschiedliche
Interventionen zur Erreichung derselben Ziele angewandt werden.
Eine Auswahl an Massnahmen wäre:

— Bewegungsaktive Freizeitgestaltung
— Sport und Spiel
— Binnendifferenzierter Unterricht
— Psychomotorik[1]   => evidenzbasierte Verfahren!
— Ergotherapie[2] / Physiotherapie[3]   => evidenzbasierte Verfahren!

Unsere Beispiele von Interventionen (siehe unten die *Beispiele*)
wurden von Angela Nacke als Ergotherapeutin für die Anwendung
durch Lehrpersonen im Unterricht konzipiert.[4]

Beispiele zur Illustration der Förderung

Förderbeispiele

Fussgelenksstrategie: Die Kinder ziehen sich gegenseitig auf einem
Tuch. Entweder in einer Partnerübung, d.h. ein Kind sitzt auf einem
Handtuch, hält sich an einem Gymnastikreif fest und wird so von
einem anderen Kind gezogen, oder als Gruppenaufgabe, bei der
zum Beispiel zwei Kinder auf einem Bettlaken sitzen, das auch von
anderen Kindern gezogen wird. Die ziehenden Kinder sind im Idealfall barfuss. In dieser Situation drücken sich die ziehenden Kinder
mit den Füssen vom Fussboden ab. Durch den Widerstand wird das
somatosensorische Feedback erhöht. Nach dieser Aufgabe laufen
alle Kinder im Zehen- und Fersengang und aktivieren auch so die
Sinnesrezeptoren in den Füssen bzw. Fussgelenken.

---

1   Link: http://www.psychomotorik-schweiz.ch/
2   Link Ergotherapie: http://www.ergotherapie.ch/index.cfm?Nav=40&ID=13
3   http://www.physiotherapia.paediatrica.ch/
4   Auf der Homepage von pluspunkt Zentrum sind zu weiteren Themen Hinweise für
    die Gestaltung von Förderstunden aufgeschaltet. Diese können entsprechend an-
    gepasst auch für den Unterricht verwendet werden. - Link: http://www.pluspunkt-
    zentrum.ch/lektionen

Fuss- und Hüftgelenksstrategie: Langbänke werden in der Turnhalle in die Sprossenwand eingehängt, sodass unterschiedliche schräge Ebenen entstehen. Die Kinder klettern die Langbänke im Bärengang hinauf und hinunter beziehungsweise stehen auf diesen Langbänken und fischen mit Magnetangeln nach Objekten. Durch die Armbewegungen werden zusätzliche Anforderungen an die Balance gestellt (s. Abb. 3).

ABBILDUNG 3_Fischen
mit Magnetangel.

Sensorik: Es könnten noch sensorische Anforderungen in die Lektion eingebaut werden. In diesem Fall nehmen die Kinder kleine Sandsäckchen auf und versuchen, auf den schräg eingehängten Langbänken oder instabilen Unterlagen stehend, diese in zunächst stabile, dann bewegliche Ziele zu werfen.

Ausgleichsschritte: Zum Abschluss versuchen sich jeweils zwei Kinder von einer Unterlage wegzudrücken beziehungsweise wegzuziehen. Um die Balance zu halten, ist ein Ausgleichsschritt nötig (siehe Abbildung 4).

ABBILDUNG 4_Kind macht
einen Ausgleichsschritt.

Mobilitätsbereich 2: Gegenstände tragen, bewegen und handhaben

Folgende Beispiele sollen diesen Bereich der Mobilität deutlich machen:

In der Unterstufe der Primarschule lernen Schülerinnen und Schüler die verbundene – oder vereinfachte Basisschrift. Sie arbeiten mit Bleistift und haben ein passendes liniertes Heft vor sich. Tisch- und Stuhlhöhe sind nicht für alle Kinder richtig eingestellt. Unterschiedliche Schreibhaltungen sind beobachtbar. Sie müssen von der Wandtafel etwas abschreiben, manche tun sich schwer damit.

Auf der Mittelstufe der Primarschule möchten Schülerinnen und Schüler zum Beispiel Basketball spielen. Während manche schon Übung haben und den Korb treffen, haben andere kaum Erfahrungen mit einem Ball (ausser evtl. dem Fussball). Viele Schülerinnen und Schüler in dieser Klasse können noch nicht prellen, gehen und prellen oder richtig werfen und fangen.

Beschreibung des Bereichs: was ist gemeint?

Greifen umfasst sowohl das Ergreifen, das heisst die Bewegung des Armes zum Objekt hin, als auch das Halten und Tragen von Objekten. Unter Manipulation wird die Fähigkeit verstanden, Objekte zu verändern beziehungsweise mit Objekten auf die Umgebung einzuwirken, wie zum Beispiel beim Prellen mit einem Ball oder beim Umgang mit Werkzeug (Frommelt und Grötzbach, 1999). Das Greifen und Handhaben spielen eine zentrale Rolle in der Entwicklung. Indem das Kind mit Objekten umgehen kann, erarbeitet es sich Wissen über seine physische Umwelt (Corbetta und Snapp-Childs, 2009) Entwicklungsstörungen im Bereich der Handhabung von Gegenständen beeinträchtigen das Kind in seinen Möglichkeiten, seine Umwelt zu beeinflussen.

Greifen und Handhaben

Kinder beginnen im Alter von vier Monaten, Objekte zu ergreifen (Corbetta und Snapp-Childs, 2009) Sie verfeinern diese Fähigkeit in den nächsten Jahren, indem die Bewegungen angepasster werden und weniger variieren, ausserdem verbessert sich die Rumpfkontrolle. Sie erreichen das Fertigkeitsniveau von Erwachsenen allerdings erst im Alter von acht bis zehn Jahren (Schneidberg et al., 2002). Wie wichtig die Haltungskontrolle für die Handhabung von Gegenständen ist, konnten (Miyahara et al., 2008) in einer Studie nachweisen. Der Autor konnte aufzeigen, dass inadäquate Grafomotorik im Zusammenhang steht mit einer instabilen Haltungskontrolle (Miyahara et al., 2008). Bei einigen Schulkindern fällt im Sitzen die mangelhafte Beckenaufrichtung auf. Das Becken ist nach hinten gekippt und der Rumpf gebeugt, dadurch ist die Handlungsfähigkeit der Arme eingeschränkt (s. Abb.5). Beim Sitzen am Tisch führt die mangelhafte Haltungskontrolle häufig dazu, dass der Kopf aufgestützt werden muss (s. Abb.6).

ABBILDUNG 5 links _ Kind sitzt mit mangelhafter Beckenaufrichtung und gebeugtem Rumpf.

ABBILDUNG 6 rechts _ Kind sitzt am Tisch mit gebeugtem Rumpf und aufgestütztem Kopf.

Im ersten Lebensjahr reift auch die Manipulationsfähigkeit. So entwickelt sich die kindliche Hand von einer Fausthaltung über ungerichtetes bis hin zu gezieltem Greifen. Der Abschluss ist die Entwicklung des Spitzgriffes, bei dem das Endglied des Daumens dem Endglied des Zeigefingers gegenübergestellt wird. Mit dieser Griffart können kleinste Objekt ergriffen werden (s. Abb. 7).

Kinder entwickeln im zweiten Lebensjahr sogenannte antizipatorische Kontrollstrategien, d.h. die Hand formt sich entsprechend dem zu ergreifenden Objekt (Wallace und Whishaw, 2003).

ABBILDUNG 7 _ Kindliche Hand im Spitzgriff.

Diese Leistungen verbessern sich im weiteren Verlauf, das Niveau des Erwachsenen wird aber erst im Alter von acht bis zehn Jahren erreicht (Forssberg et al., 1992). Gleichzeitig lernen Kinder im Alter zwischen vier und zwölf Jahren ihre Griffkraft so anzupassen, dass ihnen Objekte nicht aus der Hand rutschen (Blank und Hermsdörfer, 2009) und auch nicht zu fest gegriffen werden.

Die Regulation der Griffkraft erfolgt über die visuelle, aber vor allem auch über die haptische Wahrnehmung. Unter der haptischen Wahrnehmung wird die Fähigkeit verstanden, durch Ertasten Informationen über Grösse, Oberflächenstruktur, Umrisse und Gewicht eines Objekts zu erfassen. An diesem Prozess sind das taktile und das propriozeptive Sinnessystem (Fühler in Muskeln, Sehnen und Gelenken) beteiligt.

Schwierigkeiten in der Berührungslokalisation und beim Ertasten von Objekten zeigen Kinder mit Entwicklungsstörungen und Kinder mit Sprachentwicklungsstörungen (Kiese-Himmel und Kruse, 1998, Müürsepp, Aibast, und Pääsuke, 2011). Schwierigkeiten bei der Wahrnehmung und Lokalisation einzelner Finger zeigen auch Kinder mit einer auffälligen Grafomotorik (Schneck, 1991).   *Grafomotorik*

Um effektiv handeln zu können, müssen beide Hände koordiniert eingesetzt werden. Kinder unter zwei Jahren haben noch Mühe mit diesem Zusammenspiel (Eliasson et al., 1995) Nach einer Entwicklungsphase, bei der beide Hände gleichberechtigt eingesetzt werden, entwickelt sich dann bis zum fünften, sechsten Lebensjahr die Handpräferenz (Kraus, 2008), die Ausdruck von Reifungsprozessen im Gehirn ist und mit der manuellen Geschicklichkeit in Zusammenhang steht (Hill und Khanem, 2009).

Einen besonderen Stellenwert hat die Entwicklung der Grafomotorik im Vorschulalter, da Kinder im Anschluss an den Kindergarten in der Lage sein sollten, den schulischen Anforderungen an diese Fertigkeit zu genügen. Schreibbewegungen sind sehr komplex und können als die höchste Entwicklungsstufe der menschlichen Hand verstanden werden (Kalverboer, Hopkins, und Geuze, 1993).

(Sovik, 1993) führt aus, welche wesentlichen Fertigkeiten beim Kind erreicht sein müssen, damit es in der Lage ist, Schreiben zu lernen:

— Das Kind sollte bereits Erfahrungen im Umgang mit Schreibwerkzeug haben (Stifte, Wachsmalkreiden, Pinsel), bevor eine systematische Schulung erfolgt. Weitere grundlegende Fertigkeiten sind die Schreibhaltung und andere motorische Funktionen, die zum Schreiben notwendig sind, wie koordinierte Fingerbewegungen, Hand- und Handgelenksbewegungen für Bewegungen im und gegen den Uhrzeigersinn.

— Des Weiteren sind linguistische Grundvoraussetzungen notwendig. Beim Lesen werden grafische Symbole in Sprache und Bedeutung umgesetzt. Beim Schreiben ist der Prozess umgekehrt. Dafür sind gewisse kognitive Voraussetzungen nötig.
— Das Kind sollte in der Lage sein, beim Schreibenlernen auf Erfahrungen mit ähnlichen Aufgaben zurückzugreifen.

Grafomotorische Kompetenzen verbessern sich mit der Reifung und Erfahrung. Charakteristische Verbesserungen zeigen sich durch weniger Variabilität, Verbesserungen der antizipatorischen Leistungen und grösserer Ökonomie (Goodgold, 1983). Greer und Lockman (1998) untersuchten in zwei Studien die Stifthaltung und die Positionierung des Stiftes auf der Unterlage bei drei und fünf Jahre alten Kindern. In diesem Zeitraum reduziert sich die Variation der Stifthaltung und auch in welchem Winkel zur Unterlage sich der Stift befindet. Es zeigte sich, dass zunehmend die Stifthaltungen von Erwachsenen eingesetzt werden, auch wenn noch immer Variationen vorkommen. Nach Abschluss der Vorschuljahre sollte eine gewisse Beständigkeit in der Handhabung des Stiftes erreicht sein.

Während der Entwicklung der Grafomotorik werden verschiedene Entwicklungsstufen durchlaufen. Jüngere Kinder halten den Stift in einer Fausthaltung (Abb. 8) oder in einer Art Quergriff (Abb. 9). In der weiteren Entwicklung wird der Stift mit den Fingern gehalten, wobei aber häufig noch vier Finger (Abb. 10) eingesetzt werden. Zum Zeitpunkt der Einschulung sollte es dann möglich sein, den Stift im Dreipunktgriff (Abb. 11) zu halten.

ABBILDUNG 8 links _
Fausthaltung.

ABBILDUNG 9 rechts _
Einwärts gedrehter
Quergriff.

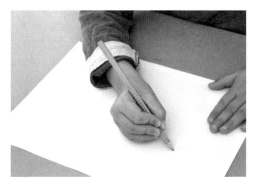 

ABBILDUNG 10 links _
Vierpunktgriff.

ABBILDUNG 11 rechts _
Dreipunktgriff.

Feder und Majnemer (2007) gehen davon aus, dass 10 bis 30 % der Schulkinder grafomotorische Schwierigkeiten haben, die ohne Interventionen nicht beseitigt werden können. Grafomotorische Schwierigkeiten führen gemäss den Autoren zu Schwierigkeiten beim akademischen Lernen und zu reduziertem Selbstwertgefühl. Sie weisen darauf hin, dass für diese komplexe Betätigung verschiedene Komponenten entscheidend sein können, wie die feinmotorische Kontrolle, die bilaterale und die Auge-Hand-Koordination, die Fähigkeit des motorischen Planens, die In-Hand-Manipulation, die Propriozeption (Rezeptoren in Muskeln, Sehnen und Gelenken) und die Wahrnehmung der einzelnen Finger sowie die Steuerung der Aufmerksamkeit. Bei einigen Kindern sind bei Schuleintritt die feinmotorischen Kompetenzen noch nicht altersgemäss entwickelt. Sie zeigen noch unreife Stifthaltungen. Andere Kinder zeigen sehr auffällige Stifthaltungen, die ihre grafomotorischen Kompetenzen erheblich beeinträchtigen (Abb. 12).

ABBILDUNG 12 _
Auffällige Stifthaltung.

Mögliche Erscheinungsformen von Mobilitätsbeeinträchtigungen in diesem Bereich

Hier können dieselben Erscheinungsformen von Mobilitätsbeeinträchtigungen wie im Mobilitätsbereich 1 (s. oben) als mögliche Gründe von Problemen aufgeführt werden:

— Zerebralparesen (CP)
— «Umschriebene Entwicklungsstörungen der Motorik» (UEMF)
— «ADHS»;
— «Autismus-Spektrum-Störungen»;
— Erfahrungsdefizit;
— Fehlende oder deformierte Körperstrukturen.

Fördermöglichkeiten

Eine Förderung im Bereich «Gegenstände tragen, bewegen und handhaben» sollte folgende Komponenten enthalten:
— Ziele lokalisieren können – Auge-Hand-Koordination;
— Greifen und ergreifen können;
— Greifen und Gegenstände handhaben können;
— Grafomotorik.

Mögliche Massnahmen

Als mögliche Massnahmen sind hier folgende zu nennen:
— Bewegungsaktive Freizeitgestaltung (Feinmotorik-adäquates Spiel-, Bastel-, Zeichenangebot);
— Sport als Freizeitgestaltung (aktiv in Sportverein, Familienaktivitäten);
— binnendifferenzierter Unterricht;
— Psychomotorik => evidenzbasierte Verfahren!
— Ergotherapie / Physiotherapie => evidenzbasierte Verfahren!

Bei diesem Thema sollten die Fördermöglichkeiten in der Eingangsstufe ganz besonders beachtet werden.

Förderbeispiele **Beispiele zur Illustration der Förderung**
Ziel lokalisieren – Auge-Hand-Koordination: Die Kinder erhalten einen Luftballon und versuchen, diesen durch Anstupsen so lange wie möglich in der Luft zu halten. Als Steigerung erhalten sie einen Schläger und versuchen nun, damit den Luftballon in der Luft zu halten. Beim Umgang mit dem Schläger wird zusätzlich zur Auge-Hand-Koordination auch die Beweglichkeit des Handgelenks gefördert.

Auge-Hand-Koordination – Anpassungen an Greif- und Zielobjekte: Die Kinder bekommen anstatt eines Schlägers einen kleinen Holzstab in die Hand. Sie sitzen jetzt auf Tischen (erhöhte Anforderung an die posturale Kontrolle / Haltungskontrolle). Sie versuchen mit der Stabspitze, Seifenblasen zum Platzen zu bringen.

Auge-Hand-Koordination – Grafomotorik – Stifthaltung: Die Kinder erhalten Arbeitsblätter mit vorgegebenen Feldern. In diese Felder muss mit einem Filzstift jeweils ein Punkt gesetzt werden. Die Kinder beginnen zunächst mit dicken Stiften und füllen dann ein weiteres Arbeitsblatt mit einem dünnen Filzstift aus.

Auge-Hand-Koordination – Stifthaltung – Fingerbewegungen – visuell-räumliche Leistungen (räumliche Beziehungen): Auf einem Arbeitsblatt sind verschiedene Anordnungen von Punkten, die so verbunden werden müssen, dass gemäss einer Vorlage eine Form entsteht. Die Punktevorgaben und Formen sind relativ kleinräumig, sodass es wirklich zu selektiven Fingerbewegungen kommt.

Mobilitätsbereich 3: Gehen und sich fortbewegen

Folgende Beispiele sollen diesen Bereich der Mobilität deutlich machen:

Im *Kindergarten* gehen in einer Turnstunde die Schülerinnen und Schüler über eine umgedrehte Langbank und balancieren eine kurze Strecke rückwärts.

Auf der *Unterstufe* sind auf dem Waldspaziergang einige Schülerinnen und Schüler unsicher, als sie einen kleinen Bach überqueren sollten und dafür nur vier aus dem Wasser reichende Steine zum Auftreten zur Verfügung hatten. Am Rand des Baches ist es zudem sehr sumpfig und die Kinder versuchen, das letzte Stück auf den Zehenspitzen zurückzulegen.

Ein Stück der Schulreise einer *2. Oberstufe* verläuft über eine Seitenmoräne eines Gletschers und über die Gletscherzunge. Die Schülerinnen und Schüler sind angeseilt und werden von Bergführern begleitet. Für manche ist diese Wanderung eine grosse Herausforderung.

Beschreibung des Bereichs: was ist gemeint?

Die Aufrechterhaltung der stehenden Position ist für uns Menschen anspruchsvoll, weil mit den Füssen nur eine kleine Unterstützungsfläche zur Verfügung steht, über welcher der Körper ausbalanciert werden muss. Um sich in dieser aufrechten Position fortbewegen zu können, steigen die Anforderungen an die Haltungskontrolle, da der Mensch sich beim Gehen zu 80 % nur mit einem Fuss auf der Unterstützungsfläche befindet (Patla, 1991). Eigentlich ist das Gehen eine ständige Verhinderung des Fallens, und der Körperschwerpunkt muss stetig über eine sich bewegende Unterstützungsfläche gelenkt werden (Shumway-Cook und Woollacott, 2007). Das Gehen besteht aus wiederkehrenden Gangzyklen mit einer Stand- und Schwungphase. Drei wichtige Funktionen sind für das Gehen notwendig (Götz-Neumann, 2011):

Für das Gehen wichtige Funktionen

— Gewichtsübernahme
— Einbeinstand
— Schwungbeinvorwärtsbewegung

Das freie Gehen erreichen die meisten Kinder im Alter von 13 bis 14 Monaten, spätestens aber mit 18 bis 20 Monaten (Largo, 2000). Danach verfeinert sich das Gangbild und verändert sich zwischen dem fünften und siebten Lebensjahr nochmal deutlich. Die Schrittlänge nimmt zu, die Schritte werden raumgreifender und kräftiger. Der Gang ist elastischer und die Füsse werden abgerollt (Meinel und Schnabel, 2007). Im Laufe der Entwicklung können Kinder immer besser ihre Schrittfrequenz anpassen. Eine bevorzugte Schrittfrequenz zeigen Drei bis Vierjährige im Gegensatz zu Fünf bis Sechsjährigen, die ihre Schrittfrequenz den äusseren Bedingungen anpassen können. Allerdings erst Sieben bis Zwölfjährige zeigen die Merkmale des erwachsenen Gehens (Jeng, Liao, Lai, und Hou, 1997). Für den schulischen Alltag bedeutet dies, dass sich jüngere Kinder nur schlecht dem Tempo von älteren Kindern anpassen können. Besonders bedeutungsvoll wird dies beim Rennen, d.h. dass Fangspiele in der Turnhalle oder auf dem Pausenplatz eine besondere Herausforderung darstellen. In diesem Zusammenhang gilt es zu beachten, dass Kinder mit umschriebenen Entwicklungsstörungen motorischer Funktionen mit genau dieser Anpassung Mühe haben. In einer Laufbandstudie sieben bis neunjähriger Kinder mit motorischer Entwicklungsstörung konnte gezeigt werden, dass diese eine kürzere Schrittlänge aufweisen und mit einer höheren Schrittfrequenz gehen (Deconinck et al., 2006) Sie wenden somit für das Gehen und Rennen deutlich mehr Energie auf und ermüden dementsprechend schneller.

Wie für die Haltungskontrolle, sind auch für das Gehen verschiede Sinnessysteme von Bedeutung. Visuelle, taktile Reize und

Inputs vom Gleichgewichtsorgan, sowie von den Fühlern in Muskeln, Sehnen und Gelenken liefern Informationen über die Position des Körpers im Raum und über die Stellung und Bewegung der Körperteile zueinander sowie über die Umwelt.

Das visuelle System ist dabei bedeutungsvoll, da Kinder eine Präferenz für Personen zeigen, die sich im gleichen Bewegungsmuster vorwärtsbewegen, das heisst, dass die Produktion von bestimmten Bewegungsmustern auch von der Perzeption dieser Muster abhängig sein könnte (Sanefuji, Ohgami, und Hashiya, 2008). Die Autoren verweisen in dem Zusammenhang auf die Arbeiten zu den Spiegelneuronen von (Rizzolatti et al., 1988) und anderen Autoren.

Mögliche Erscheinungsformen von Mobilitätsbeeinträchtigungen in diesem Bereich

Neben den bereits oben unter dem Mobilitätsbereich 1 aufgeführten kommt hier zusätzlich das Phänomen Übergewicht hinzu. Im Schulalltag können die Probleme von übergewichtigen Kindern die Möglichkeiten für Schulreisen oder Exkursionen deutlich einschränken.

Fördermöglichkeiten

Eine Förderung im Bereich «Gehen und sich fortbewegen» sollte folgende Komponenten enthalten:
— Förderung der drei grundlegenden Funktionen des Gehens: Gewichtsübernahme, Einbeinstand, Schwungbeinvorwärtsbewegung.
— Förderung der Vergrösserung der Schrittlänge, Anpassung des Timings und des Krafteinsatzes
— Gehen unter unterschiedlichen sensorischen Bedingungen
— Möglichkeiten zur Nachahmung von Bewegungsmustern geben, wie dies zum Beispiel bei rhythmischen Bewegungsspielen der Fall ist.

Mögliche Massnahmen

Auch hier sind folgende Massnahmen zu nennen:
— Bewegungsaktive Freizeitgestaltung
— Sport und Spiel
— Binnendifferenzierter Unterricht
— Psychomotorik   => evidenzbasierte Verfahren!
— Ergotherapie / Physiotherapie   => evidenzbasierte Verfahren!

Ist Übergewicht das Hauptproblem, können die Eltern in geeigneter Weise auf Möglichkeiten von Ernährungsberatungsprogrammen für Kinder und Jugendliche aufmerksam gemacht werden.

Förderbeispiele **Beispiele zur Illustration der Förderung**

Einbeinstand: Die Kinder bekommen eine Zeitung, die immer kleiner zusammengefaltet wird, sodass die Kinder zum Schluss nur noch auf einem Bein auf der Zeitung stehen können. Die Kinder werden dann aufgefordert, so lange wie möglich auf einem Bein zu stehen. Dann kann die Aufgabe gesteigert werden, sodass die Kinder auf den Zehenspitzen im Einbeinstand stehen.

Wechsel der Gewichtsübernahme: Auf ein akustisches Signal hin wechseln die Kinder von einem Bein aufs andere, ohne dass sie dabei auf einer Zeitung stehen.

Schwungbeinvorwärtsbewegung: Die Kinder arbeiten jetzt in Paaren. Ein Kind steht auf einem niedrigen Hocker, während das andere Kind ihm einen Ball zurollt. Das Kind auf dem Hocker schiesst den Ball mit dem Fuss zurück (Schwungbeinvorwärtsbewegung) (Abb. 13).

ABBILDUNG 13_Kind
auf einem niedrigen Hocker,
das einen Ball kickt.

Verfeinerungen – Schmälerungen der Spurbreiten: Die Kinder balancieren jetzt über eine Langbank, zunächst über die breite, dann über die schmale Seite.

Verfeinerungen – Vergrössern der Schrittlänge: Gehen, Laufen und Rennen über Teppichfliesen, die in einem gewissen Abstand voneinander liegen.

Verfeinerungen wie Spurbreite, Schrittlänge, sensorische Verarbeitung, Kopf-Rumpf-Kontrolle: Parcours mit verschiedenen Aufgabenstellungen. Balancieren über Langbank, breite und schmale Seite, Laufen über Teppichfliesen, Balancieren über Langbank mit geschlossenen Augen, Laufen über Teppichfliesen und Langbank mit Sandsäckchen auf dem Kopf.

Da die Nachahmung von Bewegungen dank der Spiegelneurone hilfreich ist, um die Bewegungsqualität von Bewegungen zu verbessern, bietet sich als Abschluss ein gemeinsames «Gehspiel» an, bei dem alle Kinder gemeinsam zu einem Vers rhythmisch in einer Reihe hintereinander laufen.

Weitere motorische Fähigkeiten

Nach der Fähigkeit des freien Gehens werden noch weitere motorische Fähigkeiten erworben bzw. Meilensteine erreicht (vgl. Tabelle 2):

TABELLE 2_ Motorische Fertigkeiten – Meilensteine (Nach Hadders-Algra, 2008)

Motorische Fertigkeit	Durchschnittlicher Alterszeitraum
Zehengang	1 ½ – 2 ½ Jahre
Rennen	2 ½ – 3 ½ Jahre
Springen	2 ½ – 3 ½ Jahre
Stehen mit geschlossenen Augen	Über 3 Jahre*
Fersengang	2 ½ – 4 Jahre
Strichgang	4 ½ – 6 Jahre
Einbeinstand über 20 Sek.	5 – 7 Jahre
Hüpfen 20-mal	5 – 7 Jahre
Seilspringen	8 – 10 Jahre

Mobilitätsbereich 4: Sich mit Transportmitteln fortbewegen

Folgende Beispiele sollen diesen Bereich der Mobilität deutlich machen:

Der *Kindergarten* ist neu ins Schulhaus verlegt worden. Einige Schülerinnen und Schüler haben nun einen weiten Weg (800 m bis 1 km) Es wurde verboten, dass die Kinder mit einem Fahrzeug zur Schule kommen, und die Eltern wurden gebeten, die Kinder nicht in die Schule zu fahren. – Einige Eltern protestierten heftig.

In der *Primarstufe oder Oberstufe* kommen Schülerinnen und Schüler oft mit dem Scooter, dem Fahrrad zur Schule oder nutzen den Bus bzw. werden von den Eltern mit dem Auto gebracht.

Beschreibung des Bereichs: was ist gemeint?

Mobilität im Sinne «ein Transportmittel benutzen zu können» ist eine Kernkompetenz in unserer Gesellschaft. Der Fahrzeugpark für Kleinkinder bis Jugendliche ist immens. Wir müssen schnell von einem Ort zum anderen wechseln können. Die Freizeitbeschäftigungen mancher Kinder macht Mütter zu «Taxifahrerinnen». Darum sind Eltern froh, können die Kinder möglichst schnell selbstständig ihre Ziele erreichen. Dazu sind alle Hilfsmittel recht. Der soziale Druck auf Kinder und Eltern, Transportmittel nutzen zu können ist riesig. Basale Funktionen werden dafür oft vernachlässigt. (Kraft, Ausdauer, Rumpfstabilität, Sprungkraft). In den letzten Jahren zeigte sich beispielsweise ein Problem, welches durch die Kindersitze für Säuglinge und Kleinkinder angeboten wird. In diesen Kunststoffschalen sind die Kinder oft über Stunden in einer halbsitzenden Stellung festgebunden. Sie werden auf die Küchenkombination gestellt und können der Mutter beim Kochen zusehen, sitzen im Auto, eingeklickt in den Sportkinderwagen begleiten sie die Mutter auf den Waldlauf oder beim Einkaufen.

Die Eintrittskompetenzen bezüglich «sich mit Transportmittel fortbewegen» im Kindergarten unterscheiden sich oft deutlich. Während die einen mit den verschiedensten Fahrzeugen sicher und schnell unterwegs sind, getrauen sich andere kaum auf ein Laufrad (Fahrrad-ähnliches Gefährt ohne Tretvorrichtung).

Zur altersentsprechenden Kraft und Ausdauer kommen die Kinder immer nur durch Übung. Kindgemässe Bewegungsaktivitäten bezüglich Schwierigkeitsgrad und Dauer sind wichtig. Je nach Auswirkung von Umweltfaktoren als Barrieren oder Förderfaktoren wird die Entwicklung von Bewegungskompetenzen beeinträchtigt. Kommen noch Störungen der Körperfunktionen dazu, wirken sich allfällige Barrieren noch gravierender aus.

Mögliche Erscheinungsformen von Mobilitätsbeeinträchtigungen in diesem Bereich

Neben den bereits oben unter dem Mobilitätsbereich 1 aufgeführten kommt hier ebenfalls zusätzlich das Phänomen Übergewicht hinzu. Im Alltag können Probleme vor allem bei der Nutzung eines mit Muskelkraft betriebenen Transportmittels entstehen und diese Kinder mit Übergewicht dann eben in der Mobilität auch behindern. Deshalb besteht die Gefahr, dass gerade solche Kinder eher mit dem Auto zur Schule gebracht werden.

Fördermöglichkeiten

Eine Förderung im Bereich «sich mit Transportmitteln fortbewegen», sollte folgende Komponenten enthalten:

— Eine der Lebenswelt des Kindes angebrachte Auseinandersetzung mit Transportmitteln
— Mit sicheren Schulwegen dürfen die Kinder selber zur Schule gehen oder fahren.
— In der Schweiz, Deutschland und Österreich werden der begleitete «Walking Bus»[5] oder «Pedibus»[6] umgesetzt. Dabei halten sich die Kinder an einem langen Seil, je zwei nebeneinander und mehrere «Zweiergruppen» hintereinander, und werden so von einer erwachsenen Person nach Hause begleitet.

Mögliche Massnahmen

Hier sind folgende Massnahmen zu erwähnen:

— Bewegungsaktive Freizeitgestaltung
— Sport und Spiel
— Im Unterricht wird für Exkursionen und Schulreisen gezielt die Nutzung verschiedenster Transportmittel eingebaut (Fahrräder, Scooter, evtl. Inline-Skates, Kanu, Kajak, Tram, Bus, Zug …)
— Sinnvolle Unterrichtszeiten
— Attraktives Bewegungsangebot für die Pausen
— Ergotherapie und Physiotherapie   => evidenzbasierte Verfahren, evtl. Anpassung von Hilfsmitteln

Beispiele zur Illustration der Förderung

Hier entfallen Beispiele im Unterrichtssetting, da die Art der Bewältigung des Schulwegs von den Eltern bestimmt werden darf. Allenfalls können im Kindergarten für das Freispiel draussen und in der Schule für eine «bewegte Pause», geeignete Fahrzeuge zur Förderung der Mobilität und zur Verbesserung des Gleichgewichts zur Verfügung gestellt werden.

---

5 Link Walking Bus: http://www.germanroadraces.de/181-0-5850-aokwalking-bus-der-aktive-und-sichere.html
6 Link Pedibus: http://www.verkehrsclub.ch/fileadmin/user_upload/Deutsch/pedibus/Lancimontant_de.pdf

Aktivität und Partizipation – und wo bleiben die Körperfunktionen?

Aktivität und Partizipation im Kontext von Mobilität

«Eine Aktivität ist die Durchführung einer Aufgabe oder einer Handlung (Aktion) durch einen Menschen. Partizipation [Teilhabe] ist das Einbezogensein in eine Lebenssituation.»

(Weltgesundheitsorganisation «WHO», 2011)

Mit diesem Zitat sollte nochmals deutlich werden, dass es sich bei Beobachtungen immer um Verhalten in einer bestimmten sozialen Situation handelt. Damit diese beiden Aspekte bei der Dokumentation von Beobachtungen systematisch erfasst werden, wurde die

Aktivitäts- und Partizipations- analyse (APA)

Aktivitäts- und Partizipationsanalyse (Diezi-Duplain, 2011), um den Bereich: «Beschreibung der Umweltfaktoren» erweitert.

Bei der Beschreibung von Verhalten im Kontext von Mobilität ist die Erfassung der Umweltfaktoren – wie bereits weiter oben ausgeführt – von besonderer Bedeutung. Es kommt sehr wohl darauf an, in welcher sozialen Situation ein Kind eine bestimmte Aufgabe erfüllen sollte. Dies unabhängig, ob es eine ausgeprägte sichtbare Behinderung hat oder es lediglich beispielsweise schüchtern ist. Je nach Situation fallen bestimmte Bewegungsabläufe auf, diese sind jedoch nicht zwingend auf eine eigentliche Funktionsstörung im muskoloskelettalen Bereich zurückführbar. Beschriebenes problematisches Verhalten, welches von Lehrpersonen richtigerweise auch dem Kapitel «Mobilität» zugeordnet werden kann, darf nicht automatisch mit «Körperfunktionsstörungen» in Verbindung gebracht werden. Die Differenzierung zwischen Aktivität und Partizipation im Kapitel Mobilität und Störungen in den Körperfunktionen im Kapitel «muskoloskelettale Funktionen» ist sehr anspruchsvoll und kann von Lehrpersonen nicht verlangt werden. *Lehrpersonen richten ihren Fokus auf die Beschreibung beobachtbaren Verhaltens im Sinne von «Leistung» oder «Performanz»* und sollten darauf vertrauen, dass gut dokumentierte Verhaltenssequenzen aus der realen Lebenswelt des Kindes mindestens so wichtige Informationen für die Förderplanung liefern können wie in einer geschützten Umgebung durchgeführte Tests.

Wo bleiben die Körperfunktionen?

Je nach Problemstellung ist es trotzdem von Bedeutung zu wissen, ob und in welchem Ausmass Störungen von Körperfunktionen das

Leben eines Kindes beeinträchtigen. Je nachdem kann mittels bestimmter Verfahren interveniert oder können Hilfsmittel zur Unterstützung oder Kompensation eingesetzt werden. Je früher eine Behinderung erkannt werden kann, desto einfacher sind Interventionen einzuleiten. Neben Ärztinnen und Ärzten und Spezialistinnen und Spezialisten verschiedener medizinisch-therapeutischer Massnahmen (Ergotherapie, Physiotherapie) sind Psychomotoriktherapeutinnen und -therapeuten und Früherzieherinnen und -erzieher für unterschiedliche Aspekte der diagnostischen Aufgaben ausgebildet. Früherzieherinnen und -erzieher[7] arbeiten wenn nötig eng mit spezialisierten medizinischen Zentren zusammen und begleiten die Kinder vom Säuglingsalter bis zur Einschulung (und allenfalls kurze Zeit weiter).

Die Befunde aus solchen Abklärungen können sowohl wie beschrieben den ICF-Komponenten «Aktivität und Partizipation» und «Umweltfaktoren», als auch den Kapiteln oder Items der Komponente Körperfunktionen zugeordnet werden. In der Komponente Körperfunktionen werden Muskelfunktionen in verschiedenen Kapiteln erfasst. Auf diese Körperfunktionen wird in diesem Kapitel jedoch nicht eingegangen. ➡ Siehe auch Kapitel Hollenweger.

Nicht alle mit Bewegung oder Muskelaktivitäten im Kontext stehenden Verhaltensweisen können im Kapitel «Mobilität» beschrieben werden (Augefolgebewegung, Sprechen …). Zum Verstehen der Situation eines Kindes bezüglich dessen Funktionsfähigkeit ist darum eine Zusammenschau der verschiedenen Komponenten und Kapitel wichtig. Daraus werden ein gemeinsames Problemverständnis erarbeitet und überprüfbare Ziele abgeleitet.

Keine Profession ist in der Lage, die Komplexität all dieser Fragen alleine aufzulösen. Interdisziplinäre Teams sind dazu eher in der Lage. Die Beurteilung von Körperfunktionen ist im Übrigen auch für Spezialistinnen und Spezialisten äusserst schwierig, stehen doch dazu nur bedingt valide Testinstrumente zur Verfügung. Häufig muss aufgrund der Beurteilung von messbaren Verhaltensweisen auf die eigentliche Körperfunktion geschlossen und diese bewertet werden.

… und Körperstrukturen? – Geschädigte oder fehlende Körperstrukturen

Die Auswirkung fehlender oder nicht voll funktionsfähiger Körperstrukturen kann hier ebenfalls nicht thematisiert werden. Auch de-

---

7 Informationen zur Früherziehung vom Berufsverband der FrüherzieherInnen der Schweiz: http://www.frueherziehung.ch/fuumlr-eltern.html

ren Beurteilung obliegt den oben erwähnten Berufsgruppen. Schülerinnen und Schülern mit körperlichen Behinderungen stehen heute jedoch sehr viele Hilfsmittel zu Verfügung. Aus diesem Grund ist es von grosser Bedeutung, wenn sich Lehrpersonen über den Gebrauch und die Möglichkeiten solcher Hilfsmittel sehr gut informieren und für den nötigen Nachteilsausgleich sorgen. Benötigen Schülerinnen und Schüler beispielsweise einen Computer, so sollte ihnen für die tägliche Arbeit und insbesondere für die Bearbeitung von Lernzielüberprüfungen ausreichend mehr Zeit zur Verfügung gestellt werden. Eine Rechenaufgabe von Hand aufgeschrieben benötigt viel weniger Zeit, als dieselbe Aufgabe in einem Word-Dokument zu schreiben. Bezüglich der Feinziele sollte beachtet werden, dass bei diesen Schülerinnen und Schülern ganz speziell darauf geachtet wird, dass «Übungen» nur so häufig gemacht werden, bis das Problem verstanden wird. Reine «Schreibübungen» bringen das Kind nicht weiter.

Praktische Hinweise für die Umsetzung – was hilft?

In diesem Abschnitt sollen einige Hinweise ausgeführt werden, die für die Schule, die einzelne Lehrperson sowie für den Unterricht hilfreich sein können, um die Förderung der Schülerinnen und Schüler im Bereich Mobilität zu unterstützten.

Ebene der ausserschulischen Rahmenbedingungen, externe Vernetzung:
— Wenn die Lehrpersonen die Angebote ausserschulischer Fachstellen[8] kennen und zu nutzen wissen.
— Die Vernetzung mit Fachstellen oder Spezialistinnen und Spezialisten wird langfristig zur Entlastung. Sogar für die Planung von Exkursionen oder Klassenlager mit Kindern mit Behinderungen gibt es Beratungsmöglichkeiten. Hospitationen und Beratungen von Psychomotorik- oder Ergotherapeutinnen und Ergotherapeuten (müsste evtl. von der Schule finanziert werden) können zu mehr Sicherheit im Umgang mit Schülerinnen und Schülern mit Schwierigkeiten im Bereich Mobilität beitragen.

---

8   Im Kanton Zürich sind solche Fachstellen sowie das gesamte sonderpädagogische Angebot in einer Online-Ressource aufbereitet und zugänglich: http://tiny.phzh.ch/angebot_und_fachstellen

— Wenn Spielplätze, Kindertagesstätten, Horte, Spielgruppen, Sportvereine für Kinder mit Behinderung offen sind und sie sich dort einbringen können.

Ebene der Schule:
— Klären, welche strukturellen Massnahmen zu Zielerreichung nötig sind (zum Beispiel beim Malen im Kindergarten und Schreibenlernen in der Unterstufe: Dabei ist wichtig, auch auf ergonomische Grundregeln zu achten). Für Linkshänderinnen und Linkshänder werden beispielsweise viele Hilfsmittel angeboten. Stehen diese zur Verfügung, erleichtert es ihnen die Arbeit.
— Wenn die Schulanlagen (und natürlich auch der öffentliche Verkehr) möglichst barrierefrei sind.
— Wenn die Schulhausregeln viele altersgemässe Spiele während den Pausen und schulfreien Zeiten fördern oder mindestens zulassen (der Pausenplatz als Begegnungs-/Bewegungsort!).
— Wenn für Schulanlässe wie Lager und Exkursionen Informationen zur Integration von Menschen mit Behinderung niederschwellig zur Verfügung stehen und intern diskutiert werden. Folgender Link führt zu einer Informationsbroschüre der Schweizerischen Arbeitsgemeinschaft der Jugendverbände[9]: In der Broschüre: «Lager und Events für Alle» sind viele wichtige Informationen für Lehrpersonen zusammengefasst. Insbesondere verhelfen weitere Links darin zu spezifischen Informationen bezüglich bestimmten Formen einer Behinderung bzw. zu bestimmten zu planenden Anlässen (weiterer Link: Mobility International Schweiz[10]).

Ebene Unterricht:
— Mut zur Binnendifferenzierung bei Bastelarbeiten und in Bewegung und Sport. Unterschiedliche Schwierigkeitsgrade oder unterschiedliche Zeitnischen können die Zufriedenheit sowie die Qualität der Leistungen der Beteiligten verbessern.
— Für den rhythmisierten Unterricht und darin eingebaute Bewegungssequenzen sowie für die Planung der Lektionen in Bewegung und Sport lohnt es sich, mit erprobten und wirksamen Übungsprogrammen zu arbeiten. Wie (Nacke, Diezi-Duplain, und Luder, 2006) belegen, können solche Interven-

---

9 http://www.sajv.ch/de/politik/schwerpunktthemen/gesundheitsfoerderung/jugend-liche-mit-behinderung/
10 http://www.mis-ch.ch/

tionen und Übungsprogramme wirksamer sein als beliebig ausgewählte Übungen.[11]

— Wenn wir Bewegungslektionen systematisch aufbauen und mit erprobten, wirksamen Förderlektionen arbeiten. Eine Fülle theoriegeleiteter Förderlektionen, die auf therapeutischen Erkenntnissen aufbauen, stehen auch für Heilpädagoginnen und Heilpädagogen und Lehrpersonen zur Verfügung unter: www.pluspunkt-zentrum.ch/lektionen

— Wenn Lehrpersonen Führungsverantwortung übernehmen, wenn es für Schülerinnen und Schüler schwieriger oder unbequem ist, gewisse Verhaltensregeln einzuhalten (zum Beispiel Tisch und Stuhl richtig einstellen, Platz zum Schreiben freihalten, Füsse flach auf Boden, aufrechte Haltung, Stift in richtiger Haltung …)

— Lehrpersonen steht eine Fülle von Literatur zur Erfassung des Lernstandes in den Bereichen Bewegungs- / Motorikkompetenzen, Bewegungsförderung zur Verfügung (Baumberger, Müller, und Lienert, 2005, Lienert, Sägesser, und Spiess, 2010, Herren, Meuwly, Nacke, und Diezi-Duplain, 2007, Nacke, 2005).

Hinweise zur Förderplanung:

— Zu Beginn einer Förderplanung werden zunächst Bildungsziele (Fernziele) geklärt und beschlossen. – «Wohin soll die Förderung langfristig gehen?» – Ist diese Frage geklärt, wird die Umsetzung der Förderung sowie die binnendifferenzierte Unterrichtsplanung einfacher.

— Wenn wir unsere Beobachtungen und Erkenntnisse mit den Schülerinnen und Schülern teilen und sie bereits in der Phase der Diagnostik und bei der Umsetzung so einbeziehen, indem wir sie bezüglich unseren und ihrer eigenen Beobachtungen und Interpretationen befragen. – Ich habe das … beobachtet, es könnte ja so viel bedeuten. Was hast du beobachtet, was mir möglicherweise entgangen ist? – Was glaubst du, hat es zu bedeuten? Diese Auseinandersetzung mit den direkt Betroffenen ist nicht nur bezüglich dieses Kapitels relevant, diese Haltung gehört zu einer ICF-basierten Förderplanung.

— Wenn die Komponente «Umweltfaktoren» der ICF-CY von allen Begleitpersonen verstanden wird und sie darauf achten, dass mögliche Förderfaktoren genutzt und allfällige Barrieren weggeräumt werden.

---

11 Link zu themenspezifischen Förderlektionen: http://www.pluspunkt-zentrum.ch/lektionen

Literatur

American Psychiatric Publishing (2013). *Autism Spectrum Disorder* (S. 1). Retrieved from http://www.dsm5.org/Documents/Autism Spectrum Disorder Fact Sheet.pdf

American Psychiatric Association. (2013). *Diagnostic and Statistical Manual of Mental Disorders - DSM-5*. Arlington: American Psychiatric Publishing.

Arbeitsgemeinschaft der Wissenschaftlichen Medizinischen Fachgesellschaften (AWFM). (2011). *Deutsch-Schweizerische Versorgungsleitlinie basierend auf internationalen Empfehlungen – Umschriebene Entwicklungsstörungen motorischer Funktionen (UEMF)*. Deutschland. Retrieved from http://www.awmf.org/uploads/tx_szleitlinien/022-017l_S3_Umschriebene_Entwicklungsstörungen_motorischer_Funktionen_2011-08.pdf

Bair, W.-N., Kiemel, T., Jeka, J. J., und Clark, J. E. (2007). Development of multisensory reweighting for posture control in children. *Experimental Brain Research, 183*(4), 435–446. Retrieved from http://www.ncbi.nlm.nih.gov/pmc/articles/PMC2720682/pdf/nihms-115058.pdf

Baumberger, J., Müller, U., und Lienert, S. (2005). *Basistest - Polysportive Grundausbildung für Kinder von 5 bis 10 Jahren*. Horgen: Baumberger und Müller.

Blank R, H. J. (2009). The Development of the Fastest Isometric Grip Force Changes and Clinical Relevance. *Motor Control, 13*, 185–196.

Brandt, T., Wenzel, D., und Dichgans, J. (1976). Die Entwicklung der visuellen Stabilisation des aufrechten Standes beim Kind: Ein Reifezeichen in der Kinderneurologie. *Archiv Für Psychiatrie Und Nervenkrankheiten, 223*(1), 1–13.

Buderath, P., Gärtner, K., Frings, M., Christiansen, H., Schoch, B., Konczak, J., ... Timmann, D. (2009). Postural and gait performance in children with attention deficit/hyperactivity disorder. *Gait and Posture, 29*(2), 249–254. doi:10.1016/j.gaitpost.2008.08.016

Bundesärztekammer (2006). *Stellungnahme zur «Aufmerksamkeitsdefizit- / Hyperaktivitätsstörung (ADHS)» – Langfassung*. Retrieved from http://www.bundesaerztekammer.de/page.asp?his=0.7.47.3161.3163.3164

Bundesministerium für Unterricht, Kunst und Kultur. (2012). Die Hattie-Studie. (S. Allgemeinbildung, Hrsg.). Wien: Bundesministerium für Unterricht, Kunst und Kultur. Retrieved from http://www.sqa.at/pluginfile.php/813/course/section/373/hattie_studie.pdf

Cheng, J., und Wang, Y. (2007). Comparison of postural control between normal and attention deficit hyperactivity disorder boys. *Beijing Da Xue Xue Bao. Yi Xue Ban = Journal of Peking University. Health Sciences, 39*(5), 531–534.

Corbetta, D., und Snapp-Childs, W. (2009). Seeing and touching: the role of sensorymotor experience on the development of infant reaching. *Infant Behavior und Development, 32*(1), 44–58. doi:10.1016/j.infbeh.2008.10.004

Deconinck, F. J. A., Clercq, D. de, Savelsbergh, G. J. P., van Coster, R., Oostra, A., Dewitte, G. und Lenoir, M. (2006). Differences in gait between children with and without developmental coordination disorder. *Motor Control, 10*(2), 125–142.

Deconinck, F. J. A., Clercq, D. de, van Coster, R., Oostra, A., Dewitte, G., Savelsbergh, G. J. P., ... Lenoir, M. (2008). Sensory contributions to balance in boys with developmental coordination disorder. *Adapted Physical Activity Quarterly : APAQ, 25*(1), 17–35.

Deutsches Institut für Medizinische Dokumentation und Information «DIMDI» (2010). *Internationale Klassifikation der Krankheiten (ICD-10) Online-Ausgabe*. Köln: Deutsches Institut für Medizinische Dokumentation und Information. Retrieved from http://www.dimdi.de/dynamic/de/klassi/downloadcenter/icd-10-who/version2011/systematik/

Diezi-Duplain, P. (2011). Die Aktivitäts- und Partizipationsanalyse (APA) – Ein Hilfsmittel zur Unterstützung eines ICF-CY-basierten Förderplanungs-Konzepts. In R. Luder, R. Gschwend, A. Kunz, und P. Diezi-Duplain (Hrsg.), *Sonderpädagogische Förderung gemeinsam planen – Grundlagen, Modelle und Instrumente für eine interdisziplinäre Praxis*. (S. 74–81). Zürich und Baltmannsweiler: Verlag Pestalozzianum und Schneider Verlag.

Eliasson, A.-C., Forssberg, H., Ikuta, K., Apel, I., Westling, G., und Johansson, R. (1995). Development of human precision grip. *Experimental Brain Research, 106*(3), 425–433. Retrieved from http://link.springer.com/article/10.1007/BF00231065

Feder, K. P., und Majnemer, A. (2007). Handwriting development, competency, and intervention. *Developmental Medicine and Child Neurology, 49*(4), 312–317. doi:10.1111/j.1469-8749.2007.00312.x

Forssberg, H., Kinoshita, H., Eliasson, A. C., Johansson, R. S., Westling, G., und Gordon, A. M. (1992). Development of human precision grip. II. Anticipatory control of isometric forces targeted for object's weight. *Experimental Brain Research. Experimentelle Hirnforschung. Expérimentation Cérébrale, 90*(2), 393–398.

Fournier, K. A., Kimberg, C. I., Radonovich, K. J., Tillman, M. D., Chow, J. W., Lewis, M. H., ... Hass, C. J. (2010). Decreased static and dynamic postural control in children with autism spectrum disorders. *Gait und Posture, 32*(1), 6–9. doi:10.1016/j.gaitpost.2010.02.007

Frommelt, P., und Grötzbach, H. (Hrsg.). (1999). *Neurorehabilitation: Grundlagen, Praxis, Dokumentation.* Berlin: Blackwell Wiss.-Verl.

Goodgold, S. A. (1983). Handwriting movement quality in prekindergarten and kindergarten children. *Archives of Physical Medicine and Rehabilitation, 64*(10), 471–475.

Götz-Neumann, K. (2011). *Gehen verstehen: Ganganalyse in der Physiotherapie; 18 Tabellen* (3. Auflage.). Stuttgart and and New York: Thieme.

Graf, C., Dordel, S., Koch, B., und Predel, H. G. (2006). Bewegungsmangel und Übergewicht bei Kindern und Jugendlichen 1 2. *Deutsche Zeitschrift für Sportmedizin, 57*(9), 220–225. Retrieved from http://www.zeitschrift-sportmedizin.de/fileadmin/externe_websites/ext.dzsm/content/archiv2006/heft09/220-225.pdf

Greer, T., und Lockman, J. J. (1998). Using writing instruments: invariances in young children and adults. *Child Development, 69*(4), 888–902.

Hadders-Algra, M. (2008). *Postural control: A key issue in developmental disorders.* London: Mac Keith.

Herren, D., Meuwly, B., Nacke, A., und Diezi-Duplain, P. (2007). *Bewegen macht Sinn – Lernen im Unterricht durch Wahrnehmungs- und Bewegungsförderung.* Zürich: Verlag Pestalozzianum an der Pädagogischen Hochschule Zürich.

Hill, E. L., und Khanem, F. (2009). The development of hand preference in children: the effect of task demands and links with manual dexterity. *Brain and Cognition, 71*(2), 99–107. doi:10.1016/j.bandc.2009.04.006

Jeng, S. F., Liao, H. F., Lai, J. S., und Hou, J. W. (1997). Optimization of walking in children. *Medicine and Science in Sports and Exercise, 29*(3), 370–376.

Kalverboer, A. F., Hopkins, B., und Geuze, R. (Hrsg.) (1993). *Motor Development in Early and Later Childhood; Longitudinal approaches.* Cambridge: Cambridge University Press.

Kerr, B., Condon, S. M., und McDonald, L. A. (1985). Cognitive spatial processing and the regulation of posture. *Journal of Experimental Psychology: Human Perception and Performance, 11*(5), 617–622. doi:10.1037/0096-1523.11.5.617

Kiese-Himmel, C., und Kruse, E. (1998). Höhere taktile und kinästhetische Funktionen bei ehemals sprech-/ sprachentwicklungsgestörten Kindern: eine neuropsychologische Studie. *Folia Phoniatrica et Logopaedica : Official Organ of the International Association of Logopedics and Phoniatrics (IALP), 50*(4), 195–204.

Kraus, E. (2008). Händigkeit bei Kindern: Definition und Diagnostik – Das mach ich doch mit links. *Ergopraxis 2008; 01(7/08): 24–27, 1*(7/08), 24–27.

Lampert, T., Mensink, G. B. M., Romahn, N., und Woll, A. (2007). Körperlich-sportliche Aktivität von Kindern und Jugendlichen in Deutschland Ergebnisse des Kinder- und Jugendgesundheitssurveys (KiGGS). *Bundesgesundheitsblatt, Gesundheitsforschung, Gesundheitsschutz, 50*(5-6), 634–42. doi:10.1007/s00103-007-0224-8

Largo, R. H. (2000). *Babyjahre: Die frühkindliche Entwicklung aus biologischer Sicht; das andere Erziehungsbuch* (Erw. Sonde.). München: Piper.

Lienert, S., Sägesser, J., und Spiess, H. (2010). *bewegt und selbstsicher – Psychomotorik und Bewegungsförderung in der Eingangsstufe.* Bern: Schulverlag plus.

Meinel, K., und Schnabel, G. (2007). *Bewegungslehre – Sportmotorik: Abriss einer Theorie der sportlichen Motorik unter pädagogischem Aspekt* (11th ed.). Aachen: Meyer und Meyer.

Miyahara M, Piek, J. P., und Barret, N. C. (2008). Effect of postural instability on drawing errors in children: a synchronized kinematic analysis of hand drawing and body motion. *Human Movement Science, 27*(5), 705–713.

Müürsepp, I., Aibast, H., und Pääsuke, M. (2011). Motor performance and haptic perception in preschool boys with specific impairment of expressive language. *Acta Paediatrica (Oslo, Norway : 1992), 100*(7), 1038–1042. doi:10.1111/j.1651-2227.2011.02201.x

Nacke, A. (2005). *Ergotherapie bei Kindern mit Wahrnehmungsstörungen.* Stuttgart: Thieme Verlag.

Nacke, A., Diezi-Duplain, P., und Luder, R. (2006). Prävention in der Vorschule – Ein ergotherapeutisches Bewegungsförderungsprogramm auf dem Prüfstand. *Ergoscience, 1,* 14–25.

Overwien, B. (2004). Internationale Sichtweisen auf «informelles Lernen» am Übergang zum 21. Jahrhundert. In H. Otto und T. Coelen (Hrsg.), *Ganztagsbildung in der Wissensgesellschaft* (S. 51–73). Wiesbaden: Verlag für Sozialwissenschaften.

Patla, A. E. (1991). *Adaptability of human gait: Implications for the control of locomotion.* Amsterdam and New York and U.S.A: North-Holland and Distributors for the United States and Canada, Elsevier Science Pub. Co.

Riegel, K., und Linderkamp, O. (1991). Das Neugeborene. In K. Betke, W. Künzer, und J. Schaub (Hrsg.), *Lehrbuch der Kinderheilkunde* (S. 159–170). Stuttgart: Georg Thieme.

Rizzolatti, G., Camarda, R., Fogassi, L., Gentilucci, M., Luppino, G., und Matelli, M. (1988). Functional organization of inferior area 6 in the macaque monkey. II. Area F5 and the control of distal movements. *Experimental Brain Research, 71*(3), 491–507.

Sanefuji, W., Ohgami, H., und Hashiya, K. (2008). Detection of the relevant type of locomotion in infancy: crawlers versus walkers. *Infant Behavior und Development, 31*(4), 624–628. doi:10.1016/j.infbeh.2008.07.003

Schellhammer, S. (2002). *Bewegungslehre: Motorisches Lernen aus Sicht der Physiotherapie.* München: Urban und Fischer.

Schneck, C. M. (1991). Comparison of pencil-grip patterns in first graders with good and poor writing skills. *The American Journal of Occupational Therapy. : Official Publication of the American Occupational Therapy Association, 45*(8), 701–706.

Schneidberg S, Sveistrup, H., McFadyen, B., McKinley, P. und Levin, M. F. (2002). The development of coordination for reach-to-grasp movements in children. *Experimental Brain Research, 146,* 142–154.

Shum, S. B. M., und Pang, M. Y. C. (2009). Children with attention deficit hyperactivity disorder have impaired balance function: involvement of somatosensory, visual, and vestibular systems. *The Journal of Pediatrics, 155*(2), 245–249. doi:10.1016/j.jpHrsg.2009.02.032

Shumway-Cook, A., und Woollacott, M. (2007). *Motor control: Translating research into clinical practice* (3rd ed.). Philadelphia: Lippincott Williams und Wilkins.

Sovik, N. (1993). Development of children's writing performance: Some education implications. In F. Kalverboer, B. Hopkins, und R. Geuze (Hrsg.), *Motor development in early and later childhood: Longitudinal approaches.* (S. 229–246). Cambridge: University Press.

Wallace P. S., und Whishaw, I. Q. (2003). Idependent digit movements and precision grip patterns in 1-5 month-old human infants: hand-babbling, including vacuous then self-directed hand and digit movements, precedes targeted reaching. *Neuropsychologia, 41*(14), 1018–1912.

World Health Organization (2013). Questions and answers about autism spectrum disorders (ASD). Retrieved from: http://www.who.int/features/qa/85/en/

Weltgesundheitsorganisation »WHO." (2006). International Classification of Functioning, Disability and Health for Children and Youth . World Health Organisation. Retrieved from http://www3.who.int/icf/onlinebrowser/icf.cfm

Weltgesundheitsorganisation »WHO." (2011). *ICF-CY - Internationale Klassifikation der Funktionsfähigkeit, Behinderung und Gesundheit bei Kindern und Jugendlichen - Übersetzt und herausgegeben von Judith Hollenweger und Olaf Kraus de Camargo unter Mitarbeit des Deutschen Instituts für Medizinische Dokumentation und Information (DMDI)* (S. 333). Bern: Huber.

Unterrichtssituationen mit Kindern und Jugendlichen mit einer Beeinträchtigung des Sehens

Helen Zimmermann

Nach einem kurzen Einblick in die Geschichte der Blinden- und Sehbehindertenpädagogik wird im Beitrag aufgezeigt, was es braucht, damit sehbehinderte und blinde Lernende in einem inklusiven Schulsystem aktiv partizipieren können. Für die inklusive Schule wird auch auf die Notwendigkeit einer spezifischen Didaktik des Unterrichts mit blinden und sehbehinderten Lernenden eingegangen. Das Ziel der Aktivitäten bei gemeinsamen Lernprozessen ist ein qualitativ guter Unterricht für alle und für blinde und sehbehinderte Schülerinnen und Schüler im Speziellen.

Barrieren auf personellen, räumlichen, didaktischen und methodischen Bereichen werden reflektiert. Mögliche Lösungswege zur Vermeidung schwieriger Lernsituationen werden in der Interaktion zwischen sehenden und nicht (gut) sehenden Lernenden exemplarisch aufgezeigt.

Insgesamt geht es darum zu zeigen, dass Lernende mit und ohne visuelle Beeinträchtigung die Handlungsspielräume bekommen müssen, auf die sie zum gemeinsamen Lernen angewiesen sind.

Inklusion   Eigentlich dürfte man im Bildungsbereich gegen Inklusion gar nicht sein, da es sich um ein menschenrechtlich verankertes Konzept handelt (Degenhardt, 2012). Wird die Geschichte der Blinden- und Sehbehindertenpädagogik betrachtet, stellt sich eher die Frage, wie sich eine exkludierende Schule in ein inklusives Schulsystem einfügen kann. Dass Lernende mit einer Beeinträchtigung des Sehens in der heutigen so visuellen Lernwelt am Unterricht aktiv partizipieren können, ist für alle am Prozess beteiligten Akteure eine besondere Herausforderung.

Inklusion im Kontext von visueller Beeinträchtigung beschäftigt Fachleute in der Pädagogik im In- und Ausland schon seit vielen Jahren. Inklusionsbefürworter und -gegner diskutieren noch immer kontrovers. Die Frage, ob für Lernende mit visueller Beeinträchtigung Inklusion wirklich der richtige Weg ist, taucht immer wieder neu auf. Je nach der persönlichen Situation der Lernenden mit visueller Beeinträchtigung muss eine optimale Förderung immer wieder neu beurteilt werden. Massnahmen müssen stets auf die sich ändernden Situationen abgestimmt sein.

Ein inklusiver Unterricht kann im Moment für ein Kind mit seinen speziellen Bedürfnissen sehr förderlich sein. Das gleiche Kind kann in einer neuen Lerngruppe oder aufgrund eines Wechsels bei Lehrkräften im gemeinsamen Unterricht auch auf Nachteile stossen. Besonders im Bereich visueller Beeinträchtigung darf Inklusion nicht zwangsläufig zur Abschaffung aller behinderungsbedingten Sondermassnahmen führen. In einer extrem hilfsbereiten Lerngruppe kann ein Kind mit visueller Beeinträchtigung auch bei Aktivitäten, die es selber bewältigen könnte, zur Unselbstständigkeit erzogen werden.

Besondere pädagogische Bedürfnisse

Lehrperson

Sonderpädagogische Massnahmen

Inklusion muss mehr sein, als im gleichen Schulzimmer wie die sehenden Mitschüler sitzen zu dürfen. ➡ Siehe auch Kapitel Luder, Kunz und Müller Bösch. Es hat auch nichts mit Inklusion zu tun, wenn ein blinder Schüler im Sportunterricht nur «Seilhüpfen» darf, weil diese Tätigkeit für ihn gemäss der Meinung der Lehrkraft nicht gefährlich sei.

Auch wenn das Ziel «Inklusion» an sich unumstritten wäre, bleibt der Weg dorthin eine komplexe gesellschaftliche Aufgabe. Neben gesellschaftlichen Aspekten sind bei der Umsetzung u. a. erziehungswissenschaftliche, medizinische und rechtliche Sichtweisen zu berücksichtigen. Auch wenn die Erreichung des Ziels eines inklusiven Bildungssystems anspruchsvoll ist, muss sich die Schweiz auf diesen Weg begeben. Dabei sind die Vorgaben der Behindertenrechtskonvention miteinzuschliessen. Besonders im Bereich visueller Beeinträchtigung, darf es nicht um die Abschaffung von Sondereinrichtungen gehen. Es soll aber nicht endlos weiter diskutiert werden, ob inklusive Bildung an sich falsch, richtig oder ineffektiv ist. Inklusion fordert eine qualitativ hochwertige Bildung, die jedem einzelnen Lernenden, aber insbesondere benachteiligten Personengruppen, die bestmögliche Chance zu einer ganzheitlichen Förderung und Verwirklichung der individuellen Lernbedürfnisse anbietet. Der Auftrag für optimale Bildungschancen soll über schulorganisatorischen Debatten stehen (Walthes, 2003). Inklusion ist für alle am Prozess Beteiligten eine wertvolle Chance zur Weiterentwicklung. Der Vorwand, durch Inklusion Geld zu sparen, ist bei der Umsetzung fehl am Platz. Ein inklusives Bildungssystem kann je nach Situation teurer sein als es der Unterricht in segregierter Form wäre. Eine wertvolle Grundausbildung ist ein lohnenswertes Fundament für eine gute Zukunft, um sozial und beruflich partizipieren zu können.

Behindertenrechtskonvention

ICF: Umweltfaktoren: Dienste, Systeme und Handlungsansätze

Wenn wir uns am Lebenslauf von Menschen mit visueller Beeinträchtigung orientieren, finden wir immer den Weg der Sondermassnahmen und den Weg der Inklusion. Aktivitäten von Menschen mit visueller Beeinträchtigung pendeln ständig zwischen diesen beiden Möglichkeiten hin und her. Anzustreben ist so viel Inklusion wie möglich. Individuelle behinderungsspezifische «Sondermassnahmen» sind, so viel wie nötig, angezeigt.

Objektiv betrachtet, ist die Inklusion von Lernenden mit visueller Beeinträchtigung ein Zugänglichkeitsproblem in die visuelle Lernwelt. Subjektiv betrachtet, handelt es sich häufig um didaktische und vor allem Interaktionsprobleme.

In einem inklusiven Schulsystem hat eine sinnvolle Ressourcensteuerung eine zentrale Bedeutung. Wenn wir inklusives Lernen anstreben, braucht es bereits bei der Grundplanung das Bewusstsein, dass es ausser dem Sehen noch andere Wahrnehmungsarten gibt. Wir lernen alle unterschiedlich. Wir alle haben unsere eigenen individuellen Lernstrategien, die auf unseren Lerntyp abgestimmt sein sollten. Im Kindergarten ist es noch selbstverständlich, dass möglichst alle Sinne aktiviert werden. In diesem Alter werden auch bei Freizeitaktivitäten häufig alle Sinne miteinbezogen. Je höhere Stufen wir im Bildungsbereich erreichen, desto visueller wird der Unterricht. Die fachlichen Inhalte werden immer komplexer und müssen zum besseren Verständnis mit Grafiken ergänzt werden. Dass ein Bild tausend Worte ersetzt, hat schon eine gewisse Gültigkeit. Doch diese Tatsache kann für blinde Lernende ein grosses Problem sein (vgl. Zimmermann, 2014). «Angesichts einer ungeheuren Visualisierung von Alltag, Lernen, Wissenschaft und Arbeit möchte ich alle Menschen mit einer Sehschädigung, denen es heute trotz allem gelingt, in dieser unglaublich visuell strukturierten Welt zu handeln, als hochbegabt bezeichnen» (Walthes, 2006, S. 266).

Was braucht es in der visuellen Lernwelt, damit auch sehbehinderte und blinde Lernende in einem inklusiven Schulsystem im Hinblick auf eine optimale Entwicklung aktiv partizipieren können?

Regelschule   Wenn es darum geht, dass zum Beispiel ein blinder Lernender die Regelschule besuchen will, tauchen vonseiten der Lehrkräfte und Behörden oft Bedenken wegen des Mehraufwands auf. Das hängt häufig damit zusammen, dass man nie richtig weiss, was blinde Menschen selbstständig können, welche Hilfsmittel und Unterstützungssysteme es gibt, wo und in welchen Situationen sie Unterstützung benötigen. Auf dem Weg zu einem inklusiven Bildungssystem ist wichtig, dass die Bedürfnisse der zahlenmässig relativ kleinen Gruppe der blinden und sehbehinderten Lernenden bei der Konzeptionierung von Lernprozessen nicht vergessen gehen.

Um Probleme von Lernenden mit visueller Beeinträchtigung etwas beleuchten zu können, gehen wir nachfolgend auf einige Meilensteine in der blinden- und sehbehinderten Pädagogik ein.

Einblicke in die Blinden- und Sehbehindertenpädagogik

Aus der Antike oder aus dem Mittelalter sind keinerlei Versuche von Blindenerziehung überliefert. Und doch gibt es in jeder Epoche Zeugnisse von einzelnen «gebildeten» Blinden, die für ihre Fähigkeiten bewundert wurden (vgl. Glofke-Schulz, 2007). Die Stellung der Gesellschaftsformen gegenüber blinden Menschen war und bleibt auch heute noch ambivalent (Irimia, 2008). Blinde Menschen werden häufig bewundert für das, was sie trotz des Blindseins können, und andererseits wird ihnen fast nichts zugemutet. Das bedeutet, dass beim inklusiven Lernen bei Interaktionen sozialen Aspekten unbedingt genügend Rechnung getragen werden muss.

Historischer Rückblick

1784 wurden durch Valentin Haûy in Paris und 1804 von Johann Wilhelm Klein in Wien die ersten Blindenschulen in Europa gegründet. Weitere folgten. In den speziellen Blindenanstalten wurde zuerst in sehr kleinem Rahmen unterrichtet. Zumeist handelte es sich um zwei oder drei Schüler. In den Anfängen der Blindenpädagogik musste bewiesen werden, dass Lernen auch ohne visuelle Wahrnehmung möglich ist. Neben des Beweises der Schulfähigkeit blinder Menschen ging es auch um Massnahmen gegen deren Verwahrlosung. Blinde Menschen schlugen sich früher häufig mehr oder weniger gut mit Betteln durch. Um der Problematik der Verwahrlosung blinder Menschen entgegenzuwirken, wurde versucht, die Blindenanstalten weiter auszubauen (vgl. Rath, Waldtraut, Dreves und Friedrich, 2006). Ursprünglich gab es diese Angebote nur für blinde Menschen. Erst später wurden zum Beispiel in Deutschland auch Fördermassnahmen für Menschen mit Sehbehinderung angeboten (Walthes, 2003). Die Situation von Menschen mit Sehbehinderung war, ist und bleibt schwierig. Sie gehören weder zu der Gruppe der Sehenden noch zu der Gruppe der blinden Menschen. Wann ist der richtige Zeitpunkt, dass sich jemand wirklich bewusst ist, dass er oder sie sehbehindert ist? Ab wann sollten sinnvollerweise behinderungsbedingte Hilfsmittel eingesetzt werden? Als vor gut 200 Jahren die ersten Blindenschulen im deutschen Sprachraum gegründet wurden, lag der Schwerpunkt im Bereich Handarbeiten, deutsche Sprachlehre und Kopfrechnen. Ergänzt wurde der Unterricht mit Allgemeinbildung und Musikunterricht (Rath et al.,

2006). Bei der schulischen Förderung von Lernenden mit visueller Beeinträchtigung spielt es eine Rolle, ob noch ein Sehrest vorhanden ist oder nicht. Auch wenn das Arbeiten auf visueller Basis nicht effizient ist, versuchen Betroffene möglichst lange, Aufgaben doch irgendwie mit den Augen anzugehen. Beim Fehlen jeglicher visueller Wahrnehmung ist das Lernen nochmals anders. Sämtliche Informationen, die für das Lernen nötig sind, auditiv und/oder taktil beschaffen zu müssen, ist anstrengend und aufwändig. Oft braucht es für viele Aktivitäten mehr Zeit. Kurz einen Blick auf einen Gegenstand zu werfen, geht häufig schneller, als bis er ohne visuelle Kontrolle taktil erkannt werden kann. Entscheidend ist auch, wann im Lebensverlauf eine visuelle Beeinträchtigung aufgetreten ist. Bei Menschen, die im Verlauf des Lebens erblinden, kommt immer auch noch die Bewältigung der Dunkelheit hinzu. Dieser anstrengende Prozess kann das Lernen extrem bremsen. Einem geburtsblinden Kind zum Beispiel Rot als Farbe oder die Form einer Schneeflocke zu erklären, ist eine nicht zu unterschätzende Herausforderung. Da

Förderung von Selbstständigkeit ohne visuelle Wahrnehmung für das sehende Umfeld alle Aktivitäten als gefährlich eingestuft werden, ist die Förderung der Selbstständigkeit zentral. Was kann und soll einem blinden Kind wirklich zugemutet werden?

«Als Lena 8 Jahre alt war, wusste sie nicht, dass andere Menschen herumgingen, ohne dabei die Hand des anderen zu halten.» (Nielsen, 1992, S. 99). Aufgrund einer Interaktionsbarriere zwischen dem sehenden Umfeld und der blinden Lena, lernte dieses Mädchen lange nicht, sich selbstständig zu bewegen. Wenn sich Sehbehinderung oder Blindheit auf unterschiedliche Art und Weise in allen Lebensbereichen einschneidend und immer wieder anders auswirkt, heisst das nicht, dass Menschen mit visueller Behinderung ständig abhängig und hilflos sind. Blindenpädagogen des deutschsprachigen Raums haben die pädagogischen Hilfen zur Selbsthilfe der blinden Menschen lange Zeit weitgehend ignoriert. Dadurch konnte sich ein Fürsorgesystem etablieren. Blinde Menschen wurden dadurch als Objekte der Anstaltsfürsorge zeitlebens kontrolliert und diszipliniert (vgl. Rath et al., 2006). Um diesem Missstand entgegenwirken zu können, wurde unter dem Aspekt der Selbsthilfe zum Beispiel 1958 der Schweizerische Blindenbund gegründet (vgl. www.blind.ch). Hauptziele der Pioniere der Selbsthilfebewegung waren selbstständiges Wohnen, die Integration in die Gesellschaft und in den Arbeitsmarkt.

Kulturtechnik Lesen und Schreiben Für blinde Menschen stellt der Zugang zu den Kulturtechniken Lesen und Schreiben ein einschneidendes Problem dar. Spät erblindete Menschen können in der normalen Schrift vielleicht von Hand schreiben, aber eine Kontrolle des Geschriebenen ist unmöglich. Alle Informationen, die nicht in zugänglicher digitaler Version vorhanden sind, können blinde Lernende auch heute nicht spontan lesen. Ein effizienter Zugang zu den Kulturtechniken Lesen und Schreiben ist aber für das Lernen während des ganzen Lebens enorm wichtig.

Dass schulisches Lernen für blinde Menschen überhaupt möglich wurde, verdanken wir Louis Braille, der auf geniale Art das System der Punktschrift entwickelt und ausgearbeitet hat. Das 1825 auf der Kombination von sechs Punkten basierende Schriftsystem brauchte nahezu 50 Jahre, um sich gegen den Widerstand der sehenden Blindenpädagogen durchzusetzen (Walthes, 2003). Das sehende Umfeld wollte vermeiden, dass blinde Menschen untereinander selbstständig kommunizieren können. Nach Walthes (2003) ist aufgrund der bestechend einfachen Struktur die Brailleschrift im Prinzip leichter zu erlernen als das übliche Alphabet. Auch im Computerzeitalter muss die Punktschrift in ihren Grundprinzipien weiterhin erhalten bleiben. Es ist jeweils anders, eine Information sehend, auditiv oder taktil zu erfassen. Rein akustisch lässt sich nicht feststellen, ob man jetzt «ist» oder «isst» geschrieben hat. Ergänzt wird die Brailleschrift durch Spezialschriften (Chemie, Computerbraille, Mathematik, Musik). Geschrieben wird dieses Schriftsystem mit Punktschrifttafeln und Punktschriftmaschinen. Eine weitere Möglichkeit ist der Punktschriftdrucker. Bis zum Einsatz des Computers hatte die Punktschrift den Nachteil, dass nur blinde Menschen mit Blinden kommunizieren konnten. Seitdem auch Menschen mit visueller Beeinträchtigung Computer und Handys bedienen und nutzen können, ist für das Kommunizieren zwischen sehenden und nicht (gut) sehenden Menschen eine entscheidende Brücke geschlagen worden. Diese Entwicklungen erlaubten es, dass die Blindenpunktschrift als System von blinden und sehenden Menschen aktiv und parallel genutzt wird (Walthes, 2003). Die damit verbundenen vielseitigen Möglichkeiten sind wesentliche Voraussetzungen für gemeinsames Lernen von sehenden und nicht (gut) sehenden Lernenden in der allgemeinen Schule (Degenhardt, 2003).

Wir müssen beachten, dass grosse Lesestoffmengen auf akustischem Wege leichter und schneller zu erfassen sein können als über das Braille-Lesen. Spät erblindete Lernende nutzen wenn möglich bei grossen Stoffmengen die Sprachausgabe, Hörbücher oder zugängliche E-Books. Aber lange Zeit nur mit der Sprachausgabe zu arbeiten, ist auch nicht zu unterschätzen. Damit die Mitschüler von der Sprachausgabe nicht gestört werden, arbeiten Lernende mit visueller Beeinträchtigung häufig mit dem Kopfhörer. Regelmäs-

Brailleschrift

ICF: Umweltfaktoren / Produkte und Technologien

Lese-Rechtschreib-
störung

Nachteilsausgleich
bei Prüfungen

Frühförderung

siges, intensives Textlesen auf Papier oder mit der Braillezeile darf trotz Sprachausgabe nicht vernachlässigt werden. Nur so sind Lese-Rechtschreibstörungen vermeidbar, die sich infolge der fehlenden «Ansicht» von tatsächlich geschriebenen Texten bei vorwiegend akustischem Lesen ergeben können (vgl. www.isar-projekt.de; Stand: 5.05.2013). Da das Braille-Lesen vor allem mit den beiden Zeigefingerspitzen erfolgt, können blinde Lernende beim Lesen nur jeweils etwa vier Buchstaben zur gleichen Zeit erkennen. Der Überblick über eine ganze Seite ist nur bedingt in zahlreichen Teilschritten möglich. Das Lesen geht deshalb häufig langsamer vonstatten als bei sehenden Mitlernenden. Es bedarf beim Erlernen der Schrift oft einer längeren Übungsphase. Nur so können ähnliche Ergebnisse wie in einem sehenden Umfeld erzielt werden. Um zwischen sehenden und nicht (gut) sehenden Lernenden Chancengleichheit zu gewährleisten, brauchen Lernende mit visueller Beeinträchtigung in Prüfungssituationen in der Regel mehr Zeit.

Eine möglichst frühe individuelle und gezielte Förderung von Kindern mit visueller Beeinträchtigung ist für deren Entwicklung relevant. Wenn sich nicht (gut) sehende Kinder schon im Vorschulalter vom Elternhaus trennen müssen, ist das ein tiefgreifender Einschnitt. Vielfach sind blinde Menschen von der Wiege bis zur Bahre in Sondereinrichtungen untergebracht (Rath et al., 2006). In den 1950er Jahren baute man das Konzept der Frühförderung auf. Das Ziel ist die Betreuung der blinden und stark sehbehinderten Kleinkinder. Dazu gehört auch die Beratung und Unterstützung der Eltern nicht (gut) sehender Kinder. Die professionelle und individuelle Förderung im Elternhaus kann als erster Schritt betrachtet werden, was heute als inklusive Förderung bezeichnet wird. Die Frühförderung von Kindern mit visueller Beeinträchtigung wird als ambulante Massnahme durchgeführt. Die Förderung findet im Zuhause der Kinder und im wohnortnahen Kindergarten statt. Ein Spezialkindergarten für Kinder mit visueller Beeinträchtigung erübrigt sich durch die Einführung der Frühförderung weitgehend (Walthes, 2003). Damit eine optimale Frühförderung möglich ist, müssen visuelle Probleme früh genug erkannt werden. Ein besonderes Augenmerk muss auf das Vermeiden von sozialen Barrieren gelegt werden. Durch die fehlende oder eingeschränkte visuelle Wahrnehmung fällt es nicht (gut) sehenden Menschen schwer, die Muster der sozialen Interaktion zu beobachten und zu erlernen. Das Spielverhalten von Kindern mit visueller Beeinträchtigung soll vorwiegend explorativ sein. Es wurde beobachtet, dass sie Spielzeuge untersucht, aber funktionell kaum genutzt haben. Sie spielen vorwiegend allein und ziehen sich überdurchschnittlich häufig in spezielle Rollen oder in

Fantasiewelten zurück (Celeste & Grum, 2010). Dieses von der Regel abweichende Verhalten kann zu Stigmatisierungsprozessen führen, wodurch sich zwangsläufig die Identität verändern kann (Cloerkes, 2007). Der Problematik des sozialen Rückzugs muss bei gemeinsamen Lernaktivitäten unbedingt genügend Beachtung geschenkt werden.

Für blinde und sehbehinderte Lernende haben sich in vielen europäischen Ländern in den letzten 40 Jahren weitere einschneidende Veränderungen im Bildungssystem vollzogen. In diesem Prozess hat sich der Fokus von der Beschulung in Sonderschulen stärker auf den gemeinsamen Unterricht in allgemeinen Schulen verlagert. ➡ Siehe auch Kapitel Felkendorff und Luder. Vor allem durch die Initiative von Eltern werden mehr Kinder mit visueller Beeinträchtigung am Wohnort und gemeinsam mit sehenden Kindern unterrichtet (vgl. Irimia, 2008). Viele Blindenschulen bauten nach und nach ein Ambulanzsystem auf. Lehrkräfte, die über das nötige Fachwissen zu Lernprozessen mit visueller Beeinträchtigung verfügen, beraten, begleiten und unterstützen Eltern und Akteure in Regelschulen überregional. Um einen fachlichen Standard halten zu können, braucht es tradiertes Wissen. Fachliche Kompetenzen, die an Sonderschulen erarbeitet wurden, können auf diese Weise ins Regelschulsystem einfliessen. ➡ Siehe auch Kapitel Luder, Kunz und Müller Bösch. Diese wichtigen Netzwerke sind jedoch nicht unbedingt an die Existenz von Sonderschulen im Sinne von Institutionen gebunden, die selbst stationären Unterricht anbieten (Lang, 2008). Unverzichtbar sind ausgearbeitete fachliche und organisatorische Konzepte für eine effektive ambulante Unterstützung (Hofer, 2008). Diese Fachleute verfügen u.a. über Fachwissen zu Auswirkungen über Augenerkrankungen, kennen blinden- und sehbehindertenspezifische Hilfsmittel, können Unterrichtsmaterialien anpassen, Eltern und Lehrerteams beraten. Eine möglichst ganzheitliche Förderung von Lernenden mit visueller Beeinträchtigung ist besonders während der obligatorischen Schulzeit enorm wichtig. Es ist am falschen Ort gespart, wenn für die gezielte individuelle Förderung Massnahmen gekürzt werden oder dass Leute ohne das spezifische Fachwissen nicht (gut) sehende Lernende unterstützen und begleiten. Es braucht zwingend eine flexible Einbeziehung und Koordination von pädagogischem, therapeutischem und medizinischem Fachwissen, da die Regelschule bei Lernprozessen das Sehen als unbewusste Selbstverständlichkeit voraussetzt.

Auch im Aus- und Weiterbildungsbereich ist fachliche Beratung für den Einsatz von Hilfsmitteln wichtig. Bei Prüfungen sind Mass-

Nachteilsausgleich nahmen für den Ausgleich behinderungsbedingter Nachteile nötig (Steiner, 2013). Blinde Lernende können eine Klausur nicht von Hand schreiben; dagegen können sie die gleichen anspruchsvollen Fragen mit dem Computer beantworten, wenn das Gerät mit behinderungsbedingten Hilfsmitteln ausgerüstet ist.

Rahmenbedingungen für gemeinsame Aktivitäten

ICF: Körperfunktionen / Sinnesfunktionen und Schmerz / Seh- und verwandte Funktionen

Im Sinne der ICF kann das Sehen als Körperfunktion betrachtet werden. Form, Farbe, Konsistenz, Kontrast gehören zu den individuellen Seh- und Wahrnehmungsfähigkeiten. Bei allen Lernaktivitäten im heutigen Unterricht spielt das Sehen eine ganz zentrale Rolle. Wir nehmen unsere Welt vorwiegend visuell, d.h. zu mindestens zu 80 % durch unsere Augen, wahr (Walthes, 2003). Aus dieser Tatsache folgt, dass die visuelle Welt im Allgemeinen und die Lernwelt im Speziellen blinden und sehbehinderten Lernenden weitgehend verschlossen ist. Der Zugang muss anders begreifbar gemacht und auf andere Art erschlossen werden. Die Fähigkeit, gut sehen zu können, ist für Lernprozesse im heutigen Schulalltag eine entscheidende Anforderung. Früher gab es in Lehrmitteln vor allem Texte und vereinzelte Bilder, die erklärt werden konnten. Texte an sich können durch den Einsatz von Computern ohne grossen Aufwand zugänglich gemacht werden. Texte, die als Bild gespeichert werden (image, pdf) können von blinden Computernutzern nicht ohne vorgängiges Einscannen gelesen werden. Heutige Lehrmittel sind für das sehende Umfeld durch die zahlreichen Grafiken, Comics, Tabellen abwechslungsreicher und attraktiver aufgebaut. Für Lernende mit visueller Beeinträchtigung bedeutet das, dass es kaum ein Lehrmittel gibt, das sie ohne aufwändige und teure Aufarbeitung nutzen können. Wenn wir über Inklusion sprechen, müssen wir daher auch die Art und Weise berücksichtigen, wie das nötige didaktische Material in der Interaktion mit dem sehenden Umfeld eingesetzt werden kann. Ein Hörbuch stellt zur Abwechslung auch für sehende Lernende eine prüfenswerte Wahlmöglichkeit dar. Dem Inklusionsgedanken, dass jedes Kind anders ist, dass alle unterschiedlich lernen, muss daher auch bei der Produktion von Lernmaterialien verstärkt Rechnung getragen werden. Neben dem riesigen Angebot von Printprodukten kommen zunehmend digitale Materialien hinzu, die in einem computergestützten Unterricht Anwendung finden. All diese Unterrichtsformen sind eine enorme Chance für inklusives Lernen. Aber alle diese Materialien müssten in zugänglicher digitaler Form zur Verfügung stehen. Bei der Planung neuer Unterrichtskonzepte wird noch zu oft vergessen, dass Sehen nicht selbstverständlich ist.

Im Kontext visueller Beeinträchtigung wirken sich Probleme im Alltag in den folgenden vier Bereichen aus (Hyvärinen, 2001): Problembereiche im Alltag

— Kommunikation (in der Gruppe sowie von Person zu Person)
— Orientierung und Bewegung (blind einen Gegenstand oder Örtlichkeiten selbstständig auffinden können)
— Aktivitäten des täglichen Lebens (auf die Uhr schauen, einen Computerknopf finden, blind einen Reissverschluss schliessen)
— Länger andauernde Aufgaben, die ein Sehen in der Nähe erfordern (Lesen, Schreiben usw.)

Wird von inklusiven Lerngruppen ausgegangen, muss bereits bei der Planung von Lernaktivitäten in der realen als auch virtuellen Lernwelt berücksichtigt werden, dass gutes Sehen nicht zwingend vorausgesetzt werden darf. Die Qualität von inklusiven Lernprozessen schwankt in ihrem Ausmass zwischen den verschiedenen Lebensbereichen und zwischen Arbeitsaufträgen in konkreten Lernsituationen. Neben dem visuellen Zugang sollen vermehrt auch auditive, oder taktile Möglichkeiten zu den für das Lernen notwendigen Informationen gewählt werden können. Ein blinder bzw. stark sehbehinderter Schüler hat beispielsweise im Sprachunterricht bessere Chancen, als vollwertiger, integrierter Lernpartner zu gelten, wenn es um die Diskussion eines Textes geht. Die Voraussetzung ist, dass alle Lernenden Zugang zum Text haben, egal ob der Text in normaler oder Brailleschrift geschrieben ist. Wichtig ist die gemeinsame Lernaktivität.

Wenn nach der Betrachtung eines Stummfilms die Lernenden in der Klasse diskutieren, sind die Partizipationschancen blinder Lernender schlecht. Das Ausmass der bedingten Differenzen in der Interaktion mit dem sehenden Umfeld ist abhängig von
— dem Verhältnis zur Bezugsgruppe,
— den individuellen Sozialkompetenzen,
— den Copingstrategien des Sehgeschädigten (vgl. Schultheis, 1969).

Ist der Fokus auf das gemeinsame Lernen mit visueller Beeinträchtigung gesetzt, muss klar sein, wie sich eine Augenerkrankung im Alltag individuell auswirkt. Ein Sehrest von 20% sagt für die Partizipationschancen wenig aus. Je nach Situation kann ein solcher Schüler praktisch alles machen. Eine andere Person mit dem gleichen Sehrest kann völlig unselbstständig sein. Mitberücksichtigt werden muss die Komplexität der Auswirkungen, da unsere Umwelt vorwiegend auf Sehen ausgerichtet ist. Viele Informationen sind für nicht (gut) sehende Menschen nicht wahrnehmbar. Ein Schild an der Schulzimmertüre, dass der Unterricht heute in der Aula stattfindet, kann eine blinde Person nicht lesen. Behindert sein verstärkt sich immer durch das Behindertwerden in konkreten Situationen. ➡ Siehe auch Kapitel Hollenweger. Je mehr Aufmerksamkeit den Rahmenbedingungen gewidmet wird, desto leichter zeigen sich Möglichkeiten für die konkrete Gestaltung von inklusiven Lernaktivitäten.

Optimale Beleuchtung und Ergonomie

Für Lernende mit visueller Beeinträchtigung, die (noch) visuell arbeiten können, braucht es nicht nur eine gute, sondern eine optimale Beleuchtungssituation in allen Arbeitsräumen. Licht kann das Sehen deutlich verbessern. Je nach Auswirkung der Augenerkrankung kann Licht Schmerzen verursachen. Blendung kann sehr unangenehm sein. Auch die Farbe des Lichtes kann förderlich oder hinderlich sein. Ergonomisch gestaltete Arbeitsflächen sind im Allgemeinen wichtig und für nicht (gut) sehende Lernende besonders zentral. Hilfreich ist eine blendungsfreie, in der Lichtfarbe passende Einzelplatzausleuchtung mit optimaler Beleuchtungsstärke.

Verfügbarkeit von Hilfsmitteln

Alle für das individuelle Lernen relevanten optischen, mechanischen und elektronischen Hilfsmittel (Lupen, Brillensysteme, Bildschirmlesegeräte, Punktschriftmaschinen, Braillezeile und Brailledrucker) müssen Lernenden mit visueller Beeinträchtigung bei Bedarf zur Verfügung stehen. Wichtig ist, dass die Anschaffung von sinnvollen Hilfsmitteln ohne bürokratische Barrieren organisiert werden kann. Lernende mit visueller Beeinträchtigung müssen die Hilfsmittel, die sie brauchen, effizient einsetzen können. Eine gute individuelle Schulung ist dazu häufig unumgänglich. Um das nicht (gut) Sehen ausgleichen zu können, braucht es es immer wieder individuelle Trainingseinheiten. Visuelle, taktile und akustische Hilfsmittel sollen von den Lernenden ausprobiert werden können. Je nach Lernbedingungen und individuellen Ansprüchen eignen sich nicht alle Möglichkeiten gleich gut. In konkreten Lernsituationen im inklusiven Unterricht das richtige Hilfsmittel einsetzen zu können, ist nicht immer einfach, aber trägt viel zum Erfolg fürs gemeinsame Lernen bei. Ohne spezifisches Fachwissen geht es kaum.

Ein Grundlagenkurs für Computerarbeit mit sehenden Mitschülern nützt einer blinden Schülerin wenig, wenn der Kurs so aufgebaut ist, dass man visuell arbeiten muss und das Klicken mit der Maus zwingend ist. In dieser Situation bringt es mehr, wenn die blinde Schülerin sich die Grundkenntnisse des Programms auf ihre Weise aneignet. Wenn sehende und nicht (gut) sehende Computernutzer die Arbeitsweise auf unterschiedliche Art im Griff haben, sind

in einem nachfolgenden Schritt gemeinsame Lernaktivitäten möglich und sinnvoll. Das Lernen mit dem Computer ist für nicht (gut)
sehende Lernende eine enorme Chance, im inklusiven Bildungssystem aktiv partizipieren zu können. Bereits bei der Planung von
Programmen muss mitberücksichtigt werden, dass zum Beispiel
das Klicken mit der Maus nicht selbstverständlich ist, dass für das
Verständnis wichtige Grafiken beschriftet werden, dass der Aufbau
des Programms logisch strukturiert ist, dass Texte mit Dokument-
vorlagen geschrieben werden (Zimmermann, 2014).

Nachfolgend werden exemplarisch inklusive Unterrichtssituationen betrachtet.

Vermeidbare Interaktionsbarrieren

Wird Inklusion als ein makrosoziologisches Phänomen der «Nicht-
aussonderung» verstanden, können Massnahmen für Anpassungen
nicht nur im Bereich der individuellen Bedürfnisse nicht (gut) sehender Lernender basieren. Neben einer Akzeptanz der individuellen Heterogenität der Lernenden und Lehrenden braucht es bei
Interaktionsprozessen einen Perspektivenwechsel dahingehend,
dass nicht nur nach dem «Nichtkönnen» gefragt wird. Im Zentrum
stehen sollen Möglichkeiten der Subjektentwicklung, die auf vielen
gemeinsamen Aktivitäten zwischen sehenden und nicht (gut) sehenden Lernenden basieren. Aus der Sicht des Betroffenen bedeutet Inklusion ein Streben nach entwicklungsinitiierenden Lebenssituationen, um auf dieser Basis die Behinderung als subjektiv
«sinnvoll» zu begreifen (Von Daniels, 2003). Dies setzt Lernsituationen voraus, in der Diskriminierungen und Zuschreibungen, die
diesen Entwicklungsprozess hemmen oder sogar behindern, durch
gemeinsame, gut geplante Aktivitäten vermieden werden.

«Lernen mit Kopf, Herz und Hand», war der ganzheitliche Ansatz
der Reformpädagogik. Inwieweit dieses Konzept innerhalb des ge-
genwärtigen Schulalltags noch umgesetzt wird, ist in der heutigen
stark visuellen Lernwelt fraglich. Warum soll und darf der ganzheitliche Ansatz im heutigen Lernen nicht wieder mehr Beachtung finden? Interaktionsbarrieren zwischen sehenden und nicht (gut) sehenden Lernenden treten häufig in einfachen Lernsituationen auf,
wenn das nötige Grundwissen über visuelle Probleme fehlt.

Für eine Lesestunde trifft sich zum Beispiel eine Klasse der Mittelstufe im Kreis. Wenn alle Schüler in der üblichen Schrift lesen
können, haben die Schüler ihr Buch dabei und beginnen einfach zu

lesen. Bunte Illustrationen können den Leseprozess fördern. Eine sehbehinderte Schülerin kann nur aktiv mitmachen, wenn sie den Text in der nötigen Vergrösserung vor sich hat. Der Text ist dann vielleicht im nicht sehr handlichen A3-Format statt im Format des Lesebuches. Wenn die sehbehinderte Schülerin auf das Lesegerät angewiesen ist, ist der Kreis für sie keine geeignete Arbeitsform. Sie kann ihre Lesehilfe schlecht in den Kreis mitnehmen und steht vor einer Interaktionsbarriere. Um nicht aufzufallen, verzichtet sie möglicherweise auf den Einsatz des Hilfsmittels, womit sie den Text nicht genau lesen kann und deshalb zum Beispiel nicht fähig ist, selbstständig eine Zusammenfassung zu schreiben. Die Lehrkraft nimmt möglicherweise wahr, dass die Schülerin den Text nicht zusammenfassen konnte. Andererseits kann es sein, dass die sehbehinderte Schülerin am Platz sitzen bleibt und den Text mit ihrer Lesehilfe erfassen kann. In diesem Fall ist sie vom Kreis ausgeschlossen, was je nach Situation Folgen für ihre soziale Integration haben kann. Die sehbehinderte Schülerin möchte nicht in einer Sonderrolle sein, und ist es doch immer wieder. Ist der Kreis für diese Unterrichtssituation wirklich zwingend? Ein blinder Schüler kann den Text mit den Fingern in der taktilen Blindenschrift lesen. Wie seine sehenden Mitschüler sitzt er im Kreis. Mit seiner Arbeitstechnik fällt er in dieser konkreten Lernsituation weniger auf als die sehbehinderte Schülerin. Die gemeinsame Aktivität Lesen muss möglich sein, aber die durch die Behinderung bedingten besonderen Bedürfnisse und deren Folgen müssen bei der Planung des gemeinsamen Unterrichts mitberücksichtigt werden. Für den Inhalt spielt es keine Rolle, ob Lernende in Blindenschrift, in normaler oder mit vergrösserter Schrift lesen. Der Text könnte der ganzen Lerngruppe vorgelesen werden, sodass nicht (gut) sehende Lernende weniger auffallen. Wichtig ist, dass Lernende mit eingeschränkter oder fehlender visueller Wahrnehmung an gemeinsamen Lernaktivitäten mit dem sehenden Umfeld aktiv partizipieren können.

ICF: Umweltfaktoren / Einstellungen

Da praktisch alle Lernkonzepte vom Vorschulalter bis zur Erwachsenenbildung auf der Fähigkeit (gut) sehen zu können, basieren, ist der Weg der Inklusion für Lernende mit visueller Beeinträchtigung extrem steil und steinig. Häufig versuchen Lernende mit visueller Beeinträchtigung, ihre Behinderung so lange wie möglich zu verstecken, wagen die Hilfsmittel nicht zu nutzen, da sie nicht auffallen wollen oder gegen aussen nicht erkennen lassen wollen, dass sie anders lernen. Eine Zuschreibung einer Behinderung ist immer mit möglichen Stigmatisierungsprozessen verbunden.

Da in der Aus- und Weiterbildung von Lehrkräften selten auf das Thema Lernen mit visueller Beeinträchtigung eingegangen wird, sehen Entscheidungsverantwortliche bei einer visuellen Behinderung noch zu oft das Problem bei der nicht (gut) sehenden Person. Es fehlt an fundiertem Wissen, wie Menschen mit visueller Beeinträchtigung lernen können, wie sie ihre Hilfsmittel einsetzen, was sie selbstständig und was sie aufgrund des Nicht(gut)sehens nicht selbstständig ausführen können. Im Schulalltag sind es Situationen, die Behinderung verursachen. Die Probleme liegen in der sozialen Reaktion auf Menschen mit Behinderung im Allgemeinen und in der Interaktion bei Lernprozessen mit dem sehenden Umfeld im Speziellen.

Auf allen Stufen ist die Kärtchen-Methode eine beliebte Arbeitstechnik. «Schreibt die guten Eigenschaften auf die roten Karten, die schlechten auf die grünen! Die Karten liegen hier.», könnte ein typischer Arbeitsauftrag einer Lehrkraft lauten. Wenn alle Schüler sehen können, ist es einfach, diese Aufgabe in Einzelarbeit anzupacken. Aber was bedeutet es, wenn es einen farbenblinden Schüler oder eine blinde Schülerin in der Lerngruppe hat? Wie können diese Schüler den Arbeitsauftrag selbstständig ausführen? Wie kann ein blinder Schüler herausfinden, was mit «hier» gemeint sein könnte? Dank der sozialen Kompetenz der Klasse werden die Lernenden mit visueller Beeinträchtigung von hilfsbereiten Mitschülern mit den Karten bedient. Es wird ihnen erklärt, dass links die grünen und rechts die roten Karten sind. Der farbenblinde Schüler kann mit dieser Unterstützung den Auftrag selbstständig erledigen. Was passiert mit der blinden Schülerin? Selbstständig könnte die Schülerin die Karten in Braille beschriften. Dies jedoch schliesst das sehende Umfeld aus, da dieses das Schriftsystem nicht beherrscht. Hilfsbereite Lehrpersonen oder die Klassenhilfe können das Schreiben gerne übernehmen. Alle anderen Kinder beschriften still und konzentriert ihre Karten. Die blinde Schülerin flüstert die Eigenschaften, die ihr in den Sinn kommen, der schreibenden Person zu. Je nach Situation kann es sein, dass sie nicht alles sagt, was sie sagen möchte, da die blinde Schülerin der schreibenden Person nicht alles anvertrauen möchte. Wenn die anderen Schüler diese Arbeit still für sich ausführen, kann das Flüstern stören. Wird dagegen das Beschriften der Kärtchen von der ganzen Klasse als Partnerarbeit ausgeführt, befindet sich die blinde Schülerin nicht mehr in einer Sonderstellung und ist auch nicht mehr von einer anderen Person abhängig. Angenommen die geschriebenen Kärtchen werden an einer Wand nach Kriterien geordnet und angeheftet, hat das sehende Umfeld mit dieser Methode den Vorteil, dass die Zuordnung immer wieder ohne grossen Aufwand umgestaltet werden kann. Auch wenn die Kärtchen und die Kategorien vorgelesen werden, kann eine blinde Person nie einen Gesamtüberblick über die Lernsituation bekommen.

Unterrichtsbeispiel

Aktive Partizipation am inklusiven Unterricht ist nicht ohne intensive kooperative Vernetzung blinden-/sehbehinderten- und allgemeinpädagogischen Wissens und Könnens denkbar. Die Verantwortung für die Organisation der Lernprozesse von Lernenden mit visueller Beeinträchtigung muss zu Beginn der Förderung gemeinsam klar festgelegt werden, damit sie im Konfliktfall nicht zwischen Regelschulpädagogen, Eltern, Sonderpädagogen und Lernenden hin und her geschoben wird (Lang, 2008). Interaktionsbarrieren müssen zwischen sehenden und nicht (gut) sehenden Lernenden bei der konkreten Unterrichtsplanung, bei der Entwicklung von Unterrichtskonzepten, von Lernmitteln und E-Learning-Angeboten möglichst von Anfang an vermieden werden. Es braucht verstärkt das Bewusstsein, dass es nicht nur visuelle Lerntypen gibt. Ein inklusives Bildungssystem benötigt individualisierte pädagogisch-didaktische Sichtweisen und Methoden auf der Basis von Wertschätzung aller am Lernprozess beteiligten Akteure. Diese Sichtweisen überwinden die Defizitorientierung und führen von der Frühförderung bis zum Berufsalltag zu individuell passenden Lernsituationen. Die Organisationsentwicklung der Schulen muss die Weiterentwicklung von Lernkulturen, Strukturen und Aktivitäten ermöglichen, sodass man besser auf die Vielfalt der Lernenden eingehen kann. Die Qualitätsmassstäbe werden an die getroffenen Massnahmen gestellt, nicht an die betroffenen Schülerinnen und Schüler. Es ist zu beachten, dass der Abbau von Barrieren für das Lernen und die Partizipation aller Schülerinnen und Schüler allen Lernenden gilt, nicht nur solchen mit Beeinträchtigungen oder besonderem Förderbedarf. Unumgänglich dabei ist die Betonung der Bedeutung von Schulen, um Gemeinschaften aufzubauen, Werte zu entwickeln und Leistungen zu steigern (vgl. Booth und Ainscow, 2003).

Damit sehende und nicht (gut) sehende Lernende in der realen und virtuellen Lernwelt aktiv partizipieren können, brauchen alle am Prozess Beteiligten die Sehnsucht zum Meer des Lernens:

«Wenn du ein Schiff bauen willst, dann trommle nicht Männer zusammen um Holz zu beschaffen und Arbeiten einzuteilen, sondern lehre die Männer die Sehnsucht nach dem weiten, endlosen Meer.»
Antoine de Saint-Exupéry

Literatur

Booth, T. / Ainscow, M. (2003). *Index für Inklusion. Lernen und Teilhabe in der Schule der Vielfalt entwickeln.* Übersetzt, für deutschsprachige Verhältnisse bearbeitet und herausgegeben von I. Boban und A. Hinz. Halle-Wittenberg: Martin Luther Universität.

Celeste, M. / Grum, D. (2010): *Social integration of children with visual impairment: a developmental model* (aufgerufen am 09.09.2013 von http://ilkogretim-online.org.tr/vol9say1/v9s1m2.pdf)

Degenhardt, S. (2011). Bildung, Erziehung und Rehabilitation blinder und sehbehinderter Kinder und Jugendlicher in einer inklusiven Schule in den Ländern der Bundesrepublik Deutschland. In: *blind-sehbehindert. Zeitschrift für das Sehgeschädigten-Bildungswesen (3),* S. 157–165.

Degenhardt, S. (2012). Der Weg zur inklusiven Schule – Momentaufnahmen von Brückenschlägen und Grabenkämpfen und von Ansprüchen an die inklusive Beschulung blinder und sehbehinderter Kinder und Jugendlicher. In: *blind-sehbehindert. Zeitschrift für das Sehgeschädigten-Bildungswesen (3),* S. 154–167.

Glofke-Schulz, E. M. (2007). *Löwin im Dschungel. Blinde und sehbehinderte Menschen zwischen Stigma und Selbstwerdung.* Giessen: Psychosozial-Verlag.

Irimia, E. (2008). *Probleme und Perspektiven der beruflichen Integration Blinder und Sehgeschädigter.* München: Herbert Utz Verlag.

Lang, M. / Hofer, U. / Beyer F.: *Didaktik des Unterrichts mit blinden und hochgradig sehbehinderten Schülerinnen und Schülern. Bd. 1: Grundlagen.* Stuttgart: Kohlhammer.

Nielsen, L. (1992). *Greife und du kannst begreifen.* Würzburg: Edition Bentheim.

Noelle-Neumann, E. / Schulz, W. / Wilke, J. (2003). *Das Fischer Lexikon. Publizistik, Massenkommunikation.* Frankfurt am Main: Fischer Taschenbuchverlag.

Rath, W. / Dreves, F. (2006). Ein Blick zurück in die Zukunft. Zu den frühen Jahren preussisch-deutscher Blindenbildung. In: Drave, W. (Hrsg.): *200 Jahre Blindenbildung in Deutschland – 1806 – 2006 (25–42).* Würzburg: Edition Bentheim.

Schultheis, J. R. (1977). Die Integration der Blinden in historischer und systematischer Sicht. In: Weigth, M.: *Schulische Integration von Behinderten. Beiträge zum Verhältnis von Sonderschulen zum Regelschulsystem.* Weinheim, Basel: Beltz.

Steiner, F. (2013). *Nachteilsausgleich für Menschen mit Behinderung in der Berufsbildung.* Bern: DBB-Verlag.

Walthes, R. (2003). *Einführung in die Blinden- und Sehbehindertenpädagogik.* München: Ernst Reinhardt Verlag.

Walthes, R. (2006). Heterogenität zulassen. Gemeinsamkeiten stärken (Vortragsfassung). Vortrag anlässlich des Festaktes 200 Jahre Blindenbildung am 12.10.2006 in Berlin. In: *blind-sehbehindert. Zeitschrift für das Sehgeschädigten-Bildungswesen,* 126 (4), S. 264–270.

Zimmermann, H. (2014). *SEHEN – Mehr als eine Selbstverständlichkeit? Chancen und Grenzen durch den Einsatz neuer Medien in Studium, Lehre und Forschung. Reihe Behindertenpädagogik und Integration – Band 10.* Frankfurt am Main: Peter Lang Verlag.

Handlungsmöglichkeiten im Bereich Aufgaben und Anforderungen

Abschied von der Schwachbegabten-pädagogik: Handlungsmöglichkeiten im Bereich Bewältigung von Aufgaben und Anforderungen

Christoph Schmid

Neueren Entwicklungen der Sonderpädagogik, Lern- und Kognitions-wissenschaften sowie Motivationspsychologie folgend, wird das traditionelle Lernbehindertenkonstrukt problematisiert und durch eine Konzeption ersetzt, bei der die schulisch weniger erfolgreich Lernenden im Kontext betrachtet werden. Während ungenügende Schulleistungen regelmässig mit dem Konstrukt Intelligenz erklärt werden, bedarf dieses Konstrukt selbst einer Klärung. Im zweiten Teil des Beitrages werden sechs empirisch und theoretisch gut fundierte Komponenten dargestellt, die viel Förderpotenzial enthalten, wenn sie gut aufeinan-der abgestimmt sind: Denken, Lernstrategien, Motivation, Interferenz-vermeidung, Fertigkeiten und Diagnostik. Sie kommen insbesondere den Lernenden mit besonderen Bedürfnissen im Bereich des «allgemei-nen Lernens», wie es derzeit im Kanton Zürich (Schweiz) verwendeten Formular zum schulischen Standortgespräch heisst, zugute, sind aber grundsätzlich für alle Lernenden und in verschiedenen Lerndomänen relevant.

Zuschreibungen und Etikettierungen

Lernbehinderungen und Spezialklassen für Schwachbegabte

1891 existierte in der Stadt Zürich die erste Spezialklasse für Schwachbegabte mit 17 Kindern im Alter von 8 bis 14 Jahren. Ge-zielte Hilfe und nicht abschieben in ein Ghetto war das Motiv:

«So lässt man solche armen Kinder in ihrer Klasse sitzen, ohne sich weiter zu beküm-
mern, was aus ihnen wird. Sucht der Lehrer sie nachzubringen, so werden sie übermü-
det. Das Lernen verleidet ihnen, ihre Jugendfreude wird durch das Gefühl verkümmert,
bei allem guten Willen doch immer die letzten, die ungeschickten, die oft getadelten zu
sein. Von dem Wunsche beseelt, auch solchen Kindern soweit als möglich zu helfen, ist
man dann in Deutschland und in neuerer Zeit auch in Basel und St. Gallen dazu
gekommen, besondere Klassen für solche Schüler zu eröffnen.»

«Gerade der Umstand, dass trotz der vermehrten Hilfsmittel und bei den elementarsten
Anforderungen ein grosser Tel dieser Schüler monatelang individuell behandelt werden
muss, um einiges Selbstvertrauen und die unentbehrliche Lernfreudigkeit bei ihnen zu
erzielen, dass damit aber doch ein erheblicher Fortschritt auch bei den schwächsten
Schülern konstatiert werden kann, wo man beinahe alle Hoffnung auf irgendwelchen
Unterrichtserfolg aufgeben zu müssen glaubt, ist ein Beweis dafür, dass die Volksschule
unmöglich allen ihren Insassen völlig gerecht zu werden vermag.»

ABBILDUNG 1_ Geschäftsberichte der Stadtschulpflege Zürich, vor 1893
(zitiert nach Wiesendanger, Wohlwend und Graf, 1982, S. 50)

Zu dieser Zeit hat sich in der Schulwelt die Unterscheidung eines
neuen Typus Lernender durchgesetzt, die man als Schwachbegabte,
Schwachbefähigte, Stumpf- oder Schwachsinnige bezeichnete. «Es
sind dies die in der Mitte zwischen normal gebildeten und blödsin-
nigen Kindern Stehenden – die Schwachsinnigen. Jede Schule, fast
jede Schulklasse hat deren aufzuweisen» (S. 5), so definierte Stötzner im Jahre 1864 diese Kategorie. Er bezeichnete deren Population
auch als stumpfsinnig und verglich sie mit «schwachen Magneten
…, deren Kraft durch zweckmässige Übung mehr und mehr er-
starkt» (ebd., S. 7). Gegenüber ihnen hegte er positive Erwartungen:
«Die Erfahrung hat zur Genüge bewiesen, dass auch geistig schwache Kinder – nicht blödsinnige, denn diese sind allerdings geistig tot
zu nennen – auf eine höhere Stufe emporgehoben und zu verständigen, brauchbaren Menschen herangebildet worden sind» (ebd.,
S. 7); die für sie geeignete Schule nannte er Schule für Schwachbefähigte oder, um Eltern weniger abzuschrecken, Nachhilfeschule.
Die Fachwelt sprach später von Hilfsschülern und Lernbehinderten.
➡ Siehe auch Kapitel Felkendorff und Luder. Folgenreich in der
neueren Zeit war Kanters Definition: «Als lernbehindert i. e. S. werden Personen bezeichnet, die *schwerwiegend, umfänglich und lang-
dauernd* in ihrem Lernen beeinträchtig sind und dadurch deutlich
normabweichende Leistungs- und Verhaltensformen aufweisen»
(Kanter, 1985, S. 106; Hervorh. im Original). Neueste definitorische
Bemühungen findet man im DSM-5 (siehe Abbildung 2), einem
weltweit führenden Klassifikationssystem.

Intellectual disability involves impairments of general mental abilities that impact adaptive functioning in three domains, or areas. These domains determine how well an individual copes with everyday tasks:

— The conceptual domain includes skills in language, reading, writing, math, reasoning, knowledge, and memory.

— The social domain refers to empathy, social judgment, interpersonal communication skills, the ability to make and retain friendships, and similar capacities.

— The practical domain centers on self-management in areas such as personal care, job responsibilities, money management, recreation, and organizing school and work tasks. (APA, 2013, S. 1)

DSM-5 emphasizes the need to use both clinical assessment and standardized testing of intelligence when diagnosing intellectual disability, with the severity of impairment based on adaptive functioning rather than IQ test scores alone. By removing IQ test scores from the diagnostic criteria, but still including them in the text description of intellectual disability, DSM-5 ensures that they are not overemphasized as the defining factor of a person's overall ability, without adequately considering functioning levels. This is especially important in forensic cases. (APA, 2013, S. 1 f.)

It is important to note that IQ or similar standardized test scores should still be included in an individual's assessment. In DSM-5, intellectual disability is considered to be approximately two standard deviations or more below the population, which equals an IQ score of about 70 or below. (APA, 2013, S. 2)

ABBILDUNG 2_ Intellectual disability nach DSM-5 (APA, 2013, S. 1 f.)

Noch immer tut sich das Schulsystem schwer mit Kindern und Jugendlichen, die sich gleichzeitig in verschiedenen Fächern durch geringere Schulerfolge auszeichnen, und stigmatisierende Bezeichnungen haben sich nicht verflüchtigt, beispielsweise in der Rede von Intelligenzschwachen. Wo Inklusion und keine besonderen Schulen oder Klassen gesetzlich vorgesehen sind, sind Kinder und Jugendliche mit geringeren Schulleistungen weniger der Ausgrenzungsgefahr ausgesetzt. Leider halten sich aber einige Vorurteile und Postulate der alten Hilfsschulpädagogik hartnäckig, zum Beispiel der Umfang des vermittelten Wissens sei nebensächlich oder die «Gemeinschafts-, Gemüts- und Charakterbildung» müsse im Mittelpunkt stehen (Bürli, 1976, S. 10). Ebenso sind die Prinzipien, dass «man nicht nur Schritt für Schritt, sondern Schrittchen für Schrittchen vorwärts» (Stötzner, 1894, S. 16) gehen und die Unterrichtsgegenstände fleissig wechseln sollte, «im Anfang alle Viertelstunden» (eda, S. 16), als Verdummungsdidaktik zu kritisieren. Wenn man Lernende zu stark an die Hand nimmt und von ihnen zu wenig erwartet, können sich ihre Lernfähigkeiten schlecht entwickeln. Mangels Herausforderung durch selbstständiges Lernen kommen

Gefahren einer Verdummungsdidaktik

das Vermitteln, Entdecken, Automatisieren und Nutzen vielfältiger Lernstrategien zu kurz. Bei Vernachlässigung des konzeptionellen Wissens und ohne intensiven Aufbau elaborierten Wissens in verschiedenen Fach- bzw. Lebensbereichen werden Denkprozesse beschränkt.

Intelligenz, Lern- und Denkfähigkeiten

Lernfähigkeiten sind gleichermassen Voraussetzungen und Produkte des Lernens. Lehrpersonen sollten sich vor Pauschaldiagnosen hüten und sich bemühen, die einzelnen Kinder und Jugendlichen differenziert wahrzunehmen, um sie adaptiv zu unterstützen. Alle Individuen verfügen über Lern- und Denkfähigkeiten, und wir können nie mit Bestimmtheit wissen, wozu einzelne fähig sind. «Jetzt habe ich ihm dies schon so oft zu erklären versucht», «Nun haben wir dies doch so lange geübt» – solche Erfahrungen dürfen nicht dazu verleiten, die Diagnose Intelligenz-, Lern- oder Denkschwäche zu stellen. Wir können nie ausschliessen, dass die fehlende Lern- und Denkleistung didaktische Ursachen hat und nicht zu den vorausgegangenen informellen Lernprozessen passt. Anstatt demotivierende Deutungen vorzunehmen und sich mit dem Status quo zu begnügen, sind neue erfolgversprechende Vorgehensweisen zu erproben. Schreibt man Personen oder schreiben sie sich selbst unzureichende Intelligenz zu, kann dies gravierende negative Folgen für das Selbstwertgefühl und die Lernmotivation haben. Das Raster intelligent/nicht intelligent ist viel zu grob, und eine allgemeine Lern- oder Denkfähigkeit gibt es nicht, ebensowenig wie den typischen Lernbehinderten oder die typisch Lernbehinderte. Anstatt Personen mit wenig schmeichelhaften Etiketten zu versehen, ist es intelligenter, sich um lernförderliche, smarte Kontexte zu bemühen. Intelligenz entsteht in intelligenten Kontexten und ist nicht allein in Personen, sondern ebenso in ihren Aktivitätsumgebungen lokalisiert (Clancey, 2009; Engeström und Sannino, 2010; Greeno, 2006; Lave und Wenger, 1991; Michaelian und Sutton, 2013; Pea, 1997; Rogoff, Matusov und White, 1998; Roth und Lee, 2007).

Informelles Lernen – so wie im Verlaufe des Lebens überwiegend gelernt wird – ist bei Misserfolgen vermehrt ins Zentrum zu rücken, und dessen Qualitäten sind auch in der Schule zur Geltung zu bringen, sodass die Unterscheidung informelles und formelles Lernen hinfällig wird, nicht aber der Fokus auf die Förderung langfristiger Lernprozesse. Um die sich entwickelnden Kompetenzen und intelligenten Verhaltensweisen besser zu verstehen, müssen die verschiedenen Situationen, in denen sie sich konstituieren, über längere Zeiträume hinweg betrachtet werden. Lehrpersonen sollten

Randnotizen:

ICF: Umweltfaktoren / Unterstützung und Beziehungen

Lernförderliche und smarte Kontexte gestalten

Informelles Lernen

Langfristige Lernprozesse

sich nicht darauf kaprizieren, Intelligenzen festzuschreiben, sondern sensibel und mit änderungssensitiven Verfahren (Aufgaben mit zunehmender Nähe zur erwünschten Kompetenz, Beobachtungen in unterschiedlichen Situationen) über verschiedene Intervalle hinweg Fördererergebnisse und Entwicklungsverläufe erfassen und einschätzen. Intelligenz und Lernen haben eine Geschichte.

Intelligenz und Lernen haben eine Geschichte

> Indeed, expecting a measure of reasoning abilities to be independent of education, experience, and culture is like expecting a measure of physical fitness to be uninfluenced by the sports and physical activities in which a person has participated.
> *David F. Lohman (2005, S. 228)*

Leicht verirrt man sich im begrifflichen Irrgarten der Intelligenz. Intelligenzvorstellungen im Alltag haben eine gewisse Breite, sind kulturspezifisch und altersabhängig (Maltby, 2011, S. 476ff.). In der Intelligenzforschung konkurrieren verschiedene Konzeptualisierungen miteinander. Manche Strukturmodelle gehen von einer allgemeinen Intelligenz aus, die dann weiter unterteilt wird. Breit akzeptiert sind zwei Formen der Intelligenz, zum einen die *fluide Intelligenz* (fluides Schlussfolgern) und zum anderen die *kristalline Intelligenz* (kulturspezifisch wissensbezogene Intelligenz als kumulierte Lerneffekte). Sie ist «the individual's store of knowledge about the nature of the world and learned operations such as arithmetical ones which can be drawn on in solving problems» (Nisbett et al., 2012, S. 2f.). Demgegenüber ist die fluide Intelligenz «the ability to solve novel problems that depend relatively little on stored knowledge as well as the ability to learn» (ebd., S. 3). Beide Formen erfuhren in den letzten Dekaden bei Kindern und Jugendlichen starken Zuwachs (Flynn-Effekt; Flynn, 2013). Nimmt man noch weitere empirisch gut fundierte Komponenten (Cattell-Horn-Carroll-Theorie kognitiver Fähigkeiten; McGrew, 2009) hinzu, dann kann Intelligenz als ein «melange of many abilities that are interrelated in many ways» (Horn, 2008, S. 215) verstanden werden. Dazu gehören zum Beispiel allgemeine Gedächtnis- und Lernfähigkeit, Verarbeitungsgeschwindigkeit, visuelle und auditive Informationsverarbeitung. Derzeit wird in der differenziellen Psychologie eine relativ breite und vage Definition der Intelligenz geteilt (siehe Abbildung 3).

Fluide und kristalline Intelligenz

[Intelligence] … involves the ability to reason, plan, solve problems, think abstractly, comprehend complex ideas, learn quickly and learn from experience. It is not merely book learning, a narrow academic skill, or test-taking smarts. Rather it reflects a broader and deeper capability for comprehending our surroundings – ‹catching on› ‹making sense› of things or ‹figuring out› what to do.
(Gottfredson, 1997, zitiert nach Nisbett et. al., 2012, S. 2)

ABBILDUNG 3_ Intelligenzdefinition

Intelligenz ist förderbar   Intelligenztests messen nur Aspekte intelligenter Fähigkeiten. Wesentliche kognitive Leistungen wie Planen, Ziele und Prioritäten setzen oder Evidenzen beurteilen (Stanovich, 2009, S. 31 f.) werden nicht erfasst. Das lange und intensiv erforschte Intelligenzkonstrukt ist mit heftigen Kontroversen assoziiert, die eine lange Geschichte haben (Deary, 2012). Von besonderer Relevanz ist, dass viele Interventionen zeigen, dass Intelligenz förderbar ist und dass auch die Schule substanziellen Einfluss auf den Intelligenzquotienten hat (Nisbett et al., 2012, S. 8). Die folgenden Hinweise für die Schulpraxis können als Intelligenzförderung im weiten Sinne gelesen werden.

I have not tried to argue that anyone can become Albert Einstein or Mother Theresa, but I have tried to argue that we do not know what anyone's future potential is from their current behavior. We never know exactly what someone is capable of with the right support from the environment and with the right degree of personal motivation or commitment.
Carol S. Dweck (1999, S. 154)

Drei Formen: analytische, praktische und kreative Intelligenz   Mit Sternberg (1998) kann man die drei Formen *analytische, praktische* und *kreative Intelligenz* unterscheiden, die mit Erfolg im Leben zusammenhängen. In der Schule sind alle drei Formen zu pflegen und systematisch zu verbessern. Kontraproduktiv wäre es, Schülerinnen und Schüler, die nicht so gute Schulleistungen erbringen, nur noch in ihrer praktischen Intelligenz oder gar nur in ihren praktischen Fertigkeiten zu fördern.

— ANALYTISCHE INTELLIGENZ. Ideen analysieren und bewerten, systematisch vergleichen, abstrakt denken, Schlüsse ziehen, kritisch denken, beurteilen, Entscheidungen treffen, begründen, strategisch planen, Probleme richtig definieren, Vorgehen überwachen.

— KREATIVE INTELLIGENZ. Neues schaffen, erfinden, entdecken, eigene Ideen entwickeln, phantasieren, Hypothesen entwickeln, Vorhersagen treffen, Grundannahmen hinterfragen, gestalten, vermuten, sich vorstellen, was ist oder geschieht, wenn eine Hypothese zutrifft.

— PRAKTISCHE INTELLIGENZ. Abstrakte Ideen in praktische Leistungen umsetzen, anwenden, implementieren, im Alltag gebrauchen, reale Probleme lösen, geeignete Umwelt aussuchen, diese oder sich selbst verändern.

Vielleicht gelingt es der Schule künftig besser, smarte Formen des Lernens für die Kinder und Jugendlichen zu entwickeln, deren Lernfortschritte als langsam oder verzögert erscheinen. Verschiedene Hinweise hierzu finden sich in den anderen Kapiteln dieses Studienbuches. ➡ Siehe auch Kapitel Müller Bösch und Schaffner Menn. Hier werden ein paar erfolgversprechende generelle Aspekte exemplarisch ausgewählt (siehe Abbildung 4).

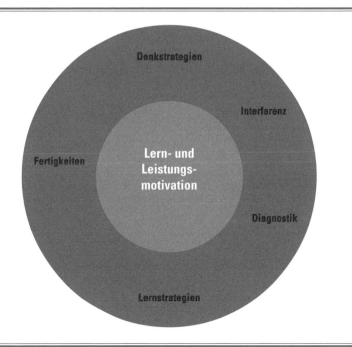

ABBILDUNG 4_Wichtige Förderkomponenten für Kinder und Jugendlichen mit geringen Schulerfolgen

Diese sechs empirisch und theoretisch gut fundierten Komponenten gehen Hand in Hand und entfalten ihr Förderpotenzial in einem engen Wechselspiel. Sie werden im Folgenden umrissen.

Lernen und Denken fördern

Es gibt unzählige Möglichkeiten, intelligent zu sein, und viele Wege, intelligenter zu werden. Einer davon ist die Entwicklung von Lern- und Denkstrategien. Lernkompetenz, rationales Denken (Stanovich, 2009, 2011) und kritisches Denken (Halpern, 2008) fehlen kaum in einem Lehrplan, eine etablierte Kultur der systematischen, langfristigen Förderung aber bis dato schon.

Denkstrategieförderung

Grundlegende Denkprozesse des induktiven Denkens fördert das Trainingsprogramm zum induktiven Denken (Klauer, 1989, 1991, 1993; Marx und Klauer, 2007, 2009, 2011). Diverse Evaluationen belegen grosse Effekte auf Intelligenztestleistungen, auf das Lernen und Problemlösen (Klauer und Phye, 2008). Das abstrakt-analytische Vergleichen wird systematisch trainiert:

— Generalisieren (Gleichheit von Merkmalen erkennen)
— Diskriminieren (Verschiedenheit von Merkmalen erkennen)
— Beziehungen erfassen (Gleichheit von Relationen erkennen)
— Beziehungen unterscheiden (Verschiedenheit von Relationen erkennen)
— Kreuzklassifikationen erstellen (Gleichheit und Verschiedenheit von Merkmalen erkennen)
— Systeme bilden (Gleichheit und Verschiedenheit von Relationen erkennen)

Mit vielen Aufgaben werden die Denkstrategien und der Transfer auf ähnliche Aufgaben eingeübt. Gleichzeitig werden metakognitive Prozesse der Überwachung, Steuerung und Selbstkontrolle gefördert.

Zur Verbesserung des wissenschaftlichen Denkens in der Primarschule verwendeten Lazonder und Kamp (2012) erfolgreich computerbasierte Simulationen zum Experimentieren. In Zukunft wird man mit Gewinn Ausschau nach Denkförderprogrammen auf elektronischer Basis halten; eventuell auch nach Programmen zur Verbesserung des Arbeitsgedächtnisses, die sich positiv auf fluide Intelligenz, Aufmerksamkeitskontrolle und ADHS-Symptome aus-

Arbeitsgedächtnis Training

wirken sollen (Melby-Lervåg und Hulme, 2012; Shipstead, Redick und Engle, 2012).

Zur Förderung eines grossen Spektrums verschiedener Denk-strategien gibt Halpern (2003a,b; Halpern und Riggio 2003) nützliche Unterrichtshilfen für ältere Schülerinnen und Schüler. Themen sind Wissenserwerb und Erinnern, deduktives Denken, Schlussfolgerungen ziehen, Argumente analysieren, Hypothesen testen, der Umgang mit Wahrscheinlichkeiten, Entscheiden, Problemlösen, kreatives Denken, Planungsbereitschaft, Flexibilität, Ausdauer, Offenheit, Aufmerksamkeit, Konsensbereitschaft. Weniger umfassend findet man bei Langrehr (2008) anregende Übungen für Sechs- bis Elfjährige zum organisierenden, analytischen, evaluativen und kreativen Denken. Für die Denkerziehung präsentiert Kuhn (2005) sehr fundierte Überlegungen und konkrete Vorgehensweisen. Hier stehen kritisches Denken, Argumentieren und Untersuchen im Zentrum. Dialoge, Debatten – eine Kultur des Denkens (Tishman, Perkins und Jay, 1995) – bieten bei sorgfältiger Anleitung ein grosses Förderpotenzial im Klassenzimmer.

Förderung von Denkstrategien

Sozio-kulturalistisch begründete Vorgehensweisen haben sich als sehr wirksam erwiesen (siehe Abbildung 5), zum Beispiel das «Thinking Together», die Pflege der kritisch-konstruktiven Auseinandersetzung mit den Ideen und Lösungsvorschlägen anderer (Mercer und Littleton, 2008) oder der «Exploratory Talk», das Entwickeln und Anwenden von Grundregeln für das gemeinsame Argumentieren und Denken (Rojas-Drummond, Pérez, Vélez, Gómez und Mendoza, 2003). Wie man Denkstrategien und Kreativität in der Primarschule im Rahmen einer dialogischen Erziehung lehrt und lernt, zeigt auch Wegerif (2010).

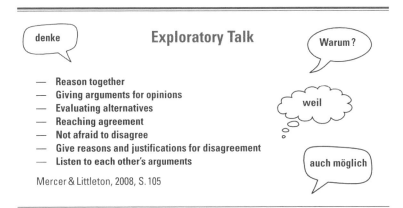

ABBILDUNG 5_ Beispiel Anleitung zur kooperativen Denkförderung

Die Förderung breiter kognitiver Funktionen hat ihre Grenzen und darf nicht auf Kosten bereichsspezifischer kognitiver Strategien gehen. Als Faustregel gilt, dass spezifische Strategien starke Effekte, aber kleine Anwendungsbereiche und allgemeine Strategien moderate Effekte und breite Anwendbarkeit haben – ein sog. «power-generality trade-off» (Perkins und Salomon, 1989).

Lernstrategieförderung

Förderung von Lernstrategien

Die Ausbildung eines umfangreichen Strategierepertoires für effektives, produktives Lernen bei allen Schülerinnen und Schülern erfordert gezielte, systematische Unterstützung der Lehrperson und der Klasse über Jahre hinweg. Diese bewussten und unbewussten Vorgehensweisen (Lompscher, 1996; Pressley und Harris, 2006) können zur Übersicht sechs Kategorien zugeordnet werden (Schmid, 2009): (1) Wiederholungs- und Memorierungsstrategien, (2) Elaborationsstrategien, (3) reduktiv-organisierende Strategien, (4) metakognitive und selbstregulative Strategien (Planung und Zielsetzung, Überwachung und Regulierung, Evaluation), (5) emotional-motivationale Strategien, (6) Ressourcenstrategien (Anstrengung, Aufmerksamkeit und Zeiteinteilung, Lernen mit und von anderen, Verwendung von Lernmedien). Die Lernstrategien sind mehr oder weniger spezifisch (z. B. Dansereau, 1978; Gaidoschik, 2010). Lernstrategieförderung muss alle sechs Bereiche sowie allgemeine und spezifische Strategien umfassen, unter vielen anderen: realistische, motivierende Ziele setzen, Skizzen anfertigen, systematisch wiederholen, verteilt und variiert üben, Anwendungsmöglichkeiten suchen, sich selbst ermutigen, mit anderen lernen, Erholungspausen machen, Ergebnisse kontrollieren, Lernfortschritt mit einem Kompetenztest überprüfen.

Möglichkeiten zum selbstbestimmten Lernen im Unterricht bei gegenseitiger Hilfe und individueller Lernberatung eröffnen Lernchancen, um für alle Phasen des Lernens Lernstrategien zu entwickeln (siehe Abbildung 6).

Selbstreguliertes Lernen

Stöger und Ziegler (2008; Ziegler und Stöger, 2005) haben für das selbstregulierte Lernen inspirierende Lernprogramme für die Elementar- und Sekundarstufe ausgearbeitet, die alle Lernprozessstufen fokussieren, zum Beispiel «Bevor ich anfange zu lernen, überlege ich mir, was ich schon kann und was ich noch nicht so gut kann»; «Wenn ich merke, dass ich meine Lernstrategie nicht richtig anwende, passe ich sie an» (Stöger und Ziegler, 2008, S. 18). Hilfreich ist auch das gut evaluierte Unterrichtsprogramm zur Förderung des selbstregulierten Lernens aus Texten von Gold, Mokhlesgerami, Rühl, Schreblowski und Souvignier (2004) für die fünfte und

Klärung der Erwartungen,
Einschätzung der Be-
deutsamkeit, Entscheidung
über den Lernaufwand,
Definition relevanter
Lernziele, ...

Berücksichtigung früherer
Lernerfahrungen, Über-
legungen zu möglichen
Lernwegen, ...

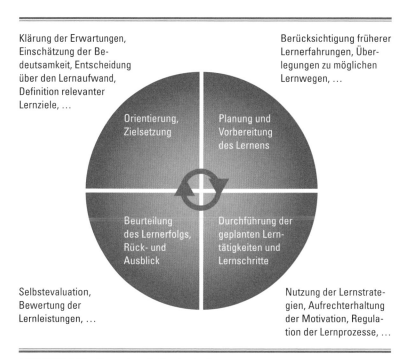

Selbstevaluation,
Bewertung der
Lernleistungen, ...

Nutzung der Lernstrate-
gien, Aufrechterhaltung
der Motivation, Regula-
tion der Lernprozesse, ...

ABBILDUNG 6_ Vier Phasen des selbstbestimmten Lernens

sechste Jahrgangsstufe sowie von Rühl und Souvignier (2006) für leistungsschwächere Lernende der Jahrgangsstufen fünf bis acht. Motivationale Selbstregulation (realistische Ziele setzen, Ursachen für Erfolg und Misserfolg), kognitive und metakognitive Lesestrategien (Überschriften beachten, bildhaft vorstellen, Textschwierigkeiten klären, Wichtiges unterstreichen und zusammenfassen, Behalten und Verstehen überprüfen) sowie kognitive Selbstregulation werden zielgerichtet verbessert. Noch zu wenig überprüft ist das erfolgversprechende Training verschiedener Behaltens- und Abrufstrategien für Kinder mit Gedächtnisdefiziten im Alter von 7 bis 14 Jahren von Lepach und Petermann (2010). Weitere theoretisch fundierte Anregungen für Kinder der dritten bis sechsten Klassen können dem Lernfähigkeits- und Motivationstraining von Emmer, Hofmann und Matthes (2007) entnommen werden. Zu erwähnen sind auch die empirisch fundierten Programme Reziprokes Lehren und PALS (Peer Assisted Learning Strategies) zur Förderung von Strategien des Leseverstehens von Palincsar und Brown (1984) sowie Fuchs, Fuchs, Mathes und Simmons (1997).

Die Förderung deklarativen und prozeduralen metakognitiven Wissens sind für den Strategieeinsatz notwendig. Das elaborierte Metakognitionsmodell von Nelson und Narens (1990, 1994) bringt

Förderung von
metakognitivem
Wissen

dies treffend zum Ausdruck (siehe Abbildung 7). Dazu gehört auch konditionales Wissen darüber, unter welchen Bedingungen eine Strategie mit Erfolg anzuwenden ist. Schon bevor das Lernen beginnt, setzen erste Überwachungs- und Kontrollvorgänge ein, und erst wenn das Gelernte sicher beherrscht wird, finden die Selbstüberwachungs- und Selbstregulationsvorgänge ein Ende.

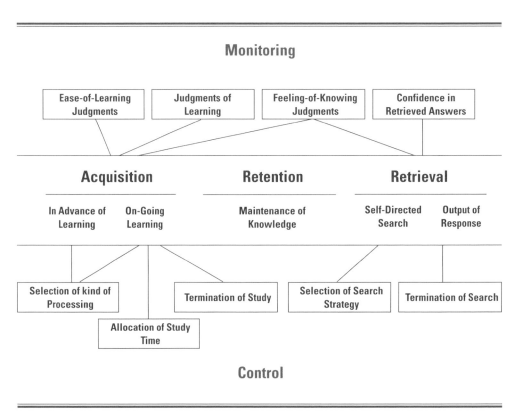

ABBILDUNG 7_ Metakognitionsmodell (Nelson und Narens, 1994, S. 21)

Im Unterricht und bei der Einzelförderung sind die Lernstrategien explizit zu machen und suboptimale Strategien durch bessere zu ersetzen. Die Lernenden müssen deren Nutzen in verschiedenen Situationen und Bereichen des schulischen Lernens erfahren. Hilfreich sind ein gut unterstützter Erwerb einer Strategie an aktuellen Lerninhalten mit ausreichender Übung und der gegenseitige Austausch nützlicher Strategien. Empfehlenswert sind Kombinationen mit Strategien zur Verbesserung der Lern- und Leistungsmotivation sowie eine intensive, gezielte Transferförderung.

Selbstbestimmung setzt Selbstkontrolle und Selbstregulation voraus, und dies nicht nur beim Lernen. Bei der Selbstregulation geht es um sogenannte exekutive Funktionen, die beim kurzfristigen Behalten, beim Überwachen und Regulieren kognitiver Vorgänge, bei der Handlungsplanung, Aufmerksamkeits- und Impulskontrolle involviert sind (s. u. Arbeitsgedächtnis). Diese sind bei einzelnen Kindern und Jugendlichen speziell zu fördern, damit sie ihr impulsives Verhalten, ihre Wahrnehmung und Aufmerksamkeit verbessern und besser mit Emotionen und schwierigen Situationen umgehen können. ➡ Siehe auch Kapitel Schröder. Bislang standen kognitive Sachverhalte im Vordergrund; damit ist nicht impliziert, dass Motivation keine zentrale Komponente darstellt.

ICF: Aktivitäten und Partizipation / Lernen und Wissensanwendung sowie Umgang mit Anforderungen

Motivationsförderung

Am ersten Schultag ging sie [die Lehrerin; C.S.] auf Freddie zu, einen Zweitklässler, der keine Lust mehr auf Schule hatte. «Komm schon, Champion», sagte sie zu ihm und nahm sein Gesicht in beide Hände. «Wir haben viel zu tun. Du kannst nicht einfach nur hier sitzen und warten, dass du von allein schlau wirst. Ich verspreche dir, du wirst Dinge *tun* und du wirst was *schaffen.* Ich lasse dich nicht hängen.»
Carol S. Dweck (2007, S. 81f.; Hervorh. im Original)

Lernzielorientierung und Zuwachstheorie der Intelligenz

Verbreitet sind wenig ermutigende Erklärungen für schulische Misserfolge. Demotivierende Ursachenzuschreibungen beim Lernen haben in der Schule nichts zu suchen. Im Zusammenhang mit dem Konstrukt Intelligenz ist dies leider oft der Fall. Die Intelligenzvorstellung im Sinne einer fixen, unveränderlichen Grösse kann sehr negative Auswirkungen auf das Lernen und die Motivation der Schülerinnen und Schüler haben (Dweck und Master 2008). Im Gegensatz zur *Entitätstheorie* ist eine *Zuwachstheorie,* die auf die Modifizierbarkeit der Intelligenz setzt, besser geeignet, Lernstrategien, Anstrengungsbereitschaft, Schulleistungen und intelligentes Verhalten bei allen Schülerinnen und Schülern zu verbessern (Dweck, 1999, 2007). Kinder mit Lernschwierigkeiten, die ständig darauf aus sind, ihre Schwächen zu verbergen, um nicht als dumm zu gelten, haben schlechte Karten, wenn sie glauben, Intelligenz sei in Stein gemeisselt und Anstrengung und Fehler seien Zeichen mangelnder Intelligenz. Sie fürchten sich vor Herausforderungen, verlieren nach

Zuwachstheorie statt Entitätstheorie

Misserfolgen ihre Lernfreude und fühlen sich mit der Zeit hilflos, wenn Lernziele grössere Anstrengungen erfordern oder wenn sie erleben, dass Mitschülerinnen und Mitschüler schon weiter fortgeschritten sind. «Entity theory predicts a trajectory of decline in intrinsic motivation» (Haimovitz, Wormington und Corpus, 2011, S. 747) – die Entitätstheory der Intelligenz wird zum «dangerous mindset» (ebd., S. 747), das die Lernentwicklung stark behindern kann.

Günstig für die Lernmotivation ist eine sogenannte Lernziel-

Lernzielorientierung motiviert Lernendea

orientierung (oder Aufgabenorientierung). Insbesondere für Schülerinnen und Schüler, die in sozialen Vergleichen regelmässig schlechter abschneiden, kann eine starke Performanzorientierung (oder Leistungsziel-, Ich-Orientierung), gepaart mit einer Entitätstheorie, zum Motivationskiller Nr. 1 werden (vgl. Tabelle 1).

TABELLE 1_Lern- und Leistungssituationen, Zielorientierung

Lernsituationen: Lernziele (learning goals; mastery goals, task goals, task-orientation) (vgl. Anderman und Patrick, 2012; Dweck, 1999, 2005, 2007; Dweck und Leggett, 1988; Nicholls, 1984; Rawsthorne und Elliot, 1999; Sideris, 2006; Spinath und Schöne, 2003; Steinmayr, 2012; Stiensmeier-Pelster, Balke und Schlangen, 1996)	Leistungssituationen: Leistungsziele (performance goals, ability goals, ego-orientation) (vgl. Anderman und Patrick, 2012; Dweck, 1999, 2005, 2007; Dweck und Leggett, 1988; Nicholls, 1984; Rawsthorne und Elliot, 1999; Sideris, 2006; Spinath und Schöne, 2003; Steinmayr, 2012; Stiensmeier-Pelster, Balke und Schlangen, 1996)
Etwas Neues erfahren, lernen	Besser sein als andere
Wissenslücken schliessen, Fertigkeiten verbessern, Kompetenzen erweitern	Seine Intelligenz beweisen; den Eindruck erwecken, man verfüge über hohe Fähigkeiten
Identifizieren, was man noch nicht gut beherrscht	Demonstrieren, was man kann und verbergen, was man noch nicht so gut kann
Erfolgsgefühle, wenn man etwas Neues gelernt hat	Erfolgsgefühle, wenn es einem gelingt, sich in einem günstigen Licht zu präsentieren
Fehler und Irrtümer als Lernpotenzial	Keine Fehler zeigen
Lernfreude und weniger negative Selbstwertgefühle	Oft Gefühl der Anspannung (Stress)
Mehr intrinsische Motivation	Überwiegend extrinsische Motivation
Mitschüler/innen oft als Partner/innen	Mitschüler/innen als Konkurrenten
Lehrperson als «Coach»	Lehrperson als Bewertungsinstanz

Damit sich keine «Lernbehinderungen» einstellen, sind permanente Anstrengungen notwendig, dass Leistungssituationen bzw. Wettbewerbssituationen, in denen man sich beweisen muss, nicht überhandnehmen und dass im Schulalltag möglichst viele entspannte Lernsituationen entstehen. Sich ein gutes Selbstkonzept («Selbstwertgefühl») erhalten und sich von demotivierenden, lernfeindlichen Begabungsideologien zu befreien, heisst das Motto.

Attributionsstile

Ungünstig sind Attributionsstile, bei denen Misserfolge mit stabilen, internalen Ursachen wie Dummheit, mangelnder Begabung und Erfolge mit Glück oder Zufall, also externalen und variablen Gründen erklärt werden (Stiensmeier-Pelster und Heckhausen, 2006). Solche Attributionsmuster lassen sich zum Beispiel in speziellen Attributionstrainings (Robertson, 2000; Ziegler und Heller, 1998) verändern, sodass Misserfolge auf unangemessene Lernstrategien, mangelnde Anstrengung oder unzureichendes Vorwissen und ähnliche kontrollierbare, variable Faktoren zurückgeführt werden. Erfolge zeigten sich generell, selbst bei Schülerinnen und Schülern mit grossen Lernschwierigkeiten. *Ungünstige Attributionsstile*

Eher günstige Attributionen nach einem Misserfolg sind beispielsweise: *Günstige Attributionsstile*

— «Da muss ich nicht mehr ganz von vorne beginnen. Wenn ich mich weiter anstrenge, werde ich das früher oder später schon schaffen. Vielleicht hilft mir sogar X.»
— «Eigentlich kann man immer aus Fehlern lernen, ausser man achtet nicht auf sie.»
— «Dieser Fehler hilft mir sehr. Jetzt weiss ich, dass ich ein paar Fertigkeiten erwerben muss, denen ich früher zu wenig Beachtung geschenkt habe.»
— «Jetzt weiss ich, dass ich zuerst die einfachere Aufgabe besser verstehen muss, bevor ich dieses Problem lösen kann.»
— «Ich muss bessere Lernstrategien anwenden.»

Wie Lehrpersonen mit Kindern und Jugendlichen über Lernerfolge oder Misserfolge sprechen und welche Bezugsnormen sie dabei verwenden, sind massgebliche Faktoren. Motivationsförderlich sind eine *individuelle Bezugsnormorientierung* und die *Rückmeldung individueller Lernzuwächse*. Das alles genügt aber noch nicht. Entscheidend sind, wie gut es im Unterricht gelingt, motivierende Ziele zu vermitteln, die Aufgabenschwierigkeit individuell zu dosieren, das Lernstrategierepertoire zu erweitern und Lernerfolge zu erzielen.

Proaktive und retroaktive Interferenzen vermeiden

«Mir brummt der Schädel. Ich vergesse sofort alles.»
«Was war noch gleich der Unterschied zwischen dem ‹past
continuous› und dem ‹present perfect continuous›? Ach, das
kriege ich nicht hin, ich verwechsle nun alle Zeitformen miteinander!»
«Nun weiss ich noch weniger als vorher, und das Neue ver-
stehe ich auch nicht richtig – wozu soll ich mich denn noch
anstrengen?»

Nicht immer lernt mehr, wer vieles lernt (siehe Abbildung 8). Interferenzen können dafür verantwortlich sein.

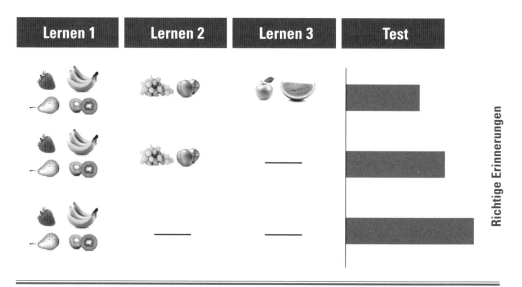

ABBILDUNG 8_ Neue Lerninhalte stören das Erinnern des früher Gelernten (Bäuml, 2007, S. 54)

Interferenz ist eine negative Form des Lerntransfers (Schmid, 2006,
S. 204 f.), die für Lernschwierigkeiten und Vergessen verantwortlich
ist. Sie tritt als *retroaktive* und *proaktive Hemmung* in Erscheinung
(Dempster und Corkill, 1999, S. 68). Zu vermeiden sind beide Formen. Später Gelerntes oder späteres Lernen sollte früher Gelerntes
nicht schwächen oder zunichte machen (retroaktive Interferenz),
sondern stützen und fördern. Vorangegangenes Lernen und dessen
Ergebnisse sollten das spätere Lernen, das Behalten und Erinnern

des nachfolgend Gelernten nicht erschweren oder verhindern (proaktive Interferenz), sondern erleichtern und verbessern. Diese beiden negativen kognitiven Prozesse beeinflussen auch die Motivation negativ und führen zu unangenehmen Gefühlen. Gründe genug, diesen Prozessen stärkere Beachtung zu schenken! Auch wenn die Mechanismen der Interferenz im Detail noch nicht verstanden werden, verfügen wir über gute Hypothesen, wie sie vermeidbar sind, wenn man davon ausgeht, dass erworbene Assoziationen bestehende Verbindungen stören, mit ihnen interferieren oder rivalisieren und dabei die Variablen Ähnlichkeit sowie das Ausmass und die Art des Übens und Lernens eine zentrale Rolle spielen (Neath und Surprenant, 2005, S. 224f.; Schmid, 2006, S. 244). Wichtig ist, dass die Lernenden das Verblassen einer Erinnerung infolge Überlappung mit anderen Erinnerungsinhalten nicht als persönliche Gedächtnisschwäche interpretieren und ihnen so die Motivation für weiterführendes Lernen abhanden kommt. Effektive Hilfe setzt den Einbezug der individuellen Lernerfahrungen der einzelnen Schülerinnen und Schüler voraus.

Folgende Strategien können Interferenzen minimieren: *Interferenzen minimieren*
— Das Arbeitsgedächtnis nicht mit vielen ähnlichen Informationen überlasten. Für Ähnlichkeit per se existiert kein objektives oder absolutes Mass. Sie hängt mit dem erworbenen Wissen und Können einer Person zusammen. Konfusion ist ein Zeichen, dass Gemeinsamkeiten und Unterschiede zwischen Sachverhalten oder Konzepten zu wenig klar erfasst werden konnten.
— Den Umfang der neuen Informationen auf das Vorwissen abstimmen. Das Arbeitsgedächtnis nicht mit zu vielen neuen Informationen überlasten (cognitive overload).
— Die Oberflächen- und strukturellen Ähnlichkeiten beachten.
— Die Ähnlichkeiten und Verschiedenheiten zu Bekanntem (Konzepte, Verfahren) explizit machen.
— Gründlich Lernen, d. h. sicheres Beherrschen (mastery level, overlearning) und tiefes Verstehen anstreben, Konsolidieren nicht vernachlässigen und Gelerntes in verschiedenen Situationen anwenden.
— Stress und Zeitdruck beim Lernen vermeiden.
— Lernpausen richtig dosieren.
— Curricula entrümpeln.
— Stundenpläne so gestalten, dass entlastende Kontraste zwischen Bildungsinhalten (musische, soziale, motorische, ...) entstehen.

Arbeitsgedächtnis und kognitive Überlastung

Working memory is required during all aspects of engaged learning because learning requires manipulation of incoming information, integration of new information with existing long-term memory representations, and continuous, simultaneous processing and storage of information.
Milton J. Dehn (2014, S. 498)

Das Arbeitsgedächtnis ist vergleichbar mit einer Werkbank oder dem Arbeitsspeicher des Computers und wird als System verstanden, das Informationen auswählt und sie für die zielgerichtete Verarbeitung bereitstellt. Seine Kapazität ist stark limitiert. ➡ Siehe auch Kapitel Schröder. Gleichzeitig können nur zwischen zwei und fünf Informationseinheiten verfügbar gehalten werden (Cowan, 2001; Cowan et al., 2005). Bewusste Verarbeitung (Manipulation) der Information und ihre temporäre Aufrechterhaltung im Arbeitsgedächtnis zehren von derselben beschränkten Ressource. Beim Erwerb neuer Strategien oder Gewinnen neuer Einsichten müssen je nach Vorwissen und bereits verfügbaren Fertigkeiten mehr oder weniger Komponenten gleichzeitig fokussiert werden, was schnell einmal die Kapazität des Arbeitsgedächtnisses überschreiten kann. Entlastend wirkt, wenn mehrere Informationseinheiten mittels Vorwissen oder allgemeiner Ordnungsprinzipien zusammengefasst werden können.

Gedächtnismodell nach Baddeley   In Baddeleys (2012, siehe Abbildung 9) weit verbreitetem *Gedächtnismodell* ist die zentrale Exekutive eine Art Managerin des Arbeitsgedächtnisses und wird mit der Selektion, Verarbeitung und Wiederholung von Informationen, mit Reaktionsunterdrückung, Aufgabenwechsel, Zielsetzung und Planung in Zusammenhang gebracht.

Die beiden Subsysteme für die Verarbeitung phonologisch-artikulatorischer *(phonologische Schleife)* und visuell-räumlicher Information *(visuell-räumlicher Notizblock)* funktionieren unabhängig voneinander und können deshalb parallel Informationen aufrechterhalten. **Cognitive overload**   Bei Schülerinnen und Schülern mit unterdurchschnittlichen Lernerfolgen ist das Arbeitsgedächtnis oft noch nicht so gut entwickelt, und sie laufen deshalb schneller Gefahr, kognitiv überlastet (cognitive overload; Paas, Van Gog und Sweller, 2010; Sweller, 2011) zu sein. **ICF: Umweltfaktoren / Produkte und Technologien sowie Unterstützung und Beziehungen**   Gezielte Entlastung durch reduktiv-organisierende Lernstrategien, Merkhilfen, Reduzierung gleichzeitig zu merkender Informationen, Pausen, Zuhörstrategien, Chunk-Bildung, Routinen, Automatismen und durch ein angepasstes Tempo, das ihr Arbeitsgedächtnissystem heraus- und nicht überfordert, können vorbeugen.

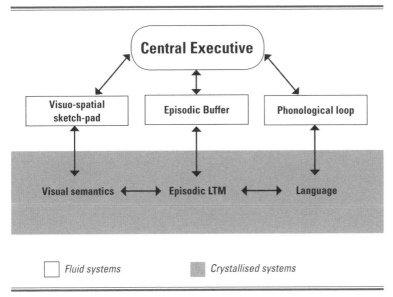

ABBILDUNG 9_ Gedächtnismodell von Baddeley (2012, S. 16)

Fertigkeiten fördern

Können beflügelt.

Alles, was automatisch, ohne spezielle Aufmerksamkeitszuwendung ausgeführt werden kann, entlastet das Arbeitsgedächtnis. Deshalb sind solche Fertigkeiten nicht zu unterschätzen. Bei Kindern und Jugendlichen mit Lern- und Leistungsschwierigkeiten sind oft grundlegende Fertigkeiten zu wenig entwickelt. Insbesondere die letzte Phase, die Feinabstimmung und Automatisierung (Anderson, 1983; Fitts und Posner, 1967), wird gerne vernachlässigt. In einer ersten kognitiven Phase wird deklaratives Wissen über die Fertigkeit erworben; ihre Ausführung ist fehleranfällig, langsam und verlangt viel Aufmerksamkeit. Bewusstes Fakten-, Regel- und Verfahrenswissen leitet die Handlung oder Teilschritte an; «zuerst muss ich …», «wenn das gleich gross ist, dann ist …». Die zweite, assoziative Phase beruht stärker auf prozeduralem Wissen. Teile einer Fertigkeit sind miteinander zu grösseren Sequenzen verbunden, und die Erinnerung an vorangegangene Erfahrungen erleichtert den korrekten Ablauf. Die Fertigkeit ist weniger störanfällig und ihr Vollzug schneller, aber immer noch stereotyp. Erst in der dritten, autonomen Phase wird sie souverän ausgeführt – automatisch, aufmerksamkeitsentlastet, flexibel und abgestimmt auf die speziellen Bedingungen der Situation.

Wichtig ist, dass diese letzte Phase nicht vernachlässigt wird. Gravierende Nachteile für späteres Lernen erwachsen Kindern und Jugendlichen, die grundlegende Fertigkeiten nicht souverän beherrschen. Dies ist bei Lernenden mit ungünstigen Lernverläufen oft der Fall.

Interferenzen vermeiden

Interferenzen sind beim Fertigkeitserwerb keine Seltenheit. Die Ausbildung sensomotorischer und kognitiver Fertigkeiten braucht manchmal viel Zeit und geschicktes Üben. Gut dosierte Wiederholungen, deren zeitliche Verteilung und die adäquate Isolierung einzelner Fertigkeitskomponenten zur separaten Übung stellen hin und wieder grosse Herausforderungen dar. Selbst erfahrene Lehrpersonen kommen nicht ohne gezieltes Beobachten und eine experimentelle Haltung aus. *Individualisiertes Feedback* macht den Erwerb effizienter. Abwechslungsreich, variiert üben macht flexibel, und Fertigkeiten in verschiedenen Kontexten nutzen, fördert den Transfer. Spiele bieten ein grosses Lern- und Motivationspotenzial, um Fertigkeiten vollständig auszubilden. Das Lernpotenzial von

Das Lernpotenzial von Spielen nutzen

Spielen wird unterschätzt, obwohl bestimmte Spielformen die Intelligenzentwicklung stark stimulieren (Hauser, 2012).

Diagnostik optimieren

Beobachtungen und Deutungen der Lehrpersonen können mehr oder weniger hilfreich sein und entsprechen immer nur in Teilen den Wahrnehmungen und Einschätzungen der Lernenden. Ihre Sichtweisen sind ernst zu nehmen.

Lernen kann durch diverse *diagnostische Tätigkeiten* effektiver und produktiver werden. Erfolgversprechend ist, wenn primär die Lernumgebungen und Lerntätigkeiten in den Blick genommen werden; Entwicklungskontexte gilt es zu beurteilen und optimieren. Bei der Leistungsbeurteilung muss in Rechnung gestellt werden, dass nicht der Schüler oder die Schülerin allein für die Lernleistungen verantwortlich gemacht werden kann und dass soziale Vergleiche nicht im

Individuelle Lernentwicklung ins Zentrum setzen

Zentrum stehen, sondern die *individuelle Lernentwicklung*. Zum Beispiel: «Vor ein paar Wochen konntest du von beliebigen Zahlen vorwärts weiterzählen bis 10, und jetzt kannst du bis 20 von beliebigen Zahlen aus vorwärts und rückwärts zählen. Auch hast du gelernt, in 2er-Schritten vorwärts zu zählen, von 2 bis 20.» Concept Maps, die zu verschiedenen Zeitpunkten erstellt werden und Entwicklungen im Verständnis sichtbar machen (siehe Abbildung 10).

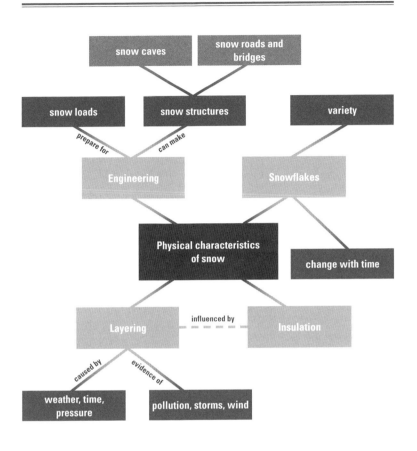

ABBILDUNG 10_Concept Map (©Allyn und Bacon, 2012)

Die Suche nach individuellen Qualitäten sollte im Vordergrund stehen, und dies erfordert auf die einzelnen Lernenden zugeschnittene diagnostische Verfahren. Scoring Rubrics vermögen diese nicht offenzulegen. In einzelnen Fällen sind tiefer gehende diagnostische Untersuchungen notwendig, um Lernproblematiken besser zu verstehen. Ungünstige Lernverläufe lassen sich in vielen Fällen verhindern, wenn Lernfortschritte kontinuierlich erfasst, Förderbemühungen fortlaufend evaluiert, hilfreiche Bedingungen identifiziert und Unterstützungsangebote schnell angepasst werden. ➡ Siehe auch Kapitel Luder und Kunz. Für einzelne Kinder und Jugendliche empfiehlt es sich, mit Portfolios zu arbeiten, die auch kleine Lernfortschritte erfassbar machen.

Hypertrophe Beurteilungen durch Lehrpersonen können das Lernen und die Entwicklung zur Autonomie und Verantwortungsübernahme behindern. Selbstbeurteilung ist das geeignete Gegengift dazu (siehe Lernstrategien) und verdient im Schulfeld mehr Beachtung, ebenso das gute Zusammenspiel der verschiedenen Bewertungsformen (siehe Abbildung 11).

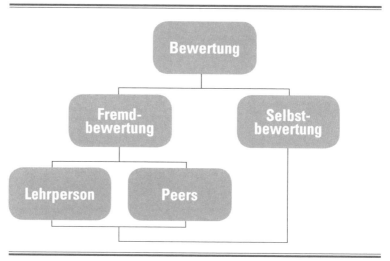

ABBILDUNG 11_Zusammenspiel der Bewertungsformen

Nicht zu verzichten ist auf *Lernkontrollen,* die neue Lernstimuli darstellen. Mit «Testen» können sehr positive Effekte auf langfristiges Behalten und Transfer verbunden sein («testing effect», Roediger und Karpicke, 2006, S. 249) – «repeated testing produce superior transfer of learning relative to repeated studying» (Butler, 2010, S. 1118). Wiederholtes Erinnern während des Lernens ist der Schlüssel für langfristiges Behalten (Karpicke und Roediger, 2007), und die vielfältige Nutzung des Gelernten ist der Königsweg zur Kompetenz. «Assessment of any kind should ultimately improve learning» (Gardner, 2010, S. 2). Fremdkontrolle ist gut – Selbstkontrolle jedoch besser.

Feedback ist ein potentes Fördermittel (Hattie und Timperley, 2007). Es kann von Lehrpersonen, Peers und gut konstruierten Lern- oder Testaufgaben ausgehen. «Where am I going? (What are the goals?), How am I going? (What progress is being made toward the goal?), and Where to next? (What activities need to be undertaken to make better progress?)» (ebd., S. 86) repräsentieren wesentliche handlungsleitende Orientierungsbereiche. Lernende, die geringe Fortschritte machen («below-grade-level students», «struggling learners», «low achieving students»), benötigen individuelle Unterstützung, um diese Fragen adäquat beantworten zu können. Notwendig sind authentische, lebensnahe Aufgabenstellungen, die zum einen aufzeigen, inwieweit wünschenswerte Kompetenzen erworben worden sind, und zum anderen darüber Auskunft geben, welche folgenden Lerntätigkeiten nützlich sind. Künftig werden vermehrt *Performanzassessments* (Lane, 2013) mithilfe des Computers gute Dienste leisten und individuelle Feedbacks für alle Lernenden «just in time» ermöglichen.

Je unvertrauter und komplexer Lerninhalte sind, desto mehr kognitive Ressourcen müssen Lernende aufbringen. Sie nicht unter- oder überfordern, sie gezielt unterstützen und motivieren, ihr Arbeitsgedächtnis nicht überlasten, Fertigkeiten stärken und transferieren, Interferenzen vermeiden und das Lernen und Denken fördern – dies sind schöne, aber herausfordernde Berufsaufgaben.

Literatur

Adey, P. und Shayer, M. (2002). Cognitive Acceleration comes of age. In M. Shayer und P. Adey (Hrsg.), *Learning intelligence. Cognitive Acceleration across the curriculum from 5 to 15 years* (S. 1–17). Buckingham, UK: Open University Press.

Anderman, E. M. und Patrick, H. (2012). Achievement goal theory, conceptualization of ability/intelligence, and classroom climate. In S. L. Christenson, A. L. Reschly und C. Wylie (Hrsg.), *The handbook of research on student engagement* (S. 173–191). New York: Springer Science.

APA, American Psychiatric Association (2013). *Diagnostic and statistical manual of mental disorders DSM-5* (5. Auflage). Washington, DC: Author. Intellectual Disability Fact Sheet.

Anderson, J. R. (1983). *The architecture of cognition.* Cambridge, MA: Harvard University Press.

Baddeley, A. (2012). Working memory: theories, models, and controversies. *Annual Review of Psychology,* 63, 1–29.

Bäuml, K. H. (2007). Warum vergessen wir Dinge? *Mittelbayerische Zeitung,* 19. Juli 2007.

Bürli, A. (1976). *Das Hilfsschulwesen in der Schweiz.* Lenzburg: Schweizerische Heilpädagogische Gesellschaft.

Butler, A. C. (2010). Repeated testing produces superior transfer of learning relative to repeated studying. *Journal of Experimental Psychology: Learning, Memory, and Cognition,* 36, 1118–1133.

Clancey, W. J. (2009). Scientific antecedents of situated cognition. In P. Robbins und M. Aydede (Hrsg.), *The Cambridge handbook of situated cognition* (S. 11–34). New York: Cambridge University Press.

Cowan, N. (2001). The magical number 4 in short-term memory: A reconsideration of mental storage capacity. *Behavioral and Brain Sciences,* 24, 87–114.

Cowan, N., Elliott, E. M., Saults, J. S., Morey, C. C., Mattox, S., Hismjatullina, A. und Conway, A. R. A. (2005). On the capacity of attention: Its estimation and its role in working memory and cognitive aptitudes. *Cognitive Psychology,* 51, 42–100.

Dansereau, D. (1978). The development of a learning strategies curriculum. In H. F. O'Neil, Jr. (Ed.), *Learning strategies* (S. 1–29). New York: Academic Press.

Deary, I. J. (2012). Intelligence. *Annual Review of Psychology, 63,* 453–482.

Dehn, M. J. (2014). Supporting and strengthening. Working memory in the classroom to enhance executive functioning. In S. Goldstein und J. A. Naglieri (Hrsg.), *Handbook of executive functioning* (S. 495–507). New York: Springer.

Dempster, F. N. und Corkill, A. J. (1999). Interference and inhibition in cognition and behavior: Unifying themes for educational psychology. *Educational Psychology Review, 11,* 1–88.

Dweck, C. S. (1999). Self-theories: *Their role in motivation, personality, and development.* Philadelphia, PA: Psychology Press.

Dweck, C. (2007). *Selbstbild. Wie unser Denken Erfolge oder Niederlagen bewirkt.* Frankfurt: Campus (Original erschienen 2006: Mindset. The new psychology of success).

Dweck, C. S. und Leggett, E. L. (1988). A social-cognitive approach to motivation and personality. *Psychological Review, 95,* 256–273.

Dweck, C. S. und Master A. (2008). Self-theories motivate self-regulated learning. In D. H. Schunk und B. J. Zimmerman (Hrsg.), *Motivation and self-regulated learning. Theory, research, and applications* (S. 31–51). New York, NY: Erlbaum.

Emmer, A., Hofmann, B. und Matthes, G. (2007). *Elementares Training bei Kindern mit Lernschwierigkeiten* (2. Aufl.). Weinheim: Beltz.

Engeström, Y. und Sannino, A. (2010). Studies of expansive learning: Foundations, findings and future challenges. *Educational Research Review, 5,* 1–24

Fitts, P. M. und Posner, M. I. (1967). *Human performance.* Belmont, CA: Brooks/Cole.

Flynn, J. R. (2013). The «Flynn Effect» and Flynn's paradox. *Intelligence* (in press).

Fuchs, D., Fuchs, L. S., Mathes, P. G. und Simmons, D. C. (1997). Peer-assisted learning strategies: Making classrooms more responsive to diversity. *American Educational Research Journal, 34,* 174–206.

Gaidoschik, M. (2010). *Wie Kinder rechnen lernen – oder auch nicht. Eine empirische Studie zur Entwicklung von Rechenstrategien im ersten Schuljahr.* Frankfurt: Lang.

Gardner, J. (2010). Developing teacher assessment: an introduction. In J. Gardner, W. Harlen, L. Hayward und G. Stobart (Hrsg.), *Developing teacher assessment* (S. 1–11). Berkshire: Open University Press.

Greeno, J. G. (2006). Learning in activity. In R. K. Sawyer (Ed.), *The Cambridge handbook of the learning sciences* (S. 79–96). Cambridge: University Press.

Gold, A., Mokhlesgerami, J., Rühl, K., Schreblowski, S. und Souvignier, E. (2004). *Wir werden Textdetektive.* Göttingen: Vandenhoeck und Ruprecht. (Lehrermanual + Schülerarbeitsheft)

Haimovitz, K., Wormington, S. V. und Corpus, J. H. (2011). Dangerous mindsets: How beliefs about intelligence predict motivational change. *Learning and Individual Differences, 21,* 747–752.

Halpern, D. F. (2003a). *Thought und knowledge: An introduction to critical thinking* (4th ed.). Mahwah, NJ: Erlbaum.

Halpern, D. F. (2003b). *Instructor's manual with tests to accompany. Thought und knowledge: An introduction to critical thinking* (4th ed.). Mahwah, NJ: Erlbaum.

Halpern, D. F. (2008). Is intelligence critical thinking? Why we need a new definition of intelligence. In In P. C. Kyllonen, R. D. Roberts und L. Stankov (Hrsg.), *Extending intelligence. Enhancement and new constructs* (S. 349–370). New York: Erlbaum.

Halpern, D. F. und Riggio, H. (2003). *Thinking critically about critical thinking* (4th ed.). Mahwah, NJ: Erlbaum.

Hattie, J. und Timperley, H. (2007). The power of feedback. *Review of Educational Research, 77,* 81–112.

Hauser, B. (2013). *Spielen. Frühes Lernen in Familie, Krippe und Kindergarten.* Stuttgart: Kohlhammer.

Horn, J. L. (2008). Spearman, g, expertise, and the nature of human cognitive capability. In P. C. Kyllonen, R. D. Roberts und L. Stankov (Hrsg.), *Extending intelligence. Enhancement and new constructs* (S. 185–230). New York: Erlbaum

Kanter, G. O. (1985). Lernbehinderten- und Lerngestörtenpädagogik. In H. Bach (Hrsg.), *Sonderpädagogik im Grundriss* (12. Aufl., S. 105–112). Berlin: Marhold.

Karpicke, J. D. und Roediger, H. L. (2007). Repeated retrieval during learning is the key to long-term retention. *Journal of Memory and Language, 57,* 151–162.

Klauer, K. J. (1989). *Denktraining für Kinder I. Ein Programm zur intellektuellen Förderung.* Göttingen: Hogrefe.

Klauer, K. J. (1991). *Denktraining für Kinder II. Ein Programm zur intellektuellen Förderung.* Göttingen: Hogrefe.

Klauer, K. J. (1993). *Denktraining für Jugendliche. Ein Programm zur intellektuellen Förderung.* Göttingen: Hogrefe.

Klauer, K. J. und Phye, G. D. (2008). Inductive reasoning: A training approach. *Review of Educational Research, 78,* 85–123.

Kuhn, D. (2005). *Education for thinking.* Cambridge, MA: Harvard University Press.

Lane, S. (2013). Performance Assessment. In J. H. McMillan (Ed.), *SAGE Handbook of research on classroom assessment* (S. 313–330). Thousand Oaks, CA: SAGE.

Langrehr, J. (2008). *Learn to think. Basic exercises in the core thinking skills for ages 6–11.* London: Routledge.

Lave, J. und Wenger, E. (1991). *Situated learning. Legitimate peripheral participation.* New York: Cambridge University Press.

Lazonder, A. W. und Kamp, E. (2012). Bit by bit or all at once? Splitting up the inquiry task to promote children's scientific reasoning. *Learning and Instruction, 22,* 458–464.

Lenhard, M., Lenhard, W. und Klauer, K. J. (2011). *Denkspiele mit Elfe und Mathis. Förderung des logischen Denkvermögens für das Vor- und Grundschulalter.* Göttingen: Hogrefe.

Lepach, A. C. und Petermann, F. (2010). *Training für Kinder mit Gedächtnisstörungen. Das neuropsychologische Einzeltraining REMINDER* (2. Aufl.). Göttingen: Hogrefe.

Lohman, D. F. (2005). Reasoning abilities. In R. J. Sternberg und J. E. Pretz (Hrsg.), *Cognition and intelligence. Identifying the mechanisms of the mind* (S. 225–250). Cambridge, UK: Cambridge University Press.

Lompscher, J. (1996). Einleitung: Lernstrategien – eine Komponente der Lerntätigkeit. *Empirische Pädagogik, 10,* 235–244.

Maltby, J., Day, L. und Macaskill, A. (2011). *Differentielle Psychologie, Persönlichkeit und Intelligenz* (2. Aufl.). München: Pearson. (Original erschienen 2010: Personality individual differences and intelligence, 2nd ed.)

Marx, E. und Klauer, K. J. (2007). *Keiner ist so schlau wie ich I. Ein Förderprogramm für Kinder.* Göttingen: Vandenhoeck und Ruprecht.

Marx, E. und Klauer, K. J. (2009). *Keiner ist so schlau wie ich II. Ein Förderprogramm für Kinder.* Göttingen: Vandenhoeck und Ruprecht.

Marx, E. und Klauer, K. J. (2011). *Keiner ist so schlau wie ich III. Ein Förderprogramm für Kinder.* Göttingen: Vandenhoeck und Ruprecht.

McGrew, K. S. (2009). CHC theory and the human cognitive abilities project: Standing on the shoulders of the giants of psychometric intelligence research. *Intelligence, 37,* 1–10.

Mercer, N. und Littleton, K. (2008). *Dialogue and the development of children's thinking. A sociocultural approach.* London: Routledge.

Melby-Lervåg, M. und Hulme, C. (2012). Is working memory training effective? A meta-analytic review. *Developmental Psychology, 49,* 270–291.

Michaelian, K. und Sutton, J. (2013). Distributed cognition and memory research: History and current directions. *Review of Philosophy and Psychology, 4,* 1–24.

Neath, I. und Surprenant, A. M. (2005). Mechanisms of memory. In K. Lamberts und R. L. Goldstone (Hrsg.), *Handbook of cognition* (S. 221–238). London: Sage.

Nelson, T. O. und Narens, L. (1990). Metamemory: A theoretical framework and new findings. In G. H. Bower (Ed.), *The psychology of learning and motivation. Advances in research and theory* (S. 125–173). San Diego, CA: Academic Press.

Nelson, T. O. und Narens, L. (1994). Why investigate metacognition? In J. Metcalfe und A. P. Shimamura (Hrsg.), *Metacognition: Knowing about knowing* (S. 1–25). Cambridge, MA: MIT Press.

Nicholls, J. G. (1984). Achievement motivation: Conceptions of ability, subjective experience, task choice, and performance. *Psychological Review, 91,* 328–346.

Nisbett, R. E., Aronson, J., Blair, C., Dickens, W., Flynn, J., Halpern, D. F. und Turkheimer, E. (2012, January 2). Intelligence. New findings and theoretical developments. *American Psychologist,* Advance online publication. doi: 10.1037/a0026699

Nisbett, R. E., Aronson, J., Blair, C., Dickens, W., Flynn, J., Halpern, D. F. und Turkheimer, E. (2012). Intelligence: New findings and theoretical developments. *American Psychologist, 67,* 130–159.

Paas, F., Van Gog, T. und Sweller, J. (2010). Cognitive load theory: New conceptualizations, specifications and integrated research perspectives. *Educational Psychology Review, 22,* 115–121.

Palincsar, A. S. und Brown, A. L. (1984). Reciprocal teaching of comprehension-fostering and comprehension-monitoring activities. *Cognition and Instruction, 1,* 117–175.

Pea, R. D. (1997). Practices of distributed intelligence and designs for education. In G. Salomon (Ed.), *Distributed cognitions. Psychological and educational considerations* (S. 47–87). New York: Cambridge University Press.

Perkins, D. N. und Salomon, G. (1989). *Are cognitive skills context-bound? Educational Researcher, 18* (1), 16–25.

Pressley, M. und Harris, K. R. (2006). Cognitive strategies instruction: From basic research to classroom instruction. In P. A. Alexander und P. Winne (Hrsg.), *Handbook of educational psychology* (2nd ed., S. 265–286). Mahwah, NJ: Erlbaum.

Rawsthorne, L. J. und Elliot, A. J. (1999). Achievement goals and intrinsic motivation: A meta-analytic review. *Personality and Social Psychology Review, 3,* 326–344.

Ritchhart, R. und Perkins, D. N. (2005). Learning to think: The challenges to teaching thinking. In K. J. Holyoak und R. G. Morrison (Hrsg.), *The Cambridge handbook of thinking and reasoning* (S. 775–802). New York: Cambridge University Press.

Robertson, J. S. (2000). Is attribution training a worthwhile classroom intervention for K-12 students with learning difficulties? *Educational Psychology Review, 12,* 111–134.

Roediger, H. L., und Karpicke, J. D. (2006). Test-enhanced learning: Taking memory tests improves long-term retention. *Psychological Science, 17,* 249–255.

Rogoff, B., Matusov, E. und White, C. (1998). Models of teaching and learning: Participation in a community of learners. In D. R. Olson und N. Torrance (Hrsg.), *The handbook of education and human development* (S. 388–414). Oxford: Blackwell.

Rojas-Drummond, S., Pérez, V., Vélez, M., Gómez, I. und Mendoza, A. (2003). Talking for reasoning among Mexican primary school children. *Learning and Instruction, 13,* 653–670.

Roth, W.-M. und Lee, Y.-J. (2007). «Vygotsky's neglected legacy»: Cultural-historical activity theory. *Review of Educational Research, 77,* 186–232.

Rühl, K. und Souvignier, E. (2006). *Wir werden Lesedetektive. Lehrermanual und Arbeitsheft.* Göttingen: Vandenhoeck und Ruprecht.

Schmid, C. (2006). *Lernen und Transfer. Kritik der didaktischen Steuerung.* Bern: hep.

Schmid, C. (2009). *Selbstregulation und Lernstrategien fördern.* Zürich: Pädagogische Hochschule Zürich.

Sideris, G. D. (2006). Goal orientations and strong oughts: Adaptive or maladaptive forms of motivation for students with and without suspected learning disabilities? *Learning and Individual Differences, 16,* 61–77.

Shipstead, Z., Redick, T. S. und Engle, R. W. (2012). Is working memory training effective? *Psychological Bulletin, 138,* 628–654.

Spinath, B. und Schöne, C. (2003). Ziele als Bedingungen von Motivation am Beispiel der Skalen zur Erfassung der Lern- und Leistungsmotivation (SELLMO). In J. Stiensmeier-Pelster und F. Rheinberg (Hrsg), *Diagnostik von Motivation und Selbstkonzept* (S. 29–40). Göttingen: Hogrefe.

Spinath, B. und Steinmayr, R. (2012). The roles of competence beliefs and goal orientations for change in intrinsic motivation. *Journal of Educational Psychology, 104,* 1135–1148.

Stanovich, K. E. (2009). *What intelligence tests miss. The psychology of rational thought.* London: Yale University Press.

Stanovich, K. E. (2011). *Rationality and the reflective mind.* New York: Oxford University Press.

Sternberg, R. J. (1998). *Erfolgsintelligenz. Warum wir mehr brauchen als EQ + IQ.* München: Lichtenberg. (Original erschienen 1996: Successful intelligence. How practical and creative intelligence determine success in life).

Stiensmeier-Pelster, J., Balke, S. und Schlangen, B. (1996). Lern- versus Leistungszielorientierung als Bedingung des Lernfortschritts. *Zeitschrift für Entwicklungspsychologie und Pädagogische Psychologie, 28,* 169–187.

Stiensmeier-Pelster, J. und Heckhausen, H. (2006). Kausalattribution von Verhalten und Leistung. In J. Heckhausen und H. Heckhausen (Hrsg.), *Motivation und Handeln* (S. 355–392). Heidelberg: Springer.

Stöger, H. und Ziegler, A. (2008). *Trainingshandbuch selbstreguliertes Lernen II. Grundlegende Textverständnisstrategien für Schüler der 4. bis 8. Jahrgangsstufe.* Lengerich: Pabst.

Stötzner, H. E. (1963). *Schulen für schwachbefähigte Kinder. Erster Entwurf zur Begründung derselben. Vollständiger Nachdruck der Originalausgabe 1864.* Berlin: Marhold.

Sweller, J., Ayres, P. und Kalyuga, S. (2011). *Cognitive load theory.* New York: Springer.

Tishman, S., Perkins, D. und Jay, E. (1995). *The thinking classroom. Learning and teaching in a culture of thinking.* Boston: Allyn and Bacon.

Wegerif, R. (2010). *Mind expanding. Teaching for thinking and creativity in primary education.* London: Open University Press.

Wiesendanger, W., Wohlwend, A. und Graf, H. (1982). *150 Jahre Zürcher Volksschule.* Zürich: Schulamt der Stadt Zürich.

Wilbert, J. (2010). *Förderung der Motivation bei Lernstörungen.* Stuttgart: Kohlhammer.

Willingham, D. T. (2010). *Why don't students like school? A cognitive scientist answers questions about how the mind works and what it means for the classroom.* San Francisco, CA: Jossey-Bass.

Ziegler, A. und Heller, K. (1998). Motivationsförderung mit Hilfe eines Reattributionstrainings. *Psychologie in Erziehung und Unterricht, 44,* 216–229.

Ziegler, A. und Stöger, H. (2005). *Trainingshandbuch selbstreguliertes Lernen I. Lernökologische Strategien für Schüler der 4. Jahrgangsstufe Grundschule zur Verbesserung mathematischer Kompetenzen.* Lengerich: Pabst.

Handlungsmöglichkeiten im Bereich interpersonelle Interaktionen und Beziehungen

Handlungsmöglichkeiten zur Unterstützung von Schülerinnen und Schülern mit Verhaltensauffälligkeiten

Christoph Michael Müller und Carmen Zurbriggen

Schwierigkeiten im Bereich der interpersonellen Interaktionen und Beziehungen von Kindern und Jugendlichen zeigen sich im Schulkontext häufig in Form von Verhaltensauffälligkeiten. Schülerinnen und Schüler mit einer solchen Problematik werden dabei häufig als relativ schwierig in den Regelschulkontext zu integrieren empfunden, was das Bereitstellen spezifischer Unterstützungsmassnahmen notwendig macht. Im vorliegenden Beitrag werden hierzu Handlungsmöglichkeiten sowohl auf Klassen- als auch auf Individualebene vorgestellt.

Wenn bei Kindern und Jugendlichen Schwierigkeiten bezüglich interpersonellen Interaktionen und Beziehungen (IIB) bestehen, werden diese Probleme im Schulkontext oft als Verhaltensauffälligkeiten wahrgenommen. Dabei ist aber zu beachten, dass IIB als Domäne d7 der ICF-CY-Komponente «Aktivitäten und Partizipation» (WHO, 2011) nur bestimmte Aspekte von auffälligem Verhalten umfassen, wie etwa die Verhaltensregulation in Peerbeziehungen oder das Einhalten sozialer Regeln. Andere relevante Bereiche sind an dieser Stelle nicht repräsentiert; so nennt Stein (2013) mehrere Beispiele in den Bereichen der «Aktivitäten und Partizipation» (z.B. Probleme lösen, mit Stress umgehen, Verhalten steuern, Kommunizieren) sowie der Körperfunktionen (z.B. Aufmerksamkeit, Impulskontrolle, emotionale Funktionen), die häufig einen Teil der Problematik von Verhaltensauffälligkeiten ausmachen. Ebenfalls ausgeklammert werden an dieser Stelle die in der ICF-CY genannten Umweltfaktoren, welche für die Einschätzung von fördernden oder hinderlichen Bedingungen wichtig sind. Mit dem hier gewählten Schwerpunkt auf die IIB wird demnach nur ein Ausschnitt der Gesamtproblematik von Verhaltensauffälligkeiten fokussiert. Da Interaktions- und Beziehungsschwierigkeiten jedoch zentrale Elemente verschiedener Formen von Verhaltensproblemen sind, erscheinen sie als ein sinnvoller Ausgangspunkt für die Darstellung von pädagogischen Handlungsmöglichkeiten im inklusiven Unterricht.

ICF: Aktivitäten und Partizipation / Interpersonelle Interaktionen und Beziehungen

ICF: Körperfunktionen

ICF: Umweltfaktoren

In der ICF-CY werden verschiedene soziale Bezugsgruppen von Kindern und Jugendlichen genannt, mit denen Interaktionsschwierigkeiten bestehen können (z.B. Eltern, Fremde, Peers usw.). Im Schulsetting dominiert dabei der Umgang mit Gleichaltrigen und Lehrpersonen, weshalb sich die folgenden Ausführungen auf Interaktionen mit diesen Personenkreisen beschränken. Diesbezügliche Verhaltensprobleme umfassen ein breites Spektrum: Beispielhaft können Kinder Schwierigkeiten bei der Initiierung und Aufrechterhaltung von Beziehungen, der angemessenen Gestaltung von Nähe und Distanz, dem Äussern von Kritik usw. haben. Externalisierende *Externalisierende* Verhaltensweisen umfassen in diesem Zusammenhang beispiels- *und internalisierende* weise physische Aggression gegenüber anderen, internalisierendes *Verhaltensweisen* Verhalten hingegen eher sozialen Rückzug. Interaktionsschwierigkeiten sind des Weiteren ein Kennzeichen autistischen Verhaltens, das von Problemen im sozialen Kontakt, der kognitiven Empathie und dem Verständnis sozialer Situationen charakterisiert ist.

Im schulischen Kontext gelten Kinder und Jugendliche mit Verhaltensauffälligkeiten oftmals als schwierig zu integrieren, insbesondere wenn sie externalisierendes Verhalten zeigen (Goetze, 1991). So erleben Lehrpersonen diese Schülergruppe oft als eine Belastung für ihre Klasse, und es wird eine Ablenkung, Irritation oder auch Bedrohung der Mitschülerinnen und Mitschüler befürchtet (siehe auch Schwab et al., 2012). Neben diesen ernst zu nehmenden Herausforderungen für das Umfeld können sich durch starke Verhaltensprobleme aber auch Schwierigkeiten für die betroffenen Kinder und Jugendlichen selbst ergeben. So drohen beispielsweise Lernschwierigkeiten, die Ablehnung durch die Peers oder ein Zusammenfinden in devianten Cliquen mit langfristig erhöhten Risiken für ungünstige Entwicklungsverläufe. Vor diesem Hintergrund erscheint es sinnvoll, Schwierigkeiten im Bereich IIB im Schulkontext systematisch durch einen angepassten Klassenunterricht und individuelle sonderpädagogische Unterstützung zu begegnen.

Schulische Handlungsebenen

Ansatzpunkte für pädagogische Massnahmen im Bereich IIB bestehen auf verschiedenen Ebenen. Grundlegend lässt sich bereits auf *schulstruktureller Ebene* überlegen, welche Art des Bildungssystems die günstigsten Bedingungen für die Förderung von Kindern und Jugendlichen mit Verhaltensproblemen bietet. Aus Platzgründen sei an dieser Stelle auf die Diskussion zu dieser Thematik bei Müller (2013) verwiesen. Als nächstes kann die *Ebene des Schulhauses* betrachtet werden, auf der bei der Planung und Umsetzung von Massnahmen das ganze Schulteam involviert sein kann. Konzepte zur bestmöglichen Beschulung verhaltensauffälliger Schülerinnen und Schüler im Regelschulkontext umfassen beispielsweise die mehrschrittige Verzahnung von Diagnostik und Intervention im Response-to-Intervention-Modell (RTI; z.b. Hartmann und Müller, 2009), ➥ siehe auch Kapitel Hartmann, schulweite Präventionsprogramme gegen Verhaltensprobleme (z.b. Fingerle und Grumm, 2012), eine Stärkung der positiven Schulkultur (z.b. Centers for Disease Control and Prevention, 2009) sowie Streitschlichterprogramme (z.b. Jefferys-Duden, 2008) und das Trainingsraumkonzept (Bründel und Simon, 2007), die in der genannten Literatur ausführlich dargestellt wurden.

Im Fokus des vorliegenden Beitrags stehen hingegen die *Ebenen der Schulklasse* und des *individuellen Kindes oder Jugendlichen.* Dabei ist offensichtlich, dass die vorgestellten Massnahmen im Rahmen dieser Übersicht nur einen begrenzten Ausschnitt des Spektrums möglicher Handlungsoptionen abbilden und hier nicht im Detail erläutert werden können. Vertiefende Beschreibungen einzelner Ansätze sind entsprechend den jeweiligen Literaturangaben zu entnehmen.

Handlungsmöglichkeiten auf Klassenebene

Die Handlungsebene der Schulklasse liegt in der Verantwortung der Klassenlehrkraft, die eng mit sonderpädagogischen Fachpersonen zusammenarbeitet. Diese Ebene ist als zentral zu erachten, da die Beschulung von Kindern und Jugendlichen mit Verhaltensauffälligkeiten in Regelklassen einerseits viele individuelle Chancen bietet, andererseits aber auch mit erheblichen Herausforderungen einhergeht. So haben gerade Schülerinnen und Schüler mit stark externalisierendem Verhalten das Potenzial, Unterrichtsstörungen zu provozieren und die sozialen Dynamiken in Schulklassen durch ihr Verhalten erheblich zu beeinflussen. Damit ungünstige Entwicklungen möglichst vermieden werden können, gilt es nicht nur die betroffenen Individuen mit Verhaltensproblemen zu unterstützen, sondern auch zusätzliche Hilfen auf Klassenebene bereitzustellen.

Lehrperson

Pädagogisch-therapeutische Fachperson

Räumliche Gestaltung des Klassenzimmers

Lehrpersonen haben die Möglichkeit, Klassenzimmer so zu gestalten, dass Konfliktpotenziale zwischen Kindern reduziert werden. Zentrale Elemente sind dabei die Vermeidung von Enge und das Bieten eindeutiger räumlicher Strukturen. So sollten im Klassenzimmer verschiedene Raumbereiche bestehen, welche Ausweich- und Rückzugsmöglichkeiten bieten (z.b. Arbeits- und Spielbereiche, ruhige Leseecken usw.). Besonders kritisch sind die Laufwege in der Klasse in den Blick zu nehmen: Bestehen für das Verlassen des Klassenzimmers beispielsweise nur ein Gang oder sich kreuzende Verkehrsstrassen zwischen den Tischen, ist an diesen Stellen hohes Konfliktpotenzial gegeben. Schülerinnen und Schüler mit Verhaltensproblemen profitieren im Klassenzimmer weiter von eindeutigen Strukturen und Regelungen, welche die Handlungssteuerung erleichtern: So ist es hilfreich, verschiedene Bereiche des Klassenzimmers durch Teppiche oder Klebebänder klar zu markieren (z.b. Wartelinie vor der Türe) oder durch Raumteiler (z.b. kleiner Schrank, Sofa) zu trennen (s.a. Anregungen bei Degner und Müller, 2008). Für die verschiedenen Areale können dann spezifische Verhaltensregeln festgelegt werden (z.b. keine Spiele in der Leseecke usw.).

Vermeidung von Enge, klare räumliche Strukturen

Verhaltensregeln etablieren und durchsetzen

Transparente Verhaltensregeln können als eine Grundvoraussetzung für den gelingenden Unterricht mit verhaltensauffälligen Kindern und Jugendlichen gelten (s.a. Marzano, 2003). Vorteilhaft ist dabei, wenn solche Regelsysteme in der Schule hierarchisch aufeinander aufbauen. So können sich Klassenregeln an übergeordneten Schulregeln orientieren (im Sinne einer konkreten Verhaltensoperationalisierung allgemein gehaltener Normen). Bewährt haben sich hierbei einfache, positive Formulierungen, welche das erwünschte und nicht das unerwünschte Verhalten definieren (z.b. «Ich höre zu, wenn andere sprechen», «Ich warte, bis ich aufgerufen werde», «Ich achte das Eigentum anderer» usw.). Beim Entwickeln solcher Klassenregeln können die Schülerinnen und Schüler meist relativ einfach einbezogen werden, indem mit ihnen ihre eigenen Wünsche für Regelungen innerhalb der Klasse erarbeitet werden (konkretes Vorgehen vgl. z.b. Hillenbrand und Pütz, 2008). Eine solche Strategie kann zu einer höheren Identifikation mit den aufgestellten Regeln beitragen.

Einfache und positive Formulierungen von Regeln

Neben der Transparenz von Verhaltensregeln sollte allen Kindern und Jugendlichen klar sein, wie bei Regeleinhaltung (z.b. Einsatz von Verstärkern bei bestimmtem Verhalten, s.u.) bzw. Regelverstössen (z.b. mehrschrittiger Ablauf an negativen Konsequenzen) vorgegangen wird. Eindeutig formulierte Verhaltenserwartungen und Konsequenzen helfen dabei einerseits Schülerinnen und Schülern bei der Planung und Einschätzung ihres eigenen Verhaltens, erlauben aber auch möglichst einheitliche Urteils- und Handlungsmassstäbe aufseiten der Lehrpersonen.

Positives Schülerverhalten auf Gruppenebene verstärken

Eine wiederholt als effektiv erwiesene Methode zur Unterstützung positiven Verhaltens auf Klassenebene ist das «Good Behavior Game», das im deutschsprachigen Raum als «KlasseKinderSpiel» eingeführt wurde (Hillenbrand und Pütz, 2008). Hierbei werden die Schülerinnen und Schüler in kleinere Gruppen eingeteilt, die ähnlich einem Fussballspiel hinsichtlich ihres positiven Unterrichtsverhaltens gegeneinander antreten (die Gruppen können sich beispielsweise Namen von Fussballmannschaften geben). Anhand zuvor festgelegter Verhaltensregeln und Zeitdauer wird das «KlasseKinderSpiel» während des normalen Unterrichts durchgeführt. Konkret kündigt die Lehrperson an, dass das Spiel nun beginnt und fährt dann mit ihrem Unterricht fort. Begeht ein Kind während der Spielzeit einen Regelverstoss (z.B. dazwischenrufen), wird dies von der Lehrperson ohne weiteren Kommentar als Foul der ganzen jeweiligen Schülergruppe vermerkt. Nach Ablauf der Spielzeit erhält die Siegergruppe eine kleine Belohnung (z.B. die Gelegenheit zu einem kurzen «Trommelkonzert» auf dem Tisch). Erfolgsfaktoren für das Spiel sind eine möglichst faire Zusammenstellung der Gruppen, regelmässige Gruppenwechsel und relativ kurze, aber regelmässige Spielzeiten.

KlasseKinderSpiel

Aktives Monitoring

Die Führung von Schulklassen, in denen auch verhaltensauffällige Kinder und Jugendliche unterrichtet werden, stellt hohe Anforderungen an das Classroom Management (Übersicht s. Evertson und Weinstein, 2006). Eine zentrale Herausforderung für die Lehrperson ist dabei, möglichst die gesamte Klasse im Blick zu haben und situativ zu entscheiden, bei welchen Unterrichtsstörungen eine unmittelbare Reaktion angebracht ist oder nicht. Die Strategie, auf jede Unterrichtsstörung verbal einzugehen, läuft dabei Gefahr, den Unterrichtsfluss ständig zu unterbrechen und die Aufmerksamkeit der Schülerinnen und Schüler weg vom Unterrichtsstoff hin auf ein Problem zu richten. Bei kleineren Störungen hilft es oft schon, als Lehrperson die Position im Raum zu ändern, bestimmte Kinder gezielt anzublicken oder ihnen eine inhaltliche Frage zum Unterricht zu stellen. Zusätzliche Möglichkeiten ergeben sich, wenn eine zweite, am

Unterrichten beteiligte Person flexibel und individuell auf ein auftretendes Problem eingehen kann (z.B. indem sie sich neben jemanden setzt oder leise etwas erklärt), währenddessen der Unterricht ohne Unterbrechung am aktuellen Inhalt orientiert fortschreiten kann. Bei schwerwiegenden Regelverstössen bewähren sich die oben erwähnten transparenten Klassenregeln und Konsequenzen.

Bewusstes Umgehen mit Fragen der Klassenzusammensetzung

Auffällige Verhaltensweisen von Einzelnen können herausfordernde soziale Dynamiken innerhalb von Schulklassen auslösen. Aus diesem Grund erscheint es sinnvoll, dass sich die verantwortlichen Personen in Schulen möglichst früh Gedanken über die Form der Klassenzusammensetzung machen. Die Frage, wie inklusiv ausgerichtete Klassen am günstigsten zusammengestellt werden sollten, damit einerseits Kinder und Jugendliche mit Verhaltensauffälligkeiten von ihren weniger auffälligen Peers profitieren können, diese andererseits aber nicht negativ beeinflusst werden, ist nicht einfach zu beantworten. Dennoch lassen sich bestimmte Tendenzen festhalten (ausführlich vgl. Müller, 2013).

Da sich Schülerinnen und Schüler mit externalisierenden Verhaltensproblemen oft untereinander zusammenfinden und dann gegenseitig negativ beeinflussen, ist grundsätzlich eine gezielte Zusammenführung dieses Personenkreises in Klassen zu vermeiden. Dies würde auch die Gefahr bergen, dass deviante Einstellungen ein Übergewicht erhalten und zur Norm in der Klasse werden (z.B. es wird «cool», den Unterricht zu boykottieren). Idealerweise sollten Kinder und Jugendliche mit Verhaltensproblemen deshalb in Klassen beschult werden, in welchen prosoziale Normen in der Schülerschaft relativ stabil etabliert sind. Damit ungünstige Normverschiebungen vermieden werden können, benötigen inklusiv arbeitende Klassen zudem angemessene personelle und räumliche Ressourcen sowie die Möglichkeit, in ausreichendem Masse auf sonderpädagogische Unterstützung zurückgreifen zu können (s.u.).

In der Schulpraxis wird es dennoch nicht immer gelingen, Kinder und Jugendliche mit Verhaltensproblemen ausschliesslich in stabil prosozial ausgerichteten Klassen zu unterrichten. Es erscheint daher als hilfreich, bei Klassenzusammensetzungen eine gewisse Flexibilität zu ermöglichen. Je eher beispielsweise je nach Fach und Kompetenzen in verschiedenen Schülergruppen gearbeitet wird, desto einfacher sind klasseninterne Gruppenwechsel möglich. Aber auch Unterrichtskooperationen zwischen verschiedenen Schulklassen erleichtern es, problematische Peerkonstellationen relativ unkompliziert und temporär zu variieren.

Gruppierung auffälliger Schülerinnen und Schüler vermeiden

Sonderpädagogik

Flexible Gruppen- und Klassenzusammensetzungen ermöglichen

Positive Peerinteraktionen fördern und sozialen Ausschluss vermeiden

Lehrpersonen können nicht nur Einfluss auf die akademische Entwicklung einer Klasse nehmen, sondern auch auf die Interaktionen zwischen den Schülerinnen und Schülern (Farmer, McAuliffe Lines und Hamm, 2011). Dies beginnt bereits mit dem bewussten Strukturieren der Zusammensetzung von Schülerarbeitsgruppen oder bei der gezielten Planung von Sitzordnungen in der Klasse. Solche äusseren Strukturen beeinflussen, wer mit welchen Peers wann und wie in sozialen Austausch tritt. Bei der Unterrichtung von Kindern und Jugendlichen mit Verhaltensproblemen sollte beispielsweise vorüberlegt werden, in welchen sozialen Konstellationen eine hohe Chance besteht, dass diese Schülerinnen und Schüler Gruppenaufgaben erfolgreich bewältigen können.

Eine andere Herausforderung ist, dass Schülerinnen und Schüler mit Verhaltensproblemen in Klassen häufig sozial ausgeschlossen werden (beispielsweise weil sie Spielregeln nicht einhalten oder sich sozial zurückziehen). Dies kann das Aufsuchen devianter Peergruppen fördern (s.a. Rudolph et al., 2013) oder die soziale Isolation zurückgezogener Individuen weiter verschlimmern. Da sich Kinder bei der sozialen Bewertung ihrer Peers oft an den Reaktionen der Lehrperson orientieren, besteht an dieser Stelle einerseits die Chance, durch explizit positives Feedback für Schülerinnen und Schüler mit sonderpädagogischem Förderbedarf deren sozialen Status unter den Gleichaltrigen zu erhöhen (Huber, 2013). Andererseits sollte mit der gesamten Klasse am Klassenklima bzw. an den Klassennormen gearbeitet werden. Mithilfe von Schülerfragebogen, wie sie beispielsweise im Projekt «KlassenCheckUp» verwendet werden, kann hier das aktuelle Klassenklima erfasst und können ausgehend davon Verbesserungen eingeleitet werden (s.a. Material bei Bundeszentrale für politische Bildung, 2013). Ziel ist es dabei, den Zusammenhalt in der Klasse zu stärken und prosoziale Normen zu etablieren, die einen Ausschluss bestimmter Schülergruppen vermeiden. KlassenCheckUp

Weitere Möglichkeiten bieten sogenannte «Buddy-Systeme», bei denen Schülerinnen und Schüler einander als Buddy (engl. «Kumpel») zugeordnet sind. Diese Peers können eine langfristige Ansprechpartnerfunktion haben (z.B. jüngere Kinder haben einen Buddy aus einer höheren Klasse). Bewährt haben sich aber auch regelmässig wechselnde Buddy-Zuordnungen in der Klasse, bei denen Kinder beispielsweise die Aufgabe haben, wenigstens fünf Minuten während der Schulzeit mit einer der Mitschülerinnen oder einem der Mitschüler bewusst Zeit zu verbringen (z.B. gemeinsam Buddy-Systeme etwas spielen, lesen usw.). Für diese Perioden bestehen klare und im Nachhinein gemeinsam reflektierte Regeln sowie Tipps zum Umgang miteinander (z.B. wenn man sich nicht viel zu sagen hat, oder wenn eines der Kinder soziale Schwierigkeiten zeigt). Solche vorbereiteten Interaktionsphasen können dazu beitragen, dass alle Individuen einer Klasse miteinander in Kontakt bleiben und sich dadurch auch der soziale Status von auffälligen Kindern oder Jugendlichen verbessert (Laushey und Heflin, 2000).

Klassenweite Präventionsprogramme

Um die sozialen und emotionalen Kompetenzen von Kindern und Jugendlichen in der Schule gezielt zu steigern, wurden zahlreiche systematische Präventionsprogramme entwickelt (Übersicht z.B. Fingerle und Grumm, 2012). Bei der Auswahl geeigneter Massnahmen ist dabei auf eine solide theoretische Fundierung und empirische Evaluation zu achten. Beispielhaft sei hier auf das Präventionsprogramm «Lubo aus dem All» verwiesen, welches sowohl für das Vorschulalter als auch für die 1. und 2. Klasse vorliegt (vgl. Hillenbrand et al., 2010). Die Lehrperson erhält eine ausführliche Anleitung für die Durchführung, die rund 30 Stunden umfasst. Für Klassen der Sekundarstufe I liegt beispielsweise das Präventionsprogramm SNAKE (Beyer und Lohaus, 2006) vor, welches auf ein verbessertes Bewältigungsverhalten in Stresssituationen abzielt. Dieses Programm beinhaltet ein Basismodul im Umfang von vier Doppellektionen und drei Ergänzungsmodule, für deren Durchführung umfassendes Trainingsmaterial (u.a. auch eine begleitende Internetseite) vorhanden ist. Neben der empfehlenswerten Komplettdurchführung bestimmter Präventionsprogramme bieten die ausführlichen Anleitungen und Materialien für Lehrkräfte oft auch interessante Hinweise, wie sie bestimmte Problemstellungen (z.B. angemessene Kontaktaufnahme, Empathie, Handlungsoptionen in sozial schwierigen Situationen) gezielt angehen können.

Evaluierte Programme zur Prävention

Handlungsmöglichkeiten auf Individualebene

Ausgeprägte Verhaltensauffälligkeiten verlangen neben Massnahmen auf Klassenebene auch nach sonderpädagogischer Unterstützung für einzelne Schülerinnen oder Schüler. Auf dieser Ebene kommt der Zusammenarbeit zwischen Klassenlehrkraft und sonderpädagogischer Fachperson eine besondere Bedeutung zu. Letztere kann u.a. die Aufgabe übernehmen, situativ und individuell auf eine

Störung einzugehen, während sich die Klassenlehrperson dem Fortführen des Klassenunterrichts widmet. Weiter kann sich durch die Zusammenarbeit eine ergänzende Sichtweise auf Unterrichtsstörungen ergeben – was unter Umständen zu Neubewertungen eines Problems verhilft. Neben beratenden Funktionen umfasst der zentrale Aufgabenbereich der sonderpädagogischen Fachperson in der Regel die professionelle Planung, Durchführung und Überprüfung von individuellen Massnahmen bei stark auffälligen Verhaltensweisen.

Individuelle Förderplanung im Bereich IIB

Bei Schwierigkeiten im Bereich IIB ist vor Beginn einer Förderung aufgrund der Komplexität der Thematik eine differenzierte Erfassung der Ausgangslage unabdingbar. ⮞Siehe auch Kapitel Luder und Kunz. Erschwerend erweist sich hierbei, dass problematische Interaktionssituationen oft sehr unterschiedlich wahrgenommen werden und Einschätzungen systematischen Verzerrungen unterliegen können (z.b. Wettstein und Scherzinger, 2008). Eine weitere Herausforderung liegt darin, neben dem direkt beobachtbaren Verhalten die dahinter liegenden Kompetenzen zu erkennen, welche beispielsweise zur individuellen Verhaltensregulation oder zur Perspektivenübernahme erforderlich sind. Für die Auswahl und Durchführung angemessener, empirisch erprobter Erhebungsverfahren zu diesem Themenfeld sind daher sonderpädagogisches Fachwissen und eine testtheoretische Ausbildung unabdinglich. Neben der Individualdiagnostik stellt der Einbezug aller beteiligten Personen (Eltern, Fachlehrpersonen usw.) eine wichtige Voraussetzung für die weitere Förderplanung dar.

Sind aufgrund der Ausgangsdiagnostik zusätzliche individuelle Unterstützungsmassnahmen indiziert, werden zuerst ausgewählte Ziele mit konkreten Indikatoren für deren Überprüfung formuliert, die in einem überschaubaren Zeitraum und in einzelnen Etappen erreichbar sind. Das Unterteilen in kurzfristig zu erreichende Teilziele erhöht die Wahrscheinlichkeit, sichtbare Erfolge zu erzielen, was sich motivierend auf die Beteiligten auswirken kann. Der individuelle Entwicklungsverlauf ist entsprechend fortlaufend zu erheben und zu dokumentieren.

Im Kontext eines inklusiv ausgerichteten Unterrichts erscheint es als sinnvoll, dass Unterstützungsmassnahmen soweit als möglich im Rahmen von unterrichtlichen Interventionen erfolgen. Bei zunehmender individueller Problembelastung ist dabei verstärkt auf evidenzbasierte, pädagogisch-therapeutisch ausgerichtete Ansätze zurückzugreifen (vgl. hierzu Myschker, 2005). Bei den nachfolgend aufgeführten, exemplarischen Handlungsmöglichkeiten auf Individualebene werden zum einen differenzierte Hilfestellungen aufgezeigt, welche mit den vorgängig dargestellten Ansätzen auf Klassenebene verknüpfbar sind. Zum anderen werden einzelne Interventionen angesprochen, die zwar auf Einzelsituationen ausgerichtet sind, sich aber gleichzeitig mit einem inklusiven Unterricht vereinbaren lassen bzw. diesen stützen können.

Individuelle Verhaltensregeln

Je nach Problemlage kann Bedarf bestehen, für einzelne Schülerinnen oder Schüler temporär Spezifizierungen der bestehenden Klassenregeln einzuführen (z.B. individuelle Operationalisierung der Klassenregel «Ich bin höflich zu anderen» in «Ich begrüsse meinen Sitznachbar freundlich»). Solche individuellen Verhaltensregeln sind möglichst konkret, situationsbezogen und verhaltensnah zu formulieren und sollten sich auf ein spezifisches, wiederholt auftretendes Verhalten beziehen (Petermann, Jugert, Rehder, Tänzer und Verbeek, 2012). Um die Selbststeuerung zu fördern, bietet es sich dabei an, die Verhaltensregeln mit dem betreffenden Kind oder Jugendlichen gemeinsam zu erarbeiten und in Form von Verhaltensverträgen festzuhalten. Um einzelne Regeln visuell präsent zu halten, können diese auch in schriftlicher Form an einer passenden Stelle (z.B. Schreibtisch, Mäppchen) platziert werden. Zentraler Grundsatz ist dabei immer, dass die Schülerinnen und Schüler genau wissen, was von ihnen erwartet wird. Dies ist oft nicht selbstverständlich; so verstehen beispielsweise autistische Kinder zweideutige oder unklare Aufforderungen oft falsch. Auch in der gesprochenen Sprache sollte daher stets auf eine möglichst eindeutige Ausdrucksweise geachtet werden (z.B. statt «Kannst du bitte damit aufhören?» besser «Hör auf, an Peters Jacke zu ziehen»; vgl. hierzu auch das TEACCH-Konzept, beschrieben bei Degner und Müller, 2008).

Wenn Schülerinnen oder Schüler Schwierigkeiten beim Beachten bestimmter Regeln haben, gilt es immer auch zu fragen, inwiefern die betreffenden Kinder und Jugendlichen bereits die für die Regeleinhaltung notwendigen kognitiven und sozialen Kompetenzen besitzen. Beispielsweise ist bekannt, dass Kinder mit stark aggressivem Verhalten ihre soziale Umwelt manchmal als feindselig fehldeuten und autistische Personen oftmals nicht wissen, wie sie angemessen Kontakt zu anderen aufnehmen können. Unter Umständen besteht daher die Notwendigkeit, noch fehlende Kompetenzen durch eine systematische Förderung aufzubauen oder kompensatorische Hilfen einzuführen.

Schülerinnen und Schüler wissen, was von ihnen erwartet wird

Kompetenzen aufbauen

Der Aufbau erwünschten Verhaltens kann dabei auch durch verhaltenstheoretisch ausgerichtete Massnahmen unterstützt werden (Übersicht z.b. Alberto und Troutman, 2006). So kann beim Zeigen positiven Verhaltens von Schülerinnen und Schülern beispielsweise mit dem systematischen Einsatz materieller (z.b. visualisierte Smileys, kleine Aufkleber), sozialer (z.b. Lob) oder Aktivitätsverstärker (z.b. fünf Minuten länger Zeit im Computerraum) reagiert werden. Ziel ist dabei stets die Generalisierung eines erwünschten Verhaltens und das schrittweise Ausblenden dessen aktiver Verstärkung durch die Lehrkraft.

Individuelle Unterstützung bei kooperativen Lernformen

Schwierigkeiten im Bereich der IIB gehen unweigerlich mit individuellen Herausforderungen bei schulischen Gruppenarbeiten einher. Um Problemen in kooperativen Lernsettings vorzubeugen, ist daher auf eine klare Strukturierung sowie auf eindeutige, zielgerichtete und sinnvolle Aufgabenstellungen zu achten, welche in absehbarer Zeit gemeinsam realisierbar sind. Aufgrund der Vielschichtigkeit von kooperativen Lernformen empfiehlt sich zudem eine schrittweise Einführung sowie eine bewusste Verteilung von Rollen oder Aufgaben innerhalb von Schülergruppen (zur Einführung von Gruppenarbeiten s.a. Klippert, 2012).

Neben einer klar strukturierten Grundausrichtung kooperativer Lernformen benötigen Schülerinnen und Schüler mit Verhaltensproblemen in solchen Situationen häufig sonderpädagogische Unterstützung. Dazu zählen unter anderem Vor- und Nachbesprechungen (z.b. bezüglich der individuellen Verhaltensregeln) oder die Einführung von individuellen Hilfsmitteln (z.b. Visualisierungen, Instruktionskarten, Checklisten). Die Anwesenheit der sonderpädagogischen Fachperson in Gruppensituationen kann auch genutzt werden, um gezielte Beobachtungseinheiten gefolgt von einem Auswertungsgespräch durchzuführen (s. hierzu z.b. Beobachtungskriterien bei Brohm, 2012, S. 50). Bei sehr störendem Verhalten ist bisweilen ein unmittelbares Intervenieren oder sogar eine «individuelle Auszeit» gefordert, um den Gruppenprozess zu entlasten.

Sonderpädagogik

Umgang mit Konflikten

Schwierigkeiten im Bereich der IIB manifestieren sich häufig in sozialen Konflikten, wie zum Beispiel in Form eines verbalen Angriffs gegen die Peers oder gegen Erwachsene. Daneben können sich Konfliktsituationen aber auch aus anfänglich trivialen Ereignissen ergeben, die bei einer der beteiligten Personen eine Stressreaktion auslösen. Das Stresserleben äussert sich dann oftmals in einem Ver-

Stressreaktionen

halten, das für die anderen nicht unmittelbar nachvollziehbar ist, was wiederum einen Konfliktzyklus hervorrufen kann (Goetze, 2008). In solchen Situationen gilt es für eine Lehrperson als erstes, eine gewisse persönliche Distanz einzunehmen und das herausfordernde Verhalten in seinem Entstehungskontext zu betrachten. Andernfalls laufen Lehrpersonen Gefahr, mit Abwehrmechanismen oder mit einer Gegenübertragung (z.b. Enttäuschung) zu reagieren, die eine rationale Konfliktlösung erschweren. Nach dem Versuch, eine Konfliktsituation akut zu entschärfen (Methoden hierzu vgl. z.b. Keller, 2008), kann es angebracht sein, den Vorfall in einem Einzelgespräch zu bearbeiten. Vorschläge für die Vorgehensweise und Strukturierung solcher Gespräche sind beispielsweise bei Goetze (2008) oder bei Keller (2008) dargestellt.

Stärkung der individuellen Sozialkompetenz

Ein längerfristiges Ziel der individuellen Förderung im Bereich IIB ist, die Schülerin oder den Schüler dabei zu unterstützen, mehr Selbstständigkeit bei der konstruktiven Bewältigung von schwierigen Interaktionssituationen zu erlangen. Hierbei können sich – entsprechendes Fachwissen vorausgesetzt – Selbstinstruktionstrainings anbieten (z.B. Linderkamp, 2008). Insbesondere bei internalisierenden Schwierigkeiten (z.B. sozialer Rückzug) kann das sukzessive Anleiten zu positiver Selbstverstärkung eine Veränderung der eigenen Handlungssteuerung bewirken. Ausgangspunkt bildet das Erkennen von abträglichen Gedanken (z.B. «Die anderen wollen nichts mit mir zu tun haben») und einschränkendem Verhalten. Dazu ist ein hohes Mass an Selbstwahrnehmung gefordert, die z.B. mittels externem Feedback, Selbstbeobachtungskriterien oder einem Verhaltenstagebuch gefördert werden kann. Als nächstes werden gemeinsam mit der Fachperson anzustrebende Verhaltensweisen und hilfreiche Selbstaussagen formuliert. Das Erproben des erwünschten Verhaltens erfolgt schliesslich in schrittweiser Ablösung von anfänglich vorgegebenen Verhaltensübungen, bei denen die Fachperson als Modell fungiert (mit entsprechenden Verbalisierungen wie «Jetzt gehe ich zu Larissa und frage, ob ich mitmachen darf»), über externe Anleitung und Begleitung des Experimentierens mit alternativen Verhaltensweisen bis hin zu selbstinstruierten Handlungen.

Selbstständigkeit als Ziel

Fazit

Bereits die hier nur ausschnitthaft skizzierten Handlungsmöglichkeiten haben die individuell sehr unterschiedlichen Problemlagen im Bereich der IIB und den hohen fachlichen Anspruch bei der Unterstützung von Kindern und Jugendlichen mit Verhaltensauffälligkeiten deutlich gemacht. Vor diesem Hintergrund wurde als Gelingensbedingung inklusiven Unterrichts eine Kombination von günstigen Kontextfaktoren, qualifiziertem Unterricht auf Klassenebene und spezialisierter sonderpädagogischer Förderung auf Individualebene beschrieben.

Neben dem Anstreben einer inklusiven Beschulung von Schülerinnen und Schülern mit Verhaltensauffälligkeiten muss aber auch berücksichtigt bleiben, dass bei der Arbeit mit diesem Personenkreis Situationen entstehen können, welche eine Unterrichtung in Regelschulklassen zumindest temporär verunmöglichen oder als nicht zielführend erscheinen lassen. Für diesen Fall ist es nach unserer Einschätzung notwendig, dass zur kontinuierlichen Realisierung des Bildungsauftrags auch alternative, spezialisierte Beschulungsformen in Anspruch genommen werden können. Diese bieten, bei Gewährleistung einer intensiven, auf die individuelle Verhaltensproblematik abgestimmten sonderpädagogischen Förderung, eine wichtige Komponente im notwendigerweise breiten Spektrum an Unterstützungsangeboten für diesen Personenkreis.

Als Ausblick kann festgehalten werden, dass zur stetigen Weiterentwicklung inklusiven Unterrichts bei Schwierigkeiten im Bereich der IIB nach unserer Einschätzung drei zentrale Aspekte zu fokussieren sind: Erstens, individualisierte sonderpädagogische Förderung, zweitens gelingende Partizipation am Klassenleben und drittens möglichst uneingeschränkte Unterrichtsaktivitäten der Gesamtklasse. Wir hoffen in diesem Beitrag Ansatzpunkte zur erfolgreichen Realisierung eines so gestalteten Unterrichts aufgezeigt zu haben.

Literatur

Alberto, P., Troutman, A. (2006). *Applied behavior analysis for teachers*. Merrill Prentice Hall: Pearson.

Beyer, A., Lohaus, A. (2006). *Stresspräventionstraining im Jugendalter*. Göttingen: Hogrefe.

Brohm, M. (2012). *Motivation Lernen. Das Trainingsprogramm für die Schule*. Weinheim: Beltz.

Bründel, H., Simon, E. (2007). *Die Trainingsraum-Methode*. Weinheim: Beltz.

Bundeszentrale für politische Bildung (2013). *Projekt: KlassenCheckUp!* Online abgerufen am 3.6.2013 unter: http://www.bpb.de

Centers for Disease Control and Prevention (Hrsg.) (2009). *School connectedness: Strategies for increasing protective factors among youth.* Atlanta: Dep. of Health und Human Services.

Degner, M., Müller, C. (Hrsg.). (2008). *Autismus. Besonderes Denken – Förderung mit dem TEACCH-Ansatz.* Nordhausen: Kleine Wege.

Evertson, C. M., Weinstein, C. S. (2006). *Handbook of Classroom Management.* Mahwah: Erlbaum.

Farmer, T. W., McAuliffe Lines, M., Hamm, J. V. (2011). Revealing the invisible hand: The role of teachers in children's peer experiences. *Journal of Applied Developmental Psychology, 32,* 247–256.

Fingerle, M., Grumm, M. (Hrsg.) (2012). *Prävention von Verhaltensauffälligkeiten bei Kindern und Jugendlichen. Programme auf dem Prüfstand.* München: Reinhardt.

Goetze, H. (1991). Konzepte zur integrierten Unterrichtung von Schülern mit Verhaltensstörungen – dargestellt an Ergebnissen der amerikanischen Mainstreamforschung. *Vierteljahresschrift für Heilpädagogik und ihre Nachbargebiete, 60,* 6–17.

Goetze, H. (2008). Pädagogisch-therapeutisch orientierte Konfliktlöseverfahren. In B. Gasteiger-Klicpera, H. Julius und C. Klicpera (Hrsg.), *Sonderpädagogik der emotionalen und sozialen Entwicklung* (S. 594–613). Göttingen: Hogrefe.

Hartmann, E., Müller, C. (2009). Schulweite Prävention von Lernproblemen im RTI-Modell. *Schweizerische Zeitschrift für Heilpädagogik, 9,* 25–33.

Hillenbrand, C. (2011). *Didaktik bei Unterricht- und Verhaltensstörungen.* München: Reinhardt.

Hillenbrand, C; Hennemann, T. und Hens, S. (2010). *«Lubo aus dem All» – 1. und 2. Klasse.* Programm zur Föderung sozial-emotionaler Kompetenzen. München: Reinhardt.

Hillenbrand, C., Pütz, K. (2008). *KlasseKinderSpiel. Spielerisch Verhaltensregeln lernen.* Hamburg: Edition Körber.

Huber, C. (2013). Der Einfluss von Lehrkraftfeedback auf die soziale Akzeptanz bei Grundschulkindern – eine experimentelle Studie zur Wirkung von sozialen Referenzierungsprozessen in Lerngruppen. *Heilpädagogische Forschung, 1,* 16–23.

Jefferys-Duden, K. (2008). *Das Streitschlichter-Programm.* Weinheim: Beltz.

Keller, G. (2008). *Disziplinmanagement in der Schulklasse.* Bern: Huber.

Klippert, H. (2012). *Teamentwicklung im Klassenraum.* Weinheim: Beltz.

Laushey, K. M., Heflin, L. J. (2000). Enhancing social skills of kindergarten children with autism through the training of multiple peers as tutors. *Journal of Autism and Developmental Disorders, 30,* 183–193.

Linderkamp, F. (2008). Konditionieren und Verhaltensmodifikation. In B. Gasteiger-Klicpera, H. Julius und C. Klicpera (Hrsg.), *Sonderpädagogik der emotionalen und sozialen Entwicklung* (S. 471–486). Göttingen: Hogrefe.

Marzano, R. J. (2003). *Classroom management that works.* Upper Saddle River: Pearson.

Müller, C. (2013). Negativen Peereinfluss auf Verhaltensprobleme vermeiden – Was kann die Schule tun? *Zeitschrift für Heilpädagogik, 64,* 452–460.

Myschker, N. (2005). *Verhaltensstörungen bei Kindern und Jugendlichen.* Stuttgart: Kohlhammer.

Petermann, F., Jugert, G., Tänzer, U. und Verbeck, D. (2012). *Sozialtraining in der Schule.* Weinheim: Beltz.

Rudolph, K. D, Lansford, J. E., Agoston, A. M., Sugimura, N., Schwartz, D., Dodge, K. A. et al. (2013). Peer victimization and social alienation: Predicting deviant peer affiliation in middle school. *Child Development,* online early view.

Schwab, S., Gebhardt, M., Tretter, T., Rossmann, P., Reicher, H., Ellmeier, B., et al. (2012). Auswirkungen schulischer Integration auf Kinder ohne Behinderung – eine empirische Analyse von LehrerInneneinschätzungen. *Heilpädagogische Forschung, 2,* 54–65.

Stein, R. (2013). Kritik der ICF-CY. Eine Analyse im Hinblick auf die Klassifikation von Verhaltensstörungen. *Zeitschrift für Heilpädagogik, 64,* 106–115.

Wettstein, A., Scherzinger, M. (2012). Intervention zwischen Wissenschaft und pädagogischer Praxis. In M. Fingerle und M. Grumm (Hrsg.), *Prävention von Verhaltensauffälligkeiten bei Kindern und Jugendlichen. Programme auf dem Prüfstand* (S. 174–188). München: Reinhardt.

WHO (Hrsg.) (2011). *ICF-CY. Internationale Klassifikation der Funktionsfähigkeit, Behinderung und Gesundheit bei Kindern und Jugendlichen.* Bern: Huber.

Handlungsmöglichkeiten im Bereich Selbstversorgung

«Selbstversorgung – für sein Selbst sorgen»: Ein Lernfeld für eine inklusive Schule

Roman Manser und Ariane Bühler

Im Rahmen der Inklusionsbestrebungen von Kindern mit geistigen Behinderungen in die Regelschule stellt sich die Frage, ob die regulären Bildungsinhalte der Volksschule auch essentielle Bildungsinhalte für diese Zielgruppe abdecken. Vergleicht man die Lehrpläne der Volksschule mit denjenigen für Kinder mit einer geistigen Behinderung, fallen unterschiedliche Akzentuierungen auf. So ist das Lernfeld *Selbstversorgung* in den meisten Rahmenlehrplänen der Geistigbehindertenpädagogik anzutreffen, wo es hingegen in den Lehrplänen der Regelschule explizit nicht auftaucht. Eine inklusive Schule, so die Grundannahme, soll das Thema *Selbstversorgung – für sein Selbst sorgen* nicht dem Zufall überlassen oder nach aussen delegieren. Ausgehend von den Themenfeldern und Kategorien bundesdeutscher Rahmenlehrpläne und der ICF wird aufgezeigt, welche Inhalte und Kompetenzen Lernende sich in diesem Lernfeld aneignen können. *Selbstversorgung – für sein Selbst sorgen* umfasst fachliche (Fachkompetenzen), auf das Selbst bezogene (Selbstkompetenzen) und soziale Handlungskompetenzen (Sozialkompetenzen). In dieses Feld hinein kann ein handlungsbezogener Unterricht mit dem übergreifenden Thema *Selbstversorgung* gebaut werden.

Einleitung

Marco[1] ist behindert. Er hat das Down-Syndrom. Trotz allem arbeitet er zu 70% als Schulhausabwart in einer kleinen Schule. Er wohnt selbstständig in einer Zweizimmerwohnung. In gewissen Lebensbereichen bekommt er Unterstützung. Er fühlt sich wohl, gestaltet

---

1   vgl. Simon: *Simons Weg – Ein Leben mit Downsyndrom,* Schweizer Fernsehn SRF, Sendung DOK-03.05.2013, 21.00

sein Leben selbstständig und kommt im Alltag gut zurecht. Seine Freizeit ist vielseitig, er strickt, er geht regelmässig joggen, macht regelmässig ab, besucht im Bildungsclub auch Weiterbildungskurse. Er kann weitgehend sich selbst versorgen und für sein Selbst sorgen. Er verfügt in diesem Bereich über viele Handlungskompetenzen. Diese sind sowohl für seine individuelle Lebensgestaltung wie auch für seine Arbeit von besonderer Bedeutung.

Sven, neunjährig, ist ein Knabe mit leicht überdurchschnittlicher Begabung und stammt aus einer Mittelschichtfamilie. Die Eltern achten darauf, dass sich Sven und seine beiden Geschwister regelmässig an Hausarbeiten, wie Kochen, Putzen usw. beteiligen. Sven hilft gerne und kann schon einige einfache Menus selber kochen. Seine Spezialität sind die Hackbällchen, die er selbstständig von Grund auf machen kann. Mit seinen Kleidern geht er sorgfältig und bewusst um.

Sandra, elfjährig lebt in einer Institution. Sie ist schwerbehindert. Sie fühlt sich dort wohl und die Institution ist bemüht, Sandra bei der Gestaltung ihres Alltags zu beteiligen. So versuchen die Betreuerinnen und Betreuer, Sandra immer wieder in Entscheidungen miteinzubeziehen, z. B. welches T-Shirt sie anziehen möchte, oder ob sie zum Znüni lieber Früchte oder Joghurt essen möchte. Grundsätzlich wird versucht, Sandras Bedürfnisse und Wünsche in Bezug auf ihre Lebensgestaltung aufzugreifen und diese zu unterstützen.

Diese drei Beispiele zeigen auf, wie verschieden die Voraussetzungen und die Möglichkeiten einzelner Menschen in Bezug auf ihre *Selbstversorgung und ihre Sorge für ihr Selbst* sind. Die Verschiedenartigkeit bezieht sich sowohl auf das Lernen als auch auf die Gewichtung essentieller Lernfelder für die Schule. Handlungskompetent, so die Grundannahme, sind sie alle drei im Rahmen ihrer Möglichkeiten und Fähigkeiten. Dies ist wichtig in Bezug auf eine möglichst selbstständige Lebensgestaltung.

Im Bereich der Regelschulpädagogik wird meist davon ausgegangen, dass die Schulkinder im Bereich der Selbstversorgung selbstständig sind. Sollten sie ein minimales Mass an Selbstständigkeit in alltäglichen Aktivitäten noch nicht erlangt haben, wird es als Aufgabe der Eltern angesehen, ihre Kinder darin zu unterweisen. In Lehrplänen der Geistigbehindertenpädagogik ist dies anders. Hier werden die zu erlernenden Handlungskompetenzen in der Selbstversorgung stark gewichtet. Selbstversorgung ist wesentlich als Voraussetzung möglichst hoher Selbstständigkeit und Autonomie. In den Rahmenlehrplänen der verschiedenen Bundesländer in Deutschland trifft man auf den Begriff *Selbstversorgung* ausschliesslich im Kontext der Geistigbehindertenpädagogik. In der

Zuständigkeit der Förderung im Bereich Selbstversorgung

Grund- und Hauptschule ist dieses Lernfeld so nicht ausgeschildert. Auch im Lehrplan 21[2] ist der Begriff Selbstversorgung[3] nicht anzutreffen.

Im Rahmen inklusiver Schulungsformen steigt die Notwendigkeit, erweiterte Bildungsinhalte anzubieten. Ein solcher Inhalt ist die Selbstversorgung. Es gilt hier explizit, Handlungskompetenzen auszuschildern und diese als Lerngegenstände anzubieten. Im Rahmen dieses Artikels gehen wir folglich von einem erweiterten Bildungsverständnis aus, das sich nicht bloss mit der Vermittlung von Fachwissen und -können nahe den Kulturtechniken zufrieden gibt.

Leitziele in der Geistigbehindertenpädagogik als Ausgangspunkt der Kompetenzbestimmungen

Das Erreichen grösstmöglicher Selbstständigkeit und Autonomie als Leitziel

Die leitende Idee aller Bildungsbemühungen ist das Erreichen grösstmöglicher Selbstständigkeit und Autonomie, um damit an einem gesellschaftlichen Leben selbstbestimmt zu partizipieren. Um dieses Bildungsziel zu erreichen, sind unterschiedliche Kompetenzen notwendig. Verallgemeinernd kann man von Selbst-, Sozial- und Fach-/Sachkompetenzen reden. Diese Zielperspektive ist umfassend und gleichsam bedeutend für alle Lernenden.

ICF: Körperfunktionen / Mentale Funktionen

Für eine möglichst selbstständige Lebensgestaltung spielen die Handlungskompetenzen im Bereich der Selbstversorgung generell eine zentrale Rolle. Es ist davon auszugehen, dass das Lernfeld Selbstversorgung für Lernende mit einer kognitiven Beeinträchtigung eine bedeutsamere Rolle spielt als für solche Schüler und Schülerinnen, die dies im ausserschulischen Alltag so nebenbei erlernen. Im Rahmen dieses Beitrags wird am Lerngegenstand *Selbstversorgung* aufgezeigt, wie sich Sach-, Selbst- und Sozialkompetenzen gegenseitig bedingen und wie sich z.B. das Anziehen, die Körperpflege oder das Kochen als umfassender Bildungsinhalt eignen.

ICF: Umweltfaktoren/ Einstellungen

Dabei ist auch zu beachten, dass unsere Erwartungen darüber, was eine Person erreichen kann, unsere Einschätzung ihrer Fähigkeiten und ihre Selbsteinschätzung stark prägen (Bohl und Grunder 2004, 14 in Somazzi und Weber 2012, S. 94). So werden die Erwar-

---

2   Lehrplan der Schweizerischen Erziehungsdirektorinnen- und -direktorenkonferenz (EDK) für die deutschsprachigen Kantone der Schweiz
3   Auf den Begriff «Selbstversorgung» trifft man in der ICF. Internationale Klassifikation der Aktivitäten und Partizipation, Kapitel 5: Selbstversorgung (d5).

tungen zum Erlernen umfassender Handlungskompetenzen in der Selbstversorgung möglichst hoch gesetzt.

Diese Leitgedanken bilden den Rahmen für die Ausführungen zu den Handlungskompetenzen und der Bedeutung der Handlungskompetenzen im Bereich der Selbstversorgung. Bevor wir ins Detail gehen und konkret Handlungskompetenzen im Lernfeld der Selbstversorgung im Entwicklungsspektrum von 4 bis 8 Jahren zu beschreiben versuchen, beschäftigen wir uns im Folgenden näher mit dem Bildungsverständnis und dem Begriff der Handlungskompetenz.

Bildungsverständnis – ein kurzer Exkurs!

Grundsätzliche Fragen, die sich im Zusammenhang mit inklusiver Schule und der Bildung von Menschen mit Behinderungen immer wieder stellten und stellen, sind solche nach deren Bildungsfähigkeit, den relevanten Bildungsinhalten und der Unterrichtsorganisation, z.B. gemeinsamer oder separativer Unterricht. Um auf solche Fragen Antworten zu finden, ist eine Auseinandersetzung mit dem Bildungsbegriff nötig.

Behinderung

Separation

Der Bildungsbegriff versucht die Frage nach dem Verhältnis des Individuums zur Welt zu beantworten, zentral ist dabei unsere Vorstellung von der Aneignung der Welt durch das Subjekt. Der Bildungsbegriff beschreibt «den Entwicklungsprozess eines Individuums im Austausch mit der ihn umgebenden Welt, indem das Individuum seine Erkenntnisse, Fähigkeiten und Fertigkeiten erweitert» (Terfloth und Bauersfeld, 2012, S. 54).

Bildung wird demnach nicht als ein zu erreichendes Ziel, sondern eher als ein Verarbeitungsmodus von Welt- und Selbsterfahrungen gedacht. Bildungsprozesse kommen dort in Gang, wo wir durch Fremdes herausgefordert werden und die Grundfiguren unseres Welt- und Selbstverständnisses anpassen müssen. Bildung ist ein Prozess der Be- oder Verarbeitung widerständiger Erfahrung (Kokemohr, 2007, S. 25).

Bildung als ein Verarbeitungsmodus von Welt- und Selbsterfahrungen

Im Unterricht mit kognitiv beeinträchtigten Schülerinnen und Schülern geht es um die Wahrnehmung und angemessene Unterstützung der Lernmöglichkeiten. Dies macht in Bezug auf das schulische Lernen und das Bildungsverständnis das Spezifische dieser Fachrichtung aus. Bildungsinhalte müssen so aufbereitet werden, dass sie für Menschen mit geistiger Behinderung zugänglich werden können. ➡ Siehe auch Kapitel Sturny-Bossart und Ottiger-Bachmann. Ein Spannungsfeld, das sich hier eröffnet, ist, dass bei Menschen mit geistiger Behinderung Einschränkungen in den Lernvoraussetzungen verortet werden, «die oftmals als unzureichend für die Auseinandersetzung mit anspruchsvollen Bildungsinhalten gesehen werden (Janz und Lamers 2003, Janz et al. 2009)» (Terfloth und Bauersfeld, 2012, S. 37). Aus diesem Grund haben lebenspraktische **Lebenspraktische und fächerbezogene Bildungsinhalte** tische Bildungsinhalte in der Geistigbehindertenpädagogik eine lange Tradition und nehmen auch heute noch oftmals einen deutlichen Schwerpunkt ein (ebd. S. 39). Es sind wichtige Bildungsinhalte.

Neben lebenspraktischen Bildungsinhalten sind aber auch kulturell bedeutsame Bildungsinhalte und individuelle Kompetenzen zentral, um an der Leitidee der grösstmöglichen Selbstständigkeit und Autonomie sowie der gesellschaftlichen Teilhabe festzuhalten. Dies widerspiegelt sich auch in den umfassenden Aufgabenfeldern der aktuellen Bildungspläne, die sehr komplex sind.

Die Auswahl der Bildungsinhalte muss bewusst in den Fokus genommen werden. Insbesondere darf die Debatte um die Gewichtung lebenspraktischer und fächerbezogener Bildungsinhalte in einer inklusiven Schule nicht fehlen (vgl. Terfloth und Bauersfeld, 2012, 2012, S. 57).

Bei Bildungsprozessen mit Menschen mit geistiger Behinderung **Lernaktivitäts-Barrieren minimieren** geht es darum, Barrieren im Hinblick auf die Lernaktivität zu minimieren (Terfloth und Bauersfeld, 2012, S. 41). Hier bietet sich die entwicklungslogische Didaktik Feusers (1989/1999) an. Zentral ist, dass eine Auseinandersetzung mit einem Bildungsinhalt auf verschiedenen kognitiven Ebenen stattfindet – dies gilt für jeglichen Unterricht, an dem Schülerinnen und Schüler mit geistiger Behinderung teilnehmen. ➡ Siehe auch Kapitel Müller Bösch und Schaffner Menn. Bildungsinhalte werden dahingehend ausgesucht, ob diese auf allen kognitiven Ebenen dargeboten werden können. Inhalte sollen passend für verschiedene Lernzugänge gemacht werden. «Alle Kinder alles lehren, mit ihren jeweiligen individuellen und dominanten Aneignungsmöglichkeiten» (Terfloth und Bauersfeld, 2012, S. 52).

Handlungskompetenzen mit dem Fokus «Selbstversorgung – für sein Selbst sorgen»

Handlungskompetenz ist die Voraussetzung für die Fähigkeit, seinen Alltag, sein Leben in der Gegenwart und Zukunft zu gestalten. Konkret heisst Handlungskompetenz, Handlungen vollziehen zu können und zu einem Handlungsergebnis zu gelangen. Handlungskompe-

tenz ist gebunden an die motorisch-sensorischen, sozial-emotio-
nalen und perzeptiv-kognitiven Voraussetzungen (Nieuwesteeg-
Gutzwiler und Somazzi, 2010, S. 26) und ist abhängig von den
Kontextfaktoren. Handlungskompetenz stellt hohe Anforderungen
an die Lernenden. Eigene Interessen und Bedürfnisse müssen einerseits wahrgenommen und anderseits anderen mitgeteilt werden
können. Ebenso müssen die Bedürfnisse und Interessen anderer
wahrgenommen und berücksichtigt werden können. Sie ist gebunden an die Vorstellungsfähigkeit, an die Planungsfähigkeit und an
Probehandeln. Sie erfordert Kommunikations- und Interaktionsfä-
higkeit, setzt motorische Fertigkeiten und Techniken voraus und
hängt ebenso von der Fähigkeit zur Selbsteinschätzung und Kontrolle ab (vgl. Mühl, 1979, S. 69; Pitsch und Thümmel, 2012, S. 5).
Handlungskompetenzen beinhalten verschiedenste Fähigkeiten und
Fertigkeiten und weit mehr als nur das sichtbare Handlungsergebnis. Sie werden einer Person zugeschrieben. «Kompetenzen sind
aber nicht direkt überprüfbar, sondern nur über ihre beobachtete
Realisierung erschliess- und evaluierbar» (Erpenbeck und Rosen-
stiel 2003 in Somazzi und Weber, 2012, S. 94).

> Handlungskompe-
> tenz beinhaltet mehr
> als ein sichtbares
> Handlungsergebnis

Über Handlungskompetenzen verfügen alle Menschen. «Handlungskompetent ist eine Person, die aktiv und selbstorganisiert handeln und dieses Handeln auf die Umsetzung von Plänen und Vorha-
ben in bestimmten Lebensbereichen richten kann» (Somazzi und
Weber, 2012, S. 8).

Wenn wir das Leitziel *möglichst selbstständige und selbstbestimmte Lebensgestaltung* vor Augen haben, ist es gut nachvollziehbar, dass gerade Handlungskompetenzen im Bereich der Selbstversorgung eine zentrale Rolle einnehmen. Das Lernfeld der
Selbstversorgung ist in der so beschriebenen Weise umfassend: *Für
sich selber sorgen – und damit – für sein Selbst sorgen.*

Die Handlungskompetenz im Bereich *Selbstversorgung – für
sein Selbst sorgen* umfasst drei untergeordnete Teilkompetenzen,
die Fach-, Selbst- und Sozialkompetenz (Somazzi und Weber 2012,
S. 9). Dabei ist die Fachkompetenz in die Bereiche Fachwissen und
Fachkönnen unterteilt.

Grundsätzlich gilt, dass im Bereich der Selbstversorgung die
Kompetenzkomponente[4] *anwenden können* aus mehr besteht als
Wissen. Konkret bedeutet das, dass der Lernende nicht lediglich
über Körperpflege oder gesundes Essen reden können sollte (soge-

---

4   vgl. *www.hfh.ch/fileadmin/files/documents/Dokumente_SHP/Broschuere_SHP_Auf-
gaben-Kompetenzen_low_nb.pdf* (9.1.2014)

nanntes *träges* Wissen). Er muss zusätzlich das Wissen anwenden und umsetzen können.

Kinder lernen viele dieser Handlungskompetenzen, wie z.b. sich anziehen, Verschlüsse öffnen oder schliessen, eigene Bedürfnisse wahrnehmen und mitteilen können, in der Regel *nebenbei,* während des alltäglichen, ausserschulischen Tuns. Menschen mit geistiger Behinderung[5] benötigen in diesem Bereich gezielte Förderung und Unterstützung.

Die Fähigkeit zur selbstständigen Lebensgestaltung Die Fähigkeit zur selbstständigen Lebensgestaltung beinhaltet vielfältige Handlungskompetenzen aus dem Bereich der *Selbstversorgung – für sein Selbst sorgen* wie Körperpflege – Hygiene (Wie wasche ich meine Hände? Wie gehe ich aufs Klo?), Kleidung und Mode (Wie ziehe ich mich um? Schuhe binden, Knöpfe schliessen usw.), Ernährung (Wie esse ich? Wie schneide ich Fleisch?) und Bewirtung, Einkauf – Verkauf – Umgang mit Geld, Umgang mit Geräten und deren Wartung, Instandhaltung – Reparatur – Dekoration, Umgang mit Terminen, Pflege, Wahrnehmung und Achtsamkeit bezogen auf das eigene Selbst und die eigenen Bedürfnisse.

Bei der Selbstversorgung mit dem Themenfeld *Ich-Du-Wir,* stellen sich weiter Fragen wie: Wie koche ich für Freunde? Wie gehe ich mit *mir unbekannten Telefonanrufern* und ihren Anliegen um? Wie muss *ich mich für ein Bewerbungsgespräch* anziehen? Was mache ich in der Freizeit? Welchen Umgang pflege *ich mit sozialen Netzwerken?* In diesem zweiten Aspekt geht es also nicht nur um das *Ich,* sondern auch um das *Du-Wir* in Verbindung zum *Ich.*

Kompetenzmodell im Bereich «Selbstversorgung – für sein Selbst sorgen»

Fach- und Sachkompetenz Bei jedem Lerngegenstand können in vielfältiger Weise Kompetenzerweiterungen stattfinden. Im hier dargestellten Kompetenzmodell[6] sind nicht nur konkrete Kompetenzerweiterungen an *Fach- und Sachkompetenzen* im Sinne von Fachwissen und -können darge-

---

5 Im Rahmen dieses Artikels ist Fokus im Wesentlichen auf Kinder und Jugendliche mit leichten geistigen Behinderungen gerichtet. Kinder, die im Spektrum des präoperativen und teilweise operativen Denkens sind.

6 Die Aufstellung des Kompetenzmodells Selbstversorgung lehnt sich stark an Jensen, Somazzi und Weber (2012) an. Die Autoren haben mit ihrem Kompetenzmodell im technischen und textilen Gestalten eine Vorlage geschaffen, die sich sehr gut auf den Bereich der Selbstversorgung übertragen lässt.
Dieser Referenzrahmen bietet den Vorteil, dass sich die Erkenntnisse in jeweils andere Themenfelder problemlos übertragen lassen.

stellt. Je nach didaktischer und pädagogisch interaktiver Gestaltung der Lerneinheiten können weitere Kompetenzen erworben werden – Kompetenzen in den Bereichen der *Selbst- und Sozialkompetenz.* Gerade das Thema Selbstversorgung schliesst die Seite des sich entwickelnden Selbst in hohem Masse sowie dessen soziale Bezogenheit mit ein.

Selbst- und Sozial-
kompetenz

In einer ersten Übersicht (vgl. Tabelle 1) werden die sich aufeinander beziehenden Teilkompetenzbereiche abgebildet: Fach- und Sachkompetenz *Selbstversorgung,* Selbst- und Sozialkompetenz.

Die aufgeführten Themenfelder im Bereich der Fach-/Sachkompetenz sind systematisch aus sechs Rahmenlehrplänen deutscher Bundesländer herausgearbeitet worden. In diesen Bildungs- und Rahmenlehrplänen ist Selbstversorgung vor allem für Kinder mit einer geistigen Behinderung gedacht. Diese systematische Analyse hat den kategorialen Rahmen innerhalb ICF-CY vielerorts konkretisiert und in einen pädagogischen Rahmen gestellt (vgl. Hollenweger und Kraus de Camargo, 2011).

Die vier Aspekte des Fach-Könnens sind leitend für einen handlungsorientierten Unterricht.[7]

Als Orientierungsrahmen für die Bereiche Selbst- und Sozialkompetenz dient die von Jensen, Somazzi und Weber (2012) entwickelte Systematik im technischen und textilen Gestalten. Sie ist für den hier verwendeten Zweck im Bereich der Selbstversorgung adaptiert worden.

Selbstkompetenzen

Mit Selbstkompetenz im Bereich der Selbstversorgung meinen wir die Fähigkeiten der Schülerinnen und Schüler, die eigene Selbstversorgung zu planen, deren Ausführung zu kontrollieren, Erfahrungen zu überdenken und das eigene Tun zu verantworten (Jensen, Somazzi und Weber, 2012). Bildungsrelevante Schlüsselfragen sind entlang der in Tabelle 1 aufgeführten Kategorien beschrieben. Diese Schlüsselfragen können konkretisiert gelesen werden mit der Referenz *Selbstversorgung.*

Sozialkompetenzen

Unter Sozialverhalten im Bereich der Selbstversorgung verstehen wir die Fähigkeiten von Schülerinnen und Schülern, sich offen gegenüber sozialen Normen zu zeigen und Grundregeln in Bezug auf die Kernthemen aufzunehmen und anzueignen (Jensen, Somazzi und Weber, 2012).

---

7   Aspekt der Fach-Könnens (vgl. Bühler et al. 2010, S. 23)

TABELLE 1_ Kompetenzmodell

Fach- und Sachkompetenz Selbstversorgung		Selbstkompetenz	Sozialkompetenz
Fachwissen	*Fachkönnen*		
Themenfelder:	Produkt	Selbstständigkeit und Selbstverant- wortlichkeit	Beziehungsgestal- tung
Ich – Du – Wir	Handlungsergebnis		Kommunikation und Austausch
Körper, Gesundheit	Elementare Fertig- keiten	Vorstellungs- vermögen	Prosoziale Fähig- keiten
Aussenwelt, Soziales	Gestalten	Problemlösungs- und Planungsver- mögen	Respekt und Tole- ranz. Akzeptanz sozialen Normen
Technik, Medien	Problem lösen	Anpassungs- und Lernfähigkeit	Kritik- und Konflikt- fähigkeit
		Reflexionsfähigkeit	
		Ausdauer und Konzentrations- fähigkeit	
		Fähigkeit zur Re- gulierung der eigenen Emotionen	

TABELLE 2

Kriterien	Mögliche Indikatoren (Eingangsniveau)
Selbstständigkeit und Selbstverantwortlichkeit «Ich kann es alleine tun und verantworten.»	Kann ich herausfinden, was für mich wichtig ist? Kenne ich meine Bedürfnisse (z.B. Kleider, Nahrung)? Sind diese Bedürfnisse sozial akzeptiert? Bin ich stolz darauf, wenn es mir gelingt, für mich selbst zu sorgen?
Vorstellungsvermögen Problemlösungs- und Planungsvermögen «Ich bin in der Lage, Abläufe denkerisch zu planen.»	Kann ich diverse Abläufe im Bereich der Selbstver- sorgung planen und in sinnvoller Reihenfolge durchführen? Kann ich den Plan erkennen, wiedergeben und evtl. abändern? Kann ich in Aktivitäten antizipieren, was am Schluss das Ergebnis des Handelns ist?
Anpassungs- und Lernfähigkeit «Es könnte auch anders kommen als ich es mir vorgestellt habe.»	Kann ich veränderte Bedingungen erkennen und mich wenn nötig anpassen? Kann ich meine Pläne revidieren und Veränderungen zulassen?

Reflexionsfähigkeit	Kann ich in relevanten Bereichen der Selbstversorgung über meine Bedürfnisse nachdenken?
«Ich denke über mein Tun nach.»	Kann ich über relevante Rahmenbedingungen nachdenken?
	Kann ich über mein Tun im Rahmen von Aktivitäten im Rahmen von Selbstversorgung nachdenken?
	Kann ich auf früher gemachte Erfahrungen zurückgreifen und aus diesen Erfahrungen Profit ziehen?
Ausdauer und Konzentrationsfähigkeit	Kann ich mich mit Ausdauer einer Tätigkeit, einer Aufgabe, einer Versorgung widmen?
«Ich gebe bei Problemen, die sich mir in den Weg stellen, nicht gerade auf.»	Kann ich mich auf eine Tätigkeit hin fokussieren?
Fähigkeit zur Regulierung der eigenen Emotionen	Kann ich mit meinen Bedürfnissen und Wünschen in sozial angemessener Weise umgehen?
«Ich nehme meine Emotionen wahr.»	Kann ich eigene Wünsche vorübergehend in den Hintergrund stellen?

TABELLE 3

Kriterien	Mögliche Indikatoren (Eingangsniveau)
Beziehungsgestaltung	Kann das Kind sich selber und andere im Handeln wahrnehmen?
	Kann das Kind andere beobachten und imitieren?
«In Beziehung mit anderen sein.»	Kann das Kind mit anderen zusammen etwas entwickeln (z.B. einen gemeinsamen Ausgang planen und durchführen)?
Kommunikation und Austausch	Kann sich das Kind in Gesten und Worten ausdrücken und auf diese Weise in Kontakt mit anderen treten?
«Ich kann mich anderen mitteilen.»	Kann das Kind seine Wünsche anderen gegenüber ausdrücken?
	Kann das Kind Wünsche anderer empfangen?
Prosoziale Fähigkeiten	Kann das Kind seine Aktivitäten durchführen und dabei die Bedürfnisse der anderen mitbedenken (z.B. Auswahl von Menus, Kleiderwahl)?
«Ich kann mich in andere hineinfühlen.»	Kann das Kind mit anderen zusammenarbeiten (z.B. gemeinsames Kochen)?
	Kann das Kind anderen helfen, wenn Hilfe benötigt wird (beobachtbar bei gemeinsamen Aktivitäten wie Kochen, Putzen)?
Respekt und Toleranz. Akzeptanz sozialer Normen	Kann das Kind soziale Normen akzeptieren und eigenes Handeln danach ausrichten (Kleider, Hygiene)?
	Kann das Kind andere Meinungen und Gewohnheiten achten, ohne dabei die eigenen Überzeugungen aufzugeben?
«Ich respektiere andere Meinungen.»	Kann das Kind sorgfältig mit Gegenständen (z.B. Lebensmitteln, Geräten) umgehen?
Kritikfähigkeit und Konfliktfähigkeit	Kann das Kind anderen zuhören, wenn die eigenen Aktivitäten besprochen (evtl. bewertet) werden?
«Anderen die Meinung sagen, von anderen deren Meinung hören.»	Kann das Kind anderen in angemessener Weise eine Rückmeldung geben (z.B. zu Aussehen, Kleiderwahl)?
	Kann das Kind mithelfen, Schwierigkeiten zu besprechen und zu lösen?

Fach- und Sachkompetenzen im Bereich Selbstversorgung

Was der Lerngegenstand im Fachbereich *Selbstversorgung* ist, hängt von der Definition des Begriffs ab. Im vorliegenden Artikel wird von einem umfassenden Begriff der Selbstversorgung ausgegangen. Selbstversorgung soll nicht reduziert werden auf die alltagstheoretisch verstandenen Anwendungsbereiche: *Kleidung, Hygiene, Essen und Gesundheit.* Selbstversorgung wird um die psychische Komponente *Für-sein-Selbst-sorgen erweitert.*

In der Zusammenstellung der verschiedenen Kategorien diente wie bereits erwähnt die ICF-CY als erster Referenzrahmen. Dieser wurde erweitert und teilweise konkretisiert durch verschiedene Rahmenlehrpläne[8] aus deutschen Bundesländern. Die Auflistung[9] der daraus entstanden Kategorien ist zwar sehr umfassend, löst die Diskussion darüber nicht auf, was genau zum Begriff der *Selbstversorgung* gehört und wie er sich von anderen begrifflichen Konstruktionen abgrenzt. Der hier verwendete Begriff *Selbstversorgung* ist ein hypothetisches Konstrukt, hinterlegt mit Themenfeldern aus einschlägigen Lehrmitteln.

Themenfelder «Selbstversorgung»

TABELLE 4_Themenfelder

Themenfeld: Ich – Du – Wir

Wer bin ich	Körperwahrnehmung, Geschlecht, körperliche Bedürfnisse: Bewegung – Ruhe, WC, Selbstbild
Verantwortung für sich selbst	Eigenes Wohlbefinden, Wünsche/Interessen, Entscheidungen, eigene Bedürfnisse wahrnehmen, Nähe/Distanz, Mein/Dein, Gefühle, Selbstwertgefühl
Mitmenschen	Interaktionen, Vorbilder, Freundschaften, Zuwendung
Aufgaben und Pflichten	Selbstwirksamkeit, Helfen bei Haushaltsarbeiten, Reinigungs- und Pflegearbeiten, Abfall, anderen helfen, Tieren helfen

---

8 Auflistung der analysierten Lehrpläne vgl. Verzeichnis Anhang
9 Die Analyse der Rahmenlehrpläne aus den deutschen Bundländern haben S. Barraud und H. Steffen im Rahmen ihrer Masterarbeiten (2013) an der Hochschule für Heilpädagogik in Zürich vorgenommen

TABELLE 5_Themenfelder

Themenfeld: Körper, Gesundheit

Körperpflege und Hygiene	Gesicht und Hände reinigen, Zahnpflege, Toilette, Baden/Duschen, Nagelpflege, Duftnoten (Deo, Parfum), Nase putzen, Haarpflege
Kleidung	An- und Auskleiden, Verschlüsse, Auswahl der Kleider, Kleider versorgen/ Kleiderpflege, tägliche Lebensnotwendigkeiten, lagern (Kleider), Vorliebe für Kleider, Kleider herstellen und reparieren
Ernährung	Vorliebe und Abneigung, Essen und Trinken, Esssituationen, Zubereitung von Speisen, Nahrungsmittel und Getränke, Umgang mit heissen Lebensmitteln, Flaschen und Verpackungen öffnen, Lebensmittel abmessen und wiegen, tägliche Lebensnotwendigkeiten, lagern (Lebensmittel, Medikamente), Lebensmittel und Küchengeräte
Gesundheit/ Pflege und Versorgung	Lokalisation von Befindlichkeiten, eigene Sicherheit, Selbstschutz, medizinische Versorgung, Umgang mit Hilfsmitteln, Erste Hilfe, Notfälle, auf eigene Gesundheit achten

TABELLE 6_Themenfelder

Themenfeld: Aussenwelt, Soziales

Einkaufen	Einkaufsmöglichkeiten kennen, Einkauf planen, Einkaufen, Umgang mit Geld
Wohnen	Wohnmöglichkeiten, Adresse, Zusammenleben, Zimmer gestalten/ organisieren, Zimmer instand halten, Material versorgen, Innen- und Aussenpflanzen pflegen, Orientierung (räumlich)
Geografie/ Verkehr	Zu Hause und Umgebung, Schule und Umgebung, Schulweg, Orientierung zum Ort, Verkehrswege, am Verkehr teilnehmen, Verkehrsmittel benützen
Natur/ Zeit	Tageszeiten (Morgen, Nachmittag), Wochentage, Monate, Jahreszeiten, Feste, Zeitabläufe, ein bestimmter Zeitpunkt (Uhr), Wetter, Temperaturen
Freizeit	Gemeinschaftsleben, alleine sein, Spiel, sich an Regeln halten, Sport, Kunst und Kultur, Kunsthandwerk, Hobbys, Geselligkeit, öffentliche Institutionen (Zoo, Schwimmbad), Vereine

TABELLE 7_Themenfelder

Themenfeld: Technik, Medien

Technik	Technik erleben, Handhabung und Nutzung, Gefahrenquellen (Feuer, Strom), Geräte als Hilfsmittel, Wartung Haushaltsgeräte, auf eigene Sicherheit achten
Medien	Technische Handhabung, Medien nutzen, Umgang mit Medien (Gefahren, Kosten), Informationsbeschaffung, Medien als Hilfsmittel

Themenfelder Selbstversorgung Die hier aufgeführte Liste ist als eine Sammlung von Themenfeldern zur Selbstversorgung zu verstehen. Erst durch eine detaillierte methodisch-didaktische Planung und Umsetzung *werden diese Themenfelder zu Lerngegenständen,* an denen systematisch Handlungskompetenzen erworben und vertieft werden können.

Der im Rahmen dieses Beitrags gesetzte Schwerpunkt fokussiert bei den Fach- und Sachkompetenzen den Aspekt des *Könnens* (vgl. Tabelle 8). Im Entwicklungsalter zwischen 4 und 8 Jahren bevorzugen Lernende das Arbeiten am und mit dem konkreten Gegenstand. Ein solches Tun stellt für dieses Entwicklungsalter die günstigste Aneignungsform dar.

Vier Aspekte des Fach-Könnens

TABELLE 8_Aspekte des Fach-Könnens (in Anlehnung an Bühler et al. 2010, 23)

Produkt, Handlungsergebnis	Elementare Fertigkeit	Gestalten, Tun	Problem lösen
Eine Handlung und/oder ein Handlungsergebnis präzis ausführen.	Eine noch unbekannte Handlung erlernen – Erarbeiten eines grundlegenden Handlungsschemas.	Handelnd etwas mit vorgegebenen Materialien gestalten, kreativ sein, eigene Ideen umsetzen.	Probleme, die sich beim Handeln ergeben wahrnehmen und Lösungswege suchen. (Probleme als Lerngegenstände zulassen)

Vier Aspekte des Fach-Könnens In den meisten Handlungen sind alle der vier Aspekte mehr oder weniger enthalten. Beim handlungsbezogenen Lernen ist jedoch wichtig, sich immer bewusst zu sein, welcher Aspekt beim Handeln im Vordergrund steht. Daraus ergeben sich für die Planung, für die Prozesse und für die Reflexion – vor allem aber auch für die Interaktionen mit den Lernenden bedeutsame Konsequenzen.

In der folgenden Tabelle wird dies an Beispielen aus dem Bereich Selbstversorgung konkretisiert.

TABELLE 9_Beispiele von handlungsbezogenem Lernen im Bereich der Selbstversorgung

	Produkt Handlungs- ergebnis	Elementare Fertigkeit	Gestalten	Problem lösen
Anziehen	Angezogen sein	Verschlüsse öffnen und schliessen	Auswahl der Kleider	Reihenfolge – wie muss ich mich anziehen?
Duschen	Geduscht sein	Einseifen Mit Sprühkopf hantieren abspülen usw.	Wassertemperatur wählen Dauer, welche Körperteile wie lang, wann, geniessen	Nicht alles nass machen, überall sauber sein, Haare mit richtigem Shampoo waschen

Ein handlungsbezogener Unterricht in den aufgeführten Themenfeldern (s. Abschnitt zu Fach- und Sachkompetenzen im Bereich Selbstversorgung) berücksichtigt in der Planung also immer Fragen nach dem *Handlungsergebnis, den elementaren Fertigkeiten, dem Gestalten und dem Problemlösen.* Diese Überlegungen machen das Thema *Selbstversorgung* erst zum Lerngegenstand, an dem Kompetenzen erworben werden können.

Planungshilfe: Handlungsorientierter Unterricht «Selbstversorgung – für sein Selbst sorgen»

Die in den vorangehenden Abschnitten dargestellten Elemente des handlungsbezogenen Unterrichts *Selbstversorgung – für sein Selbst sorgen* sollen nachfolgend zusammengefügt werden. Die folgende Darstellung kann zum Zweck der Übersichtsplanung als auch konkret zur Unterrichtsplanung herangezogen werden. Die Darstellung soll nochmals verdeutlichen, dass Lerngegenstände aus den Themenfeldern der Selbstversorgung sinnvollerweise verbunden werden mit jenen der Selbst- und Sozialkompetenz. – *Themen der Selbstversorgung werden bewusst didaktisch erweitert durch den Aspekt für sein Selbst sorgen (siehe Selbst und Sozialkompetenz). So erst erweitert sich das Thema zu einem umfassenden Bildungsgegenstand.*

Themenfelder verbunden mit Selbst- und Sachkompetenz

Übersichtsplanung

TABELLE 10_Planungshilfe

Handlungskomptenz im Bereich Selbstversorgung
Kontreter Arbeitsauftrag

Fach- und Sachkompetenz Selbstversorgung

Fachwissen	Fachkönnen	Selbstkompetenz	Sozialkompetenz
☐ Themenfeld: Ich – Du – Wir*	☐ Produkt Handlungs-ergebnis	☐ Selbstständigkeit und Selbstverantwortlich-keit	☐ Beziehungsgestaltung
☐ Themenfeld: Körper, Gesund-heit*	☐ Elementare Fertigkeiten	☐ Vorstellungsvermögen	☐ Kommunikation und Austausch
	☐ Gestalten		☐ Prosoziale Fähigkeiten
		☐ Problemlösungs- und	
☐ Themenfeld: Aus-senwelt, Soziales*	☐ Problem lösen	Planungsvermögen	☐ Respekt und Toleranz. Akzeptanz sozialer
☐ Themenfeld: Technik, Medien*		☐ Anpassungs- und Lern-fähigkeit	Normen
		☐ Reflexionsfähigkeit	☐ Kritik- und Konflikt-fähigkeit
*Präzisierung vgl. Abschnitt Fach- und Sachkompetenzen im Bereich der Selbstversorgung		☐ Ausdauer und Konzen-trationsfähigkeit	
		☐ Fähigkeit zur Regulie-rung der eigenen Emotionen	

Anhand eines trivialen Beispiels soll aufgezeigt werden, wie aus einem Thema ein umfassender Lerngegenstand geplant werden kann. Dabei ist die Auswahl bzw. Fokussierung auf einzelne Aspekte der Kompetenzen entscheidend. Man könnte, anders fokussiert – anders geplant, denselben Gegenstand *Fruchtsalat* bearbeiten und dabei vollkommen andere Kompetenzen abrufen. Es wird hier von einer detaillierten Planung ausgegangen. Dabei soll die Aussage gelten: Wer exakt plant, irrt genauer!

Unterrichtsplanung (Beispiel)

TABELLE 11_Beispiel Fruchtsalat

Handlungskomptenz im Bereich Selbstversorgung
Fruchtsalat herstellen

Fach- und Sachkompetenz Selbstversorgung

Fachwissen	Fachkönnen	Selbstkompetenz	Sozialkompetenz
☐ **Themenfeld:** Ich – Du – Wir	☐ Produkt Handlungsergebnis	☑ Selbstständigkeit und Selbstverantwortlichkeit	☐ Beziehungsgestaltung
☑ **Themenfeld:** Körper, Gesundheit*	☑ Elementare Fertigkeiten	☑ Vorstellungsvermögen	☐ Kommunikation und Austausch
— Zubereitung von Speisen	☐ Gestalten	☑ Problemlösungs- und Planungsvermögen	☑ Prosoziale Fähigkeiten
— Vorliebe und Abneigung	☑ Problem lösen	☐ Anpassungs- und Lernfähigkeit	☐ Respekt und Toleranz. Akzeptanz sozialer Normen
— Lebensmittel und Küchengeräte		☐ Reflexionsfähigkeit	☑ Kritik- und Konfliktfähigkeit
☐ **Themenfeld:** Aussenwelt, Soziales*		☐ Ausdauer und Konzentrationsfähigkeit	
☐ **Themenfeld:** Technik, Medien		☐ Fähigkeit zur Regulierung der eigenen Emotionen	
*Auswahl vgl. Abschnitt Fach- und Sachkompetenzen im Bereich der Selbstversorgung			

Exemplarische Kommentare zu den ausgewählten Kompetenzen

Am Beispiel der Herstellung eines Fruchtsalats wurden in der Planung beispielhaft die verschiedenen Ebenen aufeinander bezogen. Die folgende Zusammenstellung ist nicht abschliessend, kann es wohl auch niemals sein. Sie zeichnet den Denkrahmen auf, in dem Themen der Selbstversorgung im erweiterten Sinne in Handlungskompetenzen überführt werden.

Fachwissen   Fachwissen

Themenfeld: Körper, Gesundheit
Unterthemen: Zubereitung von Speisen, Vorliebe und Abneigung, Lebensmittel und Küchengeräte

- Gesunde Ernährung (Ernährungspyramide)
- Früchte (Einheimische, Tropische Früchte)
- Früchte: saisonal vs. ganzjährig
- Halten und Haltbarkeit von Früchten, Verderben von Früchten
- Vorlieben: Geschmackselemente von Früchten (z.B. Konsistenz, Säuregehalt)
- Werkzeuge zur Verarbeitung
- Verarbeitungsgeschwindigkeit
- usw.

Fachkönnen   *Fachkönnen*
Produkt, Handlungsergebnis (wird in der Aufgabe *nicht* als Schwerpunkt behandelt)
- Fruchtsalat nach Vorlage[10] für 8 Personen herstellen
- Selbstständige Durchführung der Arbeiten (angepasste Lernumgebung und unterstützende Lernmaterialien)
- Tischen, anrichten und dekorieren
- Zusammenstellen der benötigten Küchengeräte (Schäler, Messer, Schüssel, Schneidebrett usw.)
- Gemeinsame Besprechung des Ergebnisses

Elementare Fertigkeit (Schwerpunkt vgl. Tabelle 8)
- Früchte schälen (z.B. Kiwi, Banane), entkernen (Handhabung je nach Frucht)
- Schneiden der Früchte (taktil-kinästhetisch)
- Einhalten einer Reihenfolge (z.B. Zuckerwasser, 1 EL Zitronensaft, Fruchtstücke, Anrichten, Dekorieren mit Rahm)

Gestalten (wird in der Aufgabe *nicht* als Schwerpunkt behandelt)
- Anrichten und Dekorieren
- Z. B. Früchte gezielt nach Farben zusammenstellen
- Evtl. Beeren als Farbtupfer verwenden

Probleme Lösen (Schwerpunkt vgl. Tabelle 8)
- Reihenfolge einhalten
- Früchte verarbeiten (Schalen, Konsistenz, schlechte Teile wegschneiden, Umgang mit Mengen usw.)
- Persönlicher Umgang mit Lob und Kritik bei der Besprechung
- Umgang mit der Vorgabe *selbstständig* (Was beinhaltet dieses Selbstständigkeit? Wann hole ich mir gezielte Hilfe usw.)

---

10 Für Lernende, die nicht sinnerfassend Texte lesen, können die Rezepte mit Bildabläufen vorgelegt werden

Selbstkompetenz
— Selbstständigkeit ist im Rahmen der individuellen Voraussetzungen zu interpretieren (Unterstützung zu Rezeptvorlagen auf den jeweiligen Aneignungsniveaus – z.B. bildhaft, symbolisch mit Piktogrammen, Texten)
— Rezeptvorlagen müssen lesbar (interpretierbar) sein und dem Vorstellungsvermögen entsprechen (Das Vorstellungsvermögen von Lernenden im Entwicklungsalter von 4 Jahren unterscheidet sich von jenem Lernender im Entwicklungsalter von 8 Jahren).[11]
— Die auftauchenden Probleme sollen möglichst selbstständig gelöst werden. Die Lösungswege können am Schluss besprochen werden.

Sozialkompetenz
— Etwas für andere herstellen; schön und liebevoll gestalten
— Evtl. individuell dekorieren
— Besprechung des Arbeitsprozesses (Umgang mit Lob und Kritik)

Selbstkompetenz

Sozialkompetenz

Weitere Themenfelder – Lerngegenstände – Handlungskompetenzen

Die hier skizzierte Vorgehensweise am trivialen Beispiel des *Fruchtsalats* ist auch bei anderen Themen (vgl. Themenfelder im Abschnitt *Fach- und Sachkompetenzen im Bereich der Selbstversorgung*) anwendbar. Es geht dabei im Wesentlichen darum, eine Auswahl aus der Themenliste zu nehmen und diese Themen mit möglichen Fragen angereichert zu Lerngegenständen zu machen. Die exakte Planung im oben skizzierten Sinne führt zu umfassenden Bildungsangeboten im Kompetenzbereich *Selbstversorgung – für sein Selbst sorgen.*

Beispiele von Lerngegenständen (vgl. Themenfelder)
— Kleiderauswahl, Kleiderpflege, Mode (Markenartikel: Muss ich das haben? Wie beeinflussen mich Modeentwicklungen? Herstellung von billigen Kleidungsprodukten)
— Umgang mit Abfall, Abfall vermeiden, richtig entsorgen
— Schminken, Umgang mit Parfum und Deo (Wie wirke ich gegen aussen?)

---

11 Es wird zwischen Entwicklungsalter und Lebensalter unterschieden. Im Rahmen integrativer Schulung von Kindern mit einer geistigen Behinderung ist diese Unterscheidung essentiell. Ein fünfzehnjähriger Junge kann beispielsweise ein Entwicklungsalter eines fünfjährigen haben.

— Umgang mit Geld (Bedürfnisse). Wofür gebe ich gerne Geld aus? Wofür nicht?
— Soziale Kontakte, soziale Medien, Umgang mit Medien (Facebook, Twitter, Chats usw.)

Literatur

Bühler, A., Bigger, A., Suter, B. und Wettstein, St. (2010). *Tun-Handeln-Denken. Handlungsbezogenes Lernen am Beispiel elementarer Werktätigkeiten.* Zürich: HfH.

Feuser, G. (1999). Integration – eine Frage der Didaktik einer Allgemeinen Pädagogik. In *Behinderte in Familie, Schule und Gesellschaft 1,* 39–49.

Feuser, G. (1989). Allgemeine integrative Pädagogik und entwicklungslogische Didaktik. In *Behindertenpädagogik* 28, 1. 4–48.

Hollenweger, J. und Kraus de Camargo, O. (2011) *ICF-CY. Internationale Klassifikation der Funktionsfähigkeit, Behinderung und Gesundheit bei Kindern und Jugendlichen.* Bern: Hans Huber, Hogrefe AG.

Kokemohr, R. (2007). Bildung als Welt- und Selbstentwurf im Anspruch des Fremden. Eine theoretisch-empirische Annäherung an eine Bildungsprozesstheorie. In H.-C. Koller, W. Marotzki und O. Sanders (Hrsg.), *Bildungsprozesse und Fremdheitserfahrung. Beiträge zu einer Theorie transformatorischer Bildungsprozesse* (S. 13–68). Bielefeld: transcript Verlag.

Mühl, H. (1979). *Handlungsbezogener Unterricht mit Geistigbehinderten.* Bonn-Bad Godesberg.

Nieuwesteeg-Gutzwiller, M.-T. und Somazzi, M. (2010). *Handlungsorientierte Ergotherapie. Das Bieler Modell als Grundlage für Ausbildung und Praxis* (Gesundheitsberufe: Ergotherapie, 1. Aufl). Bern: Huber.

Pitsch, H.J. und Thümmel, I. (2012). *Handlungsorientierter Unterricht. Eine Einführung.* Tagung HfH Handlungsbezogener Unterricht bei geistiger Behinderung. Zürich, 05.10.2012. Unveröffentlichtes Dokument.

Somazzi, M. und Weber, K. (2012). *Handlungskompetenz im technischen und textilen Gestalten. Beschreiben – Aufbauen – Einschätzen; ein Kompetenzmodell für die Unterrichtspraxis.* 1. Aufl. Bern, Buchs (Aargau): Schulverl. Plus.

Terfloth, K. und Bauersfeld, S. (2012). *Schüler mit geistiger Behinderung unterrichten. Didaktik für Förder- und Regelschule* (UTB, Bd. 3677). München u.a: Reinhardt.

Links

TABELLE 12_Verwendete Rahmen- bzw. Bildungslehrpläne	
Baden-Württemberg	Bildungsplan für geistig Behinderte http://www.bildung-staerkt-menschen.de/unterstuetzung/ schularten/SoS/SfGB/BPL_SchuleGeistigbehinderte_online_ oV.pdf
Berlin-Brandenburg	Rahmenlehrplan für Schülerinnen und Schüler mit dem sonderpädagogischen Förderschwerpunkt «Geistige Entwicklung» http://bildungsserver.berlin-brandenburg.de/rahmenlehrpla-ene.html
Niedersachsen	Rahmenlehrpläne für Förderschulen und Kinder mit Schwer-punkt geistige Entwicklung. http://www.mk.niedersachsen.de/portal/live.php?navigation_ id=1966&article_id=6378&_psmand=8
Schleswig-Holstein	Lehrplan Sonderschulen, Grundschule, weiterführende allgemeinbildende Schulen und berufsbildende Schulen http://lehrplan.lernnetz.de/index.php?wahl=9
Rheinland-Pfalz	Lehrplan zur sonderpädagogischen Förderung von Schüle-rinnen und Schülern mit dem Förderbedarf ganzheitliche Entwicklung http://lehrplaene.bildung-rp.de/schulart.html
Bayern	Lehrplan für den Förderschwerpunkt geistige Entwicklung http://www.isb.bayern.de/foerderschulen/foerderschwer-punkte/geistige-entwicklung/lehrplan/

Handlungsmöglichkeiten im Bereich Gemeinschaft, soziales und staatsbürgerliches Leben

Soziale Arbeit in der Schule

Uri Ziegele

Soziale Arbeit in der Schule erfreut sich in den deutschsprachigen Kantonen der Schweiz einer anhaltenden Verbreitung. Bezüglich Konzeption und Umsetzung des noch relativ jungen Handlungsfeldes der Sozialen Arbeit zeichnet sich aber nach wie vor eine starke Heterogenität in den jeweiligen Primar-, Sekundar-, und Berufsschulen ab.

Nach einer professionsrelevanten Einbettung der Sozialen Arbeit in der Schule und einer Klärung der beiden Funktionssysteme Soziale Hilfe und Erziehung schlägt der nachfolgende Beitrag eine Definition der Sozialen Arbeit in der Schule vor, die anschliessend entlang unterschiedlicher Kriterien ihre Ausdifferenzierung findet. Diese explizite Verortung ermöglicht zudem die Festlegung eines spezifischen Kompetenzprofils für die Professionellen der Sozialen Arbeit in der Schule.

Gegenstand der Sozialen Arbeit

Basierend auf den Prinzipien der Menschenrechte und der sozialen Gerechtigkeit fördert die Soziale Arbeit unter grösstmöglicher Berücksichtigung der Bedürfnisse ihrer Anspruchsgruppen (a) den gesellschaftlichen Wandel als auch (b) die Lösung potenzieller bzw. manifester Probleme in zwischenmenschlichen Beziehungen und (c) die Befähigung bzw. Befreiung von Menschen zur Steigerung eigenen Wohlbefindens (vgl. International Federation of Social Workers, 2000, eigene Darstellung und eigene Übersetzung[1]). Sie intendiert demzufolge einerseits die Verhinderung und Bewältigung von sozialen Problemen (vgl. Engelke, Spatscheck und Bormann, 2009) und andererseits die Förderung von sozialen Potenzialen zur Ermöglichung gelingenden (Zusammen)lebens (vgl. Husi und Villiger, 2012).

In der Praxis der Sozialen Arbeit lassen sich die nicht immer trennscharf unterscheidbaren Berufsfelder *Sozialarbeit, Sozialpäda-*

---

1 The social work profession promotes social change, problem solving in human relationships and the empowerment and liberation of people to enhance well-being. Utilising theories of human behaviour and social systems, social work intervenes at the points where people interact with their environments. Principles of human rights and social justice are fundamental to social work (vgl. International Federation of Social Workers, 2000).

gogik und *Soziokulturelle Animation*[2] mit divergierenden gesellschaftlichen Aufgaben zur Problemverhinderung und -bewältigung bzw. Potenzialförderung festlegen.

Drei Berufsfelder: Sozialarbeit – Sozialpädagogik – Soziokulturelle Animation

Steht bei der *Sozialarbeit* vor allem die problembewältigende Inklusionshilfe für äussere Lebenslagen ihrer Klienten bzw. Klientinnen im Zentrum, und bezweckt die *Sozialpädagogik* in unterschiedlichen Kontexten hauptsächlich die problemverhindernde bzw. problembewältigende Sozialisationshilfe für innere Lebenslagen ihrer Anspruchsgruppen, so kennzeichnet die *Soziokulturelle Animation* die problemverhindernde bzw. potenzialfördernde Kohäsionshilfe für ein wirksames Zusammenleben im Sozialraum (vgl. Husi und Villiger, 2012, Voisard, 2005). Dabei meint Inklusion «wie

Inklusion / Integration

Individuen für Sozialsysteme relevant und in sie einbezogen (…)» (vgl. Scherr, 2012) und Sozialisation den Lernprozess, durch den Individuen in sozialen Systemen handlungsfähig werden (vgl. Sutter 2012, Hobmair, 2013). Kohäsion bezieht sich hingegen auf den bindenden Zusammenhalt zwischen Einzelpersonen in ihren Lebenswelten (vgl. Husi und Villiger, 2012).

Innerhalb der drei Berufsfelder *Sozialarbeit, Sozialpädagogik* und *Soziokulturelle Animation* zeigen sich wiederum verschiedene Handlungsfelder[3], die – oftmals in funktionsfremden Systemen – adressatenspezifische Aufgaben beinhalten und an eigene strukturelle Rahmenbedingungen gebunden sind (vgl. Husi und Villiger,

Handlungsfeld Soziale Arbeit in der Schule

2012). Das Handlungsfeld Soziale Arbeit in der Schule lässt sich – durchaus an der Schnittstelle der drei Berufsfelder *Sozialarbeit, Sozialpädagogik* und *Soziokulturelle Animation* (vgl. Husi und Villiger, 2012) – mit entsprechenden Inklusions-, Sozialisations- und Kohäsionsbestimmungen verorten.

Funktionssysteme Soziale Hilfe und Erziehung

Moderne Gesellschaften haben über funktionale Ausdifferenzierungsprozesse operativ geschlossene Funktionssysteme mit unterschiedlichen arbeitsteiligen gesellschaftlichen Aufgaben entwickelt, die sich durch «spezifische Funktionen, Codes, Programme, Kom-

---

2 Im Diskurs zur Sozialen Arbeit als Profession und Disziplin bestehen unterschiedliche definitorische Tendenzen, die auf eine Integration bzw. Unterscheidbarkeit der Berufsfelder Sozialarbeit, Sozialpädagogik und Soziokulturelle Animation hinzielen. In der differenzierenden Konzeption zeichnen sich gleichzeitig Überschneidungen der drei Berufsfelder ab (vgl. Husi und Villiger, 2012).

3 Husi und Villiger sprechen von Arbeitsfeldern (vgl. Husi und Villiger, 2012).

munikation und symbolisch generalisierte Kommunikationsme-
dien» (vgl. Miller, 2012) charakterisieren[4]. Codes sind binär angelegt
und lauten für die Soziale Hilfe *helfen/nicht helfen* und für die Erziehung die *ermittelbar/nicht vermittelbar* und definieren aufgrund von
Informationen bzw. Operationen die Systemzugehörigkeit (vgl. Miller, 2012, Hafen, 2005). Zudem schliessen sowohl das Funktionssystem Soziale Hilfe als auch das Funktionssystem Erziehung professionelle und nichtprofessionelle Formen von Hilfe bzw. Erziehung
mit ein. So lässt sich nichtprofessionelle Soziale Hilfe als nachbar-
schaftliche, freiwillige bzw. ehrenamtliche oder innerfamiliäre Hilfe
und professionelle Soziale Hilfe mittels der drei Berufsfelder Sozialarbeit, Sozialpädagogik und Soziokulturelle Animation als Soziale
Arbeit verorten. Nichtprofessionelle Erziehung bedeutet familienin-
terne Erziehung und professionelle Erziehung ausserschulische respektive schulische Erziehung, wobei sich dem Subsystem Schule
die gesellschaftlichen Funktionen *Qualifikation, Sozialisation, Selektion* und *Integration*[5] zuordnen lassen (vgl. Zeinz, 2009). Meint auf
die Schule bezogen *Qualifikation* die Ermöglichung eines breiten
Kompetenzerwerbs der Schüler und Schülerinnen für eine gelingende Lebensgestaltung bzw. -bewältigung und *Sozialisation* «nicht-
intentionale Prozesse der Persönlichkeitswerdung» (vgl. Zeinz,
2009), ist *Selektion* als Zuordnung von Schülern und Schülerinnen
«zu verschiedenen schulischen und (...) beruflichen Laufbahnen»
(vgl. Zeinz, 2009) mittels Noten und Zeugnissen und *Integration* als
«gesellschaftliche Teilhabe von Kindern, Jugendlichen und Erwachsenen (...) mit speziellen Förderbedürfnissen» (vgl. Kiper, 2009) zu
verstehen.

    Die Verhinderung und Bewältigung von sozialen Problemen
(vgl. Engelke, Spatscheck und Bormann, 2009) bzw. die *Prävention*
und *Behandlung* von (bio)psychosozialen Problemen hingegen sind
die Funktionen der Sozialen Arbeit in der Schule. In Anlehnung an
präventionsspezifische Handlungstheorien lässt sich zudem zu den
beiden Funktionen *Prävention* und *Behandlung* auch die *Früherkennung* von (bio)psychosozialen Problemen als diagnostische Massnahme zur Strukturierung von Beobachtungen in einem sozialen

*Funktionen soziale
Arbeit in der Schule*

---

4 Symbolisches Kommunikationsmedium für das Funktionssystem Wirtschaft ist
    Geld, für das Funktionssystem Politik *Macht* und für das Funktionssystem Wissen-
    schaft *Wahrheit* (vgl. Miller, 2012).
5 Bezüglich Funktionen der Schule gibt es unterschiedliche Zuordnungen. Nebst den
    vier Funktionen Qualifikation, Sozialisation, Selektion und Integration erläutert
    Zeinz zudem noch die Personalisation (zur Entfaltung der Individualität durch
    besondere personenorientierte Lernhilfen), die Legitimation (zur Erhaltung des
    inneren gesellschaftlichen Zusammenhalts über die Vermittlung von Normen und
    Werten) und – als Gegenbegriff zur Selektion – die Allokation (vgl. Zeinz, 2009).

System festlegen (vgl. Hafen, 2005, Hafen, 2007). Nicht ungeachtet darf auch – in Anlehnung an den Gegenstand der Sozialen Arbeit – die *Förderung* von (bio)psychosozialen Potentialen (vgl. Husi und Villiger, 2012) im Sinne ungenutzter Möglichkeiten bleiben.[6]

Soziale Arbeit in der Schule

Verbreitung der Sozialen Arbeit in der Schule

Soziale Arbeit in der Schule[7] zeigt sich in den deutschsprachigen Kantonen der Schweiz erstmalig in den frühen 70er-Jahren des 20. Jahrhunderts, setzt sich in den 80er-Jahren mit isolierten Projekten fort und erfreut sich ab den 90er-Jahren zunächst in grösseren Ortschaften, später aber auch in Agglomerationen und in ländlichen Gemeinden einer nachhaltigen Verbreitung (vgl. Baier, 2008). Ab 2000 existieren in einigen Kantonen der deutschsprachigen Schweiz Bestrebungen, Soziale Arbeit in der Schule flächendeckend in allen Gemeinden einzuführen und Anstellungen für kantonale Beauftragte einzurichten. Heute hat sich die Soziale Arbeit in der Schule auch verbandspolitisch zur Förderung und Entwicklung ihres Handlungsfeldes organisiert (vgl. SchulsozialarbeiterInnen-Verband, 2013), und aktuelle Zahlen zeigen, dass nahezu 900 Professionelle der Sozialen Arbeit in den deutschsprachigen Kantonen in Primar-, Sekundar- und Berufsschulen tätig sind (vgl. Gschwind, Seiterle und Ziegele, 2013).

Definition: Soziale Arbeit in der Schule

Ist Schule ein Subsystem des Funktionssystems Erziehung und gehört Soziale Arbeit zur Sozialen Hilfe, lässt sich Soziale Arbeit in der Schule entlang von spezifischen Rahmenbedingungen, Zielen und Zielgruppen, Grundprinzipien, Funktionen und Methoden als ein an die Schule strukturell dynamisch[8] gekoppeltes, eigenständiges und schulerweiterndes Handlungsfeld der Sozialen Arbeit definieren, das von beiden professionalisierten und organisierten Subsystemen der Sozialen Hilfe bzw. Erziehung gemeinsam gesteuert wird. Sie unterstützt sowohl die (bio)psychosoziale Entwicklung und Integrität als auch die gesellschaftliche Inklusion ihrer An-

---

6   Im Folgenden werden für die Soziale Arbeit in der Schule hauptsächlich die Funktionen Prävention, Früherkennung und Behandlung von (bio)psychosozialen Problemen bedacht.

7   Im Vergleich zum Begriff Schulsozialarbeit eröffnet die Bezeichnung Soziale Arbeit in der Schule einen grösseren Definitions- und Handlungsspielraum, lassen sich doch dadurch die drei Berufsfelder Sozialarbeit, Sozialpädagogik und Soziokulturelle Animation sowie die beiden Funktionen Prävention und Früherkennung der Sozialen Arbeit verstärkt integrieren.

8   Im Sinne von kontinuierlich konstruiert.

spruchsgruppen und wirkt an einer nachhaltigen Schulentwicklung mit. Dabei bedient sich Soziale Arbeit in der Schule lebensweltnah und niederschwellig, systemisch-lösungsorientiert, diversitätssensibel und partizipativ innerhalb der verhaltens- und verhältnisbezogenen Funktionen Prävention, Früherkennung und Behandlung ihrer personen-, gruppen-, organisations- und sozialraumspezifischen Methoden der Sozialen Arbeit.

Rahmenbedingungen und Funktionen

Soll die Soziale Arbeit in der Schule mittels ihrer Funktionen die (bio)psychosoziale Entwicklung bzw. Integrität und die gesellschaftliche Inklusion ihrer Anspruchsgruppen unterstützen als auch an einer nachhaltigen Schulentwicklung mitwirken, bedarf es einer Kooperationsform, die von der Schule und der Sozialen Arbeit strategisch und operativ gemeinsam gesteuert wird und ein *integratives Modell* der Sozialen Arbeit in der Schule zulässt. Diese schulerweiternde Einbindung der Sozialen Arbeit fordert jedoch – nebst spezifischen Infrastrukturen und den Anpassungsleistungen seitens der Professionellen der Sozialen Arbeit – auch eine Neuorientierung der schulischen Fachpersonen bzw. strukturelle und kulturelle Reformen für interdisziplinäre Gestaltungsprozesse innerhalb der Schule (vgl. Hafen, 2005). Ist eine gemeinsame *Trägerschaft* jedoch nicht möglich, spricht für ein schulisches Trägermodell die geringere Konfliktanfälligkeit zwischen den beiden Systemen, die klaren Erwartungen bzw. Rollenzuschreibungen und die nachhaltige Kontinuität durch Finanzierungssicherheit durch die Schule. Eine Trägerschaft durch die Soziale Arbeit hat die Vorteile, dass Kompetenzen der Sozialen Arbeit beständig abrufbar sind, keine grossen Vereinnahmungen für schulische Zwecke geschehen können, eine hohe Autonomie bzw. Flexibilität gewährleistet werden und Soziale Arbeit in der Schule gegenüber der Schule als gleichberechtigte Verhandlungspartnerin auftreten kann (vgl. Speck, 2007). Unabhängig von den Trägermodellen sind jedoch letztlich die Kompetenzen der einzelnen Träger bzw. Trägerinnen massgebend, um ein «fundiertes und tragfähiges Konzept» (vgl. Speck, 2007) für die Soziale Arbeit in der Schule zu entwickeln, die Soziale Arbeit in der Schule erfolgreich zu implementieren, funktionsspezifische Umsetzungsprozesse und fachliche Begleitung der Sozialen Arbeit in der Schule zu garantieren und Auswertungen zu Rahmenbedingungen und zur Arbeit bzw. zur Qualitätsentwicklung zu betreiben.

Professionelle
Zusammenarbeit

Prävention –
Früherkennung –
Behandlung

Eine Funktion lässt sich als zugeschriebene Absicht und Aufgabe für «den Erhalt und die Stabilisierung» (vgl. Miller, 2012) von Systemen deuten. Von der Funktion *Behandlung* (bio)psychosozialer Probleme der Sozialen Arbeit in der Schule lässt sich sprechen, wenn ein manifestes gegenwärtiges Problem durch Interventionsversuche behoben, entschärft oder zumindest gelindert werden soll. Die Funktion *Prävention* (bio)psychosozialer Probleme hingegen meint hauptsächlich die Stärkung von Schutzfaktoren bzw. die Minderung von Risikofaktoren mittels Ursachenbehandlung, die versucht, zukünftige mögliche (bio)psychosoziale Probleme bei unbestimmten Personen zu verhindern. Analog zu Gesundheit und Krankheit lassen sich *Prävention* und *Behandlung* als Kontinuum und nicht als sich wechselseitig ausschliessende Funktionen bestimmen. Deshalb beinhaltet jede *Behandlung* auch immer präventive und jede *Prävention* immer behandelnde Interventionsaspekte. Schliesslich beabsichtigt die Funktion *Früherkennung* (bio)psychosozialer Probleme eine Strukturierung von Beobachtungen in einem sozialen System durch Fachpersonen der Schule, die auf drei Ebenen eine Systematisierung leisten möchte: die Systematisierung der Beobachtung von Anzeichen für die zu verhindernden Probleme, die Systematisierung des Austausches dieser Beobachtungen und die Systematisierung der Einleitung von allfälligen behandelnden Massnahmen (vgl. Hafen, 2005, Gschwind, Gabriel-Schärer und Hafen, 2008, Ziegele und Gschwind, 2010). Da die Soziale Arbeit in der Schule bei der *Früherkennung* nicht wie bei der *Prävention* und *Behandlung* von (bio)psychosozialen Problemen direkt mit den Anspruchsgruppen der Schule (Schüler und Schülerinnen, Erziehungsberechtigte und andere (system)relevante Personen) arbeitet, sondern mit den Lehrpersonen in spezifischen Austauschgefässen gemeinsam zu beobachtende Anzeichen reflektiert, lässt sich die *Früherkennung* somit als *Metafunktion* bestimmen. Wobei darauf hinzuweisen ist, dass gerade die *Früherkennung* nur in Bezug auf die *Prävention* und die *Behandlung* definiert werden kann. Alle drei Funktionen richten sich dabei mit ihren spezifischen Interventionen bzw. ihrer diagnostischen Massnahme nicht nur an einzelne Personen (Verhalten), sondern auch an deren soziale Systeme mit ihren komplexen strukturellen und kulturellen Bedingungen (Verhältnis). Indem von den Professionellen der Sozialen Arbeit in der Schule bei der *Prävention* vor allem die Mitwirkung im Schulalltag, bei der *Früherkennung* die Unterstützung von Fachpersonen der Schule und bei der *Behandlung* die Bearbeitung manifester (bio)psychosozialer Probleme von zentraler Bedeutung sind, übernehmen sie innerhalb der jeweiligen Funktion unterschiedliche Rollen, ohne dabei die Handlungslogik der Sozialen Arbeit aufzugeben (vgl. Gschwind, Gabriel-Schärer und Hafen, 2008).

Zielgruppen und Ziele

Eine umfassende, auf die verhaltens- und verhältnisorientierten Funktionen Prävention, Früherkennung und Behandlung von (bio)-psychosozialen Problemen ausgerichtete Soziale Arbeit in der Schule richtet sich nicht nur an problembelastete Schüler und Schülerinnen. Vielmehr steht sie allen Kindern, Jugendlichen, Erziehungsberechtigten und anderen relevanten Bezugspersonen zur Verfügung und kooperiert je nach Bedarf inter- bzw. transdisziplinär mit der Schulleitung und den Lehrpersonen bzw. anderen Fachpersonen der Schule sowie mit relevanten schulischen und schulnahen Diensten.

In Bezug auf die Ziele der Sozialen Arbeit in der Schule lässt sich *Entwicklung* als «biologische, psychische, soziale und kulturelle Prozesse» (vgl. Miller, 2012) und als eine «gerichtete Reihe von miteinander zusammenhängenden Veränderungen des Erlebens und Verhaltens im Laufe des Lebens» (vgl. Hobmair, 2008) verorten, die nur in einer bestimmten Abfolge auftreten können. Nebst den «Veränderungen des Erlebens und Verhaltens im Laufe der Zeit und ihren Ursachen sowie (...) [den] Aufgaben, die das Individuum abhängig von seiner Entwicklung lösen muss» (vgl. Hobmair, 2008) meint Entwicklung auch eine «nachhaltige Veränderung von Kompetenzen» (vgl. Flammer, 2009), wobei die individuelle Entwicklung durch sich wechselseitig beeinflussende Bedingungen bestimmt wird: durch genetische Faktoren, durch Umwelteinflüsse und durch die Selbststeuerung (vgl. Hobmair, 2008).

In enger Verbindung zur *Integrität* steht das «Prinzip der Personalität» (vgl. Miller, 2012), das sich einerseits auf die individuelle Einmaligkeit, die unantastbare Würde von Personen als «absoluter, d.h. unveräusserlicher sittlicher Wert» (vgl. Miller, 2001), den Anspruch auf Kompetenzentwicklung und andererseits auf sinnstiftende und verantwortungsbewusste Lebensgestaltung bezieht.

Professionelle der Sozialen Arbeit in der Schule können physische, soziale, emotionale und kognitive Aspekte der *Entwicklung* ihrer Anspruchsgruppen unterstützen, indem sie Kompetenzen für die «reflexive Distanznahme zur eigenen Person» (vgl. Cassée, 2010), Kompetenzen für den «konstruktiven Umgang mit anderen Menschen» (vgl. Cassée, 2010), Kompetenzen für geplante und gezielte Lösungsprozesse und Kompetenzen für die Beschreibung, Erklärung und Bewertung von Situationen thematisieren und fördern (vgl. Christen Jakob und Gabriel-Schärer, 2007). Bezüglich *Integrität* müssen Professionelle der Sozialen Arbeit in der Schule die individuelle Einmaligkeit und Autonomie anerkennen, Personen und deren Handlungen verstehen und auch mögliches Missglücken respektieren, die Selbstbestimmung und Selbstständigkeit unterstützen, den Selbstwert achten und fördern und auch für die eigene Selbstbestimmung (also die der Professionellen) sorgen (vgl. Miller, 2001).

Inklusion / Integration

Inklusion meint primär den Zugang zu unterschiedlichen Funktionssystemen und beschreibt die Beziehung zwischen Individuum und gesellschaftlichen Systemen (vgl. Miller, 2012). Sie setzt eine hohe persönliche Eigenleistung und spezifische Kompetenzen voraus, um den unterschiedlichen Inklusionsbedingungen der Funktionssysteme zu entsprechen bzw. um für Funktionssysteme bedeutsam und von ihnen einbezogen zu werden (vgl. Miller, 2012, Scherr, 2012). ➥ Siehe auch Kapitel Felkendorff und Luder.

Als ein «reflexives Verfahren zur Veränderung des Sozialverhaltens von Organisationsmitgliedern, bei gleichzeitiger oder vorhergehender Veränderung der Organisationsstrukturen zum Zweck verbesserter Arbeitserfüllung» (vgl. Holtappels, 2009[9]) kann *Schulentwicklung* bzw. Organisationsentwicklung verstanden werden, ein «offenes, planmässiges, zielorientiertes und langfristiges Vorgehen [also] im Umgang mit Veränderungsforderungen und Veränderungsabsichten in sozialen Systemen» (vgl. Holtappels, 2009[10]). Sie strebt die Ermöglichung von personen-, gruppen- und systemspezifischen «Lernanlässen und -situationen» an und verfährt entlang der Phasen von «Analyse, Zielklärung, Diagnose, Aktionsplanung/-umsetzung und Evaluation» (vgl. Holtappels, 2009[11]).

ICF: Umweltfaktor

Professionelle der Sozialen Arbeit in der Schule sind darauf bedacht, sowohl Inklusionsbestrebungen zu unterstützen als auch förderliche und bedürfnisorientierte Inklusionsbedingungen der jeweiligen Systeme zu erwirken (vgl. Miller, 2012, Scherr, 2012). Ein integratives Modell der Sozialen Arbeit in der Schule lässt sie zudem mit ihren spezifischen Kompetenzen und in angebrachter Art und Weise an der Weiterentwicklung der Schule aktiv teilhaben.

---

9 Holtappels bezieht sich hier auf Schmuck et al. (1977) und Rolffs (1993).
10 Holtappels bezieht sich hier auf Schmuck et al. (1977) und Rolffs (1993).
11 Holtappels bezieht sich hier auf Schmuck et al. (1977) und Rolffs (1993).

Grundprinzipien und Methoden

Soziale Arbeit in der Schule strukturiert sich hinsichtlich *Grundprin-zipien* einerseits möglichst nahe an den Lebenswelten der An-spruchsgruppen und spontan zugänglich für Kinder, Jugendliche und Erziehungsberechtigte, Schulleitungen und Lehrkräfte sowie schulische und schulnahe Dienste. Andererseits bezieht sie bei funk-tionsspezifischen Interventionen wann immer denkbar die relevan-ten sozialen Systeme der Adressatinnen und Adressaten mit ein und unterstützt ressourcen- und prozessgeleitet, Differenz und Viel-falt wahrnehmend bzw. akzeptierend deren individuellen Partizipa-tions- und Lösungsmöglichkeiten.

Methoden der Sozialen Arbeit thematisieren jene Konzeptas-pekte, die eine geplante, einsichtige und möglichst abschätzbare Gestaltung von Unterstützungsprozessen anstreben. Dabei müssen sie situativ den beteiligten Personen und deren Zielvorstellungen als auch den Erfordernissen des Handlungsfeldes, den jeweiligen Institutionen und gesellschaftlichen Rahmenbedingungen gerecht werden (vgl. Galuske, 2009). Methoden der Sozialen Arbeit in der Schule

Da sich Soziale Arbeit in der Schule über die drei verhaltens- und verhältnisorientierten Funktionen Prävention, Früherkennung und Behandlung definiert und sich für sie kein spezifisches metho-disches Handeln ableiten lässt (sie sich somit der Methoden der So-zialen Arbeit bedienen muss), scheint es durchaus sinnvoll, die Funktionen der Sozialen Arbeit in der Schule und die personen-, gruppen-, organisations- und sozialraumspezifischen Interventions-ebenen in eine berufsrelevante Systematisierung zu integrieren.

So eignet sich innerhalb der Sozialen Arbeit in der Schule auf den gruppen-, organisations- und sozialraumspezifischen Interven-tionsebenen sicherlich für die Prävention die *Projektmethodik,* die mittels einer fundierten Projektbegründung – zeitlich und strukturell festgelegt – von Bedürfnissen und einem Handlungsbedarf aus-geht, unter grösstmöglichem Einbezug der Betroffenen eine inten-dierte Projektwirkung formuliert und die benannten Ziele mithilfe gegebener Projektressourcen umsetzt, nicht ohne abschliessend die Prozesse und Ergebnisse mit den Beteiligten zu evaluieren (vgl. Wil-lener, 2007).

Ist die Früherkennung und Frühintervention in der Schule ein-mal implementiert, können Professionelle der Sozialen Arbeit in der Schule auf der organisationsspezifischen Interventionsebene in festgelegten Strukturen *Praxisberatungen* durchführen, indem sie die anstehenden Austausch- und Interventionsprozesse unter den anwesenden Fachpersonen der Schule moderieren und der Gruppe beratend zur Förderung der selbstgesteuerten Beobachtung, der gemeinsamen ressourcenorientierten Reflexion und der allfälligen Frühintervention zur Seite stehen.

Nach wie vor bleibt in der Behandlungsfunktion die personenbezogene *systemisch-lösungsorientierte Beratung* von Kindern, Jugendlichen, Erziehungsberechtigten und Lehrpersonen eine zentrale Methode der Sozialen Arbeit in der Schule, welche mit spezifischen Gesprächstechniken und einer neutralen, respektvollen und offenen Haltung durch Irritationen und Anregungen ressourcen- und lösungsorientiert den Möglichkeitsspielraum der Adressatenschaft vergrössern möchte (vgl. Hafen, 2007).

In zum Teil funktionsübergreifenden *systemisch-lösungsorientierten Gruppen- und Klassenberatungen bzw. -begleitungen* lassen Professionelle der Sozialen Arbeit in der Schule auf der gruppenspezifischen Interventionsebene in Kooperation mit Lehrpersonen nach einer genauen gemeinsamen Auftrags- und Rollenklärung lebenswelt-, bedürfnis- und ressourcenbezogen mittels Förderung von Autonomie und Eigensinn, von unterschiedlichen Perspektiven und Handlungsspielräumen und durch fachlich ausgewiesene und kompensatorische Hilfe und einer situationsadäquaten Strukturierung ihre Schüler und Schülerinnen partizipativ gemeinsame Ziele suchen und ausgehandelte Lösungen umsetzten und überprüfen (vgl. Schmidt-Grunert, 2009, Geissler, 2009).

Abschliessend sei noch als wesentliche Methode der Sozialen Arbeit in der Schule auf der sozialraumspezifischen Interventionsebene die *Vernetzung und Kooperation mit dem Gemeinwesen* als wichtige Voraussetzung einer gelingenden Triage beziehungsweise Zusammenarbeit erwähnt, die sich vorerst an den Schnittstellen zu schulischen und schulnahen Diensten wie Schulische Heilpädagogik, Tagesschule, Offene Kinder- und Jugendarbeit, Schulpsychologischer Dienst usw. beziehungsweise Behörden und weiteren Fachstellen zeigt, sich jedoch durchaus sozialraumausgerichteter denken liesse.

Kompetenzprofil

Individuelle Kompetenzen lassen sich als Vermögen und Bereitschaft unter Rückgriff auf Wissen, Können und Wollen bestimmen, um in einer bestimmten Situation oder angesichts einer Aufgabe aktiv konkrete Handlungen und Leistungen zu erbringen. Die Soziale Arbeit unterscheidet zwischen den vier Kompetenzfeldern

Selbst-, Sozial-, Methoden- und Fachkompetenz, die jeweils Kompetenzen mit ausdifferenzierten (Verhatens)dimensionen festlegen[12] (vgl. Christen Jakob und Gabriel-Schärer, 2007).

Ausgehend von den vier Kompetenzfeldern und entlang der drei Funktionen Prävention, Früherkennung und Behandlung von (bio)-psychosozialen Problemen zeichnet sich für die Soziale Arbeit in der Schule ein spezifisches *Kompetenzprofil* ab, wobei sich nicht alle Kompetenzen direkt den Funktionen zuordnen lassen und somit auch als allgemeine Schlüsselkompetenzen der Sozialen Arbeit gedeutet werden können (vgl. Christen Jakob und Gabriel-Schärer, 2007). So sind die Kompetenzfelder Selbst- und Sozialkompetenz durchwegs funktionsübergreifend.[13] Beim Kompetenzfeld Methodenkompetenz zeigt sich hingegen zu den eher allgemeinen Kompetenzen methodengeleitete Aufgabenbearbeitung, Verhandlung, wissenschaftliches Arbeiten, Medienkompetenz und Organisationsentwicklung eine erdenkliche Funktionszuschreibung: Sind bezüglich Prävention nebst der schon erwähnten Projektmethodik die Kompetenzen partizipative Prozessgestaltung und Gruppen leiten bzw. begleiten von Bedeutung, erfordert die Behandlungsfunktion zur zentralen Kompetenz Beratung eine fachkundige Ressourcenerschliessung bzw. -vermittlung. Da die Früherkennung soziale Kommunikationsprozesse in der Schule fördern und gestalten möchte, müssen Professionelle der Sozialen Arbeit in der Schule eine sensitive Anschlussfähigkeit an die Fachpersonen der Schule erfüllen und eine kontextgeeignete Modellentwicklung zur Systematisierung der Beobachtung von Anzeichen für die zu verhindernden Probleme, des Austausches dieser Beobachtungen und der Einleitung von früh behandelnden Massnahmen begleiten können, um allenfalls anschliessend inhalts- und prozessorientierte Praxisberatungen zu übernehmen. ➡ Siehe auch Kapitel Hollenweger sowie Kapitel Luder und Kunz.

Das Kompetenzfeld Fachkompetenz schlussendlich bedingt ebenfalls Schlüsselkompetenzen wie Kenntnisse über die Geschichte der Sozialen Arbeit, Berufsorganisationen, den Berufsethos, die

---

12 Beispiel Kompetenzfeld Sozialkompetenz. Kompetenzen: Gestaltung von Kommunikation und Kontakt, Umgang mit Konflikt und Widerstand, Gestaltung von (Arbeits)beziehungen, Rollenhandeln bzw. -gestalten. Dimensionen Gestaltung von Kommunikation und Kontakt: Sprache, Ausdrucksfähigkeit und Verständlichkeit, Kontaktaufnahme und Haltung(en), Aufrechterhaltung der Kommunikation und nonverbale Präsenz, Wechsel zwischen Kommunikationsebenen sowie Kontaktbeendung (vgl. Christen Jakob und Gabriel-Schärer, 2007).

13 Das Kompetenzfeld Selbstkompetenz beinhaltet die Kompetenzen (Selbst)wahrnehmung und -reflexion, Umgang mit Anforderungen, Selbstrepräsentation und selbstgesteuertes Lernen (vgl. Christen Jakob und Gabriel-Schärer, 2007)

Mandatierung der Sozialen Arbeit (Wissen zur Profession), über das Sozialwesen bzw. die Sozialpolitik, das Bildungswesen bzw. die Bildungspolitik, Diversity-Management und Gendermainstreaming, Familien- und Gesellschaftspolitik (Wissen zum Kontext) und über die Wissenschaft der Sozialen Arbeit, Pädagogik, Ethik, Psychologie, Soziologie, Ethnologie bzw. Kulturwissenschaft, Ökonomie (Volks- und Betriebswirtschaft) und Gender Studies (Wissen aus Disziplinen).

Spezifische Fachkompetenzen der Sozialen Arbeit in der Schule sind Kenntnisse über die Berufsfelder Sozialarbeit, Sozialpädagogik und Soziokulturelle Animation, Kenntnisse über die Funktionen Prävention, Früherkennung und Behandlung von (bio)psychosozialen Problemen bzw. die Förderung von Potenzialen und Kenntnisse über die Zielgruppen und Ziele, Funktionen und Methoden, Grundprinzipien und Rahmenbedingungen der Sozialen Arbeit in der Schule (Wissen zur Profession) als auch Kenntnisse über Sozial- bzw. Bildungsstrukturen vor Ort (Wissen zum Kontext).

Als funktionsrelevante Fachkompetenzen lassen sich für die Prävention Kenntnisse über gesellschaftliche Brennpunkte (Wissen zum Kontext) und über Grundbedürfnisse, Entwicklungsaufgaben und (Lebens)kompetenzen (Wissen aus Disziplinen), für die Früherkennung Kenntnisse über Wahrnehmung und Beobachtung, Interaktion und Kommunikation (Wissen aus Disziplinen) und für die Behandlung Kenntnisse über Sozialhilfe, Kindes- und Erwachsenenschutzrecht und Schweigepflicht (Wissen zur Profession) verorten.

Literatur

Baier, F. (2008). Schulsozialarbeit. In F. Baier und St. Schnurr (Hrsg.), *Schulische und schulnahe Dienste. Angebote. Praxis und fachliche Perspektiven* (S. 87 – 120). Bern: Haupt.

Cassée, K. (2010). *Kompetenzorientierung. Eine Methodik für die Kinder- und Jugendhilfe. Ein Praxisbuch mit Grundlagen, Instrumenten und Anwendungen* (2. Aufl.). Bern: Haupt

Christen Jakob, M. und Gabriel-Schärer, P. (Hrsg.) (2007). *Werkstattheft Kompetenzprofil für den Bachelor-Studiengang Soziale Arbeit.* Luzern: Hochschule Luzern – Soziale Arbeit.

Engelke, E., Borrmann, St. und Spatscheck, Ch. (2009). *Theorien der Sozialen Arbeit. Eine Einführung* (5. Aufl.). Freiburg im Br.: Lambertus

Flammer, A. (2009). *Entwicklungstheorien. Psychologische Theorien der menschlichen Entwicklung* (4. vollständig überarbeitete Aufl.). Bern: Huber.

Galuske, M. (2009). *Methoden der Sozialen Arbeit. Eine Einführung.* Weinheim und München: Juventa.

Geissler, S. (2009). *Systemische Schulsozialarbeit. Ein Modell systemischer Gruppenberatung* (Version 5). Privates Skript.

Gschwind, K., Gabriel-Schärer, P. und Hafen, M. (2008). Eine Disziplin – viele Aufgaben. Schulsozialarbeit zwischen Prävention, Früherkennung und Behandlung. *SozialAktuell,* (12), 44 – 47.

Gschwind, K. Seiterle, N. und Ziegele, U. (in print). *Soziale Arbeit in der Schule. Definition und Standortbestimmung.* Luzern: Interact.

Hafen, M. (2005). *Soziale Arbeit in der Schule zwischen Wirklichkeit. Ein theorie-geleiteter Blick auf ein professionelles Praxisfeld im Umbruch.* Luzern: Interact.

Hafen, M. (2007). *Grundlagen der systemischen Prävention. Ein Theoriebuch für Lehre und Praxis.* Heidelberg: Carl-Auer Verlag.

Hobmair, H. (Hrsg.). (2008). *Psychologie* (4. Aufl., 2. korrigierter Nachdruck). Troisdorf: Bildungsverlag EINS.

Hobmair, H. (Hrsg.). (2013). *Pädagogik.* Köln: Bildungsverlag EINS.

Holtappels, H. G. (2009). Unterrichtsentwicklung un Schulentwicklung. In S. Blömeke, Th. Bohl, L. Haag, G. Lang-Wojtasik und W. Sacher (Hrsg.). *Handbuch Schule* (S. 588 – 592). Bad Heilbrunn: Verlag Julius Klinkhardt.

Husi, G. und Villiger, S. (2012). *Sozialarbeit, Sozialpädagogik, Soziokulturelle Animation. Theoretische Reflexionen und Forschungsergebnisse zur Differenzierung Sozialer Arbeit.* Luzern: Interact.

International Federation of Social Workers. (2000). *Definition of Social Work.* (Online). http://ifsw.org/policies/definition-of-social-work/ (20. 08. 2013)

Kiper, H. (2009). Betreuung, Kompensation, Förderung, Integration, Beratung als weitere schulische Aufgaben. In S. Blömeke, Th. Bohl, L. Haag, G. Lang-Wojtasik und W. Sacher (Hrsg.). *Handbuch Schule* (S. 87 – 94). Bad Heilbrunn: Verlag Julius Klinkhardt.

Miller, T. (2001). *Systemtheorie und Soziale Arbeit. Entwurf einer Handlungstheorie* (2. überarbeitete und erweiterte Aufl.). Stuttgart: Lucius und Lucius.

Miller, T. (2012). *Inklusion – Teilhabe – Lebensqualität. Tragfähige Beziehungen gestalten. Systemische Modellierung einer Kernbestimmung Sozialer Arbeit.* Stuttgart: Lucius und Lucius.

Scherr, A. (2012). Inklusion. In J. V. Wirth und H. Kleve (Hrsg.), *Lexikon des systemischen Arbeitens. Grundbegriffe der systemischen Praxis, Methodik und Theorie* (S. 175 – 178). Heidelberg: Carl-Auer Verlag.

Schmidt-Grunert, M. (2007). *Soziale Arbeit mit Gruppen. Eine Einführung* (3. Aufl.). Freiburg i. Br.: Lambertus

SchulsozialarbeiterInnen-Verband SSAV. (2013). *SchulsozialarbeiterInnen-Verband.* (Online). http://www.ssav.ch/ (20. 08. 2013)

Speck, K. (2007). *Schulsozialarbeit. Eine Einführung.* München und Basel: Reinhardt.

Sutter, T. (2012). Sozialisation. In J. V. Wirth und H. Kleve (Hrsg.), *Lexikon des systemischen Arbeitens. Grundbegriffe der systemischen Praxis, Methodik und Theorie* (S. 385 – 387). Heidelberg: Carl-Auer Verlag.

Voisard, M. (2011). *Präventiv intervenieren. Plädoyer für eine angemessene Beurteilung der Möglichkeiten von Prävention.* Heidelberg: Carl-Auer Verlag.

Willener, A. (2007). *Integrale Projektmethodik. Für Innovation und Entwicklung in Quartier, Gemeinde und Stadt.* Luzern: Interact.

Zeinz, H. (2009). Funktionen der Schule. In S. Blömeke, Th. Bohl, L. Haag, G. Lang-Wojtasik und W. Sacher (Hrsg.). *Handbuch Schule* (S. 87–94). Bad Heilbrunn: Verlag Julius Klinkhardt.

Ziegele, U. und Gschwind, K. (2010). Intervention, Prävention, Früherkennung: drei Funktionen, viele Kompetenzen. *SozialAktuell,* (12), 12–15.

Anhang

Glossar

Adaptiver Unterricht beinhaltet einen zirkulären Planungs- und Reflexionsprozess. Die Lehrperson erfasst zuerst die Lern- und Verhaltensvoraussetzungen der Schülerinnen und Schüler, um in einem weiteren Schritt die Lernangebote zu planen und der Heterogenität anzupassen. In der Umsetzung im Unterricht passt sie ihre Unterrichtsangebote durch Interventionen laufend den situativen Lernmöglichkeiten an. Nach dem Unterricht reflektiert sie die Auswirkungen und plant weitere Unterrichtssituationen. Ziel der adaptiven Unterrichtsplanung ist die optimale Passung der Lernangebote an die individuellen Lernmöglichkeiten.

Adaptiver Unterricht

Über die Symptomatik Unaufmerksamkeit, motorische Unruhe und Impulsivität wird eine ganze Gruppe von Störungsbildern definiert, die in den gebräuchlichen Klassifikationssystemen ICD-10 und DSM IV als Hyperkinetischen Störungen (HKS) bzw. Aufmerksamkeitsdefizit- und Hyperaktivitätsstörung (ADHS) beschrieben und mit diagnostischen Kriterien versehen werden (vgl. Bundesärztekammer, 2006).

ADHS

Behinderung ist eine Schwierigkeit der Funktionsfähigkeit auf biologischer, individueller oder sozialer Ebene, in einem oder mehreren Lebensbereichen, so wie sie von einem Individuum mit einem Gesundheitsproblem in Interaktion mit Kontextfaktoren erlebt wird. Übersetzung durch J. Hollenweger; im Original: «Disability is a difficulty in functioning at the body, person, or societal levels, in one or more life domains, as experienced by an individual with a health condition in interaction with contextual factors» (Leonardi, Bickenbach, Ustun, Kostanjsek und Chatterji, 2006).

Behinderung

Am 13. Dezember 2006 wurde in New York die UNO-Konvention über die Rechte von Menschen mit Behinderungen («International Convention on the Rights of Persons with Disabilities»; Behindertenrechtskonvention oder kurz: BRK) von der UNO-Generalversammlung verabschiedet. Basierend auf der Feststellung, dass sich Menschen mit Behinderung trotz verschiedener Menschenrechtsinstrumente in allen Teilen der Welt nach wie vor Barrieren bei ihrer Teilnahme als gleichberechtigte Mitglieder der Gesellschaft sowie

Behindertenrechtskonvention

Verletzungen ihrer Menschenrechte gegenübersehen, konkretisiert die BRK deshalb bereits bestehende menschenrechtliche Verpflichtungen der Vertragsstaaten im Hinblick auf Menschen mit Behinderung. Die BRK ist ein verbindlicher Völkerrechtspakt: Vertragsstaaten gehen mit der Ratifizierung konkrete Verpflichtungen ein.

Besondere pädagogische Bedürfnisse	→ *Special Educational Needs (SEN)*

Dyskalkulie / Mathematikschwierigkeiten
Diskalkulie wird wie folgt definiert: «Diese Störung besteht in einer umschriebenen Beeinträchtigung von Rechenfertigkeiten, die nicht allein durch eine allgemeine Intelligenzminderung oder eine unangemessene Beschulung erklärbar ist. Das Defizit betrifft vor allem die Beherrschung grundlegender Rechenfertigkeiten wie Addition, Subtraktion, Multiplikation und Division, weniger die höheren mathematischen Fertigkeiten, die für Algebra, Trigonometrie, Geometrie oder Differential- und Integralrechnung benötigt werden» (DIMDI, 2014, F81.2). Da diese kategoriale Definition sehr spezifisch ist und es im Unterricht um Situationen geht, in denen eine Schülerin oder ein Schüler Schwierigkeiten im mathematischen Lernen zeigt, wird hier von Mathematikschwierigkeiten gesprochen.

Förderplanung (IEP)
Individuelle Förderplanung oder IEP (individual educational planning) steht für die Planung von Förderung für Schülerinnen und Schülern mit besonderen Bedürfnissen. Dazu gehören im hier vorliegenden Verständnis sämtliche Schritte von der Erfassung und Beschreibung der Lern- und Verhaltensvoraussetzungen, dem Analysieren und Verstehen der erschwerten Lehr-Lernsituation und dem daraus abgeleiteten Planen und Entscheiden, um Unterricht, Lernangebote und Fördermassnahmen zielbezogen planen und anpassen zu können. Im Weiteren ist auch das Unterrichten und die Umsetzung der geplanten Massnahmen wie auch deren Evaluation und das Erfassen der Auswirkungen mit gemeint.

Gemeinsamer Gegenstand
Als Gemeinsamer Gegenstand wird im Sinne eines sozial-konstruktivistischen Lehr-Lernverständnis eine Erkenntnis bezeichnet, welche in einer Lerngruppe entsteht. Deshalb wird das Gemeinsame grossgeschrieben. Diese in der Lerngruppe entstanden Erkenntnis ist geprägt durch die Auseinandersetzung mit einem Kerngedanken eines kulturell gewachsenen, zukunftsrelevanten Inhalts, Phäno-

mens oder Gegenstands. Durch den Gemeinsamen Gegenstand werden alle Lernenden in einen bedeutsamen, zielorientierten Lernprozess eingebunden. In die Unterrichtsplanung fliesst die individuelle Vorstellung der Lehrperson betreffend dem Gemeinsamen Gegenstand mit ein, indem ein gemeinsames Problem, eine gemeinsame Fragestellung, ein gemeinsames übergeordnetes Ziel, eine gemeinsam entwickelte (Projekt-)Idee oder ein gleicher fachlicher Kerngedanke als Initiator für Lernen in Kooperation am Gemeinsamen Gegenstand gesetzt und im dialogischen Prozess im Unterricht weiterentwickelt wird.

Sturm (2013, S. 19) definiert Heterogenität als «...Ergebnis von Vergleichen, die eingebunden in soziale und kulturelle Zusammenhänge stattfinden». Im Anschluss an diese Definition bedeutet schulische Heterogenität die Feststellung von unterschiedlichen Eigenschaftsausprägungen von Schülerinnen und Schülern im Vergleich mit anderen Schülerinnen und Schülern in denjenigen Diversitätsdimensionen, die von der Schule als bedeutsam wahrgenommen werden.

Heterogenität

International Classification of Functioning, Disability and Health (WHO, 2006): kurz ICF. Die Weltgesundheitsorganisation (WHO) hat 2001 zur besseren Erfassung von Behinderungen eine neue Klassifikation verabschiedet und allen ihren Mitgliedsländern zur Anwendung empfohlen. Die Internationale Klassifikation der Funktionsfähigkeit, Behinderung und Gesundheit (ICF) und deren Version für Kinder und Jugendliche (Children and Youth Version, ICF-CY, WHO, 2011) bauen auf einem neuen Verständnis von → *Behinderung* auf.

ICF

Mit dem Begriff Inklusion verbinden sich sehr verschiedene Deutungen und Anliegen. In der deutschsprachigen Literatur sind die Begriffe Integration und Inklusion nicht einheitlich mit Inhalten gefüllt. Uneinigkeit besteht darüber, welche Praxis dem einen oder anderen Begriff zuzuordnen ist. Im internationalen Kontext wird nur der Begriff inclusion bzw. inclusive education verwendet als ein zielgerichtetes, förderorientiertes Miteinander in Situationen im Unterricht ohne Ausschluss. In Anlehnung daran wird im vorliegenden Studienbuch der Begriff der Inklusion verwendet und, wenn nicht anders vermerkt, synonym zum Begriff der Integration gebraucht.

**Inklusion /
Integration**

Inklusive Didaktik Inklusive Didaktik ist eine Didaktik, die grundlegende Gedanken aus der Sonderpädagogik und der (Regel-)Pädagogik integriert. Sie fokussiert die Stärkung des Unterrichts für alle. Aufgabe der inklusiven Didaktik ist aufzuzeigen, wie Unterricht in heterogenen Lerngruppen wirksam gelingen kann.

Innere Differenzierung Als innere Differenzierung werden Differenzierungsmassnahmen bezeichnet, welche innerhalb einer Gruppe vorgenommen werden. Differenzierungsmassnahmen sind Unterscheidungsmassnahmen. Damit sie nicht selektiv aussondernd wirken, müssen qualitative Merkmale eingehalten werden. Es sind dies im Wesentlichen die Orientierung an einem Gemeinsamen (bildungsrelevanten) Gegenstand und die Orientierung an den subjektiven Lernmöglichkeiten der einzelnen Gruppenmitglieder sowie die optimale Passung der beiden Aspekte. Damit die Differenzierungsmassnahmen nicht zu einem engen Korsett werden, müssen sie durch Aspekte der Öffnung für die Partizipation aller Lernenden ergänzt werden.

Lehrperson Eine Lehrperson (Klassenlehrperson oder Fachlehrperson) gestaltet einen differenzierten, inklusiven Unterricht, plant lehrplanbezogen die Lernziele aller Schülerinnen und Schüler und überprüft, ob sie sie erreichen. Sie schafft ein positives und auf gegenseitiger Hilfe und Rücksichtnahme basierendes Klassenklima. Sie ist in der Lage, Lernschwierigkeiten und besondere Lern- und Verhaltensvoraussetzungen wahrzunehmen. Zur Erfüllung dieses Auftrags arbeitet sie mit unterschiedlichen Fachpersonen und Berufsgruppen zusammen. Sie gestaltet die Zusammenarbeit mit den Eltern und im Schulteam und übernimmt die Verantwortung für die schulische Gesamtsituation all ihrer Schülerinnen und Schüler.

Lese-Rechtschreibstörung Lese-Rechtschreibstörung (LRS) bezeichnet eine Lernentwicklungsstörung mit multikausaler und interindividuell unterschiedlicher Ätiologie. Die resultierenden Defizite sind grundsätzlich durch pädagogische Interventionen beeinflussbar. Im Klassifikationssystem ICD-10 sind folgende Definitionen zu finden:

— F 81.0: Lese- Rechtschreibstörung: «bedeutsame Beeinträchtigung in der Entwicklung der Lesefertigkeiten, die nicht allein durch das Entwicklungsalter, Visusprobleme oder unangemessene Beschulung erklärbar ist» (DIMDI, 2014, F81.0)

— F 81.1: isolierte Rechtschreibstörung: «… bedeutsamen Beeinträchtigung der Entwicklung von Rechtschreibfertigkeiten
besteht, ohne Vorgeschichte einer Lesestörung» (DIMDI, 2014,
F81.1).

Der Nachteilsausgleich aufgrund von diagnostizierter und ärztlich
oder behördlich bestätigter Behinderung (meist mit kategorialen
Diagnosen wie z. B. Dyslexie F81.0 / 81.1 oder Dyskalkulie F81.2) ist
in der Rechtsprechung weitgehend unbestritten und sollte in der
Schule gewährt werden. Dies bedeutet, dass z. B. im Fall eines
Kindes mit Dyskalkulie formale Prüfungserleichterungen gewährt
werden.

Nachteilsausgleich

Empfehlungen dazu lauten folgendermassen:
— Verständnisklärung (auch mündlich)
— mehr Zeit (10 % – 25 % Zuschlag)
— Hilfsmittel (z. B. Taschenrechner, …) und didaktische Materialien
erlauben

Bei LRS lauten Empfehlungen z. B. so:
— Kein Bewerten der Rechtschreibung in anderen Sprachbe-
reichen und anderen Fächern
— Mündliche Klärung des Aufgabenverständnisses, auch während
der Prüfungen
— Mehr Zeit (10 % – 25 % Zeitzuschlag, je nach Inhalt)
— Alternative Prüfungsformen (z. B. mündlich statt schriftlich)
— Einsatz von Hilfsmitteln erlauben (Duden, Laptop, …)
— Befreien von gewissen Prüfungen (z. B. Beurteilung der Recht-
schreibung bei Schreibanlässen)

Pädagogisch-therapeutische Fachpersonen (PTF) im Bereich Sonderpädagogik und Therapie (Logopädie, Psychomotorik, Psychothe-
rapie, Audiopädagogik u.a.) verfügen über das fachliche Wissen und
Können in Bezug auf die diagnostische Erfassung von Lern- und
Verhaltensvoraussetzungen und die Entwicklung individuell angepasster, pädagogisch-therapeutischer Förderziele, Fördermassnahmen und Unterrichtsmaterialien. Sie unterstützen und fördern
Schülerinnen und Schüler mit besonderen pädagogischen Bedürfnissen in Bezug auf individuelle Lern- und Entwicklungsziele unter
Berücksichtigung ihrer schulischen und ausserschulischen Lebenswelten.

*Pädagogisch-
therapeutische Fach-
person (PTF)*

Partizipation Unter Partizipation [Teilhabe] versteht die → *ICF* das Einbezogensein in eine Lebenssituation. Eine Beeinträchtigung der Partizipation [Teilhabe] wird in diesem Verständnis zu einem Problem, das ein Mensch im Hinblick auf sein Einbezogensein in Lebenssituationen erleben kann.

Professionelle Zusammenarbeit Professionelle Zusammenarbeit meint inter- und intradisziplinäre Kooperation von allen an der Förderung eines Kindes oder Jugendlichen beteiligten Akteuren. Dies bedingt ein professionelles Selbstverständnis für ein rollen- und verantwortungsbewusstes sowie lösungs- und ressourcenorientiertes Handeln und Kommunizieren im Förderplanungsprozess. Die Beteiligten übernehmen je nach Situation und Förderzielen unterschiedliche Funktionen, da es in inklusiven Bildungssystemen quasi unmöglich ist, die Arbeitsteilung und Zuständigkeiten der verschiedenen Akteure über bürokratische Vorgaben festzulegen. Professionelle Zusammenarbeit basiert auf Schulentwicklung.

Regelschule Unter Regelschule wird das staatliche bzw. öffentliche Schulsystem verstanden, zu welchem Kinder und Jugendliche in der Regel an ihrem Wohnort Zugang haben. Davon grenzt sich eine separative Schulform ab, welche Kinder und Jugendliche in separaten Klassen oder Institutionen schult, auch wenn diese ebenfalls unter staatlicher Aufsicht stehen. Viele separative Institutionen haben eine private Trägerschaft.

Schulische Heilpädagogin und Schulischer Heilpädagoge (SHP) Schulische Heilpädagoginnen und Schulische Heilpädagogen (SHP) sind → *pädagogisch-therapeutische Fachpersonen* für Unterricht und Förderung von Schülerinnen und Schülern mit → *besonderen pädagogischen Bedürfnissen*.

Separation Separation meint als Gegenberiff zur Inklusion die Schulung, Förderung oder Unterstützung von Menschen in getrennten (separaten) institutionellen, räumlichen oder methodischen Kontexten oder Gruppen. Damit impliziert Separation einen (zeitlich begrenzten oder permanenten) Ausschluss der betroffenen Personen aus den für die nicht Betroffenen üblichen Kontexten und Gruppen.

Sonderpädagogik bzw. Heilpädagogik (die beiden Begriffe werden im vorliegenden Studienbuch synonym verwendet) ist als Teildisziplin der Pädagogik die Praxis und Wissenschaft der Erziehung und Schulung von Kindern und Jugendlichen, deren Aktivitäten und Möglichkeiten zur Partizipation im Kontext des schulischen Lernens und des gesellschaftlichen Lebens eingeschränkt oder von Einschränkungen bedroht sind.

Sonderpädagogik

Special Educational Needs (SEN) oder → *besondere pädagogische Bedürfnisse* sind Bedürfnisse, die über den Rahmen der in der Regelschule üblichen Bedürfnisse hinausgehen. Was diese Bedürfnisse besonders macht und sie von den üblichen Bedürfnissen unterscheidet, ist eine normative Frage. SEN entstehen im Zusammenspiel von Eigenschaften des Individuums mit Anforderungen und Rahmenbedingungen seiner Umwelt und lassen sich deshalb nicht einseitig dem Individuum zuordnen. SEN entstehen in einer konkreten schulischen Situation, in der die individuellen Eigenschaften des Kindes im Kontext der Anforderungen und Rahmenbedingungen dieser Situation zu einem Problem führen.

Special Educational Needs (SEN)

Unter einer Situation wird das Zusammenspiel von ausgewählten und organisierten Umweltfaktoren verstanden. Die Situation im Unterricht wird durch die Lehrperson, die beteiligten Schüler und Schülerinnen sowie die zu lernenden Inhalte, den Lerngegenstand bestimmt. Die Lehrperson kann dabei – in Kenntnis um die jeweiligen Funktionseinschränkungen oder Partizipationsprobleme von einzelnen Lernenden – die Situation so verändern, dass sich die Partizipations- und die Aktivitätsmöglichkeiten für alle Lernenden erhöhen. Die Planung und Gestaltung von Unterrichtsituationen ist das Kerngeschäft von Lehrpersonen und Inhalt von didaktischen Grundgedanken.

Unterrichtssituation

Literatur

Bundesärztekammer (2006). *Stellungnahme zur «Aufmerksamkeitsdefizit-/Hyperaktivitätsstörung (ADHS)» – Langfassung.* Zugriff am 26.3.2014 unter: http://www.bundesaerztekammer.de/page.asp?his=0.7.47.3161.3163.3164

Deutsches Institut für Medizinische Dokumentation und Information (DIMDI) (2014). *ICD-10-WHO Version 2014. Entwicklungsstörungen.* Zugriff am 26.3.2014 unter: http://www.dimdi.de/static/de/klassi/icd-10-gm/kodesuche/onlinefassungen/htmlgm2014/block-f80-f89.htm

Hördegen, Stephan & Richli, Paul (2011). Rechtliche Aspekte der Bildungschancengleichheit für Lernende mit Dyslexie oder Dyskalkulie im Mittelschul- Berufsbildungs- und Hochschulbereich. In: Lichtsteiner, Monika (Hrsg.). *Dyslexie, Dyskalkulie. Chancengleichheit in Berufsbildung, Mittelschule und Hochschule.* Bern: HEP, S. 68–95.

Leonardi, M., Bickenbach, J., Ustun, T.B., Kostanjsek, N. und Chatterji, S. (2006). The definition of disability: what is in a name? The Lancet, 368, 1219–1220.

Sturm, T. (2013). *Lehrbuch Heterogenität in der Schule.* Basel: Reinhardt.

WHO (2006). *International Classification of Functioning, Disability and Health for Children and Youth. World Health Organisation.* Retrieved from http://www3.who.int/icf/onlinebrowser/icf.cfm

WHO (2011). *Internationale Klassifikation der Funktionsfähigkeit, Behinderung und Gesundheit von Kindern und Jugendlichen (ICF-CY).* Bern: Hans Huber.

Verzeichnis der Autorinnen und Autoren

Esther Brunner	Pädagogische Hochschule Thurgau
Ariane Bühler	Interkantonale Hochschule für Heilpädagogik, Zürich
Peter Diezi-Duplain	Pädagogische Hochschule Zürich
Kai Felkendorff	Pädagogische Hochschule Zürich
Erich Hartmann	Universität Freiburg (CH)
Judith Hollenweger	Pädagogische Hochschule Zürich
Ursula Hoyningen-Süess	Universität Zürich
André Kunz	Pädagogische Hochschule Zürich
Reto Luder	Pädagogische Hochschule Zürich
Roman Manser	Interkantonale Hochschule für Heilpädagogik, Zürich
Christoph Michael Müller	Universität Freiburg (CH)
Cornelia Müller Bösch	Institut Unterstrass an der Pädagogischen Hochschule, Zürich
Angela Nacke	Pluspunkt, Jona
Anita Ottiger-Bachmann	Pädagogische Hochschule Luzern
Dieter Rüttimann	Institut Unterstrass an der Pädagogischen Hochschule, Zürich
Inge Rychener	Institut Unterstrass an der Pädagogischen Hochschule, Zürich
Anita Schaffner Menn	Institut Unterstrass an der Pädagogischen Hochschule, Zürich
Christoph Schmid	Pädagogische Hochschule Zürich
Annette Schröder	Universität Koblenz-Landau
Mirjam Stritt	Audiopädagogischer Dienst Basel
Gabriel Sturny-Bossart	Pädagogische Hochschule Luzern
Uri Ziegele	Hochschule Luzern
Helen Zimmermann	Universität Zürich
Carmen Zurbriggen	Universität Freiburg (CH)

Weitere Publikation aus der Studienbuchreihe der Pädagogischen Hochschulen Zürich, Luzern und Thurgau

Bestell-Nr. 1006390.04
158 S., CHF 29.–, € 23.–
ISBN 978-3-03755-132-5

Sonderpädagogische Förderung gemeinsam planen

Grundlagen, Modelle und Instrumente für eine interdisziplinäre Praxis

Reto Luder, Raphael Gschwend, André Kunz, Peter Diezi-Duplain (Hrsg.)